2024

TBC 中小企業診断士 試験シリーズ

速修 テキスト

3 企業経営理論

TBC受験研究会

山口 正浩 ［監修］

竹永 亮　岩瀬敦智　渡邉義一　林 義久　真山 良
横山豊樹 ［編著］

早稲田出版
WASEDA PUBLISHING

受験校の**インプット講座**をまるごと収録した**2024年版 速修テキスト!**

独学合格のための効率的インプット学習

　中小企業診断士の１次試験の学習は、本試験の選択肢を判断するために必要な知識を習得する「インプット学習」がとても大切です。

　速修テキストは、受験校のインプット講座（テキスト・講義・理解度確認テスト・重要例題）をまるごと収録しているため、これ一冊で、一般的な受験校と同様のインプット学習に取り組むことができます。

受験校のインプット講座を
まるごと収録!!

独学合格のための**効率的インプット学習**がこの**1冊**に

Ⅰ　効率的インプット学習の取り組み方

■ テキスト ＋ 無料講義動画 ＋ 章末問題 ＋ 重要例題

　１次試験の学習では、科目合格を狙う受験生と、７科目全ての科目の合格を狙う受験生で、各科目にかける学習時間が異なります。効率的にインプット学習を行うためには、テーマ別の重要度に合わせて、企業経営理論に対する時間配分を考えながら学習を進めましょう。

合格者に学ぶ！必勝学習法①

　無料講義の中で、講師が説明する重要ポイントを理解しながら、一緒に学習しました。苦手な「経済学・経済政策」「運営管理」「企業経営理論」は時間をかけて勉強し、理解できるまで繰り返し動画を見ました。その中でも経済学・経済政策は苦手意識が強く、また理解が必要な科目でもあったため、経済学・経済政策の講義は３回以上見たかと思います。

　さらに詳しく！　写真入りの体験談と学習法はこちらをチェック

※Cookieのブロックの解除をお願いします。

【 企業経営理論の重要度マークと学習の取り組み方 】

重要度	重要度別の学習の取り組み方
基	各章の学習内容を理解していく上で前提となる**基礎**のテーマです。 まず、基礎のテーマから学習をはじめて、知識の基礎固めをしましょう。
A	**直近10年間**の本試験で**5回以上**出題された、**重要度Aランク**のテーマです。 本試験で**4割以下の足切り**にならないためにも、しっかりと理解して、覚えてほしいテーマです。
B	**直近10年間**の本試験で**4回〜3回**出題された、**重要度Bランク**のテーマです。 本試験で**6割を得点する**ためには、上記2つのテーマとともに、しっかりと理解して、覚えるようにしましょう。
C	**直近10年間**の本試験で**2回以下**の出題頻度で、**重要度Cランク**のテーマです。 上記3つのテーマの学習が完璧になったら学習に取り組みましょう。本試験で**6割以上を狙う場合**には、しっかりと理解して、覚えるようにしましょう。

【 テーマ別出題ランキング 】
（各章トビラ対向ページに掲載）

各章の学習を始める前に、各章のテーマ別出題ランキングで、過去23年分と直近10年分のテーマ別の出題ランキングを把握しましょう。

【 出題年度・頻度や重要箇所が一目でわかるテキスト本文 】

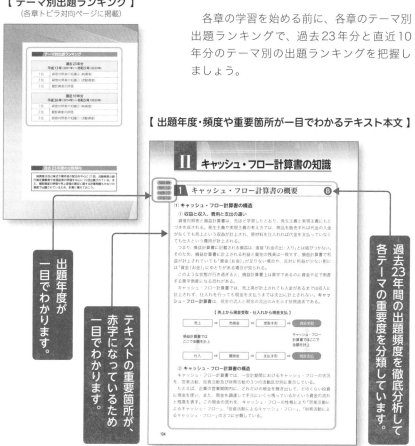

出題年度が一目でわかります。

テキストの重要箇所が、赤字になっているため一目でわかります。

過去23年間の出題頻度を徹底分析して各テーマの重要度を分類しています。

各章の学習が終了したら、章末問題（理解度確認テスト）で理解度を確認しましょう。

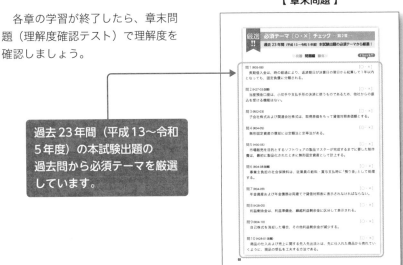

過去23年間（平成13〜令和5年度）の本試験出題の過去問から必須テーマを厳選しています。

【 重要例題 】

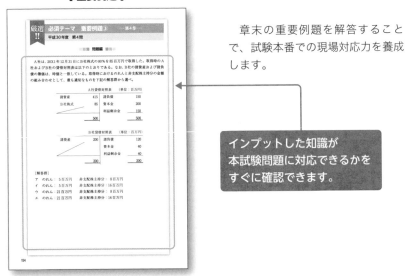

章末の重要例題を解答することで、試験本番での現場対応力を養成します。

インプットした知識が本試験問題に対応できるかをすぐに確認できます。

本書の使い方も、TBC受験研究会統括講師（NHK「資格☆はばたく」中小企業診断士代表講師、司会進行講師）の山口正浩が動画解説しています。こちらもご参照ください。

※Cookieのブロックの解除をお願いします。

Ⅱ 出題マップの活用

巻末（p.482～485）の「出題マップ」では、本書の章立てに合わせて、本試験の出題論点を一覧表にしています。最近の出題傾向の把握に活用できます。

【 出題マップ 】

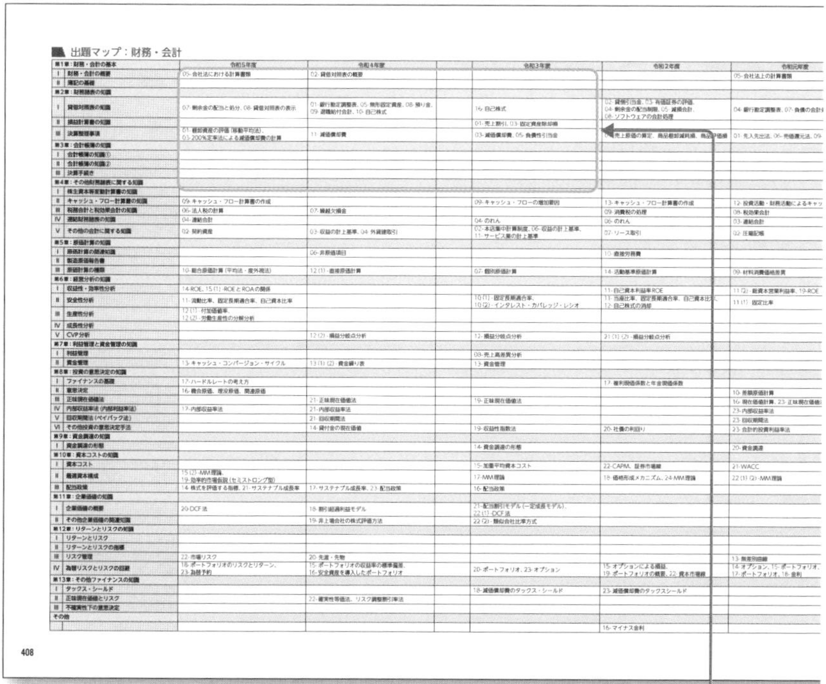

出題マップ：財務・会計

項目	令和5年度	令和4年度	令和3年度	令和2年度	令和元年度
第1章：財務・会計の基本					
Ⅰ 財務・会計の概要	05-会社法における計算書類	02-貸借対照表の概要			05-会社法上の計算書類
Ⅱ 簿記の基礎					
第2章：財務諸表の知識					
Ⅰ 貸借対照表の知識	07-剰余金の配当と処分、08-貸借対照表の表示	01-銀行勘定調整表、05-無形固定資産、08-預り金、09-退職給付会計、10-自己株式	16-自己株式	02-貸倒引当金、03-有価証券の評価、04-剰余金の配当制限、05-減損会計、08-ソフトウェアの会計処理	04-銀行勘定調整表、07-負債の会計
Ⅱ 損益計算書の知識			01-売上割引、03-固定資産除却損		
Ⅲ 決算整理事項	01-棚卸資産の評価（移動平均法）、03-200%定率法による減価償却費の計算	11-減価償却費	03-減価償却費、05-負債性引当金	01-売上原価の算定、商品棚卸減耗損、商品評価損	01-先入先出法、06-売価還元法、09-
第3章：会計帳簿の知識					
Ⅰ 会計帳簿の知識①					
Ⅱ 会計帳簿の知識②					
Ⅲ 決算手続き					
第4章：その他財務諸表に関する知識					
Ⅰ 株主資本等変動計算書の知識					
Ⅱ キャッシュ・フロー計算書の知識	09-キャッシュ・フロー計算書の作成		09-キャッシュ・フローの増加要因	13-キャッシュ・フロー計算書の作成	12-投資活動・財務活動によるキャッ
Ⅲ 税務会計と税効果会計の知識	06-法人税の計算	07-繰越欠損金		09-消費税の処理	08-税効果会計
Ⅳ 連結財務諸表の知識	04-連結会計		04-のれん	06-のれん	03-連結会計
Ⅴ その他の会計に関する知識	02-契約資産	03-収益の計上基準、04-外貨建取引	02-本店集中計算制度、06-収益の計上基準、11-サービス業の計上基準	07-リース取引	02-圧縮記帳
第5章：原価計算の知識					
Ⅰ 原価計算の関連知識		06-非原価項目		10-直接労務費	
Ⅱ 製造原価報告書					
Ⅲ 原価計算の種類	10-総合原価計算（平均法・度外視法）	12(1)-直接原価計算	07-個別原価計算	14-活動基準原価計算	09-材料消費価格差異
第6章：経営分析の知識					
Ⅰ 収益性・効率性分析	14-ROE、15(1)-ROEとROAの関係			11-自己資本利益率ROE	11(2)-総資本営業利益率、19-ROE
Ⅱ 安全性分析	11-流動比率、固定長期適合率、自己資本比率		10(1)-固定長期適合率、10(2)-インタレスト・カバレッジ・レシオ	11-当座比率、固定長期適合率、自己資本比率、12-自己株式の消却	11(1)-固定比率
Ⅲ 生産性分析	12(1)-付加価値率、12(2)-労働生産性の分解分析				
Ⅳ 成長性分析					
Ⅴ CVP分析		12(2)-損益分岐点分析	12-損益分岐点分析	21(1)(2)-損益分岐点分析	
第7章：利益管理と資金管理の知識					
Ⅰ 利益管理			08-売上高差異分析		
Ⅱ 資金管理	13-キャッシュ・コンバージョン・サイクル	13(1)(2)-資金繰り表	13-資金管理		
第8章：投資の意思決定の知識					
Ⅰ ファイナンスの基礎	17-ハードルレートの考え方			17-複利現価係数と年金現価係数	
Ⅱ 意思決定	16-機会原価、埋没原価、関連原価				10-差額原価計算
Ⅲ 正味現在価値法		21-正味現在価値法	19-正味現在価値法		16-現在価値計算、23-正味現在価値法
Ⅳ 内部収益率法（内部利益率法）	17-内部収益率法	21-内部収益率法			23-内部収益率法
Ⅴ 回収期間法（ペイバック法）		21-回収期間法			23-回収期間法
Ⅵ その他投資の意思決定手法		14-貸付金の現在価値	19-収益性指数法	20-社債の利回り	23-会計的投資利益率法
第9章：資金調達の知識					
Ⅰ 資金調達の形態			14-資金調達の形態		20-資金調達
第10章：資本コストの知識					
Ⅰ 資本コスト			15-加重平均資本コスト	22-CAPM、証券市場線	21-WACC
Ⅱ 最適資本構成	15(2)-MM理論、19-効率的市場仮説（セミストロング型）		17-MM理論	18-価格形成メカニズム、24-MM理論	22(1)(2)-MM理論
Ⅲ 配当政策	14-株式を評価する指標、21-サステナブル成長率	17-サステナブル成長率、23-配当政策	16-配当政策		
第11章：企業価値の知識					
Ⅰ 企業価値の概要	20-DCF法	18-割引超過利益モデル	21-配当割引モデル（一定成長モデル）、22(1)-DCF法		
Ⅱ その他企業価値の関連知識		19-非上場会社の株式評価方法	22(2)-類似会社比準方式		
第12章：リターンとリスクの知識					
Ⅰ リターンとリスク					
Ⅱ リターンとリスクの指標					
Ⅲ リスク管理	22-市場リスク	20-先渡・先物			13-無差別曲線
Ⅳ 為替リスクとリスクの回避	18-ポートフォリオのリスクとリターン、23-為替予約	15-ポートフォリオの収益率の標準偏差、16-安全資産を導入したポートフォリオ	20-ポートフォリオ、23-オプション	15-オプションによる損益、19-ポートフォリオの概要、22-資本市場線	14-オプション、15-ポートフォリオ、17-ポートフォリオ、18-金利
第13章：その他ファイナンスの知識					
Ⅰ タックス・シールド			18-減価償却費のタックス・シールド	23-減価償却費のタックスシールド	
Ⅱ 正味現在価値とリスク		22-確実性等価法、リスク調整割引率法			
Ⅲ 不確実性下の意思決定					
その他					
				16-マイナス金利	

408

出題論点が多く記入されている箇所は
出題頻度が高くなっています。

合格者に学ぶ！必勝学習法②

講義動画の良い所は、スマートフォンがあればどこでもアクセスでき、理解が難しい所を繰り返し視聴することができる事です。移動中などの**ちょっとした空き時間に繰り返し視聴**しました。テキストを読み直す度に講義の記憶が呼び戻され、まるで「テキストが語りかける」感覚があり、**試験当日も講義内容が頭に浮かび**何度も助けられました。

さらに詳しく！　写真入りの体験談と学習法はこちらをチェック

※Cookieのブロックの解除をお願いします。

■ 目 次

第 15 章　マーケティング・ミックスの展開 ·········378

2024年版 TBC中小企業診断士試験シリーズ

速修 テキスト
3 企業経営理論

企業経営理論の体系図

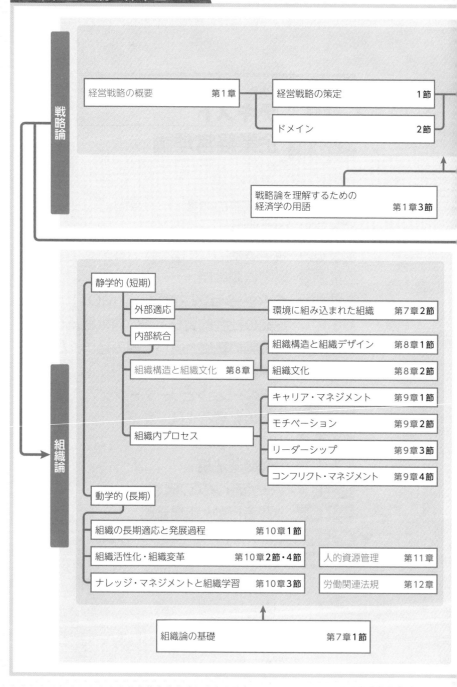

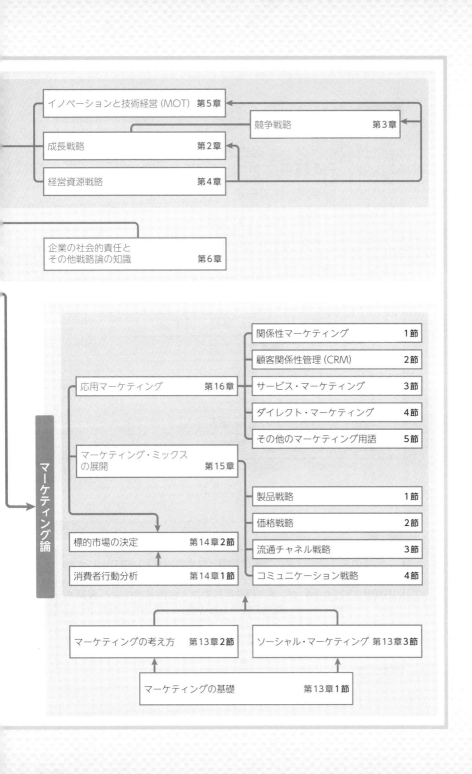

イノベーションと技術経営（MOT）　第5章

競争戦略　第3章

成長戦略　第2章

経営資源戦略　第4章

企業の社会的責任と
その他戦略論の知識　第6章

マーケティング論

応用マーケティング　第16章

関係性マーケティング　1節

顧客関係性管理（CRM）　2節

サービス・マーケティング　3節

ダイレクト・マーケティング　4節

その他のマーケティング用語　5節

マーケティング・ミックス
の展開　第15章

製品戦略　1節

価格戦略　2節

標的市場の決定　第14章2節

流通チャネル戦略　3節

消費者行動分析　第14章1節

コミュニケーション戦略　4節

マーケティングの考え方　第13章2節

ソーシャル・マーケティング　第13章3節

マーケティングの基礎　第13章1節

過去23年分 平成13年(2001年)〜令和5年(2023年)	
1位	経営計画の策定
2位	費用に関連する用語
3位	企業ドメインと事業ドメイン

直近10年分 平成26年(2014年)〜令和5年(2023年)	
1位	企業ドメインと事業ドメイン
1位	費用に関連する用語
2位	経営計画の策定
2位	ドメインの定義と3つの次元
2位	ドメインの定義方法
2位	市場に関連する用語

過去23年間の出題傾向

　　今後の企業経営理論の学習の基礎となる内容が多いので、しっかり土台を固めておこう。過去23年間では、経営計画の策定からの出題が13回と多いが、直近10年間では、企業ドメインと事業ドメイン、規模の経済・範囲の経済などの費用に関連する用語からの出題が各5回と増えており、傾向が変わっている。SWOT分析やドメインの知識は、2次試験のすべての事例で必須となるため、確実に押さえておこう。

第1章

経営戦略の概要

I 経営戦略の策定

　中小企業診断士試験で、企業経営理論は１次試験のみならず、２次試験の合否にも大きく影響する科目である。その中でも戦略論は、企業の方向性を決定づける中小企業診断士試験科目の「幹」となる科目である。

　戦略論のうち、特に２次試験と関連性が深い箇所は、本文中に【事例】として企業の事例を紹介しているため参考にしてほしい。

　M.E.ポーターによると、**戦略**とは、企業が独自性と価値の高いポジションを創造することであるとしている。

　企業は自社が属する市場において、顧客の動向を把握するとともに、競合企業がどのように顧客に対してアプローチをしているのかを分析して戦略を考えている。

　まず、戦略論の詳細な内容の前に、一般的な経営戦略の策定フローを見ながら、経営戦略の全体構造を学習しよう。

【 経営戦略の策定フロー 】

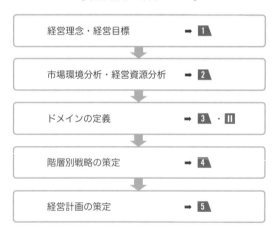

(1) 経営理念（企業理念）

経営理念とは、経営者が経営活動の根底を支えるものとして重視している信念、信条、理想、イデオロギーなどをいう。

(2) 経営目標の明確化

経営目標とは、企業が長期的に達成しようとする姿を、数値などによって具体化したものである。

企業は経営理念や経営理念に基づいて策定される経営目標を明確にする必要がある。これらを明確にすることにより、自社の将来のあるべき姿を明確にし、自社の内部の役員や従業員、株主や債権者などの外部利害関係者に対して、企業の長期的な方向性を表明できる。

【 事例 】

> A社は、資本金1,000万円、年間売上高約8億円の菓子製造業である。A社の経営目標は、売上高30億円の中堅菓子メーカーになることである。この経営目標を達成するためには、全国の市場で戦うことのできる新商品の開発が不可避であり、それを実現するための人材の確保や育成も不可欠である。

2 市場環境分析と経営資源分析

(1) 市場環境分析と経営資源分析の必要性

企業外部の市場環境（外部環境）や企業内部の経営資源（内部環境）の分析をせずに、自社の強みが活かせない市場や、自社にとって不利な市場を選択してしまうと、業績が上がらないばかりか、企業の存続も危うくなる。企業が環境に適応するためには、現在の市場環境を分析し、機会と脅威を見極める必要がある。

(2) SWOT分析

H23-03

企業を取り巻く環境分析の手法の1つに、SWOT分析がある。**SWOT分析**は、企業の外部環境と内部環境を分析する手法である。

SWOT分析は、1960年代にスタンフォード研究所（SRI）のハンフリーらにより企業の長期計画の失敗理由を研究する中で考案された、外部環境・内部環境を4象限に分けて分析する手法である。SWOTの意味は次のとおりである。

① **強み（Strengths）**

強みとは、目標達成に貢献する組織（個人）の特質（内部環境の特質）である。

② **弱み（Weaknesses）**

弱みとは、目標達成の障害となる組織（個人）の特質（内部環境の特質）である。

③ 機会 (Opportunities)

機会とは、目標達成に貢献する外部環境の特質である。

④ 脅威 (Threats)

脅威とは、目標達成の障害となる外部環境の特質である。

【SWOT分析】

内部環境では、自社の経営資源（ヒト、モノ、カネ、情報など）のうち、「強み」と「弱み」を分析します。「強み」は強化し、「弱み」は克服することが重要です。

外部環境では、自社を取り巻く市場環境のうち「機会」と「脅威」を分析します。「機会」を活かし、「脅威」を回避することが重要です。

戦略策定の基本4パターン　～環境条件と自社の能力とのマッチング～

① 「機会」×「強み」⇒「強み」を活かし「機会」をつかむ
② 「機会」×「弱み」⇒「機会」を逸しないように「弱み」を克服する
③ 「脅威」×「強み」⇒「脅威」からの影響を最小限にとどめる
④ 「脅威」×「弱み」⇒ 撤退し他に委ねる

出典：寺本義也・岩崎尚人編『経営戦略論』学文社を一部加筆

3 ドメインの定義

　経営理念や経営目標に基づいて、市場環境の「機会」と経営資源の「強み」となる要因を組み合わせ、自社のドメインを明確に定義する必要がある。

　ドメインとは、経営理念や経営理念を達成するために必要な、自社が生存していくべき事業領域であり、「標的顧客」「顧客ニーズ」「独自能力」3つの要素で構成される。

　ドメインの定義では、①誰に (Who) ＝標的顧客、②何を (What) ＝顧客ニーズ（顧客機能）、③どのように (How) ＝独自能力、提供していくのかを決定する。（詳細は、本書、第1章第2節ドメインを参照）

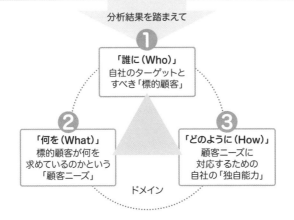

【 ドメインと３つの要素 】

市場環境
市場環境には
どんな機会と脅威があるのか

経営資源
自社の経営資源には
どんな強みと弱みがあるのか

分析結果を踏まえて

❶
「誰に（Who）」
自社のターゲットと
すべき「標的顧客」

❷
「何を（What）」
標的顧客が何を
求めているのかという
「顧客ニーズ」

❸
「どのように（How）」
顧客ニーズに
対応するための
自社の「独自能力」

ドメイン

4 階層別戦略の策定

　経営戦略という用語は企業に関わる戦略の総称であるが、企業の仕事の種類やレベルによっていくつかの戦略に分けることができる。

(1) 企業戦略 (全社戦略)

　企業戦略とは、企業全体に関わる戦略である。企業戦略にとって主要な戦略要素は、ドメインの策定と資源展開である。

① 資源展開

　資源展開とは、企業が長期にわたって存続し、発展するためにヒト・モノ・カネなどの経営資源や情報的経営資源をいかに蓄積したり、配分したりするかということである。

② 競争優位

　競争優位とは、企業が業界内の競合企業と比較して、平均以上の収益を持続的に獲得できる能力である。

(2) 事業戦略 (事業別戦略)

　多角化した企業では、企業戦略によって決定された事業分野ごとに戦略があり、事業戦略と呼ばれている。**事業戦略**は、特定の事業分野の中でいかに競争するかということを決定する戦略である。事業戦略の重要な構成要素は、資源展開と競争優位性である。（多角化については、本書、第２章第２節多角化戦略参照）

（3）機能戦略（機能別戦略）

　生産戦略、マーケティング戦略、研究開発戦略、人事戦略など、機能ごとに決定されるのが**機能戦略**である。機能戦略では、シナジーと資源展開が特に重要な要素となる。（シナジーについては、本書、第2章第Ⅱ節多角化戦略参照）

5 経営計画の策定

（1）経営計画の概要

　経営計画とは、経営活動を遂行するための目標を設定し、それを実現するための方策と具体的行動予定を決定することである。

（2）経営計画の役割
① 経営の羅針盤になる

　経営計画の作成により、未来の確定はできないが、経営の進路は明確になる。そして将来のための意思決定や経営資源の調達と配分が適正になる。
② 合理的に経営活動を進められる

　戦略ビジョンを盛り込んだ経営計画の作成により、成り行きに比べて経営目標の実現達成度が高くなる。経営計画で行動を決めていることから合理的な経営活動が展開できる。
③ 経営意識を醸成する

　経営計画策定ステップを通じて、情報の共有化や問題認識の統一ができるので経営への参加意識が高まる。経営計画の進行を本社の経営計画に関連する部門と事業部門において双方向的にコントロールすることで、事業の機会や脅威の発見に有効である。
④ 経営管理の中核になる

　マネジメント・サイクルに必要な計画ができる。また、計画遂行プロセスで学習が起こることで、企業は経営計画にはなかった新規の戦略要素を取り入れられる。

（3）期間別経営計画

　期間別経営計画には、5年から10年ないし10年以上の長期計画、3年ないし5年間の中期計画、6ヵ月ないし1年間の短期計画がある。

（4）経営計画の修正

　一度作成された経営計画は、必要に応じて修正される場合がある。
① ローリング・プラン
　ローリング方式（ローリング・プラン）とは、計画のずれをその都度修正する方法である。
② コンティンジェンシー・プラン

10

コンティンジェンシー・プランは、不測事態対応計画・適応計画ともいい、オイルショック以降、注目を集めた。急激な経済環境の変化など、不測の事態に対応するために事前に複数の対策計画を準備する方法である。

不測の事態が発生したら、迅速に計画を差し替えて対応し、損害の極小化を図る。

③ **事業継続計画（BCP）**

自然災害などの緊急事態による事業資産の損害を最小限にとどめ、中核となる事業の継続、早期復旧を可能にするために、あらかじめ行うべき活動や事業継続のための手法を決めておく計画である。事業停止の影響度や、業務の中断の許容期限を把握し、復旧の優先順位を導くことが重要となる。

【マネジメント・サイクル】

マネジメント・サイクルは、計画（Plan）、実行（Do）、評価（Check）に、改善（Act）のプロセスを加え、4つを順に実施することをいう。このサイクルはPDCAサイクル、デミング・サイクルとも呼ばれる。

Plan	目標を設定して、それを実現するためのプロセスを設計（改訂）する
Do	計画を実施し、そのパフォーマンスを測定する
Check	測定結果を評価し、結果を目標と比較するなどの分析を行う
Act	プロセスの継続的改善・向上に必要な措置を実施する

II ドメイン

1 ドメインの定義と3つの次元

(1) ドメイン

ドメインとは、企業が経営環境の中で選択した、自社にとって適切な企業活動の範囲や領域のことである。企業の活動領域や生存領域ともいう。

(2) ドメインを定義することによる効果

ドメインを定義することにより、企業の活動領域という範囲が決定する。この範囲の決定により、企業の意思決定者たちの注意の焦点が限定される。注意の焦点が限定されることにより、企業にとっては次の3つの効果がある。

> ● 経営資源の資源分散を防止することができる
> ● 今後どの方向に事業展開すべきかという指針が提供される
> ● 今後どのような経営資源を蓄積すべきかという指針が提供される

また、適切なドメインの定義により、企業の意思決定者たちの注意があまりにも狭い範囲に過度に集中することを回避することもできる。ドメインの定義の際には、企業活動の範囲をどれくらいにするかを決定することが大切である。

H28-01 (3) ドメイン・コンセンサス

経営者がドメインを定義すると、今後どの方向に事業展開すべきかという指針が提供されるため、その方向に向かって、企業内のメンバーの一体感を形成できる。また、企業外の社会に対して企業の存在意義を明確にする。このような、ドメインの定義による企業内外のアイデンティティの形成を**ドメイン・コンセンサス**と呼ぶ。

(4) ドメインの3つの次元

ドメインを提唱したエイベルは、ドメインは次の3つの次元からなるとしている。

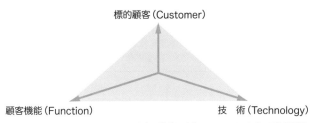

【 ドメインの３つの次元 】

標的顧客（Customer）

顧客機能（Function）　　　　　　　　技　術（Technology）

出典：『事業の定義』D・F・エイベル著　石井淳蔵訳　千倉書房

- 自社のターゲットとすべき「標的顧客」(C：Customer)
- 標的顧客が何を求めているのかという「顧客機能」(F：Function)
- 顧客ニーズを満足させるために、自社がどのような経営資源の強みで対応できるかという「技術（独自技術・独自能力）」(T：Technology)

　標的顧客とは、同一性に基づいてグループ化された顧客層であり、顧客機能とは、製品やサービスが満たすべき顧客ニーズであり、技術は、企業の持つ強みや利用できる経営資源のことである。

2　ドメインの定義方法

H28-01
H23-01

　ドメインの定義方法には、物理的定義と機能的定義がある。企業において事業のライフサイクルにおける導入期から成長期には物理的定義であっても、成熟期になるにつれて物理的定義から機能的定義への展開が必要になる場合が多い。

(1) ドメインの物理的定義

　物理的定義では、ドメインを製品の物理的実態（モノ）に着目して規定する。発展性がなく狭隘なドメインの定義になる。
　例えば、化粧品会社が、自社の事業領域を「化粧品の製造・販売」と定義することである。

(2) ドメインの機能的定義

　機能的定義では、ドメインを顧客に提供する機能（コト）に着目して規定する。物理的定義よりも事業発展の可能性が高いといわれる。その反面、標的顧客が不明確になることや、事業の具体的な指針に欠けるといったデメリットもある。
　例えば、化粧品会社が、自社の事業領域を「美と将来の希望を売る」と定義することである。

B社は、X市郊外にあるしょうゆ及びしょうゆ関連製品のメーカーである。B社では、代々、自社の事業領域をしょうゆの製造として、原材料と製法にこだわった高品質のしょうゆ製品を提供していた。11代目社長になり、標的顧客を食に敏感な国内外の顧客層として、しょうゆだけでなく、「おいしく、安全で健康に配慮した食生活を提案する」企業としてドメインを再定義した。

3 企業ドメインと事業ドメイン

大企業では、企業のドメインに複数の事業が含まれているのが普通である。この場合、包括的な企業ドメインとは別に、より具体的な事業別のドメインの定義が必要になる。このような個別事業に関するドメインを企業ドメインと区別するために事業ドメインと呼ぶ。

事業ドメインの定義の次元も企業ドメインと同様、標的顧客、顧客機能、技術の3つの次元で規定されるが、規定のしかたは企業ドメインよりも具体的な形でなされる。事業ドメインの定義が、事業戦略(競争戦略)の基礎を構成する。

【戦略とドメインのレベル】

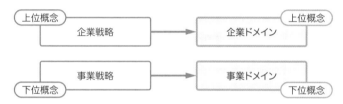

(1) 企業ドメイン

① 企業ドメインの概要

企業ドメインは、将来の企業のあるべき姿や経営理念を反映しており、①企業全体の活動範囲の選択、②企業のアイデンティティ(同一性、あるいは基本的性格)の決定、③現在の活動領域や製品・事業分野との関連性のあり方に影響する。

② 企業ドメイン決定の判断基準

経営者が企業ドメインを決定する際には、下記の内容を判断基準とする。

　(a) 新分野での競争力とその市場の発展性

　(b) 新分野進出による既存事業や企業全体の将来に与える影響

　(c) 自社の存続のための外部の多様な利害関係者との間の様々な相互関係

　(d) 事業間でのシナジー効果の程度(どれくらいシナジー効果が働くのか)

⑵ 事業ドメインの概要

事業ドメインでは、①事業範囲の決定や、②事業の見方を決定する。事業ドメインを決定することにより、通常、設定された領域の中で事業マネジャーにオペレーションを行う自律性を与える。そのため、日常的なオペレーションがルーティン化していたとしても、競争優位を持続するためには事業ドメインの決定が必要である。

また、新規事業進出分野の中心となる顧客セグメント選択の判断に影響し、競争戦略策定の出発点として差別化の基本方針を提供する。

⑶ ドメインと戦略の関係

① 全社戦略と事業戦略との関係

企業ドメインを起点として全社戦略が展開され、事業ドメインを起点に事業戦略が展開されるため、企業ドメインの決定に合わせて事業ドメインを見直すことがある。

② 企業ドメインと多角化戦略との関係

企業ドメインの決定は、多角化の広がりの程度と、多角化した複数事業間の関連性のあり方に影響する。また、多角化した企業においては、個々の事業ドメインの定義を足し合わせることで企業ドメインを決定するのではなく、企業ドメインに合わせて事業ドメインの定義を見直すことが重要である。

複数事業間の関連性における、事業間の関連性のパターンには集約型と拡散型があり、集約型は範囲の経済を重視して、経営資源を有効利用しようとするものである(本書、第2章第2節多角化戦略参照)。

③ 事業ポートフォリオ

事業ポートフォリオとは、企業ドメインの定義の後で、どのような事業ドメインを組み合わせて持つかに関する決定のことである。

⑷ 単一事業を営む企業の企業ドメインと事業ドメイン

多角化せずに単一の事業を営む企業では、企業ドメインと事業ドメインは同義であり、全社戦略と競争戦略は一体化して策定できる。

4 ドメインの再定義

⑴ ドメインの再定義

ドメインは、経営環境の変化により、随時、見直し(再定義)が必要となる。**ドメインの再定義**とは、経営理念を実現し、経営目標を達成するために、将来に向かって、現在のドメインを変更することである。

⑵ 再定義されたドメインが進展しない理由

① 再構築までの時間的問題

既存の事業の仕組みを再構築するのに時間がかかる。事業の仕組みを再構築する

には、経営方針の変更や、従業員の同意・協力、業務フローの再編成等が必要となり、時間と労力がかかることが多い。事業の仕組みは、ドメインの中では、独自技術に関連する。

② 魅力の減少

定義されたドメインが以前のものほど魅力的ではない。そのため、すでに標的顧客に認知されているドメインからあまり代わり映えしないドメインや、以前ほど魅力的なドメインでなくなることもある。

③ 顧客の理解不足

ドメインの再定義に伴う事業活動の変更について顧客の理解を得るのが難しい。現在のドメインに慣れ親しんだ顧客に理解を得るのが困難な場合もある。

④ 従業員の抵抗

ドメインの再定義においては、慣れ親しんだ仕事の仕組みを変更することに対し、従業員の抵抗が起こる場合もある。従業員に対する説明を十分に行い、理解を得る必要がある。

III 戦略論を理解するための経済学の用語

　企業経営理論の戦略論は、経済学・経済政策と密接に関連している。特に、第3章にある競争戦略は、経済学・経済政策の産業組織論が基礎になっているため、経済学・経済政策を学習してから、戦略論を学習するとさらに理解が深まる。ここでは、戦略論を学習する際に必要な経済学の知識を学習する（詳細は、弊社、速修テキスト「経済学・経済政策」で学習する）。

1 市場に関する用語

(1) 市場の失敗

　市場の失敗とは、家計の効用の最大化行動や企業の利潤最大化行動を基礎にした市場メカニズムを通じて、最適な資源配分や市場そのものが成立しなくなる状況のことである。

(2) 外部不経済

　外部不経済とは、取引当事者以外の第三者に対して損害を与えることである。例えば、企業の過剰な生産活動によって生じた公害などがある。

(3) ハーフィンダール指数 (HHI)

　ハーフィンダール指数は、各企業の市場シェアを2乗して足し合わせて表される。ハーフィンダール指数が小さいほど、激しい競争に陥りやすい。

2 費用に関連する用語

(1) 規模の経済

　規模の経済とは、一定期間内での生産量が大きいほど、製品の1単位当たりのコストが低下する効果のことである。企業は、1単位当たりの製品を産出する平均費用を低下させるべく、産出量を増大させる。また、中小企業においても一定期間内の生産量が多ければ規模の経済に基づく競争優位を求めることができる。

　生産が拡大し組織が大きくなると、一般に規模の経済が得られるが、それにより次のようなことが生じる。

① 組織の規模の抑制

　組織は、一定の規模を超えると調整費用が大きくなり過ぎてしまう。何らかの階層や規則、手続きを設けて管理の複雑性を小さくすることが有効である。

② 人間的配慮の希薄化

　規模が拡大するにつれて、生産現場で働く従業員の数が増大し、これまで生産に携わっていた従業員のコミットメント(献身・傾倒)や、従業員への人間的配慮が弱くなる傾向がみられる。規模が拡大するにつれて、従業員をモニターしたり意思疎通を図ったりすることが困難になることが原因である。

③ 追加設備投資による効果増大の可能性

　新たな設備の導入により、さらに生産量が増大し、新規の設備投資に要した固定費の負担がいっそう拡散された場合、規模の経済の効果は大きくなり、生産はより効率的になる。

④ 最適生産規模を超えた場合の生産性低下

　最適生産規模を超えると、一般的に現有生産技術の生産性が低下し生産コストが上昇する。現有設備に対する過剰な負担を招き、現有生産技術から得られる生産量が限界となるからである。

⑤ 制御可能な新技術の導入

　単一大規模設備に異なる技術を混在させると効率が低下することがあるので、新規技術は規模の経済を阻害することのない制御可能なものに限定されがちである。その設備の最大生産能力を発揮することで規模の経済を維持する。

(2) 範囲の経済

　範囲の経済とは、それぞれ単一の製品を別々の事業で生産・販売する場合の総費用の合計よりも、同時に生産・販売したときのほうが総費用は少なく、効率がよいことであり、共通利用可能な未利用資源の有効活用から生まれる。

　範囲の経済が存在すれば、企業が複数の事業を展開する際に、単独で各事業を営むときよりも、各事業をより効率的に運営できる。

① 範囲の経済の効果

　2つの事業がお互いに補い合って1つの資源をより完全に利用して生まれる効果は、範囲の経済の効果である。2つの事業がお互いに情報的資源を使い合うならば、資源の特質から使用量の限界がなく他の分野で同時多重利用できるため、物的資源を使い合うよりも効率性の高い範囲の経済を生み出せる。

② コア・コンピタンスとの関連性

　多角化が進みすぎると、新たに進出した事業と自社が保持しているコア・コンピタンスとの関連性が希薄になって範囲の経済が生じなくなる。そのため、多角化の程度が進むにつれて、自社が保有する資源を活用できる事業機会は減ってくる。

【 コラム 】

> 　戦略は、もともと軍事用語で、「将軍の術」を意味する言葉である。「ある程度長期にわたって一貫性を持った(軍事的)資源の配分」という意味を持つ。軍事用語の「戦略」が、経営の場に転用されるようになったものを経営戦略という。

■■■ **問題編** ■■■　　**Check!!**

問1 (H28-01)　　　　　　　　　　　　　　　　　　　　　[○・×]

　多角化せずに単一の事業を営む企業では、企業ドメインと事業ドメインは同義であり、全社戦略と競争戦略は一体化して策定できる。

問2 (H17-07)　　　　　　　　　　　　　　　　　　　　　[○・×]

　再定義されたドメインで事業がうまく進展しないのは、ドメイン再定義にともなう事業活動の変更について顧客の理解を得るのが難しいからである。

問3 (H27-02)　　　　　　　　　　　　　　　　　　　　　[○・×]

　事業ドメインの決定は、日常的なオペレーションがルーティン化していたとしても、競争優位を持続するためには必要である。

問4 (H23-07)　　　　　　　　　　　　　　　　　　　　　[○・×]

　範囲の経済は、多角化が進みすぎると新たに進出した事業と企業の保持しているコア・コンピタンスとの関連性が希薄になって生じなくなる。

問5 (H18-04)　　　　　　　　　　　　　　　　　　　　　[○・×]

　規模が拡大するにつれて、生産現場で働く従業員の数が増大し、これまで生産に携わっていた従業員のコミットメントや従業員への人間的配慮が弱くなる傾向がみられる。

問1　○：単一事業を営む企業の企業ドメインと事業ドメインは同義である。

問2　○：ドメインは通常、将来のあるべき企業像を定義することもある。そのため、現在のドメインに慣れ親しんだ顧客に理解を得るのが困難な場合もある。

問3　○：ポーターが、企業に競争優位をもたらすものは、業務効果（オペレーション効果）ではなく戦略であるとしているように、競争優位を維持するためには、日常的なオペレーションがルーティン化していたとしても、事業ドメインを決定し、戦略の方向性を明確にしておくことが重要である。

問4　○：多角化の程度が進むにつれて、自社が保有する資源を活用できる事業機会は減ってくる。

問5　○：規模が拡大するにつれて、従業員をモニターしたり意思疎通を図ったりすることが困難になるため、従業員のコミットメントや従業員への人間的配慮が弱くなる傾向がある。

■■■ **問題編** ■■■

　多角化して複数の事業を営む企業の企業ドメインと事業ドメインの決定に関する記述として、最も適切なものはどれか。

ア　企業ドメインの決定は、個々の事業の定義を足し合わせるのではなく、外部の利害関係者との間のさまざまな相互作用の範囲を反映し、事業の定義を見直す契機となる。

イ　企業ドメインの決定は、新規事業進出分野の中心となる顧客セグメント選択の判断に影響し、競争戦略策定の出発点として差別化の基本方針を提供する。

ウ　事業ドメインの決定は、将来手がける事業をどう定義するかの決定であり、日常のオペレーションに直接関連し、全社戦略策定の第一歩として競争戦略に結び付ける役割を果たす。

エ　事業ドメインの決定は、多角化の広がりの程度を決め、部門横断的な活動や製品・事業分野との関連性とともに、将来の企業のあるべき姿や経営理念を包含している存続領域を示す。

オ　事業ドメインの決定は、特定市場での競争戦略に影響を受け、将来の事業領域の範囲をどう定義するかについて、企業が自らの相互作用の対象として選択した事業ポートフォリオの決定である。

解答：ア

ドメインと多角化に関する出題である。

ア：適切である。企業ドメインの決定では、外部の利害関係者との間のさまざまな
　　相互作用の範囲を反映することが必要である。

イ：不適切である。競争戦略策定の出発点として差別化の基本方針を提供するのは
　　事業ドメインである。

ウ：不適切である。将来の事業の定義の決定や全社戦略策定の第一歩となるのは企
　　業ドメインの決定である。

エ：不適切である。企業ドメインの決定により、多角化の広がりの程度の決定や製
　　品・事業分野の関連性、将来の企業のあるべき姿や経営理念を包含している存
　　続領域が示される。

オ：不適切である。企業ドメインの決定は、将来の事業領域の範囲の定義や、企業
　　が自ら相互作用の対象として選択した事業ポートフォリオを決定する。なお、
　　事業ドメインの決定は、特定の市場での競争戦略の影響を受け、という部分は
　　適切である。

過去23年分 平成13年(2001年)〜令和5年(2023年)	
1位	多角化戦略の採用の誘引
1位	多角化戦略による効果
1位	戦略的提携
2位	リストラクチャリングとリエンジニアリング
2位	M&Aの採用動機
3位	代表的なM&Aの手法

直近10年分 平成26年(2014年)〜令和5年(2023年)	
1位	多角化戦略による効果
1位	M&Aの採用動機
1位	代表的なM&Aの手法
1位	戦略的提携
2位	リストラクチャリングとリエンジニアリング
2位	多角化戦略の採用の誘引
3位	※該当項目が多数のため省略

過去23年間の出題傾向

　多角化戦略の採用の誘引、多角化戦略による効果、戦略的提携が各7回、リストラクチャリングとリエンジニアリング、M&Aの採用動機が各6回出題されている。2次試験では、令和5年度事例Ⅰで成長戦略、令和2年度事例Ⅱで製品・市場マトリックス(成長戦略)、平成29年度事例Ⅰで多角化戦略のリスク、令和2年度事例ⅠでM&Aのメリット、令和3年度事例Ⅰで戦略的提携が出題されており、いずれも書けるレベルまで知識の精度を高めておいてほしい。

第 2 章

成長戦略

I 成長戦略の概要

　企業ドメインを実現するために必要な、企業戦略が策定される。企業の全社戦略の策定には、アンゾフの製品・市場マトリックス（成長ベクトル）が用いられる。

1 成長戦略

(1) 成長戦略

　成長戦略とは、将来的に利益をもたらすと想定される分野への積極的・計画的な対応方針を指し、具体的活動としては既存製品の新用途の発見、新技術の開発、未開拓市場の開拓、他業種との提携、M&A、多角化などが該当する。

(2) 製品・市場マトリックス（成長ベクトル）の概要

　アンゾフは製品と市場の視点から、成長戦略について、市場浸透戦略、市場開発戦略、製品開発戦略、多角化戦略の4つの方向を示した。それを表したものが成長ベクトルである。

　アンゾフの成長ベクトルは、「製品2セル×市場2セル＝ 4セル」の構造である。企業の成長戦略の方向性を探るための分析ツールとして活用される。

【 成長ベクトル 】

		製　品	
		既存	新規
市場	既存	市場浸透	製品開発
	新規	市場開発	多角化

2 製品・市場マトリックス（成長ベクトル）の戦略

(1) 市場浸透戦略

　製品を変更せずに既存の市場に対する既存製品の売上を増加することにより、企業を成長させる戦略である。具体的に、企業は次のような取り組みによって成長を考える。

　① 既存市場において、既存顧客が、製品を購入する頻度と量を増大させる。
　② 既存市場において、競合企業の顧客を奪う。
　③ 既存市場において、現在、自社製品を購入していない消費者を顧客とする。

> 　健康食品の通信販売事業を営むＡ社では、既存顧客が競合企業へ流出しないように、広告宣伝を強化し認知度の低下を防ぎ、オペレーターの対応力を強化して既存顧客のリピート率を高めるとともに固定客化を図っている。

(2) 製品開発戦略

　既存の市場に対し、改良製品または新製品を導入することにより、企業を成長させる戦略である。具体的に、企業は次のような製品開発の取り組みによって成長を考える。
　① 既存市場に、既存製品に新しい特徴を付け加えた製品を開発して導入する。
　② 既存市場に、既存製品とは異なる品質の製品を開発して導入する。
　③ 既存市場に、大きさや色などの異なる機能を加えた製品を開発して導入する。

【事例】

> 　旅行業を営むＢ社では、高齢化していく既存顧客に対して、介護付きの海外旅行ツアーを新たに開発した。これはＢ社の従業員の海外での添乗員経験や、Ｂ社の従業員が保有する介護資格などのノウハウを活用できる。また、ツアー商品として長期日程が組めるため、1回あたりの利用金額を高く設定することができた。

(3) 市場開発戦略

　既存製品に対する新しい市場を開拓することにより、企業を成長させる戦略である。具体的に、企業は既存製品が対象としていなかった地域に既存製品を導入することによって成長を考える。

【事例】

> 　飲食業を営むＣ社では、国内でチェーン展開しているラーメン店を、東南アジアを含めた新興国にチェーン展開を始めた。海外の新規市場への参入にあたり、進出国のカントリーリスクを分析し、現地従業員の採用と育成を重点的に行った。

(4) 多角化戦略

　新規の市場に新規の製品を導入する。あるいは他社の事業を買収することにより、企業を成長させる戦略である。

【事例】

> 　資格受験校を営むＤ社では、Ｔ県を中心に数店舗の教室を運営していたが、全国の資格受験者にＤ社のコンテンツの良さを知ってもらうために、出版社Ｙ社を買収し、新商品を書籍として出版することで、新市場である全国の顧客へ販売することができた。

3 SBU (Strategic Business Unit)

(1) 企業戦略とSBU

　企業が多角化を図り、複数の事業部を運営しているとき、企業戦略に基づき、事業別の戦略が策定される。一般的に個別の事業を、戦略的事業単位 (SBU：Strategic Business Unit) と呼ぶ。

(2) 事業戦略とSBU

　SBUは、企業戦略の範囲内で戦略を策定しなければならない。SBUで策定される事業戦略は、企業戦略との一貫性と統一性が求められる。
　SBUには、次のような特徴がある。

【 SBUの特徴 】

単一事業であり明確な事業戦略を持つ	他の事業と独立して計画を策定できる
それぞれが独立して競合企業を持つ	権限の範囲で経営資源をコントロールできる

R02-08
H30-08
H27-10
H20-04

4 リストラクチャリングとリエンジニアリング

(1) リストラクチャリング

　リストラクチャリングとは、事業の再構築である。不採算事業を切り捨て、将来有望な事業へ進出するなど、自社の強みを増大させるために行うもので、成長のためのマネジメントの1つである。リストラクチャリングの一環として事業を子会社として独立させる場合は、各子会社に大幅に権限を委譲し、意思決定の迅速化を図ることが課題となる。

【 事例 】

> 　金属部品製造業を営むE社では、業界内で価格競争が進展しているため、昨年度までに遊休資産の売却等を含めた、全社的なリストラクチャリングを断行した。現在のE社は、大規模なリストラクチャリングを行ったため、取引先Z社からの部品Qの納入価格の大幅な引き下げ要求に対して、さらなる固定費の削減は望めない状況にある。

(2) リエンジニアリング

　リエンジニアリングとは、コストや品質、サービス、スピードなど、企業において重要なパフォーマンス指標を劇的に向上させるため、ビジネスのプロセスを根本から再設計し、経営効率を高める全社横断的な取組みである。

II 多角化戦略

1 多角化戦略の基本分類

(1) 関連型多角化

　関連型多角化とは、企業を構成する各SBU（戦略事業単位）が、開発技術、製品の用途、流通チャネル、生産技術、管理ノウハウなどを共有する多角化である。

　関連性の深い事業への多角化は、既存事業と新規事業の間のシナジー効果により、高い収益性をもたらす。ただし、主力事業に関連する事業分野を中心に多角化すると、主力事業の市場において自社の他事業との競合が起こり、企業の収益性は低下するおそれがある。

(2) 非関連型多角化

　非関連型多角化とは、きわめて一般性の高い経営管理スキルと財務資源以外、企業を構成するSBU間の関連性が希薄な多角化である。鉄鋼メーカーがエレクトロニクス分野に進出するような、まったくシナジーのない異質な分野に進出する多角化である。何らかの外部資源の利用が不可欠となる。

2 アンゾフによる多角化戦略の分類

　多角化を行う方向や既存事業との関連性の違いに応じて、水平型多角化、垂直型多角化、集中型多角化、集成型多角化、の4つに分類できる。

(1) 水平型多角化

　水平型多角化とは、現在の顧客と同じタイプの顧客を対象にして、新しい製品を投入する多角化である。

【事例】

> パソコンメーカーのF社が、既存のパソコン事業から、新規のプリンター事業へと進出した。

(2) 垂直型多角化

　垂直型多角化とは、現在の製品の川上や川下に対する多角化である。川下への多角化を前方的多角化、川上への多角化を後方的多角化という。

【事例】

> 衣料品メーカーのG社が、直営店を出店して小売業へ川下進出し、品揃えを拡充するために、関連する新商品を自社ブランドで開発し、数年後に店舗をチェーン展開した。

⑶ 集中型多角化

集中型多角化とは、現在の製品とマーケティングや技術の両方、またはいずれか一方に関連がある新製品を、新たな市場に投入する多角化である。

【事例】

> 日本酒メーカーのH社が、自社の強みである発酵技術を活かして、バイオ事業へと進出した。

⑷ 集成型多角化

集成型多角化とは、コングロマリット型多角化ともいい、現在の製品と既存の市場の両方にほとんど関連がない中で、新製品を新しい市場に投入する多角化である。

【事例】

> CVSチェーンのJ社が、豊富な資金と、全国に展開している店舗による顧客への利便性を活かして、金融事業へと進出した。

R04-01
H29-01

3 ルメルトによる多角化戦略の分類

多角化戦略は、各事業相互間の定性的なパターンによって、集約的なものと、拡散的なものに分類される。

⑴ 集約型多角化

事業間の関連性パターンが網の目状に緊密になっており、少数の種類の経営資源をさまざまな分野で共通利用するような多角化である。このような場合、多角化を一層進めようとする経営者は、範囲の経済を重視した資源の有効利用を考える。ルメルトの研究によると、拡散型より集約型の方が全社的な収益性（利益率）が高い傾向にあるとされる。

⑵ 拡散型多角化

現在保有する経営資源をテコにして新分野に進出し、その新分野で蓄積した経営資源を土台にして、さらに新しい分野に進出するパターンである。事業全体として緊密なつながりを持たない資源展開である。

【 集約型多角化と拡散型多角化 】

集約型

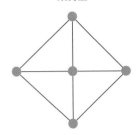

拡散型

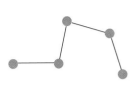

出典:『経営戦略論(新版)』石井淳蔵 他著　有斐閣

4 多角化戦略の採用の誘引　(基)

　企業が多角化戦略を採用する動機には、外的な成長誘引と内的な成長誘引の2つがある。

(1) 外的な成長誘引

　外的な成長誘引とは、企業を新たな事業へと参入させる外部環境の条件である機会や脅威である。

　例えば、機会には外部環境の成長がある。脅威には、主要な既存事業の市場の需要の低下や、既存の主力製品の市場で、上位数社が市場全体の売上高の多くの割合を占め、寡占化が進んでいる場合などがある。

(2) 内的な成長誘引

　内的な成長誘引とは、企業を多角化へと向かわせる企業内部の条件である。例えば、単一事業に依存していることのリスクの分散や、未利用資源の有効活用などがある。

5 多角化戦略による効果　(基)

(1) 相補効果 (コンプリメント効果)

　相補効果とは、複数の事業の組み合わせにより、各製品市場分野での需要変動や資源制約に対応し、需要変動の平準化や余剰資源の有効利用に結びつく効果である。足し算的な効果ともいわれる。

　具体的な効果として、複数の製品分野での事業が、互いに足りない部分を補い合うことで、企業全体として売上の季節変動などを平準化できる。

【事例】

> K社は、冬はスキー場を運営しているが、夏はアウトドア・レジャー施設を運営することにより、夏は休眠していた施設を活用して、季節による需要変動を補い合っている。

(2) 相乗効果 (シナジー効果)

相乗効果とは、複数の事業の組み合わせによる情報的資源の同時多重利用によって発生する効果である。掛け算的効果ともいわれる。

具体的な効果として、複数の事業が互いに見えざる資産を生み出しあい、使いあうことにより、相互依存的に売上高が増大する。

静的なシナジーよりも動的なシナジーをつくり出せるような事業の組み合わせの方が望ましいとされる。

【事例】

> L社では、L社独自の経営資源であるナノ技術という情報的資源を同時多重利用することにより、現在の事業から、化粧品事業や医薬品事業へと多角化を図り、効率性の高い範囲の経済を生み出せた。

6 多角化の程度

多角化の程度について、R.ルメルトや吉原英樹らの研究においては、それぞれ多角化のタイプの定義が異なる。そのため共通のタイプについてまとめると、専門比率 (最大の売上規模をもつ単位事業が、企業の総売上高に占める構成比) が、0.95 (95%) 以上の専業型は多角化の程度が低く、0.7 (70%) 以上0.95 (95%) 未満の本業中心型 (本業型)、0.7 (70%) 未満の関連事業型 (関連型) と、専業比率が低くなるにつれて多角化の程度が高くなる。

横軸に多角化の程度を、縦軸に収益性 (利益率)・成長性をとると、多角化の程度と収益性・成長性との関係は次の図のようになる。

【 多角化の程度と収益性・成長性との関係 】

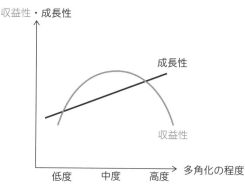

III M&A

1 M&Aの概要

 R03-03

　M&Aとは、企業の合併（Mergers）と買収（Acquisitions）の総称である。

　M＆Aを目的とした買収の手法として、事業譲渡・株式取得・会社分割などがある。M＆Aの手法として事業譲渡をとる場合には、譲渡・承継の対象となる資産や負債を個別に選択することができる。

(1) 敵対的M&A

　敵対的M&Aとは、買収する企業が被買収企業の合意を得ず、無理やり買収する方法である。この場合、買収する企業は、被買収企業の株式を取得するための手段としてTOB（株式公開買付け）を行うのが一般的である。乗っ取りともいわれる。

(2) 友好的M&A

　友好的M&Aとは、買収企業と相手企業との交渉によって合意が成立する買収方法である。

(3) コングロマリット（複合企業体）

　コングロマリット（複合企業体）とは、合併・買収により広範な産業に多角化した企業のことである。

2 M&Aの採用動機

H30-04
H29-04
H27-11
H26-04
H23-02

　わが国の大企業におけるM&Aの動機として多いのは、「国際競争力をつけるため」「国内市場競争力強化のため」「破綻企業再生のため」である。

　一方、中小企業におけるM&Aの譲渡側の動機として多いのは、「後継者問題」および「事業の将来性の不安」である。

【事例】

> 　製造業を営むM社では、国際競争力をつけるために現地企業をM＆Aした。M＆Aされた企業の現地人材に自社のビジョンや戦略の理解を促し、現地に大幅な経営権限を与えて、現地に即した経営を展開して現地化を推進している。

3 代表的なM&Aの手法 Ⓑ

(1) 株式公開買付け (TOB)

株式公開買付け (TOB：Take-Over Bid) とは、会社の経営権を奪取する目的で、複数の株主に対して行われる株式買取りの提案である。

(2) マネジメント・バイアウト (MBO)

マネジメント・バイアウト (MBO：Management Buyout) とは、企業の経営陣が、自社や自社の事業部門を買収することである。

【 事例 】

> N社の財務担当役員と同僚の役員は、現在のオーナー社長が経営する企業の事業承継の方法としてMBOを活用した。MBOを進めるために、投資ファンドの支援を通じて、オーナー社長から株式を買い取り、経営を引き継いだ。

(3) エンプロイー・バイアウト (EBO)

エンプロイー・バイアウト (EBO：Employee Buyout) とは、会社の従業員がその会社の事業を買収したり経営権を取得したりする行為のことである。

(4) レバレッジド・バイアウト (LBO)

レバレッジド・バイアウト (LBO：Leveraged Buyout) とは、企業買収において、対象となる企業の資産を担保に、少ない自己資金で買収することである。実際には銀行借入や債券発行を行う。自社資産を担保に調達した資金によって、オーナーではない経営者が自社を買収するタイプの買収は広義のレバレッジド・バイアウトの一形態であり、通常、買収後には経営の自由裁量の確保や敵対的買収に対する防衛などのために株式を非公開とする。

(5) マネジメント・バイイン (MBI)

マネジメント・バイイン (MBI：Management Buy-in) とはMBOの一類型で、経営陣が社外の第三者に自社株式を買い取らせ、経営を引き継いでもらうことである。

【 事例 】

> O社では、現社長が高齢化したために、家族や親族以外の者への事業承継をMBI (management buy-in) によって行うことを検討していた。現社長は、社外の第三者である取引先企業に自社株式を買い取らせ、経営を引き継いでもらうことにした。

4 M&Aを成功させるための経営課題 基

(1) M&Aのメリットとデメリット

M&Aを成功させるためには、M&Aにより得られるメリットと、リスクやコストなどのデメリットについて注意する必要がある。

①M&Aのメリット

異業種・同業種共通のメリットとして、企業の買収により、新規事業分野に迅速に参入することができることがある。

　　(a) 異業種のM&Aのメリット
- 範囲の経済とリスクの分散が実現できる

　　(b) 同業種のM&Aのメリット
- 規模の経済と経験効果・習熟効果が実現できる

②M&Aのデメリット

特に異業種のM&Aでは自社の必要としない資源までも獲得してしまい非効率が生じやすいというリスクがある。

　　(a) 異業種・同業種共通のデメリット
- 各々の組織文化の調整と統合にコストがかかる
- 買収により新規事業分野での成功が積み重なるにつれ、研究開発予算の削減や内部開発努力の軽視の傾向が強まり、イノベーション能力が劣化しやすくなる

(2) M&Aの統合プロセス

同業種・異業種を問わず、M&Aの成功のためには、統合プロセスの適切な実施が必要となる。

Ｍ＆Ａの統合プロセスは、合併や買収の契約成立前のプレＭ＆Ａと、契約成立後のポストＭ＆Ａに大きく分類される。プレＭ＆Ａは①準備段階と②交渉段階からなる。

ポストＭ＆Ａである③統合段階は、PMI（Post Merger Integration）とも呼ばれる。

①準備段階

次の(a)・(b)の順で進められる。

　　(a) Ｍ＆Ａの対象企業の探索、選別
　　(b) Ｍ＆Ａの対象企業としての適否の調査

選択した企業の経営や財務などの情報を収集し、Ｍ＆Ａの対象としての適否を調査するための情報収集・調査活動のことを、デューデリジェンス（due diligence）と呼ぶ。

②交渉段階

買い手となった企業は、Ｍ＆Ａの被対象企業との間で合併比率や買収価格などの条件の交渉を行う。

③統合段階

統合段階はPMIとも呼ばれ、人事・報酬システム、情報システム、組織文化の統合が図られる。

5 M＆Aに関する用語

(1) 黄金株

黄金株とは、拒否権付種類株式とも呼ばれる種類株式（権利の内容が異なる株式）の１つである。会社の合併などの重要な決議事項について、株主総会で拒否権を行使できる株式であり、敵対的買収に対する防衛策となる。

(2) カーブアウト

カーブアウトとは、企業が事業ポートフォリオの見直しを図るために、事業部門の一部や子会社を切り離す経営戦略である。

(3) クラウンジュエル

クラウンジュエルとは、敵対的買収の対象となる企業の経営者が、買収される前に会社の魅力的な資産を売却して、敵対的買収の意欲を削ぐ買収防衛策である。

(4) コントロール・プレミアム

コントロール・プレミアムとは、株式を取得する際に、支配権（コントロール）をも取得できる場合に生じる１株当たりの価値の上昇分である。

6 戦略的提携

(1) 戦略的提携

戦略的提携とは、他社（大学や政府機関も含む）と連携を考慮する企業にとって、企業としての独立性を維持し、企業間に緩やかで柔軟な結びつきをつくるために、有効な戦略オプションのひとつである。

戦略的提携は提携先企業が裏切る場合も考えられる。しかし、提携関係の裏切りにより、企業の評判に悪影響が起こる可能性は、裏切りのインセンティブを抑制する要素となる。

戦略的提携は、範囲の経済を利用できる内部開発によるコストよりも、共同開発のような提携によるコストが小さい場合、内部開発に代わって選択される。

戦略的提携では、パートナーに開示する情報を選択することを通じて、パートナーの学習速度に影響を与えることができる。パートナーに対する情報開示においては、①自社の中核能力を移転してしまうことを避けながら、②提携外の企業に対する優位性を構築するのに十分な情報を開示してパートナーの学習速度を上げ、どのよう

に企業間で新たな価値創造を行っていくか、を検討する必要がある。

(2) 戦略的提携の課題

　　①提携するパートナー企業が提携関係を裏切る可能性を最小化しつつ、提携による協力から得られる恩恵を最大限に享受することである。

　　②提携が長くなるにつれて互いに心が通い合い信頼が醸成されやすいが、そのことによって取り引きの経済評価が甘くならないようにすることである。

(3) 戦略的提携のメリット

　戦略的提携により、新たな業界もしくは業界内の新しいセグメントへ低コストで参入しようとするのは、企業間のシナジーを活用する試みとなる。

■■■ **問題編** ■■■　　Check!!

問1 (H29-01)　　　　　　　　　　　　　　　　　　　　　　[○・×]
　多角化を一層進めようとする経営者は、事業間の関連性パターンが集約型の場合、範囲の経済を重視した資源の有効利用を考える。

問2 (R03-01)　　　　　　　　　　　　　　　　　　　　　　[○・×]
　企業における多角化の程度と収益性の関係は、その企業が保有する経営資源にかかわらず、外部環境によって決定される。

問3 (R04-01)　　　　　　　　　　　　　　　　　　　　　　[○・×]
　関連多角化を集約型 (constrained) と拡散型 (linked) に分類した場合、R.ルメルトの研究によると、拡散型より集約型の方が全社的な収益性 (利益率) が高い傾向にあるとされる。

問4 (R05-07)　　　　　　　　　　　　　　　　　　　　　　[○・×]
　異業種間のM&Aでは、自社の必要としない資源までも獲得することがあり非効率が生じやすいが、規模の経済のメリットを享受できる。

問5 (H29-04)　　　　　　　　　　　　　　　　　　　　　　[○・×]
　同業種のM&Aには、基本的には、範囲の経済と習熟効果の実現というメリットがあり、組織文化の調整のコストは必要であるが、統合のコストはかからない。

■■■ **解答・解説編** ■■■

問1　○：事業分野間の関連が密接で経営資源の共有度が高いため、範囲の経済を重視する。
問2　×：外部環境の影響だけでなく、企業が保有する経営資源を複数の事業で有効活用することにより相補効果や相乗効果が得られ、収益性が高まる。
問3　○：設問文のとおり。
問4　×：異業種間のM&Aのメリットは、範囲の経済とリスクの分散の実現である。自社の必要としない資源までも獲得することがあり非効率が生じやすいことは正しい。
問5　×：調整のコスト、統合のコストともに発生する。

■■■■ 問題編 ■■■■

　企業の多角化に関する記述として、最も適切なものはどれか。

ア　外的な成長誘引は、企業を新たな事業へと参入させる外部環境の条件であるが、主要な既存事業の市場の需要低下という脅威は、新規事業への参入の誘引となりうる。

イ　企業の多角化による効果には、特定の事業の組み合わせで発生する相補効果と、各製品市場分野での需要変動や資源制約に対応し、費用の低下に結びつく相乗効果がある。

ウ　企業の本業や既存事業の市場が成熟・衰退期に入って何らかの新規事業を進める場合、非関連型の多角化は、本業や既存事業の技術が新規事業に適合すると判断した場合に行われる。

エ　事業拡大への誘引と障害は、企業の多角化の形態や将来の収益性の基盤にまで影響するが、非関連型の多角化では、既存事業の市場シェアが新規事業の市場シェアに大きく影響する。

オ　内的な成長誘引は、企業を多角化へと向かわせる企業内部の条件であり、既存事業の資源を最大限転用して相乗効果を期待したいという非関連型多角化に対する希求から生じることが多い。

解答：ア

多角化戦略に関する出題である。

ア：適切である。外的な成長誘引とは、企業を新たな事業へと参入させる外部環境の条件である機会や脅威である。選択肢の主要な既存事業の市場の需要低下は脅威であるため、新規事業への参入の誘引となる。

イ：不適切である。特定の事業の組み合わせで発生するのは相乗効果で、各製品市場分野での需要変動や資源制約に対応し、費用の低下に結びつくのは相補効果である。

ウ：不適切である。本業や既存事業の技術が新規事業に適合すると判断した場合に行われる多角化は、関連型の多角化である。

エ：不適切である。非関連型の多角化は、既存事業と異質な分野に進出する多角化であるため、既存事業の市場シェアが、新規事業の市場シェアに大きく影響するとはいえない。

オ：不適切である。既存事業の資源を最大限転用して相乗効果を期待する多角化は関連型多角化である。

テーマ別出題ランキング

過去23年分 平成13年（2001年）～令和5年（2023年）	
1位	新興国への進出
2位	コトラー・嶋口の競争対抗戦略フレーム
3位	新興業界（先端業界）の競争戦略

直近10年分 平成26年（2014年）～令和5年（2023年）	
1位	5つの競争要因による業界の競争構造の決定
1位	既存企業同士のポジショニング争い
1位	新興国への進出
1位	海外展開をめぐる対応
2位	コスト・リーダーシップ戦略
2位	成熟業界の競争戦略
3位	※該当項目が多数のため省略

過去23年間の出題傾向

　新興国への進出が14回、コトラー・嶋口の競争対抗戦略フレームが10回と多く出題されている。5つの競争要因や3つの基本戦略といった競争戦略における基礎知識は、1次試験・2次試験ともに必須となる重要テーマであるため、しっかり学習しておこう。2次試験では、令和5年度事例Ⅰに競争戦略と差別化戦略、令和元年度事例Ⅰに衰退市場における競争戦略、平成30年度事例Ⅰに競争戦略が出題されている。

第3章

競争戦略

I　競争戦略の概要

競争戦略は、試験対策上、ポーター（M.E.ポーター）の競争戦略論が中心となる。本書では、経営資源戦略と密接に関連のあるバリューチェーンについては、第4章の経営資源戦略に掲載している。

1　競争戦略と業務効果

ポーターは競争戦略論において、戦略と業務効果を明確に区別しており、企業に競争優位をもたらすものは、業務効果ではなく、戦略であるとしている。

(1) 競争戦略

① 競争戦略の定義

ポーターは、**競争戦略**とは、自社が競合他社との違いを打ち出すことであるとしている。自社が競合他社と異なる企業活動を選択することで、顧客に対して自社が提供する価値を独自に組み合わせて提供できるとしている。

② 競争対抗と競争回避

競争戦略では競争対抗と競争回避という2つの方向がある。**競争対抗**には、競争を優位に進展するために、コスト面、品質面に優れた製品の提供、イメージアップのための広告宣伝活動などがある。**競争回避**には、競争相手の得意分野とは意図的にずらした市場の獲得のための価格設定や広告宣伝活動などがある。

H25-03 ### (2) 業務効果 (オペレーション効率、業務改善)

業務効果とは、企業が生産や販売などの活動において、競合他社よりも投入資源（インプット）を有効活用することである。具体的には、単純な作業効率の向上や製品の欠陥の減少、競合他社よりも優れた製品を、より速く開発することなどがある。

自社と競合関係にある複数の企業が、業務効果の高い自社をベンチマーキングすることにより、各社とも業務効果は類似してくる。業務効果の視点のみで競争を捉えると、真のイノベーションが生まれず、競争において持続的な成功を収めることが難しい。

【事例】

> A社では効率的な在庫管理を行うために、外部の企業に在庫管理をアウトソーシングしていた。競合企業のB社はA社をベンチマーキングし、A社と同じ企業にアウトソーシングしたため業務効果は類似した。これによりA社とB社は次第に同質化していった。

【 戦略と業務効果の違い 】

	戦略	業務効果
企業活動	競合企業と異なる活動を行う	競合企業と同じ活動をうまく行う
創出される価値	異なる顧客ニーズを満たす 同じニーズを低コストで満たす 上記の両方を満たす	同じニーズを低コストで満たす
競争の目的	独自性を目指す	最高を目指す

出典:『[新版] 競争戦略論Ⅰ』マイケル・E・ポーター著　竹内弘高監訳　ダイヤモンド社

2 競争戦略の体系

　本書では、ポーターの理論と平成13年度からの第1試験の出題傾向を踏まえて競争戦略について効果的な学習をするために、次のように進めていく。

【 競争戦略のフロー 】

> 競争戦略の概要　**Ⅰ**
> 主要テーマ:戦略と業務効果

> 業界の競争構造の決定　**Ⅱ**
> 主要テーマ:5つの競争要因

> 業界内部の構造分析　**Ⅲ**
> 主要テーマ:戦略グループ

> 3つの基本戦略　**Ⅳ**
> 主要テーマ:コスト・リーダーシップ、差別化、集中

> その他の競争戦略　**Ⅴ**
> 主要テーマ:多数乱戦業界、新興業界、成熟業界など

> 国際経営とグローバル戦略　**Ⅵ**
> 主要テーマ:新興国への進出、海外展開をめぐる対応など

> 競争地位別戦略　**Ⅶ**
> 主要テーマ:リーダー、チャレンジャー、ニッチャーなど

II 業界の競争構造の決定

　５つの競争要因（Five Forces）は、ポーターの競争戦略論の核となる部分である。
５つの競争要因が業界に与える影響について学習する。

R05-03
R04-03
R03-06
H29-07
H22-10

1 ５つの競争要因による業界の競争構造の決定 基

⑴ ５つの競争要因

　ポーターは、業界内の企業を取り巻く競争環境が、企業の収益性や戦略に影響を
与えると指摘した。

　業界内の企業が戦略を考える際には、同じ業界内において直接競合している既存
の企業同士の競争にのみ目を奪われるのではなく、業界への新規参入者、業界企業
の製品やサービスの代替品、業界内への売り手（供給業者、サプライヤー）、業界
内の企業からの買い手（顧客）、も含めた、５つの競争要因を考慮する。この**５つの
競争要因**（Five Forces）が、企業の属する業界の構造とその業界における競争の性
質を決定する。

【 ポーターの５つの競争要因 】

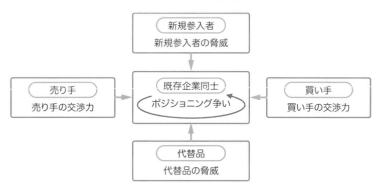

出典：『競争の戦略』マイケル・E・ポーター著　土岐坤　服部照夫　中辻萬治訳　ダイヤモンド社

2 5つの競争要因を考慮した業界内の企業の戦略立案 基

5つの競争要因を考慮することにより、次のような、自社の属する業界における立ち位置や、業界の構造と競争の性質を考慮した戦略の立案が可能になる。

- 業界内の競合他社や、買い手、売り手、新規参入者、代替品との関係から、自社の強みと弱みを評価し、自社の立ち位置がわかる。
- 業界内の競合他社だけでなく、買い手、売り手、新規参入者、代替品との関係から、自社の属する業界の構造と競争の性質が決まる。また、業界の中長期的な収益性にも影響する。

3 新規参入者の脅威 基

(1) 新規参入者による業界内への影響

新規参入者は、新たな生産能力を既存の業界に持ち込み、業界内の市場シェアを奪おうとする。業界内の既存企業には、価格の見直しや、値下げのためのコスト削減の必要性、新規参入者を迎え撃つための投資が必要となる。

【 事例 】

スペシャルティコーヒーチェーンのC社は、業界内でトップの市場シェアを維持していた。しかし、食品業界からの経営資源が豊富な新規企業の参入に備えて、今までよりも顧客が店内でくつろげるような改装や提供する商品のラインアップを増やすなど、メニューの見直しを行った。

(2) 新規参入者の脅威と業界内の企業の収益性

業界への**新規参入者の脅威**は、現在の参入障壁の高低、既存企業からの反撃の強弱によって変化する。新規参入者が、参入障壁が低く、既存企業の反撃が弱いと予想すると、業界内への新規参入者の脅威は高まり、業界内の企業は収益性の抑制に迫られる。

現在の参入障壁の高低　⇒　低い
既存企業からの反撃の程度　⇒　弱い

新規参入者の脅威の程度 ⇒　高い

既存業界の収益性　⇒　抑制

4 新規参入者と参入障壁

参入障壁は、新規参入者に対して既存企業が有する優位性である。これには次の7つが該当する。

(1) 供給側の規模の経済

業界内の供給企業のシェアが大きく、大量生産により規模の経済が働いていると、新規参入者は、業界内の既存企業からシェアを奪うために大規模な参入を行うか、コスト面での劣位を受け入れて参入することになる。

(2) 需要側の規模の利益

需要側の規模の利益とは、ネットワーク効果ともいわれ、ある企業の製品を購入する顧客が増えると、その製品に支払っても良いと考える金額が高まる業界で生じる。

具体的には、顧客が重要な買い物をするとき、大企業の方を信頼することなどがある。このような場合に、新規参入者は、業界内で顧客が増加し、認知されるまで低価格で販売しなければならない。

R03-12 (3) 顧客のスイッチングコスト

スイッチングコストとは、買い手が供給業者を変更するときに生じる費用である。スイッチングコストが高いほど、新規参入者は参入する業界内において顧客獲得が困難になる。

(4) 資金ニーズ

参入しようとする業界内で既存企業と競争する際に巨額の投資が必要な場合がある。このような場合には、新規参入者の参入障壁は高くなる。

⑸ 企業規模に無関係な既存企業の優位性

　業界内の既存企業が、企業規模と関係のないコスト上の優位性や品質上の優位性を保有している場合がある。新規参入者が、このような優位性を保有していない場合には参入障壁は高くなる。

⑹ 流通チャネルへの不平等なアクセス

　業界内の顧客へ製品を販売するための卸売や小売の流通チャネルが限られており、業界内の既存企業が流通チャネルを占めている場合がある。新規参入者は業界に参入するためには、独自のチャネルを開拓する必要があり参入障壁が高くなる。

⑺ 政府による参入規制

　政府が許認可制度や外資規制等により、業界の新規参入者を妨げている場合がある。このような場合には、新規参入者の参入障壁が高くなる。

5 売り手（供給業者）の交渉力

⑴ 交渉力が強い供給業者の影響

　交渉力が強い供給業者は、他社よりも高価格で販売でき、サービスの質を制限することができる。また、業界内の企業にコストを転嫁して利益を獲得できる。
　業界内の企業がコストを自社の販売価格に転嫁できない場合には、原材料などを交渉力の強いサプライヤーから仕入れることにより、自社の収益性が低下する。

【 事例 】

> 　パソコンメーカーのD社は、業界内の企業と価格競争を繰り広げていたが、パソコンのOSの供給業者が価格改定で値上げしたため、昨年度と比較して収益性が低下した。

⑵ 供給業者の交渉力が強くなるケース

　次のような状態のときは、特定の資源の供給者に強く依存することになり、供給業者の交渉力は強まる。業界内の企業が、常に代替的な資源の開発に取り組むことは、供給業者の交渉力を弱めることができる。
　①供給業者の業界が少数の企業で支配されている
　②供給業者の販売する製品に独自性があり高度に差別化されている
　③供給業者の製品が代替品の脅威にさらされていない
　④供給業者が自社の属する川下の業界を垂直統合するおそれがある
　⑤供給業者にとって自社の業界がさほど重要ではない
　⑥業界内の買い手側の企業が供給業者を変更する際のスイッチングコストが高い

6 買い手の交渉力

(1) 有力な買い手による影響

有力な買い手は業界内の企業に対して、企業を競わせることで値下げを迫り、品質やサービスの向上を求める。そのため、価格感度が高い業界で値下げ圧力をかけてくるような場合には、買い手の交渉力は強くなる。業界内の企業は買い手の圧力により、コストが上昇し、業界全体の収益性は低くなる。

【 事例 】

> 自動車部品メーカーのE社が製造する部品に対して、買い手の自動車メーカーが交渉の際に自社で部品を内製化すると伝えてきたため、原材料価格が高騰しているにもかかわらず、現状の価格で販売することになり、収益性が低下した。

(2) 買い手の交渉力が強くなるケース

次のような状態のときは、個人の消費者でも法人の顧客でも同様に買い手の交渉力は強くなる。差別化されていない製品や高額な製品、それほど性能の良さが重要ではない製品を購入するときには価格感度が高くなりやすい。

業界内の企業が、常に独自性が高く、差別化された模倣困難性の高い製品の開発に取り組むことは、買い手の交渉力を弱めることができる。

①自社製品の買い手が少数しかいない
②買い手が自社の生産規模を超えて大量に購入する
③買い手に販売される自社製品が差別化されておらず標準品である
④買い手が自社製品から他社製品に変更してもスイッチングコストが低い
⑤買い手が自社の属する業界を垂直統合（川上統合）するおそれがある
⑥自社の製品価格が、買い手の製品原価の大部分を占めている
⑦買い手が高い経済的利益を得ていない

7 代替品の脅威

(1) これまでにない新製品による影響

代替品は、大きな技術の変化や消費者のニーズの変化によってこれまでにない新製品として登場し、既存の製品に取って代わる脅威になることがあるので、技術や市場のマクロなトレンドを見失わないように注意しなければならない。代替品の相対的な価値が高いほど、業界内の企業の潜在利益が抑制される。

【 事例 】

> レンタルビデオチェーン店のF社は、近年のインターネットによる映画などのオンライン動画配信サービスの台頭により、レンタル数が大幅に減少して収益性が低下した。

(2) 代替品の脅威が高まるケース

①業界内の現在の製品よりも価格に対して性能が良くなる傾向を持つ製品
②買い手が現在の製品から乗り換える際のスイッチングコストが低い製品

8 既存企業同士のポジショニング争い R05-03

(1) 競合企業同士の有利な市場地位の確保

業界内の既存企業同士は、競合企業であるため、価格競争や新製品の投入、広告や販促活動、顧客サービスの拡充などを行い、市場における有利な地位を確保しようとする。

(2) 4つの競争次元 　　　　　　　　　　　　　　　　　　　　H29-32

競争には類似した製品やサービスによる**ブランド競争**、同じ産業間の製品・サービスによる**産業競争**、同じ便益（ベネフィット）を得られる製品・サービスによる**形態競争**、消費者の財布の中身をめぐる**一般競争**の4つの競争次元がある。

【事例】

> ローカルスーパーのG店は、近隣のローカルスーパーの数店舗と競合関係である。近隣の競合店舗とG店は、同じような品揃えのため、顧客の獲得のために、値下げによる価格競争を行っている。そのため、この地域のスーパーは各社ともに収益性が低下している。

(3) 既存企業同士のポジショニング争いが激しくなるケース 　　　　R01-06

①業界内に競合企業が多数存在する
②業界内の競合企業同士が同規模で、市場への影響力も同程度である
③業界内の市場成長率が低い
④業界内の撤退障壁が高い
⑤業界内で競合企業同士が同じような製品・サービスを提供している
⑥業界内で効率を高めるために生産能力を増強しなければならない

一般的に産業の成長が低下すると、その産業に属する企業間の市場シェアをめぐる競争は激しくなる。業界の成長率が低い場合、拡張志向を持った企業を巻き込んだ市場シェア争いが起こる。

固定費が高い産業は固定費を回収するために、また、在庫費用が高い産業は在庫の陳腐化を避けるために、価格競争に陥りやすい。

製品の差別化が難しい場合、別の企業から顧客を奪われる可能性が高く、競争が激しくなる。同業者が減ったとしても、圧倒的な市場シェアをもつ企業がいない産業では、競争が激しくなりやすい。

他の条件が全て等しい場合に、ハーフィンダール指数と製品差別化の程度から競

争状況を考えると、ハーフィンダール指数が低く、差別化の程度も低い場合には、既存企業間の対抗度が高くなる。

III 業界内部の構造分析

　先ほど学習した５つの競争要因によって、企業の属する業界の構造とその業界における競争の性質を把握してきた。本節では、同一業界の中にある企業の一つが、なぜ、他の競合企業よりも高い収益性を維持しているのかという、同一業界内の企業収益の格差の原因について学習する。

1 戦略グループ

H26-02
H22-09
H20-03

（1）戦略グループ

　戦略グループは、同一の業界内において、類似の戦略を採用している企業グループである。戦略グループ内の企業は、戦略グループ外の企業とは異なる共通の脅威と機会に面している。

（2）業界内の企業を分類する切り口

　業界内の構造分析をする際には、業界内の競合企業が採用している戦略の特徴を、切り口によって分類する。切り口には、製品の品質の水準、価格政策、流通チャネルの選択、垂直統合など様々なものがある。

　業界内を分類するための切り口は、その業界において主要な移動障壁を決定するものでなければならない。清涼飲料水業界での主要な移動障壁は、ブランドと流通チャネルとなるため、切り口は縦軸がブランド、横軸が流通チャネルの選択となる。

（3）移動障壁

　移動障壁とは、同一業界内における戦略グループ間の参入障壁のことである。移動障壁があるため、業界内の企業が、ある戦略グループから、別の戦略グループへと移動することが困難になる。

　具体的には、業界内の競争を通じて形成された事業システムやマネジメント方式は、企業に戦略上の癖や慣性を生み出す。そのため、企業が別の戦略グループに移動しようとしても、移動障壁により、現在の戦略グループにとどまることになる。

（4）ある製薬業界の戦略グループのイメージ

　ある製薬業界の戦略グループについて、縦軸を製品の専門度（特殊な医薬品の場合は高い、一般的な医薬品の場合は低い）の切り口、横軸を研究開発スキルの高・低の切り口で分類すると次の図のようになる。

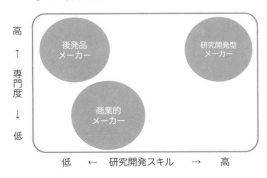

【 ある製薬業界の戦略グループのイメージ 】

（縦軸：高 ↑ 専門度 ↓ 低／横軸：低 ← 研究開発スキル → 高）

後発品メーカー　研究開発型メーカー　商業的メーカー

　上記の【ある製薬業界の戦略グループのイメージ】のように、移動障壁が特定されて戦略グループごとに企業のグループが分類されると、戦略グループ内での企業行動がわかる。

⑸ ある白物家電業界における戦略グループのイメージ

　ある白物家電業界における戦略グループについて、縦軸を垂直統合の高い・低いの切り口、横軸を製品ラインの狭い・広いの切り口で分類すると次の図のようになる。

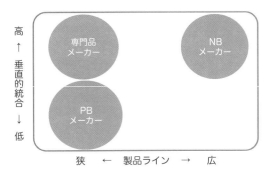

【 ある白物家電業界における戦略グループのイメージ 】

（縦軸：高 ↑ 垂直的統合 ↓ 低／横軸：狭 ← 製品ライン → 広）

専門品メーカー　NBメーカー　PBメーカー

【 戦略グループの企業行動 】

　ある製薬業界の戦略グループにおいて、研究開発型メーカーは、自社の研究開発力を強化し、後発品メーカーは、研究開発型メーカーが開発した製品のうち特許が切れた製品を改良して販売する。商業的メーカーは、研究開発力は外部から調達することで時間とコストをかけない代わりに、一般的な医薬品を消費者に販売するため、販売やマーケティングにコストをかけるかもしれない。

2 戦略グループの形成とグループ内競争の激化

(1) 戦略グループの形成

　戦略グループが形成される理由には、①業界内の企業の能力や経営資源に差があることや、②業界内の企業の目標やリスクに対する考え方が異なることがある。

　上記の①と②が異なると、同一業界内の戦略グループ間が直面する機会や脅威が異なるため、グループ間の収益も異なる。また、同一業界内に複数の戦略グループが存在するのは、製品ラインの絞込みなどが異なるからである。

> ● 製薬業界において、企業の研究開発能力に差があるため、研究開発型メーカーや後発品メーカーなどの戦略グループが形成される。研究開発型メーカーは、リスクは高いが、研究開発に成功すると一定の期間、高い収益を確保できる。
> ● 白物家電業界において、すべての白物家電を自社ブランドで提供するという目標があるため、NBメーカーやPBメーカーなどの戦略グループが形成される。NBメーカーは、豊富な経営資源のため、製品ラインを絞り込まず広くしているが、PBメーカーは、経営資源が限られているため、製品ラインを絞り込んで狭くしている。

(2) 類似した戦略グループの形成

　業界内の企業が、製品の生産のために垂直統合を強めると、企業の生産体制や製品ラインは似通ってくるので、類似した戦略グループが生まれやすくなる。

　業界内の企業が、顧客層と製品ラインの幅を考慮して、最適生産規模を追求したり、共通コストの節約を図ったりすると、次第に一貫した戦略行動になるので、類似した戦略グループが生まれやすくなる。

(3) 戦略グループ内での競争

　いったん戦略グループが形成されると、そのグループから他のグループへの移動障壁が築かれ移動は難しくなる。したがって、その戦略グループ内で限られた顧客を奪い合うため、競争は激化する。

Ⅳ 3つの基本戦略

　企業が、業界内で業界平均を上回る収益率を長期間に維持するためには競争優位が必要である。ポーターは、企業が競争優位を確立するには、①コスト・リーダーシップ、②差別化、③集中のいずれかが源泉になると唱えた。

　コスト・リーダーシップと差別化は相反するものであり、同時に追求することは難しい。この原則に従えば、業界内の企業はコスト・リーダーシップと差別化のいずれかを選択しなければならない。

【 3つの基本戦略 】

		競争優位	
		他社より低いコスト	差別化
戦略ターゲットの幅	広い	コスト・ リーダーシップ	差別化
	狭い	コスト集中	差別化集中

出典：『競争優位の戦略―いかに高業績を持続させるか』マイケル・E・ポーター著　土岐坤訳　ダイヤモンド社

R03-07
R02-04
H28-06
H23-05

1 コスト・リーダーシップ戦略

(1) コスト・リーダーシップ戦略

　コスト・リーダーシップ戦略は、製品の生産やサービスの提供において、同一業界内の競合他社よりも、低コストで最優位を獲得する戦略である。コスト・リーダーシップ戦略を行う企業が、市場浸透価格政策をとると、自社の経験効果によるコスト低下のスピードは、競合他社よりもはやくなる。

(2) 低コスト実現のための取り組み

　低コストで業界内の最優位の地位を占めるためには、競合他社よりも高い市場シェアを獲得したり、早い時点で参入したりして、経験曲線効果を得ることや、原材料の大量購入により、原材料を低コストで調達することが必要である。

【 事例 】

> 　製造業のH社では、コスト・リーダーシップ戦略を採用するため、製品を製造し易い製品設計やコストを分散するために関連製品の種類を増やした。また、効率的に製造できる生産設備に多くの投資を行い、大口の標的顧客に対して大量販売のためのサービスや攻撃的な価格政策を実施した。
> 　当初は、赤字だったが、高い市場シェアが確保でき、原材料の大量購入によるコスト低下により、競合他社よりも利益率が高くなった。
> 　さらにH社では、蓄積された利益をコスト・リーダーシップの維持のために、新設備や機械の再投資を行った。

⑶ コスト・リーダーシップ戦略のリスク

　コスト・リーダーシップを維持するためには、常に効率の良い生産設備に再投資し、古い生産設備は廃棄することが必要である。

　また、技術革新や市場の変化のスピードが速い場合にも注意が必要である。テクノロジーの急速な変化が、過去の投資や習熟を無駄にしてしまうような、企業の戦略不適合のリスクを高める。次のようなリスクには注意が必要である。

> - 自社の今までの投資や時間をかけて形成された習熟が無駄になるような、テクノロジーの変化が起きる
> - 資金力が豊富な業界内への新規参入者が、自社よりも新しい生産設備により、低コストで追随してくる
> - コスト引き下げに注力しすぎて、業界内の顧客ニーズの変化に合わせ、製品やマーケティングを見直すことを忘れている

2 差別化戦略

⑴ 差別化戦略

　差別化戦略は、業界内の競合他社に対して、自社の製品やサービスなどにおいて、特異性を創造することで優位性を獲得する戦略である。

⑵ 差別化の切り口

　差別化の切り口には、次のようなものがある。業界内で差別化戦略を成功させるためには、複数の組み合わせで差別化する。

【 差別化の切り口 】

製品設計やブランド・イメージ	技術
顧客サービス	販売店のネットワーク

【 事例 】

> 　製造業のJ社では、自社製品の特性を高く評価する顧客層に事業領域を絞り込むことにより、これまでの価格政策を見直し、プレミアム価格を設定して差別化戦略を行った。

⑶ 差別化戦略のリスク

　差別化戦略を維持するためには、テクノロジーの変化などを見落として、コスト面において競合企業に大きく遅れをとり、差別化によるブランド・ロイヤリティが維持できなくなるほどのコストの差がつかないように注意する必要がある。

　差別化戦略においては、次のようなリスクに注意が必要である。

- 差別化を果たした自社と、競合他社との間で、コストの差があまりにも開きすぎて、顧客に対して差別化によるブランド・ロイヤリティが維持できなくなる
- 業界内が成熟期になることにより、競合企業の模倣が激化し、顧客が自社の提供する製品やサービスの差別化を認めなくなる

3 集中戦略

(1) 集中戦略

集中戦略は、業界内の特定セグメントに焦点を絞り、企業の経営資源を集中して優位性を獲得する戦略である。特定セグメントに集中するため、業界内の競合企業と効率よく戦うことができる。集中戦略は、コスト集中戦略と差別化集中戦略の2つに分類できる。

【 事例 】

> 料亭を営むK社では、予約をすべて常連客からの紹介のみに絞り、1日5組に限定した。料理も事前に顧客の好みを伺い顧客に合わせてメニューを提案し、一度来店した顧客には、季節毎に支配人からの手書きの季節の便りを送付している。これにより、一般客を受け入れていた頃に比べて、予約のキャンセルが大幅に減少し、リピート客も大幅に増加した。

(2) 集中戦略のリスク

集中戦略を維持するためには、業界内の特定のセグメントに絞り込み、自社の強みを発揮している市場セグメントに、競合他社が参入してきた場合、自社の能力（コンピタンス）をより強力に発揮できるようにビジネスの仕組みを見直すことが必要である。

また、絞り込みをかけた市場セグメントの顧客ニーズが、時間の経過とともに、業界全体のニーズと似通ったものにならないように監視するとともに、顧客が評価する独自性のある製品の提供を怠らないようにすることが必要である。集中化戦略では、次のようなリスクに注意が必要である。

- 自社が戦略的に絞込みをかけた市場セグメントの内部に、競合他社がさらに小さな市場セグメント見つけて集中戦略を進める
- 業界内で広い市場セグメントを対象としている競合他社と、集中戦略を採用している自社との間のコストの差が開き、絞り込まれた市場セグメントと取引することによるコスト優位や、集中戦略により達成された差別化が相殺される

V その他の競争戦略

　その他の競争戦略では、業界特性の異なる様々な市場における競争戦略を学習する。異なる業界であるが、今まで学習した競争戦略の知識の応用となるため、今まで学習した理論とどのように結びつくかを考えながら学習してほしい。

1 多数乱戦 (市場分散型) 業界の競争戦略

(1) 多数乱戦業界

　多数乱戦業界は、多数の中小企業や個人企業がしのぎを削っている業界である。業界内には、市場シェアの大部分を獲得して、業界の生産量を大きく左右する企業や、主要技術を占有するような企業がいない。

(2) 多数乱戦業界の特徴

　多数乱戦業界には、次のような特徴がある。
　①参入障壁が低く、規模の経済性や経験曲線効果が作用しない
　②企業が小さいことによりインセンティブを持つような規模の不経済がある
　③市場のニーズが多様であり、人手によるサービスが中心である

(3) 多数乱戦業界における戦略

　多数乱戦業界を制圧するためには、多数の中小企業や個人企業を少数の企業に集約するような、集約・統合戦略を行う。多数乱戦業界で集約・統合戦略を実行すると、市場シェアの大きい企業が享受する様々な優位性を獲得できる。

【事例】

- ●個別指導の学習塾業界のLa社は、市場が分散している個別指導の学習塾業界にフランチャイズ方式を導入した。各地域に点在している塾のオーナーに対して、専門的な教育方法や教材の提供、自社のブランド・ネームによる高い認知度を提供している。
- ●製造業のLb社は、今までの内部留保を活用して、同業他社との合併を進めることで市場シェアを拡大し、規模の経済や経験効果を高めて、コスト優位性を生み出して収益の拡大を図っている。
- ●金属加工業のLc社は、差別化が難しい汎用品による乱戦状況を改善するべく、加工の水準をあげて顧客の信頼を得たり、顧客に利便性の高いサービスを付け加えたりして、自社製品の付加価値を高めて、根強いロイヤルティをもつ顧客層の拡大を図っている。
- ●製造業Ld社は、多数の企業が乱立する原因である多様な市場ニーズに対応するべく、製品の設計を見直して生産コストを大幅に切り下げて、標準品がお買い得であることを理解してもらい、規模の経済を基に競争優位をつくり出している。

---

2 新興業界（先端業界）の競争戦略

(1) 新興業界

新興業界は、技術革新や市場需要の変動、新しい顧客ニーズの出現などにより、生まれた業界である。

(2) 新興業界の特徴

①標準的なビジネスの運営方法が確立されていない
②非常に大きな不確実性が存在する

(3) 新興業界における先行者優位（先発企業の優位性、先発優位、先発利得）

新興業界に最初に参入した企業（先行企業）は、後発企業と比較して非常に有利なポジションを得ることが可能である。**先行企業**は、自社に有利なかたちで業界内での競争のルールを確立したり、業界構造を創造したりすることができる。

(4) 先行者優位の源泉

先行者優位の源泉には、①技術的リーダーシップ、②希少性の高い経営資源の確保、③顧客のスイッチングコストを高めることの3つがある。

①技術的リーダーシップ

業界内の発展段階のうち、初期の段階で特定の技術に投資する企業は、技術的リーダーシップを発揮し、早期に経験曲線効果（経験効果）を得られる。

先行企業は、特定の技術に基づく累積生産量が後発企業よりも大きくなり、大きな経験曲線効果を得て、低いコストを実現できる。

②希少性の高い経営資源の確保

成功に結びつく経営資源を業界に知れ渡る前に入手することによって、持続可能な競争優位を獲得して、模倣に対する障壁を築くことができる。成功に結びつく経営資源を他社に先んじて入手し、それを独占することができれば、**後発企業**の模倣による参入を防ぐことができる。

③顧客のスイッチングコストを高めること

業界内の顧客が先行企業の製品やサービスを使用するために行う投資は、後発企業の製品やサービスへのスイッチングコストを高めることになる。

(5) 先行者劣位（先発企業の不確実性）

新興業界において、先発企業であることにより、上記の①～③の先行者優位の源泉という機会を得る可能性がある。しかし、新興業界で先発企業であることは、非常に大きな不確実性を伴う。新興業界における技術の進展や顧客ニーズ、生産技術が、先発企業の製品やサービスから何も影響を受けない場合には、先発企業の企業努力が報われない可能性が大きくなる。

先発企業が早期投資により獲得できる収益の不確実性が高い場合、早期投資の成

果について特許取得をしたとしても、得られる利益が必ずしも大きくなるとはいえない。特許取得により独占した技術が優れたものであっても、それが業界内の顧客ニーズに合致して収益を生み出すことを保障するものではないからである。

3 成熟業界の競争戦略 B H30-05 H28-03 H26-01

(1) 成熟業界

成熟業界は、業界内が成熟期に入り、新製品や新技術の開発の可能性が少なくなり、業界内の総需要の成長が鈍化している状態である。業界内の市場が広がっていかないため、これまでの成長率を維持するために、競合企業間のシェア争いは厳しくなる。

(2) 成熟業界の特徴

①新製品や新技術の開発の可能性の低下
②業界内の総需要の成長の鈍化
③経験豊富なリピート顧客の存在
④外国製の競合製品が増加し国際競争が激化する

(3) 成熟業界における競争戦略

業界内が成熟期に移行するにつれ、顧客の知識が増え、技術が成熟し製品の規格化が進む。すると、成熟業界おいて業界内の多くの企業は、プロセス革新や現行製品の改良に力を入れるようになり、競争の重点がコストとサービスに移行する。

4 衰退業界の競争戦略 C H30-05 H28-03

(1) 衰退業界

衰退業界は、業界全体の売上規模が継続的に減少している業界である。衰退業界の企業は機会よりも多くの脅威に直面している。

(2) 衰退業界における競争戦略

継続的に売り上げが減少している衰退業界においては、できるだけ早く投資を回収して撤退する戦略の他に、縮小した業界においてリーダーの地位を確保することも重要な戦略である。具体的には、次の4つの戦略の方向性がある。

①業界のリーダーの地位を確保する

衰退業界においてリーダーの地位を確保することにより、競合他社の市場退出を促すことである。衰退業界では、既存の経営資源を活用するための投資を増強していく内部成長よりも、競合企業を買収する方が適している。競合他社の退出を促すためには、①競合企業の製品ラインを買収してから、その製品ラインを縮小させる

ことや、②競合他社製品向けの部品を生産し供給を開始することなどがある。

②事業領域をさらに絞り込む (ニッチ戦略)

衰退業界において、自社の事業領域をさらに絞込み、特定のセグメントに集中する。集中することで、業界全体の需要がさらに縮小しても収益を維持することができる。

③投資を回収して撤退する (収穫戦略)

衰退業界から撤退する際に、収益を最大限に刈り取ろう (収穫しよう) とする戦略である。この戦略を実行する企業は、業界が衰退する前に、業界内においてある程度の地位を確立していることが必要である。製品ラインや配送網の縮小、小口の顧客の切り捨て、製品品質やサービスの水準を下げることなどがある。ある程度、収穫した後は、業界内のリーダーに売却するか操業停止する。

④即時撤退する (即時撤退戦略)

衰退業界から、できるかぎり早期に投資を回収し撤退する戦略である。業界内において競争優位を持たず、ある程度の地位を確立していない企業は、収穫戦略よりも有効である。

5 ## 撤退障壁

撤退障壁は、業界内の企業が、収益性が低い状態でも、その業界にとどまらざるをえなくしている要因である。撤退障壁には次のようなものがある。

【 撤退障壁の種類 】

①	転用のきかない耐久資産がある	特定の業種にしか利用できない資産は清算価値が低く、移動や他に流用しようとするときのコストが高い
②	撤退のための固定コストが大きい	労働協約を変えるコストや社内再配置等のコストが発生する
③	戦略から生じる撤退障壁	不採算に陥っている部門を撤退させると他部門の不利益を招く場合、自社の強みを失うことがある
④	経営者の感情障壁がある	事業に対する経営者の愛着や従業員への思いやりなど、個人的・感情的な障壁によって撤退の判断が難しくなる
⑤	政府と社会の障壁がある	撤退による失業や地域経済への影響が大きい場合、政府や地域社会からの圧力が加えられる

出典:『競争の戦略』マイケル・E・ポーター著 土岐坤・中辻萬治・服部照夫訳 ダイヤモンド社

  6 ## タイムベース競争

(1) タイムベース競争

タイムベース競争とは、どのようにして早く競争力のある製品を開発し、市場に供給するかという時間をめぐる競争である。

(2) タイムベース競争の効果

タイムベース競争の効果には次のようなものがある。

①製品開発において、最初に製品を生産・販売することにより、企業のブランドを一般名詞のように使うことで顧客の頭の中に刷り込み、商品選択の際に有利となるような先発者の優位性が生じる。

②先発して市場に参入すれば、有利な立地や優秀な人材を先取りできるだけではなく、市場動向に素早く対応して、売り上げが増大する可能性が高くなる。

③開発から生産・販売までのリードタイムを短縮して、販売上の機会損失の発生の防止にもつながる。

④工場での生産リードタイムの短縮による原材料費の削減により、原材料購入にかかわる金利の削減にもつながる。

⑤顧客ニーズに俊敏に対応することで価格差を克服し、結果的に競合他社よりも高い利益率の実現にもつながる。

(3) 製品開発期間の短縮

製品ライフサイクルが短期化し、激しい競争に直面する中、多くの企業にとって製品開発期間を短縮することは重要な課題として認識されている。製品開発期間の短縮を図るために、製品開発のプロセスに注目して、次の手法を体系的に組み合わせることが行われている。

①オーバーラップ型の開発手法

オーバーラップ型の開発手法では、開発プロセスの上流タスクの完了前に下流タスクを先行してスタートさせる。上流タスクと下流タスクの混乱を最小限に抑えるために、緊密なコミュニケーションが必要である。

②コンカレント・エンジニアリング

コンカレント・エンジニアリングとは、製品設計と製造など各機能業務を並行させて商品開発の同時進行化を行うための方法である。

③シーケンシャル型の開発手法

シーケンシャル型の開発手法とは、上流タスクが終了してから下流タスクを開始する手法である。これは、変化の激しいメインフレームなどの開発で適しているといわれている。

【事例】

M社では、上流段階のボディ設計と、下流段階の金型開発のオーバーラップ化を実践した。オーバーラップ化においては、上流段階で早期に未完成の情報を下流段階に少しずつ流し、下流段階では、上流段階の未完成の情報に基づき徐々に仕事を進めていった。また、上流段階と下流段階で、頻繁に情報交換をすることにより、混乱を最小限に抑えている。

(4) フロント・ローディング

フロント・ローディングとは、問題解決のタイミングを前半に出すことによって、

全体の開発期間を短縮させることである。開発前半に速いスピードで解決できる問題を集中させて、開発後半で発生しやすく、時間や費用のかかる設計変更などの反復回数を減らすことは、開発期間の短縮に効果的である。

⑸ フロント・ローディングによるCAD・CAEの活用

3次元CADやCAEを活用し、実物試作などによる設計変更にかかる時間や費用を短縮する。

①CAD（コンピュータ支援の製品設計）による開発期間の短縮

CADの導入により、従来、「設計→現図作成・数値化→試作」の工程が、「設計＋数値化→試作」のプロセスとなるため、現図作成の作業が省略され、設計と数値化の工程が同時並行化されることにより開発期間が短縮される。

②CAE（コンピュータ支援エンジニアリング）による開発期間の短縮

CAEは、試作によって実際に評価するのではなく、コンピュータ内に表現された製品のモデルを用いて仮想的に評価を行うことで、製品開発過程の早い段階での事前検討が可能になり、開発期間の短縮や設計改善に効果がある。

【 事例 】

> 自動車のエアコンを製造しているN社は、自社のエアコンが親企業から発売される新車種に搭載されることが決定した。N社では、CAEを用いて新車種の車内での温度分布をシミュレーションして調べたところ、従来と同じ温度設定で、後部座席と運転席との間でかなりの温度差があったため、エアコンの吹き出し口の設計改善に取り組んだ。

7 良い競争関係

業界内での競争や取引関係は、限られた市場の争奪という側面ばかりではない。逆に市場を奪い合わずに自社の売上や利益を増やす関係になることもある。**良い競争業者**とは、企業の競争的地位を強める競争業者のことである。

【 良い競争関係 】

①	競争優位の向上	需要変動の吸収、差別化能力の強化、魅力のないセグメントを任せる、高コストに基づく市場価格の形成、独占禁止法違反の危険性低下、モチベーションの向上
②	業界構造の改善	業界需要の拡大、供給源の複数化、業界構造の好ましい要因の助長
③	市場開発の促進	市場開発コストの分担、買い手のリスク低減、技術の標準化の促進、業界のイメージ向上
④	参入阻止	報復の可能性の向上、参入の厳しさを思い知らせる、論理的参入経路を閉鎖、チャネルの混雑化

出典：『経営戦略－論理性・創造性・社会性の追求』 大滝精一・金井一頼・山田英夫・岩田智著　有斐閣

8 その他の競争戦略

競合企業との競争は、市場でコストや差別化をめぐって展開されるばかりではなく、ビジネスのさまざまな局面で戦略的に展開されている。

①報復戦略

報復戦略は、競合企業が自社の得意分野に攻めてきた時に、競合企業の得意分野を逆に攻める戦略である。相手の経営資源を相手の得意な分野に集中させるためにも有効である。

【事例】

> O社では、自社の主力製品の即席カップ麺に競合企業が攻勢をかけてきたため、その対抗策として競合企業が得意とする袋入即席麺に自社製品を大量投入することにした。

②先端技術の産学官連携

先端技術について産学官連携を活用し、他社に先行して先端技術を確保して自社の研究開発部門を強化する。

③販売チャネル上の差別化

競合企業の製品との技術差異があり、業界内の顧客が価格に敏感に反応する場合、販売網を再構築して、競合企業と同じ価格を維持しながらシェア拡大を図る。

9 防衛戦略

競合他社に勝つことが戦略の唯一の目的ではない。むしろ競合他社との競争を回避し、自社独自の市場地位を強化して収益を獲得することが重要である。

防衛戦略は、①構造障壁を高める、②報復見込みを高める、③攻撃の魅力を減らす、という3つの防衛戦術に分かれる。

【 ポーターの防衛戦略における3つの防衛戦術 】

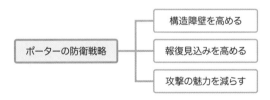

①構造障壁を高める

戦略的提携やM&Aによって、鍵となる技術や資源を保有する他社を、自社の影響下に囲い込む。鍵となる技術や資源を自社の影響下に囲い込むことは、構造障壁を高める戦術である。

②報復見込みを高める

報復の可能性を高める方法も有効である。具体的には、防衛意欲を宣伝する、障

壁作りの気配を見せる、防衛拠点を確立する、販売政策を同等にする、撤退または
シェア低下による損失を大きくする、報復資源を蓄積する、良い競争業者を刺激する、
見本を示す（報復のイメージを植えつける）、防衛的提携を築くといった方法がある。

③攻撃の魅力を減らす

(a) 限定された市場規模の業界に圧倒的な新鋭設備を導入して市場を占有し、
新規参入者がその市場に参入する魅力を削ぐことは、攻撃の魅力を減らす
戦術である。

(b) 競争優位の源泉となる生産工程をブラックボックス化し、コストと品質の
面で他社の模倣を困難にすることも、攻撃の魅力を減らす戦術である。

(c) 特許申請や社内ノウハウの管理を厳重に行って自社技術の漏洩を防ぎ、他
社の参入を阻止することや、競争相手の模倣を困難にすることも、攻撃の
魅力を減らす戦術となる。

VI 国際経営とグローバル戦略

1 新興国への進出

B H30-13 H27-11

新興国に、先進国で成功している製品を持ち込むだけでは、現地の市場に適合的な製品を提供しながら成長を遂げている巨大なコングロマリットとの競争に後れをとることになりやすい。

新興国の低所得層の市場へ浸透を図る際は、商品配送に支障をもたらす道路事情や商品知識に乏しい顧客が散在しているなどのため、濃密でコストのかかる人的接触重視によるアプローチも求められることに注意する必要がある。

(1) 東南アジアの新興国に進出する際の戦略的課題

① 海外直接投資から業務提携や技術提携

東南アジアへの進出では、海外直接投資による資産の所有が市場の成長への対応を鈍くするため、現地生産による内部化を避けてライセンシングによる生産委託を選択する必要もある。

近年、業際的対応（品質管理や納期管理、販路の確保・拡大など）の必要性が増大している中で、自社が保有する経営資源に限りがあるときは、海外直接投資ではなく、現地企業にライセンシングを行うことにより生産拠点を持たずに早期に製品を供給することにより、先発者の地位を確保し、厳しい競争に勝ち残る必要がある。

② ライセンシング (実施許諾)

ライセンシングとは、特許権などの産業財産権や著作権を保有している権利者が、第三者に対してその使用を有償で許諾することである。権利者は、第三者に対してそのライセンスを許諾することにより、その対価（ライセンス料）を得ることができる。

(2) 中国市場に進出する際の戦略的課題

R02-08 H24-10 H20-06

① 中国市場での企業間競争

巨大な市場となった中国では激烈な企業間競争が繰り広げられている。わが国のエレクトロニクス産業は劣勢に立たされることが多いのに対して、自動車産業は市場への浸透を高めている。そうしたなかで、中国での成功事例を踏まえて、リバースイノベーションの重要性が指摘されている。

② リバースイノベーション

R02-08 R01-08

リバースイノベーションとは、先進国で開発された製品を、途上国の開発拠点で現地向けに開発し直し、現地の生産販売を図りつつ、それを先進国モデルへと進化させるイノベーション戦略である。

③ 中国市場進出への戦略行動

現地の需要に対応するための製品開発やマーケティングに関する取り組みとして、次のような戦略がある。

(a) 富裕層をターゲットに先進国の高品質で高価格の製品を輸出して、ステイタス・シンボルに訴える顕示的な消費を促している。

(b) ボリュームゾーンと呼ばれる巨大な大衆市場向けに、現地生産による低価格商品を投入して、価格競争を挑んでいる。

(c) 有名ブランドながら、中国人好みのデザインや色彩、ネーミングにこだわったきめ細かい現地向けの商品政策を展開している。

(d) 流通販売網を独自に整備し、現地の販売拠点に向けて魅力的な報奨制度を設けたり、現地販売員に顧客志向のホスピタリティを訓練したりしながら売り上げを伸ばしている。

リバース・エンジニアリングとは、他社のオリジナル製品のソフトやハードの構造や機能を解析し、その製品における製品技術を読み取り、学習・製品開発することである。

2 海外展開をめぐる対応

R01-08
H27-11
H26-12
H25-09

産業空洞化の進行や、国内市場が縮小したために、拡大する海外市場を目指す企業も多い。海外進出する際には、進出予定国のカントリーリスクを分析するとともに、現地人の採用は生産現場の雇用期限付きの賃労働者に限定し、現地人の幹部や現場指導者の登用は能力と適性を見て判断する必要がある。

(1) 中小企業が直面する課題

① 海外実務を任せられる人材の確保

海外でのマネジメント経験のあるOB・OG人材の採用、社内での海外要員の育成、日系工業団地の活用がある。トラブル対処には、国際弁護士や国内関係機関との連携を構築することも必要である。

② 現地従業員の管理職層への育成と定着

管理職候補者として、日本国内にいる外国人留学生や現地に滞在している日本人を採用し、定着率を図ることが必要である。

③ 信頼できるビジネスパートナーの確保

海外見本市・展示会や懇親会、公的支援機関の支援制度、民間のビジネスマッチングサービスの利用は有効である。また、ビジネスパートナーが信頼できるかどうかを見極め、信頼の構築が難しい場合は進出を中止することも選択肢になる。

R04-11 (2) 海外進出の形態

企業が海外に進出する際の形態には、次のようなものがある。

① グリーンフィールド

グリーンフィールドとは、完全子会社を新設し、海外市場に進出する形態である。

② クロスボーダー企業買収

クロスボーダー企業買収とは、企業が他の国の会社を買収することである。土地の取得や現地職員の採用、調達および販売網の開拓など、新規事業の立ち上げにか

かるコストを省くことができるため、比較的短期間で海外市場に進出できる。

③ 戦略的提携

進出国のパートナーと緩やかで柔軟な結びつきをつくる形態である。必ずしも出資を伴わない海外進出の形態である。

④ ライセンス契約

現地企業にライセンシングを行うことによる形態である。ライセンシー（ライセンスを受ける側）はライセンス契約の期間にライセンサー（ライセンスを許諾する側）から得られるノウハウを蓄積することができるため、契約が失効した後、ライセンシーがライセンサーの競合企業となるリスクがある。

3 グローバル・マーケティング

企業の海外市場への進出に関連して、企業が国境を越えて進化していくマーケティングには、5つの異なる段階がある。

現地の習慣や文化への配慮の必要性は高く、グローバルな統合の必要性は低い製品を取り扱う企業では、通常、海外子会社が独自に製品開発やマーケティングに取り組み、現地の需要の変化に即座に対応する戦略がとられる。

【 グローバル・マーケティングの発展 】

第1段階	国内マーケティング	対象市場は国内である。競争相手には国内の企業だけでなく海外企業も含まれるが、この段階では多くの企業は国際的な事業環境への注視を行わない。
第2段階	輸出マーケティング	中間業者を利用した輸出が着手され、次第に直接輸出に移行していく。国際化の展開は、組織内部の問題の観点からとらえると、経営者のマインドや組織資源・能力、あるいは事業規模によって左右されることがある。
第3段階	国際マーケティング	製品やプロモーションを、必要に応じて現地の顧客ニーズやウォンツに適合化しようとする。この段階では、生産能力の大きな部分を輸出に割り当てることがあり、国外市場での人的資源の調達だけでなく、輸送コスト、関税、その他規制などの問題を考慮して、国外での生産も行われることもある。
第4段階	多国籍マーケティング	製品開発、生産、マーケティング活動などを主要地域の中で統合的に実施することがもたらす規模の経済の重要性が高まる。共通性の高い地域内での統一コミュニケーション・キャンペーンを実施したり、物流費用の共同負担や生産拠点の共同化を採用したりすることがある。
第5段階	グローバルマーケティング	従来の段階でみられた高コスト化傾向を防ぐため、マーケティング・ミックス標準化によるグローバル顧客の創出や、事業活動全体の国境を越えた統合性の強化などを実施する。

4 企業の国際化

(1) 国際展開する企業の経営スタイル

C.バートレットとS.ゴシャールによれば、本国の本社と、海外拠点間との分業に関する主な経営スタイルには、次の4つがある。

マルチナショナル	資産や能力は各拠点に分散。海外拠点で現地の機会を感知して、自己充足的に活動する。知識は海外拠点で開発・保有される。グローバル企業に比べて、個々の地域や市場への適応の度合いが高いため、国別の現地法人の自主性や独立性が高い。
インターナショナル	コア・コンピタンスの源泉は本国に集中し、その他は分散。各拠点は本国の能力を活用する。知識は本国で開発し、海外拠点に移転される。
グローバル	資産や能力は本国に集中し、海外拠点は本国の戦略を忠実に実行する。知識は本国で開発・保有される。
トランスナショナル	資産や能力は海外拠点に分散。本国と海外拠点は専門化されて相互依存的になる。知識は各国の拠点が共同開発し、全拠点で共有される。

参考：『新経営戦略論』寺本義也 岩﨑尚人編 学文社

(2) J.ストップフォードとL.ウェルズのモデル

J.ストップフォードとL.ウェルズのモデルによれば、一般的な企業の国際化の進展経路は、国際事業部の創設後、地域別事業部、または製品別事業部を新設し、地域別事業部制、または製品別事業部制に移行した後、グローバル・マトリックス組織形成に向かう。

(3) R.バーノンのプロダクト・ライフサイクル・モデル

R.バーノンは、米国と他国の技術格差、製品のライフサイクルの進展に伴う生産拠点の移転という観点から、多国籍企業のモデルを示した。このモデルでは、米国で新製品の生産が開始され急速に市場拡大し成熟製品になると、輸出が開始され、生産拠点が海外の先進国に移転される。その後、製品が標準化するにつれて生産拠点が先進国から発展途上国に移転するとされている。

VII 競争地位別戦略

1 競争地位別戦略の概要 基

　業界内の企業を、その経営資源の質の高低、量の多寡により、リーダー、チャレンジャー、ニッチャー、フォロワーの4つのポジションに分類し、各々のポジションに最適な戦略のあり方を考えるフレームワークである。

【 相対的経営資源の質・量による業界ポジショニング 】

		相対的経営資源の量	
		多い	少ない
相対的 経営資源の質	高い	リーダー	ニッチャー
	低い	チャレンジャー	フォロワー

R05-05
R04-04
H28-07
H24-06
H23-06

2 コトラー・嶋口の競争対抗戦略フレーム 基

　コトラーと嶋口充輝は、4つのポジションにおける各々の戦略課題・基本戦略方針・定石戦略を整理・体系化した。

【 競争対抗戦略フレーム 】

	競争対抗戦略		
	戦略課題	基本戦略方針	戦略定石
リーダー	シェア 利潤 名声	全方位型 オーソドックス 同質化（模倣）	周辺需要拡大 同質化 非価格対応 最適市場シェア
チャレンジャー	シェア	対リーダー差別化 非オーソドックス	リーダーができないことへの 挑戦
フォロワー	利潤	模倣	リーダー・チャレンジャーの 観察と迅速な模倣
ニッチャー	利潤 名声	製品・市場の絞り込み （集中化）	特定市場内での ミニ・リーダー戦略

出典：『戦略的マーケティングの論理』嶋口充輝著　誠文堂新光社　をもとに作成

【 リーダー企業の戦略定石 】

戦略定石	リーダー企業の判断
周辺需要 拡大政策	●市場そのもののパイを大きくする戦略 ●リーダーは質量とも優れた経営資源を持つので、周辺需要が拡大すると、それに対応した市場シェアが獲得でき、売上増加とシェアの維持を見込む
同質化政策	●リーダーは最大シェアを持つため、学習効果あるいは規模の経済性が働き、同じ製品を作れば、競合他社には負けない ●競合企業の採用してきた差別化戦略を模倣・追随して、差別化戦略を無にする
非価格 対応政策	●競合他社の安売り競争に安易に応じない ●価格競争を行うと、最大シェアを持つリーダーが最も利益減少の損害を受ける
最適シェア 維持政策	●シェアをとりすぎるとトータル・コストが上昇する、あるいは、営業に支障をきたす場合がある (消費者運動、法的規制、マスコミからのバッシング　等) ●シェア独占を狙わず、ほどほどのシェアの維持に努める

出典：『戦略的マーケティングの論理』嶋口充輝著　誠文堂新光社　をもとに作成

■■■ **問題編** ■■■　　　　Check!!

問1 (H15-04)　　　　　　　　　　　　　　　　　　　　　　［○・×］
　業界のリーダー企業は、競争戦略において、経営資源の優位性を生かして、非価格競争をする。

問2 (H15-09改題)　　　　　　　　　　　　　　　　　　　　　［○・×］
　業界のニッチャーが行う、ニッチ戦略は隙間市場を狙うので、収益性が悪くなる。

問3 (H15-10改題)　　　　　　　　　　　　　　　　　　　　　［○・×］
　企業がタイムベース戦略を実行することは、新たなブランド・イメージを形成するのに有効である。

問4 (R02-03)　　　　　　　　　　　　　　　　　　　　　　［○・×］
　売り手が前方統合できる場合には、前方統合が不可能な場合と比べて、売り手に対する買い手の交渉力は低下する。

問5 (H20-03)　　　　　　　　　　　　　　　　　　　　　　［○・×］
　いったん戦略グループが形成されると、そのグループから他のグループへの移動は難しくなりがちであるが、グループ内では競争関係は緩和される。

問6 (R02-04)　　　　　　　　　　　　　　　　　　　　　　［○・×］
　経験効果を利用したコスト・リーダーシップを追求する場合には、競合企業よりも多くの累積生産量を達成するために、できるだけ早い時点で参入することが有利な方策となる。

問7 (H16-03)　　　　　　　　　　　　　　　　　　　　　　［○・×］
　企業が差別化戦略を採用する際には、製品ラインを幅広くして価格訴求力を強めて、広範囲な顧客をターゲットにする。

問8 (H18-05)　　　　　　　　　　　　　　　　　　　　　　［○・×］
　時間をかけて形成され獲得される資源は、企業の競争優位の源泉になることが多いが、技術革新や市場の変化のスピードが速い場合は企業の戦略不適合のリスクを高める。

問9 (H18-06) ［○・×］

　企業は、ライバルとの競争を回避し、自社独自の市場地位を強化して収益を獲得するために、競争優位の源泉となる生産工程をブラックボックス化し、コストと品質の強みを守る。

問10 (H30-05) ［○・×］

　継続的に売り上げが減少している衰退業界においては、できるだけ早く投資を回収して撤退する戦略の他に、縮小した業界においてリーダーの地位を確保することも重要な戦略の1つである。

問11 (R05-06) ［○・×］

　顧客側のスイッチングコストが高い状況では、先行者となる企業の優位性が維持されやすい。

■■■ 解答・解説編 ■■■

問1　○：リーダー企業の競争戦略の定石は、①周辺需要拡大政策、②同質化政策、③非価格対応、④最適シェア維持政策である。

問2　×：ニッチャーは、特定市場内でのミニリーダー戦略を採用するため、収益性が悪くなるとは限らない。

問3　○：市場ニーズに適した新しいブランドをタイミングよく打ち出し、短期間で普及させることができる。

問4　○：川下の業界を垂直統合（前方統合）できる場合、売り手の交渉力は上昇し、相対的に買い手の交渉力は低下する。

問5　×：戦略グループが形成されると、そのグループから他のグループへの移動障壁が築かれ、移動は難しくなり、その戦略グループ内で限られた顧客を奪い合うため、競争は激化する。

問6　○：早い時点で市場に参入することで、先行者優位の源泉のうち技術的リーダーシップを獲得できる。

問7　×：広い範囲とセグメント間の低い差別性と、低価格志向を戦略とした非差別化についての内容である。

問8　○：ポーターは、テクノロジーの変化が過去の投資や習熟を無駄にしてしまう危険性を挙げている。

問9　○：競争優位の源泉となる生産工程をブラックボックス化することは、攻撃の魅力を減らす戦術である。

問10　○：衰退業界においてリーダーの地位を確保することにより、競合他社の市場退出を促すことができる。

問11　○：顧客側のスイッチングコストが高い状況では、新規参入企業は顧客獲得が困難になるため、先行者となる企業の優位性が維持されやすい。

問題編

　企業の競争戦略と持続的な競争優位に関する記述として、最も不適切なものはどれか。

ア　競争戦略の実行に不可欠な独自の経営資源を持ち、製品市場における規模の経済を実現できれば、代替製品の脅威は事業の収益性に影響を与えず競争優位の源泉となる。

イ　経路依存性のある経営資源は、模倣を遅らせることで市場における競争者の脅威から先発者を保護する。

ウ　顧客からの強い支持を受ける製品差別化は、競合他社との間の競争に勝ち抜く手段である以上に、他社との競争を可能な限り回避できる自社市場構築の手段となる。

エ　差別化した製品と標準的な製品の機能的な差が小さくなるほど、差別化した製品を選好する顧客の割合は低下するが、標準的な製品よりも高い価格を設定し、差別化した製品で高い収益性を確保しようとする場合、できるだけ多くの顧客を対象とすると戦略上の矛盾を生み出す。

オ　スイッチング・コストの発生する状況では、買い手側は、現在使用する製品やサービスと他の代替的な製品・サービスと価格や機能が同じであったとしても、別のものとして見なす。

解答：ア

　競争戦略に関する出題である。

ア：不適切である。業界内の既存企業が、現状において持続的競争優位を発揮していても、大きな技術の変化や消費者のニーズの変化によって代替品がこれまでにない新製品として登場し、既存の製品に取って代わる脅威になり、業界内の企業の収益性に影響を与える可能性がある。

イ：適切である。経路依存性のある経営資源とは、その形成のスピードを速めることが難しく、時間をかけなければ獲得できない経営資源である。

ウ：適切である。差別化により、業界内の競合他社に対して、自社の製品やサービスなどにおいて、特異性を創造することで優位性を獲得できる。

エ：適切である。標準的な製品よりも高い価格を設定し、差別化した製品で高い収益性を確保しようとする場合には、戦略ターゲットの幅を狭くすることになる。できるだけ多くの顧客を対象とすると、戦略ターゲットの幅を広くすることになり、戦略上の矛盾が生じる。

オ：適切である。スイッチング・コストが発生する状況では、買い手の交渉力が弱まる。

テーマ別出題ランキング

過去23年分 平成13年（2001年）〜令和5年（2023年）	
1位	PPM
2位	PPMの前提となる概念
3位	コア・コンピタンス経営
3位	4つのセルの概要
3位	VRIO分析
3位	持続的競争優位の源泉

直近10年分 平成26年（2014年）〜令和5年（2023年）	
1位	PPM
2位	PPMの前提となる概念
2位	4つのセルの概要
2位	VRIO分析
2位	持続的競争優位の源泉
3位	※該当項目が多数のため省略

過去23年間の出題傾向

　　PPMは23年で13回出題されており、関連知識も合わせると、ほとんど毎年出題されている超重要テーマである。また、VRIO分析や持続的競争優位の知識は、1次試験での出題は各8回とそれほど多くはないが、2次試験において、事例企業が活用すべき「強み」を選別する際にベースとなる知識であるため、理解を深めておこう。

第 **4** 章

経営資源戦略

I 経営資源

本章の経営資源戦略は、PPMやバリューチェーン、VRIOなど、戦略のフレームワークの学習が中心である。それぞれのフレームワークは2次試験にも密接に関連しているため、記述できるレベルまで学習の精度を高めてほしい。

1 経営資源の概要

(1) 経営資源の概要

企業において、経営資源の利用と蓄積は、経営戦略の策定と実行にとって重要である。**経営資源**は、通常、人的資源、物的資源、資金的資源、情報的資源に区別される。

【 経営資源の種類（情報的資源以外）】

資源の種類	定　義	具体例
資金的資源	戦略を構想し、実行するうえで企業が利用できるさまざまな金銭的資源	自己資本、借入金、信用力、担保となる資産
物的資源	戦略を構想し、実行するうえで企業が利用できる物理的資源	工場・設備・機械・立地、取引先との距離
人的資源	戦略を構想し、実行するうえで企業が利用できる、人的資源	研究者、販売員、経営者、フロー型人材

出典：『企業戦略論【上】基本編 競争優位の構築と持続』
ジェイ・B・バーニー著　岡田正大訳　ダイヤモンド社　をもとに加筆

(2) 情報的資源の特徴

情報的資源は、①知識情報、②企業情報に分類される。企業の特定の事業分野における活動で蓄積された情報的資源は、その事業に補完的な事業分野以外でも利用することが可能である。

① 知識情報

市場や技術について企業の日常活動を通じて得られるものである。これは、企業活動における仕事の手順や顧客の特徴のように、日常の企業活動を通じて経験的な効果として蓄積される。

企業活動における熟練やノウハウなどは、設計図やマニュアルのように言語や数値化されている情報よりも模倣困難性が高く、ノウハウのような情報的資源は、その特殊性が高いほど企業に競争優位をもたらす源泉となる。

② 企業情報

ブランド・イメージや企業の信用など、企業に関する良い情報を、企業を取り巻く利害関係者が持っていることであり、他の企業に対して差別的な価値を提供する。

企業のブランドのような情報的資源は、その特殊性が高いほど企業に競争優位をもたらす源泉となる。

⑶ 情報的資源と他の経営資源との違い

① 学習により自然に蓄積していくこと

情報的資源は、経営戦略の実行により、実際の経営活動の中で経験として自然に蓄積される。他の経営資源である、物的資源の商品や人的資源の労働力、資金的資源の資金は自然に蓄積しない。

② 多重利用が可能なこと

情報や知識は使用しても減少しない資源であるため、ある分野での仕事を通じて蓄積されたノウハウを、他の事業分野で活用することが可能である。他の経営資源（人的・物的・資金的資源）では、多重利用は困難である。

③ 消去するのが困難なこと

経験として蓄積されたノウハウを意識的に消去することは困難である。他の資源では、商品としての物的資源は廃棄できるし、労働者としての人的資源も解雇できる。また、資金としての資金的資源も使い切ることができる。

1 価値連鎖(バリューチェーン)

(1) 価値連鎖

ポーターは、**価値連鎖(バリュー・チェーン)**とは、価値のすべてを表すものであり、価値を作る活動とマージンからなる概念であるとしている。

(2) 価値連鎖分析の目的

価値連鎖分析の目的は、顧客が対価を支払う価値が、自社のどの活動で生み出されているかの観点から、自社の経営資源およびケイパビリティ(能力)を評価することにある。

価値連鎖では、商品・サービスが顧客に届くまでにつくられた価値を、活動別に分解して分析する。企業が行う事業活動を調達活動、生産活動、マーケティング活動などの役割ごとに分解すると、自社のどの部分に強みと弱みがあるかを識別しやすくなる。

(3) 価値連鎖の分解

価値連鎖では、企業の活動を主活動と支援活動とに分けている。**主活動**は、部品や材料の購買物流活動、製造活動、出荷物流活動、販売・マーケティング活動、サービス活動からなる。

【 価値連鎖(バリュー・チェーン) 】

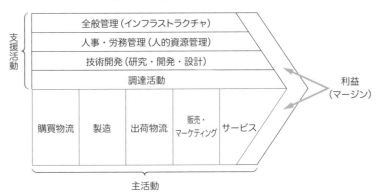

出典:『競争優位の戦略』マイケル・E・ポーター著 土岐坤・小野寺武夫・中辻萬治訳 ダイヤモンド社

支援活動は、調達活動、技術開発（研究・開発・設計）、人事・労務管理（人的資源管理）、全般管理（インフラストラクチャ）からなる。

現在の事業活動を個々の活動に分解して評価することにより、①強みを発揮して差別化の源泉になる活動、②トータル・コストに占める割合が大きい活動、③今後コストが大きく増加しそうな活動などを識別することができる。

R04-06
R02-06
H30-06
H28-11
H25-06

2　垂直統合　Ⓑ

(1) 垂直統合

垂直統合とは、生産・流通・販売・サービスといった一連の垂直的に関連した機能を企業内に取り込むことである。

企業が自社の中で、価値連鎖（バリューチェーン）の活動にどこまで携わるかによって、垂直統合度は異なる。携わる活動の数が多いほどその企業の垂直統合度は高く、その数が少ないほど垂直統合度は低い。

(2) 前方垂直統合

前方垂直統合とは、企業が垂直統合度を高くする際に、製品やサービスの最終顧客と、よりダイレクトに接触する方向に進む場合である。

【事例】

> 完成品メーカーB社は、販売代理店を通じて製品を販売しているが、販売代理店がライバル会社の製品を優先して販売するため、前方垂直統合により垂直統合度を高めることを検討し始めた。

(3) 後方垂直統合

後方垂直統合とは、製品やサービスの最終顧客から遠ざかる方向に進む場合である。

【事例】

> 部品メーカーのA社は、自社の部品を作るために必要な原材料を製造しているメーカーが少数であり、今後の環境変化により、A社はこれらの原材料の入手が困難となると考えたため、原材料メーカーを買収する後方垂直統合により垂直統合度を高めた。

3　非垂直統合　Ⓒ H25-06

企業が経済的な取引を管理する際に実施する統治選択についてはオプションを持っているのが通常である。その内容を垂直統合か非垂直統合かによって大きく2つに分けた場合、**非垂直統合**による管理・統治の方法は、完備契約、スポット市場契約などに分類できる。

(1) 完備契約

完備契約とは、取引において将来起こり得るすべての事態を想定し、それら個々の事態に伴う取引主体の権利と義務を詳細に特定している契約である。完備契約は、契約履行の詳細なモニタリングと、取引主体が契約上の義務を果たさない場合に法的な制裁が科されるという脅威で機会主義をコントロールできる。

(2) スポット市場契約

スポット市場契約とは、製品またはサービスの取引量、価格、および取引時期に関する売り手と買い手間の単純な合意である。売り手も買い手も、非常に低コストで取引相手の変更が可能なため、現在の取引相手が機会主義的に行動し始めた場合にはすぐに、他の取引相手にスイッチして機会主義を回避することができる。

R03-04
R01-04
H28-03
H23-09
H22-03

4 コア・コンピタンス経営

コア・コンピタンスとは、プラハラードとハメルが提示した概念で、顧客に対して、他社には、まねをすることのできない自社固有の価値を提供する、その企業独自の中核的な技術やスキルの束である。他社に対して圧倒的に有利で他社には提供できないような利益をもたらすことができ、各企業で何十年にもわたって蓄積され、新事業や新製品開発の成否を担ってきた固有技術や知的資産のことである。

コア・コンピタンスは、企業の未来を切り拓くものであり、所有するスキルや技術が現在の製品やサービスの競争力を支えていることに加えて、そのスキルや技術は将来の新製品や新サービスの開発につながるようなものであることが必要である。

コア・コンピタンスによって生み出された製品であるコア製品は、最終製品の一部を形成するものである。このコア製品のマーケットシェアを拡大することは、コア製品への投資機会の増加につながり、コア・コンピタンスを強化する機会になる。

III PPMとビジネス・スクリーン

1 PPM Ⓐ

(1) PPMの概要

PPM（Product Portfolio Management）は、自社の製品・事業を２つの評価尺度を用い、問題児、花形製品、金のなる木、負け犬の４つのセルに分類し、企業全体としてバランスのとれた収益の獲得と成長の実現を狙う戦略策定手法である。

自社の経営資源配分の手法であり、多角化が進展したアメリカで複数の事業の合理的な管理手法として誕生した。ボストン・コンサルティング・グループ（BCG：Boston Consulting Group）が開発した。

【 BCG成長－シェア・マトリックス 】

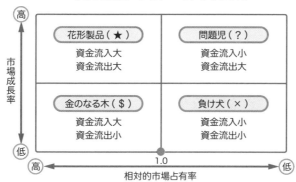

(2) PPMの目的

PPMの目的は、企業全体のキャッシュフローのバランスをとりながら、収益力と成長性を高める検討を行うことである。また、ドメインの定義と併せることで現実的な資源配分の指針となる。

金のなる木で生み出した余剰資金を、魅力の高い問題児や花形製品に集中投入しつつ、魅力のない問題児や負け犬から撤退するという、資金の選択と集中が戦略ポイントになる。

また、事業間のマーケティングや技術に関するシナジーが考慮されていないが、外部技術の導入によって規模の経済を達成することで優位性を構築する事業にも適用できる。

R04-04
H29-02
H28-02
H27-01
H26-06
H26-07
H25-02

2 PPMの前提となる概念

(1) 戦略的事業単位 (SBU)

戦略的事業単位 (SBU：Strategic Business Unit) とは、既存の事業部の枠にとらわれない、戦略的な投資計画の基礎となる組織単位である。戦略事業単位の責任者は、当該事業の成功に必須の技術、製造、マーケティングに関して、計画の範囲内で自由に対処できる。

(2) 市場占有率

① 市場占有率

ある商品の市場全体において、1つの企業がどの程度の割合を供給しているかを示す指標を市場占有率 (市場シェア) という。

② 相対的市場占有率

PPMで用いられる市場占有率は、相対的市場占有率 (相対的市場シェア) である。これは、業界における最大の競合他社の市場占有率に対する自社の市場占有率で表される。高低の分岐点は通常1.0となり、最大の競合他社と自社のシェアが同一であることを示している。

3 PPMの理論的背景

PPMは次の2つの考え方が理論的背景となっている。

【 PPMの理論的背景 】

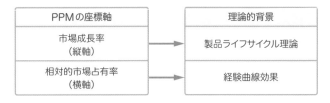

PPMの座標軸	理論的背景
市場成長率 （縦軸）	製品ライフサイクル理論
相対的市場占有率 （横軸）	経験曲線効果

(1) 製品ライフサイクル

製品ライフサイクルとは、ある製品が市場に登場してからやがて消え去るまでに、その売上と利益がたどる変化の過程で、導入期・成長期・成熟期・衰退期の4段階から成立する。これを製品ライフサイクル (プロダクト・ライフサイクル：PLC) という (詳細は、本書のマーケティング論で学習する)。

(2) 経験曲線 (学習曲線)

経験曲線とは、生産量の累積に伴いコストが低下する様子を示す曲線である。縦

軸にコスト、横軸に累積生産量を配したグラフでは原点に対して凸となる。

経験効果（経験曲線効果）によるコストの逓減率は、製品の累積生産量が2倍になると、通常10％〜30％低下するといわれている。

経験効果に基づくコスト優位を享受するためには、競合企業を上回る市場シェアを継続的に獲得することが、有効な手段となり得る。

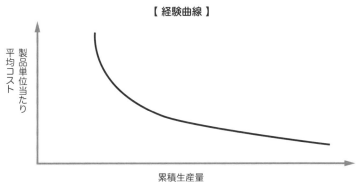

【 経験曲線 】

R02-04

(3) 経験効果の要因

経験効果とは、経験の累積による、作業改善、生産工程・製品設計の改良などがコストの低下をもたらすことである。経験効果は、次のような要因の相乗効果である。また、生産機能において生じる経験効果だけではなく、組織学習の効果も含まれる。そのため、生産工程を保有しないサービス業においても、経験効果は競争優位の源泉となり得る。

① 習熟効果

習熟効果とは、特定の仕事の反復により、能率的な仕事の方法や最短の方法を学習することである。

② コスト低減努力の結果

コスト低減努力には、材料の節約や製造効率の向上、投入資源の代替などの向上への意識的な取り組みがある。

(4) 規模の経済と経験効果の違い

R01-07
H26-07

規模の経済は、ある一定程度の総生産量が増加することによるコストの低下を指し、大規模な工場施設の建設などで模倣することはできる。しかし、経験効果の構築にはある程度の時間を必要とする。

R04-02
R03-02
R01-02
H29-02
H28-02
H27-01
H25-02

4 4つのセルの概要

(1) 花形製品

① 特徴
・高成長率・高シェア
・短期的に資金供給源にはならない

② 対応
・SBUのシェアが高いため、利益率が高く資金流入が多いが、成長のための先行投資も必要になる

(2) 金のなる木

① 特徴
・低成長率・高シェア
・シェア維持のための再投資を上回る、多くの資金流入
・他のSBUの重要な資金供給源となる

② 対応
・すでに競争優位性のあるSBUは、分野の将来性に大きな魅力はないため、さらなる資金投下には資金効率からの判断が必要である

(3) 問題児

① 特徴
・高成長率・低シェア
・資金流入を上回る、シェア拡大のための投資が必要

② 対応
資金投入により、成長市場で競争優位の実現を期待できるSBUの選択が必要である。問題児のSBUに対して積極投資するか否かの判断が必要である。

(4) 負け犬

① 特徴
・低成長率・低シェア
・市場成長率が低いため資金流入は少ない
・収益性は長期的に低水準

② 対応
競争優位性を期待できないSBUからの撤退の検討に加え、市場成長率が低くとも高収益のSBUを選別することが必要である。

	セル	対応例	解説
①	問題児	自社ではいくつか有力な製品の開発が進んでいるが、莫大な研究開発費がかかるので、有望分野を絞り込むために、これまでしたことのない方法であるが営業部門の意見を聞くべく、開発担当者と第一線の営業所長との合同会議を開催する	やみくもに投資を行うのではなく、「花形製品」へ成長する可能性のある分野に投資を絞るべきであり、顧客のニーズを探るために営業担当の意見を聞くことは有効である
②	花形製品	自社の独創技術による新製品は業界トップを占めて急進しているが、近々他社が類似製品を投入する予定であり、競争の激化が予想されるので、投資を行って他社製品との差別化を図る	さらなる成長のため、生産や研究開発への投資は継続して行うべきである
③	金のなる木	自社製品が強い市場は売上が伸び悩んでいるが、一定の収益が得られているし、これまで投入した生産設備や販売網の投資を考えると撤退は難しいので、現有の製品の改良や販売方法の改善をすることにした	必要最低限の投資を行い、現状を維持すべきである。製品の改良や販売方法の改善は、大きな投資を必要としないため行うべきである
		市場の成長力はかつてのような勢いを失いつつあるものの、自社製品は依然として業界トップの地位にあるので、ライバルに対しては必要最小限の対抗手段をとり、コストのかかる追加投資については慎重な姿勢をとることにした	必要最低限の投資を行い、大きな投資は控えるべきである
④	負け犬	成長力の乏しい不採算部門については、リストラの一環として他社へ売却することにしたが、存続部門と技術的に関連の深い熟練技能者や技術者については他の部門に配属することにした	撤退を検討すべきである。ただし、撤退により他のセグメントの製品に悪影響を与えないように考慮すべきであり、存続部門と技術的に関連の深い技術者を他の部門に配属する方策は適切である

5 ビジネス・スクリーン

　ゼネラル・エレクトリック社（GE社）は、BCGのPPMの限界を補うために、マッキンゼー社と新しいPPMモデルを開発した。ビジネス・スクリーン・モデル（戦略的事業グリッド）である。

　各事業の長期収益性は事業強度と産業魅力度で影響されるとして、3段階に区分した9つのセルのマトリックスになっている。BCGのPPMが現在の事業評価になるのに対し、現在と将来の側面から分析できる点で違いがある。

【 GEのビジネス・スクリーン 】

		事業強度		
		高	中	低
産業魅力度	高	1 投資・成長	1 投資・成長	2 選別・維持
	中	1 投資・成長	2 選別・維持	3 収穫・撤退
	低	2 選別・維持	3 収穫・撤退	3 収穫・撤退

【 ビジネス・スクリーンの評価内容 】

評価尺度	評価要因の例
産業魅力度	市場規模、市場成長率、利益マージン、競争度、季節性、規模の経済性、学習曲線など
事業強度	相対的マーケット・シェア、価格競争力、製品の質、顧客・市場の知識、販売効率、地理的カバレッジなど

IV VRIO分析

1 リソース・ベースト・ビュー

(1) リソース・ベースト・ビュー (Resource Based View) の概要

リソース・ベースト・ビュー (Resource Based View) とは、企業の強みと弱みを分析する経営資源に基づく企業観の総称である。具体的には、特定の経営資源を活用することにより、企業は競争優位が獲得できると考え、さまざまな経営資源を分析する。VRIO分析はその代表例である。

(2) リソース・ベースト・ビューの特徴

リソース・ベースト・ビューには、次のような特徴がある。

- ●企業ごとに異質で、複製に多額の費用がかかるリソース(経営資源)に着目する
- ●外部環境(機会・脅威)よりも内部環境(強み・弱み)を重視する

2 VRIO分析

VRIO分析は、SWOT分析の補完分析として、S(強み)の分析に用いる。企業の持つさまざまな強みを4つの問いかけをすることで、ふるいにかけ、強みの優先順位を明らかにする。

【 VRIO分析の4つの問い 】

段階	名　称	内　容
V	**経済性** (Value) に関する問い	企業の保持する経営資源は、その企業が外部環境 (脅威や機会) に適応することを可能とするか
R	**希少性** (Rarity) に関する問い	どのくらい多くの競争企業が、その特定の価値のある経営資源をすでに保持しているか
I	**模倣困難性** (Imitability／Difficult to Imitate) に関する問い	その経営資源を保持していない企業は、その経営資源を獲得あるいは開発するのに多大なコストを要するか
O	**組織** (Organization) に関する問い	企業が保持する、価値があり、希少であり、模倣コストの大きな経営資源を、組織全体で使いこなせる仕組みがあるか

出典:『企業戦略論【上】基本編 競争優位の構築と持続』
ジェイ・B・バーニー著　岡田正大訳　ダイヤモンド社　をもとに作成

3 競争均衡の源泉

(1) 競争均衡の源泉

　企業の経営資源のうち、経済性に関する問いに「Yes」と答えられるものが、競争均衡の源泉となる強みである。企業の経営資源に経済的価値があると判断されるのは、次の2つのいずれかの場合である。

- 当該企業がそれらの経営資源を保持していなかった場合と比較して、企業のコスト・支出が減少する
- 当該企業がそれらの経営資源を保持していなかった場合と比較して、企業の収益・収入が増大する

(2) 競争均衡と競争劣位

　経済的価値はあるが、希少ではない経営資源は、業界における競争均衡を創出するが、競争優位の源泉にはならない。

　競争均衡のもとでは、競争優位を獲得できる企業は存在しないが、各企業は互いに標準的な経済パフォーマンスを獲得できる。当該経営資源を持たない企業は、競争劣位に陥り、低い経済パフォーマンスしか享受できない。

4 一時的競争優位の源泉

　企業の経営資源のうち、経済性に関する問い、希少性に関する問いの両方に「Yes」と答えられるものが一時的競争優位の源泉となる強みである。

　経済的価値があり、希少性があれば、当該経営資源は、少なくとも一時的競争優位の源泉になりうる。一時的競争優位は、競合他社の模倣戦略によって失われる短期的な優位である。

　保有する経営資源が希少であっても、価値に結びついていなければ競争優位にはつながりにくい。保有する経営資源が希少であることは大事であるが、そのような経営資源は特殊であるため、顧客の価値と合致しないことが起こりやすくなるので、これだけでは競争優位にはつながりにくい。

5 持続的競争優位の源泉

(1) 持続的競争優位の概要

　企業の経営資源のうち、経済性に関する問い、希少性に関する問い、模倣困難性に関する問いの3つに「Yes」と答えられるものが持続的競争優位となる強みである。当該経営資源は、持続的競争優位の源泉になりうる。コア・コンピタンス（中核的能力）に該当する強みである。

⑵ 持続的競争優位の獲得

　予測が困難な環境変化が起きない場合は、希少で価値があり模倣が難しい経営資源は企業の持続的な競争優位の源泉となる。

　競争優位の源泉である特殊な経営資源のうち、外部からの調達可能性が低く、その調達コストが高いほど、それを調達済みの企業はコスト上優位になり、持続的競争優位を獲得できる。模倣にかかるコストには、独自の歴史的条件と、因果関係不明性とがある。

【事例】

> 　B社では、最先端の機械を、最先端の機械を所有しているだけではなく、この機械を使いこなすために熟練技能者同士の協力関係を構築している。B社では、熟練技能者同士の協力関係の構築には、相当な時間とコストが必要であった。

⑶ 独自の歴史的条件

　企業が特定の経営資源を獲得・開発・活用する能力は、その企業がいつどこに存在したかに依存している場合がある。以前は国有企業で現在は民営化され株式会社になっている企業の店舗網や技術設備は、国の政策で作られたものであるため、後発の競合企業が模倣することは困難である。また、経路依存性のある経営資源も歴史的条件に含まれる。

　経路依存性のある経営資源とは、時間の経過とともに形成され、その形成のスピードを速めることが難しく、時間をかけなければ獲得できない経営資源である。市場における先発企業が、経路依存性のある経営資源を保有することにより、競合企業の模倣を遅らせることができ、市場における脅威から保護される。しかし、経路依存性は企業の行動を規定するため、問題解決が定型化されるなど、組織学習の機会が制約されることがある。

⑷ 因果関係不明性

　企業の持続的競争優位と、個々の経営資源の関係が不明確であれば、競合他社が個々の経営資源の因果関係を分析し、要素を分解して模倣するのが困難になる。反対に、因果関係が明確であれば、優れた経営資源も因果関係を分析し、要素分解して模倣しやすくなる。因果関係が不明な場合は、次のような場合である。

> - 企業の内部のメンバーにとってその経営資源があまりに当然なものである場合
> - 経営資源が個別に分離しにくく一体となって競争優位を作り出している場合

⑸ 持続的競争優位と環境の激変

①競争優位が持続的に確立できない場合

　企業を取り巻く脅威と機会が急速かつ予測できないかたちで変化するとき、業界内で模倣困難かつ希少で価値ある経営資源を有していても、競争優位性を持続的に確立できないことがある。

②シュンペーター的変革

脅威と機会が突然に予測不能なかたちで変化することをシュンペーター的変革という。具体的には過去に起きた次の現象が当てはまる。

⒜ パソコンの発展による、タイプライター・メーカーの製造スキルにおける持続的競争優位の変化

⒝ コンパクトディスク技術の登場による、高品質なLPレコードの作成技術における持続的競争優位の変化

6 組織としての強みの活用

企業の競争優位は、当該企業の保持する経営資源の経済的価値、希少性、模倣困難性により決まる。

しかし、競争優位を真に実現するには、当該企業がそれらの経営資源を十分に活用できるように組織化されていなければならない。VRIO分析に組織に関する問いがあるのはこのためである。

■■■ 問題編 ■■■　　　Check!!

問1 (H14-06改題)　　　　　　　　　　　　　　　　　　　　　［○・×］
　PPMにおいて、最大のキャッシュフローは最も成長力の高いセグメントにおいてトップシェアを占めている事業から生み出される。

問2 (H28-08)　　　　　　　　　　　　　　　　　　　　　　　［○・×］
　バリューチェーンの各々の価値活動とともに、それらの結びつき方は、企業の独特の経営資源やケイパビリティとして認識することができる。

問3 (H20-02)　　　　　　　　　　　　　　　　　　　　　　　［○・×］
　競争優位の源泉である特殊な経営資源の外部からの調達可能性が高く、その調達コストが低いほど、それを調達する企業はコスト上優位になり、競争優位性を長期的に維持できる。

問4 (H30-06改題)　　　　　　　　　　　　　　　　　　　　　［○・×］
　部品メーカーA社の部品を作るために必要な原材料を製造しているメーカーが少数であり、環境変化により、A社はこれらの原材料の入手が困難となる場合には、部品メーカーA社は、垂直統合度を高める。

問5 (R02-01)　　　　　　　　　　　　　　　　　　　　　　　［○・×］
　組織内のオペレーションを他の企業に比べて効率的に行うことができる技術やノウハウが、業界内で希少である場合、模倣困難性を伴わなくても企業の一時的な競争優位の源泉となる。

問6 (R03-04)　　　　　　　　　　　　　　　　　　　　　　　［○・×］
　コア製品は、特定の製品や業界につながっているものであり、複数の製品や業界に展開することはない。

問7 (R04-03)　　　　　　　　　　　　　　　　　　　　　　　［○・×］
　「VRIOフレームワーク」によると、経営資源について、経済的価値が認められるか、希少性が高いか、模倣が困難であるか、その経営資源を活用できる組織能力があるか、という条件のうち、1つでも満たされていれば持続的競争優位に資する経営資源と判断される。

問1　×：最大のキャッシュフローは、相対的市場シェアが高く、市場成長率の低いセグメントである金のなる木の事業から生み出される。

問2　○：価値連鎖では、商品・サービスが顧客に届くまでにつくられた価値を、活動別に分解して分析する。

問3　×：競争優位の源泉である「特殊な」経営資源は、「希少性」を満たしている。しかし、外部から安い調達コストで調達できるということは、競合企業も安く調達できる可能性があり、「模倣困難性」を満たしているとはいえない。

問4　○：原材料の安定的な確保のために、垂直統合度を高める。

問5　○：「効率的に行うことができる」という経済性と、「業界内で希少である」という希少性を満たすため、一時的な競争優位がある。

問6　×：コア製品で蓄積した技術やスキルを、将来の新製品や新サービスの開発につなげることが重要である。

問7　×：経済的価値が認められるか、希少性が高いか、模倣が困難であるか、という3つの条件すべてが満たされていれば持続的競争優位に資する経営資源と判断される。

■■■ 問題編 ■■■

　ボストン・コンサルティング・グループ（BCG）が開発した「プロダクト・ポートフォリオ・マネジメント」（以下「PPM」という）と、その分析ツールである「プロダクト・ポートフォリオ・マトリックス（または「成長－シェア・マトリックス」）」に関する記述として、最も適切なものはどれか。

ア　PPMでは、「金のなる木」で創出した資金を「花形」に投資して、次世代を担う事業を育成することが、最適な企業成長を図る上での中核的なシナリオとして想定されている。

イ　PPMでは、「負け犬」に位置づけられる事業は「収穫（harvest）」ないし「撤退（withdraw）」の対象とすることが、望ましいとされる。

ウ　PPMは企業における事業のポートフォリオを検討する手段であることから、そこでは、ヒト、モノ、カネといった経営資源に関する事業間のシナジーは、考慮されない。

エ　プロダクト・ポートフォリオ・マトリックスの縦軸は、当該企業の各事業（戦略事業単位（SBU））の成長率で構成される。

オ　プロダクト・ポートフォリオ・マトリックスの横軸は、各事業（戦略事業単位（SBU））が属する業界の集中度を示すエントロピー指数で構成される。

解答：イ

　「プロダクト・ポートフォリオ・マネジメント（PPM）」およびその分析ツールである「プロダクト・ポートフォリオ・マトリックス」に関する出題である。

ア　不適切である。PPMが想定する、最適な企業成長を図る上での中核的なシナリオは、「金のなる木」で創出した資金を「問題児」に集中投資し、「問題児」を「花形」へと育成することである。

イ　適切である。「負け犬」に位置づけられる事業は、できるだけ早く「撤退」するか、もしくは、投資を抑えながら徐々に撤退してキャッシュ創出を最大化させる「収穫」に入るか、いずれかの選択を迫られる。

ウ　不適切である。PPMでは、カネに関する事業間のシナジーは考慮している。PPMの問題点のひとつとして、財務面（カネ）のみが重視され、ヒト、モノといったその他経営資源に関する事業間のシナジーが考慮されていない点がある。

エ　不適切である。プロダクト・ポートフォリオ・マトリックスの縦軸は、市場の魅力を示す市場成長率で構成される。

オ　不適切である。プロダクト・ポートフォリオ・マトリックスの横軸は、事業の競争力を示す相対的市場シェア（最大競争者の市場占拠率に対する自社の市場占拠率の比率）で構成される。

過去23年分 平成13年（2001年）〜令和5年（2023年）	
1位	研究開発組織
2位	生産ユニットの各段階
3位	技術開発型ベンチャー企業が起業から 事業展開で直面する障壁

直近10年分 平成26年（2014年）〜令和5年（2023年）	
1位	研究開発組織
2位	生産ユニットの各段階
3位	技術開発型ベンチャー企業が起業から 事業展開で直面する障壁

過去23年間の出題傾向

　研究開発組織が24回、生産ユニットの各段階が22回と、出題が特に多いため、優先的に学習しよう。2次試験での出題は、令和3年度事例Ⅰに両利きの経営、令和3年度と令和2年度の事例Ⅰに渉外担当者、令和元年度事例Ⅰにオープン・イノベーションと、直近で非常に多くなっているため、知識を固めておく必要がある。

第 **5** 章

イノベーションと技術経営（MOT）

I イノベーションと技術経営(MOT)

　イノベーションや技術経営(MOT)には、様々な定義や解釈があるが、試験対策上、中小企業白書と経済産業省の資料(技術経営のすすめ)を中心に紹介する。

1 イノベーションと技術経営(MOT)の定義 　基

(1) イノベーションの定義

　イノベーションとは、一般に、企業が新たな製品を開発したり、生産工程を改善するなどの「技術革新」だけにとどまらず、新しい販路を開拓したり、新しい組織形態を導入することも含み、広く「革新」を意味する概念である。

　また、シュンペーター(J.シュンペーター)は、イノベーションとは、既成の概念を覆すような新規の技術や材料、生産手段、産業や組織の再編等によってもたらされる革新と定義している。また、イノベーションにあたる**新結合**の遂行として、次の5項目をあげている。
　　①新しい財貨(製品)の開発
　　②新しい生産方法の導入
　　③新しい販売先(新市場)の開拓
　　④新しい仕入先(供給源)の獲得
　　⑤新しい産業組織の実現

【 コラム：経営革新の定義 】

　中小企業経営・政策で学習する経営革新計画の承認の対象になる新事業活動は、①新商品(製品)の開発又は生産、②新役務(サービス)の開発又は提供、③商品(製品)の新たな生産又は販売の方式の導入、④役務(サービス)の新たな提供の方式の導入、その他の新たな事業活動の4類型としている。シュンペーターの定義と比較すると、④新しい仕入先(供給源)の獲得と⑤新しい産業組織の実現がやや異なる。

(2) 技術経営(MOT)の定義

　技術経営(MOT：Management of Technology)とは、技術に立脚する事業を行う企業や組織が、持続的発展のために、企業が保有する独自技術が持つ可能性を見極めて事業に結びつけ、経済的価値を創出していくマネジメントである。

2 イノベーションの関連用語

(1) プロダクト・イノベーション

プロダクト・イノベーションとは、新製品・サービスの開発を目指すことである。

(2) プロセス・イノベーション

プロセス・イノベーションとは、製品・サービスを生産・配送する新しい方法を導入することである。

(3) 連続的なイノベーション H30-09
（漸進的イノベーション、インクリメンタル・イノベーション）

連続的なイノベーションとは、既存の技術・知識等の延長上での小刻みな改善である。連続的なイノベーションが成功するのは、漸進的に積み上げられた技術進化の累積的効果が、技術の進歩や普及を促進するからである。

(4) 非連続的なイノベーション H29-11
（急進的イノベーション、ラディカル・イノベーション）

非連続的なイノベーションとは、これまで存在しない画期的な製品や生産方法を誕生させることである。

Ⅱ　イノベーションの進化過程

1　生産ユニット（productive unit）の進化過程

⑴ 生産ユニットの進化過程

　生産ユニットの進化過程では、横軸に時間、縦軸に重要な革新の頻度をとり、製品革新（製品イノベーション）と工程革新（工程イノベーション）の観点から分析する。

⑵ 製品革新と工程革新

　①**製品革新**では、企業内の経営資源（人材や生産設備、顧客情報）が、逆に開発の幅を狭め、イノベーションを抑制する要因になる。
　②**工程革新**では、業界内のリーダー企業の経営資源が機能する。

【 製品革新と工程革新における企業対応 】

　企業はドミナントデザインの成立過程に応じて、自社の経営資源を製品技術と製法技術のそれぞれに配分していくことが重要である。

2　生産ユニットの各段階

　ドミナントデザインの確立までを流動化段階、その後、製品革新の頻度が減少しつつ工程革新が進む段階を成長段階、もはや製品革新は末端技術に限られ工程革新も成熟してきた段階を特定化段階と呼ぶ。

【 生産ユニットの進化過程 】

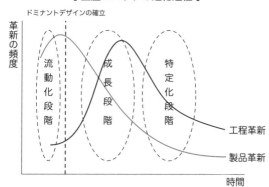

(1) 流動化段階の特徴

① 流動化段階の特徴

消費者が何を求めているか明確ではなく、製品の性能も基準も定まっていないために、多数の異なった製品と工程の組み合わせが存在する。製品革新は起こりやすいが、大量の製品を低コストで連続生産することはできない。

② 流動化段階の組織対応

ドミナントデザインが確立される前は、製品の大きな変更が頻繁に行われるため、設計と製造部門の密接な連携が必要となる。部品毎に企業間で水平分業するのではなく、自社内におけるプロセスとすることが望ましい。

(2) 成長段階の特徴

H25-18

① 成長段階の特徴

ドミナントデザインが確立すると、製品革新は減少し始め、工程革新が増加し、ドミナントデザインをもつ製品をいかに低コストで生産するかについての競争が展開される。

② ドミナントデザイン

ドミナントデザインとは、新たな製品市場において、標準化・固定化されたデザイン（支配的デザイン）のことである。その確立前後で、イノベーションの種類が製品に関する非連続的なイノベーションから、工程に関するイノベーションや連続的なイノベーションへと変化する。

③ 成長段階の組織対応

成長段階前期には、製品アーキテクチャは確立され製品革新は減少する。しかし、低コスト生産や生産量拡大に対応するために大幅な工程の変更が必要となる。成長段階後期には、製品アーキテクチャが安定し不確実性が減少するため、専用的な原材料の利用へと移行し、供給源は垂直統合されるようになる。

(3) 特定化段階の特徴

R03-12
H19-07

① 特定化段階の特徴

機能上も標準化されコモディティ化した製品を、高度にオートメーション化された設備と監視労働による製法で生産する。当該製品の市場での需要の伸びも大きくなくなり、一応の工程革新を終えた生産工程は業界内で標準的なものになる。

製品革新は末端技術に限られ、品質向上や原価低減のための積み重ね的な革新は行われているが、大きな革新は行われにくくなる。

② コモディティ化

コモディティ化とは、参入企業が増加し、商品の差別化が困難になり、価格競争の結果、企業が利益を上げられないほど（限界費用の水準）に価格低下することである。コモディティ化の3要素として、①モジュール化、②中間財の市場化、③顧客価値の頭打ちがあげられる。

コモディティ化により標準化した技術や中間財が利用できる市場は参入障壁が低

いため多くの企業が参入する。商品間の差別性が失われ同質化（パリティ化）し、価格競争に陥ってしまう。

【 コモディティ化の3要素 】

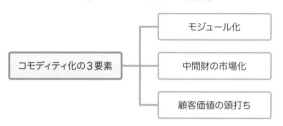

③ 特定化段階の組織対応

特定化段階には企業間の分業が進み、製品・工程ともに革新の頻度は低くなってしまうが、これを再び流動化段階に脱成熟させるには、一定以上の垂直統合が必要となる。バリューチェーンの中で、今まで携わってこなかった活動も取り込み、垂直統合度を上げることで、革新の創出を図る。

【 各段階のイノベーション 】

段階	業界の状況	イノベーションのテーマ
流動化段階	業界内で製品の機能や性能が定まっていない	製品革新による差別化が中心
成長段階	ドミナントデザインの確立により、競争の展開が変化する	製品革新から工程革新へと移行
特定化段階	コモディティ化された製品が市場を支配する	コスト優位を確保する工程革新の追求

(4) ドミナントデザインの確立に影響を与える4つの要因

ドミナントデザインの確立に影響を与える条件として、次の4つの要因がある。

要因	具体的内容
補完的資源	流通チャネル、ブランド・イメージ、顧客のスイッチングコスト、ネットワークの外部性など
産業の規制と政府の介入	業界のルールを変える、規制や規制緩和、補助金等の施策など
企業レベルの戦略行動	業界内に「仲間を増やす」ためのオープン戦略など
生産者とユーザーのコミュニケーション	リードユーザー（革新者）との密接な関係によるブランディング

R03-12
R02-13
R01-08

① ネットワークの外部性

ネットワークの外部性とは、ネットワークのゲームなどのネットワーク型のサー

ビスにおいて、加入者数が増加するほど、1人の利用者の便益が増加する現象である。競合よりも早期にユーザー数を増やすことで、競争優位を獲得しやすくなる。

【 ネットワークの外部性の効果 】

直接的効果	ユーザー数が増加するほど、品質や利便性などの便益が直接増加する効果
間接的効果	ユーザー数が増加するほど、補完財の多様性が増大したり価格が低下したりすることで、ユーザーの便益が結果的に増加する効果

② オープン戦略とクローズ戦略

オープン戦略とは、他社に公開またはライセンスを行う戦略のことである。他社に自社技術の使用を許すことで、業界内での標準化やデファクト・スタンダード化を図り、自社利益の拡大を目指す。

クローズ戦略とは、技術などを秘匿または特許権などの独占的排他権を実施する戦略のことである。

③ デファクト・スタンダード（業界標準、事実上の標準）

R05-08
R02-13
H27-06
H22-06

デファクト・スタンダードとは、事実上の標準であり、国際機関や標準化団体によって公式に定められたものではなく、市場の実勢によって標準とみなされるようになった規格・製品のことである。

また、**デジュール標準（公的標準）**とは、公的で明文化され公開された手続きによって作成された標準である。具体的には、写真フィルムの感度を表すISOの値などがある。

- 自社規格がデファクト・スタンダードとなるためには、公的な標準化機関の認定を必要としない。
- デファクト・スタンダードとなる規格の登場により、多くの企業が同一規格の製品を販売し、機能面での差別化競争や安さを売りにした低価格競争が激化することがある。

④ リードユーザーの意見の活用

R01-32
H25-25
H24-18
H21-12

リードユーザーとは、先端的な提案型ユーザーのことである。リードユーザーの意見は、イノベーションの源泉となり、革新的な製品を生み出す可能性を秘めている。一方、一般ユーザーの意見に基づく製品開発は、既存製品の改良に留まる可能性が高い。リードユーザー法は、①先進性新製品やプロセスのニーズに関連して特定されるトレンドの最先端にいるという先進性、②それらのニーズが解決されることによって、比較的高い純便益が得られると期待しているという高便益期待という、2つの特徴を持つリードユーザーを調査対象者として選定し、彼らからソリューション情報を収集することによって新製品開発を行う手法である。

リードユーザーから得られた外部情報をどれだけ利用できるかは、当該企業が持つ、その情報についての事前知識（吸収能力：absorptive capacity）の量に依存している。

⑤ **吸収能力 (absorptive capacity)**

吸収能力とは、企業のイノベーションにとって欠かせない、外部の知識を評価し活用する能力のことである。自社の基礎研究への投資は、吸収能力を高める効果を持ち、急速に進化する科学技術をイノベーションに活かすことに役立つ。

様々な分野で知識創造が行われている現代社会において、すべての技術的知識を自社内で開発することは困難であり、企業のイノベーションプロセスには外部からの知識が不可欠になっている。

3 技術進歩のS字型曲線

(1) 技術進歩のS字型曲線 (S字カーブ、Sカーブ)

技術進歩のS字型曲線は、技術戦略を考える際に重要なものである。これは、一定期間の技術努力によって得られる製品の性能向上の成果が、技術が成熟するにしたがって変化していくことを表している。

技術進歩のパターンが、時間が経過するにつれて、S字型の曲線をたどることがあるのは、時間の経過とともに基礎となる知識が蓄積され、資源投入の方向性が収斂するからである。

(2) 技術進歩のS字型曲線の特徴

①初期段階では、性能向上の速度は比較的遅く、②普及段階では、技術に関する知識が蓄積し、理解されて扱いやすくなり普及すると技術の向上は加速していき、性能向上も加速する。③成熟段階になると物理的な限界に近づくため、性能向上のために今まで以上の技術努力が必要となる。

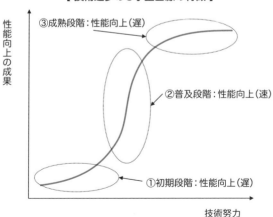

【 技術進歩のS字型曲線の特徴 】

⑶ 不連続な性能向上

　S字型曲線では、現在の技術と後継の技術が重なり合って現れることが多い。そのため、企業において技術経営を考える際には、S字型曲線の変曲点を見きわめ、現在の技術に取って代わる後継技術を開発する必要がある。

　図表のように現在の技術と後継技術が重複する時期が来たら、うまく技術を乗り換えることが課題である。

【 不連続な性能向上 】

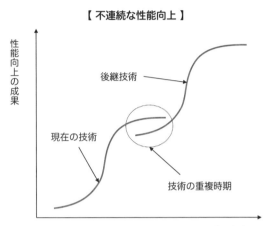

⑷ テクノロジー・プッシュによるイノベーション

　業界主流の製品を供給している企業は、技術イノベーションに注力しすぎて、当該製品をしばしば消費者の求める製品の性能から乖離した高性能製品にしてしまうことがある。技術中心の**テクノロジー・プッシュによるイノベーション**は、顧客のニーズと乖離してオーバー・スペックの製品を開発してしまうおそれがある。

⑸ イノベーションのジレンマ

R04-09

　新技術には、主要市場のメインの顧客が今まで評価してきた性能評価に従って、既存製品の性能を向上させる**持続的技術**と、従来とは全く異なる価値基準を市場にもたらす**破壊的技術**がある。破壊的技術が登場した初期段階においては、破壊的技術を利用した製品の方が持続的技術を利用した製品よりも性能や利益率が低く、製品市場も小規模である。そのため優良企業は、破壊的技術に積極的に投資するのは合理的ではないと判断し、既存の顧客の需要に応えて製品の性能を高める持続的技術の開発に注力する。その間に、破壊的技術は市場の価値基準を変え、新しい市場を開拓し、絶えず製品の性能を高めていくことで、従来の市場を侵食するようになり、優良企業は市場のリーダーシップを失っていく。この現象をイノベーションのジレンマという。

III 製品設計と研究開発

H24-18

1 研究開発の分類

　企業内の研究開発は一般的に、基礎研究、応用研究、開発研究の3つに分類される。

(1) 基礎研究

　基礎研究とは、特別な応用、用途を直接に考慮することなく、仮説や理論を形成するため、もしくは現象や観察可能な事実に関して新しい知識を得るために行われる理論的または実験的研究をいう。

(2) 応用研究

　応用研究とは、基礎研究によって発見された知識を利用して、特定の目標を定めて実用化の可能性を確かめる研究およびすでに実用化されている方法に関して、新たな応用方法を探索する研究をいう。

(3) 開発研究

　開発研究とは、基礎研究、応用研究および実際の経験から得た知識の利用であり、新しい材料、装置、製品、システム、工程などの導入または既存のものの改良をねらいとする研究をいう。

R01-11
H29-11
H28-11
H27-07
H25-08

2 製品アーキテクチャ

(1) 製品アーキテクチャ (product architecture)

① 製品アーキテクチャの定義

　製品を構成するどの部品に、必要な機能を持たせ、その部品の間をつなぐインターフェースをどうするかについての**設計思想を製品アーキテクチャ**という。

② インテグラル型とモジュラー型

　製品アーキテクチャは、構成要素間に配分される機能のパターンと構成要素のインターフェース（共用部分）のルール化の程度によって、自動車や大型旅客機などのインテグラル型（すり合わせ型）とデスクトップパソコンなどのモジュラー型（組み合わせ型）に分類される。

　近年、わが国の自動車メーカーにおけるモジュラー生産の進展にともない、車種間で共用化を進める基本部分と、多様化のための可変的な部分を切り分ける生産体制がとられるようになった。

　サプライヤー（自動車部品メーカー）は、モジュール生産に柔軟に対応するために、あらかじめ一定数の部品をモジュール化して組み立てて自動車メーカーに納入し、

自動車メーカーの最終組み立てを容易にしている。

【 製品アーキテクチャの違い 】

製品アーキテクチャ	特徴	メリット	デメリット
インテグラル型	●機能と物的構成要素の間の対応関係が複雑に絡み合う ●構成要素間の機能的相互依存性が高い	●製品全体の性能の向上や構成要素の最適化が可能になる	●製品の複雑さが増大する ●調整の負荷や開発コストが上昇する
モジュラー型	●構成要素間の機能的独立性が高い ●構成要素は構造的に相互に独立している ●インターフェースがルール化されている	●個々の構成要素の設計は、他の構成要素の設計とはある程度無関係に並行して進めることができる ●設計の自由度が増し、構成要素ごとの技術革新が促進される	●製品全体の最適設計が困難になる ●構成要素間のインターフェースの管理コストが増大する

出典：『ビジネス・アーキテクチャ　製品・組織・プロセスの戦略的設計』
藤本隆宏・武石彰・青島矢一編　有斐閣　をもとに作成

(2) モジュール化の進展による技術戦略の変化

　モジュール生産とは、部品又はユニットの組み合わせによって顧客の多様な注文に対応する生産方式（JIS-Z8141-3205）である。組立品から完全に取り外されるように設計されたユニットを**モジュール**と呼び、その単位の部品をモジュール部品と呼ぶ。

① 価格競争の進展

　部品の**モジュール化の進展**によって、生産工数を減らすことができるので、短期的にはコストの低下や生産性の向上が期待できる。しかし、自社固有の技術開発余地が狭まり、標準部品を使った製品間の競争が激化する。

　モジュール化の進展は組立メーカーの参入障壁を低下させ、技術面での差別化が難しくなるため、価格競争に陥りやすい。

② 独自の技術開発の進展

　パソコンでいうと、CPUやOSなどの製品サブシステムのインターフェースが標準化されるにつれて、部品メーカーは一定のデザインルールのもとで、独自に技術開発を進めることが可能になる。

③ 製品ライフサイクルの短縮化

　モジュール化の進展により、メーカーは要素部品の組み換えや製品デザインの変更によって消費者の購買意欲を喚起する方向に進みやすい。しかし、部品の組み換えやデザイン変更は、一時的な効果しか得られない場合も多く、そのことが製品ライフサイクルの短縮化につながっている。

IV イノベーションのマネジメント

1 技術開発・製品開発競争

(1) 性能アップ競争における数値目標の追随

　技術革新をめぐる競争が製品の性能アップ競争として展開される場合、性能を数値目標化して開発を進めると、数値目標が目に見えやすくなるので、ライバル企業の追随を受けやすくなる。

(2) 国際水平分業化によるシェア拡大

　製品のキーデバイスを外部調達して大量安価に製品を供給できる仕組みを、国際的な水平分業によって実現できれば、世界的に市場シェアを高めて、コスト・リーダーシップを握ることが可能になる。**国際水平分業化**は、世界的な生産規模をいかに早く達成するかという時間と規模を優先したモデルである。

(3) 性能アップ競争に伴う顧客の評価の厳格化

　製品の性能アップ競争が激しくなると、顧客による性能対費用の評価も厳しくなり、性能アップに費やした研究開発費を価格に転嫁できず、企業の収益性は悪化する。

2 研究開発組織

H25-11 ### (1) 研究開発組織の組織形態

　企業におけるプロダクト・マーケティングを担当する組織にはさまざまな形態がある。最も一般的なのは、「商品企画部」「製品開発部」といった名称を持つ製品の企画・開発を恒常的に担っている組織である。

① 製品開発部門

　製品開発部門とは、製品の企画・開発を恒常的に行っている組織である。全社の役割が機能的に区切られている機能別組織を採用している場合、生産や研究開発、販売（営業）や総務・財務部門とともに、企業の一部を構成する。

R03-15 #### ② プロダクト・マネジャー組織

　プロダクト・マネジャー組織とは、1つの事業部門で、特定の製品ないしブランドごとに担当するプロダクト・マネジャーないしブランド・マネジャーを設置して、生産・営業・研究開発などの垂直的職能組織間の水平的調整を図る組織形態である。

(2) 自己組織化 (セルフ・オーガナイゼーション)
H21-10

① 自己組織化の概要
　変化の激しい市場環境の下では、新製品開発にもスピードと柔軟性が求められる。そのため、概念設計、機能設計、生産設計、量産設計などの設計プロセスや生産計画の立案などの各フェーズに、関連する部門が重複して参加・協働する知識創造の場として、**自己組織化 (セルフ・オーガナイゼーション)** を促進する開発方式がとられることがある。

② 自己組織化した組織において新製品開発活動が成功する条件
　自己組織化したチームの中では、お互いの担当領域に侵入することが奨励される。部門の責任・権限関係に混乱が生じないよう、あらかじめ明確に分業関係を構築しておかないことが条件となる。

(a) 異なる職能間での学習の促進
　自己組織化した組織では、個人・集団・企業といった異なるレベルの学習とともに、異なる職能間での学習も促進する必要がある。

(b) トップによる具体的基準の設定の不必要
　自律性の要件により、組織メンバーはできるだけ自由であるべきであり、トップは具体的基準を設定しない。

(c) 命令の一元性の適用除外
　自己組織化した組織は、多様な部門から参加するプロジェクト組織であり、命令の一元性の確保は難しい。複数の部門間での調整に混乱が生じないよう、命令の一元性を徹底する必要はない。

(3) 企業内起業家制度
H30-08

　企業内起業家制度では、組織内で自律した位置づけと経営資源を与えられるベンチャー・チームを活用することがあり、イノベーションを生み出す企業家精神、哲学、組織構造を内部に発展させようとする試みである。

(4) 社内ベンチャー
R01-10
H28-09
H24-08
H22-15

　社内ベンチャーとは、何らかの形で規律を課され、コントロールされた擬似的ベンチャーであり、社内における創業である。
　社内に独立性の高い集団を設けて小さな独立した企業のように運営させるが、新しい事業領域での学習のための装置としても適切な組織である。本業や既存事業の思考様式にとらわれない発想を生み出し、本業や既存事業とは異なった事業分野への進出や根本的に異質な製品開発を目的として設置されることが多い。

① 社内ベンチャー導入の留意点
- トップは自社の未来について明確なビジョンと方向性を提示し、社内企業家が自社の戦略と直接に関係する革新を創造するよう奨励する。
- 必ずしも早期にスピンアウト (企業から独立) させることが望ましいとは限らない。

- 戦略的重要性と業務上の関連性によって、その性格に適した組織的位置付けを与えてコントロールする。

② 社内ベンチャーの効果

- 新事業の運営について、本業や既存事業からの過剰な介入や悪影響を排し、トップダウン型の思考様式から乖離した発想を生み出すことができる。
- 中間管理職（革新的ミドル）やトップ・マネジメントに組織学習の契機を与える。
- 新事業の運営について自律感を高め、新事業の推進に必要な心理的エネルギーを生み出す組織としての役割を果たすことができる。

③ 社内ベンチャーを成功に導く要因

高額の金銭的報酬ではなく、全社的な見地から、組織的な枠組みを与え、社内企業家の自由と創造性を発揮しうる「舞台」を設定することである。

R02-08 ## (5) バウンダリー・スパンニング (boundary spanning)

バウンダリーとは、組織論において組織の内側と外側の境界線をいい、**バウンダリー・スパンニング**とは、組織の内側と外側の境界線を連結する活動（境界連結活動）である。

製品イノベーションを効果的に行うための境界連結活動は、①組織内に対しては、研究資金の獲得、製造部門やマーケティング部門などの情報収集、②組織外に対しては、顧客情報や専門性の高い技術情報の収集、外部組織との連携促進をすることなどがある。

H29-10 ## (6) 新製品開発や新規事業の進捗管理

① ステージゲート管理

ステージゲート管理とは、新製品開発や新規事業などのプロジェクトを、効果的、効率的にマネジメントすることを目的に、プロジェクトの段階ごとにチェックポイントを設ける管理方法である。

【 ステージゲート管理の例 】

	発見 魅力的な 顧客提案 機会の発見	企画 事業提案の 作成	実行 取り組みの 実行	準備 市場投入の 準備	市場投入 市場参入
主要な 意思決定 の例	人員を 配置すべきか？	基本設計は 完了したか？ 実行を 開始するか？	基準を 満たすか？ 市場投入計画は 承認されたか？	市場投入の 準備は 完了しているか？	
マイルストーン の例	プロジェクトの 組成	プロジェクトへの コミットメント	市場投入計画の 合意	市場投入の 承認	

出典：『ステージゲート法 製造業のためのイノベーション・マネジメント』ロバート・G・クーパー著 英治出版

② 新製品の事業化

新製品の事業化では、顧客や市場の評価を早期に把握して、その結果を開発活動にフィードバックして、場合によっては開発段階が後戻りすることを許容する方が新製品の迅速な立ち上げに有利に働く。

(7) NIH (Not Invented Here) 症候群

H27-09

NIH症候群とは、安定した構成のプロジェクトグループが、自らが属す分野の知識を独占的に所有していると信じる傾向のことである。NIH症候群により、外部の新しいアイデアはパフォーマンスを損なうとして排除してしまうことがある。

【 事例 】

> A社では、既存製品のバージョンアップによる新製品開発も成熟段階に達したため、既存のマトリックス組織のもとで、これまでの製品とは不連続な技術による新製品の事業化に乗り出した。
> この製品の利益率は既存の製品群に比べて高かったので、機能マネジャーは積極的に生産的経営資源を新規事業分野に配分し始めたが、既存製品のバージョンアップが新製品に結びつく段階では有効に機能したマトリックス組織が、既存製品とは不連続な技術に基づく新規事業を遂行するには障害となり、A社全体の利益率は低下した。

(8) OEM
(Original Equipment Manufacturer/Original Equipment Manufacturing)

OEMとは、相手先ブランドによる委託生産を受託する製造業者、またはその委託生産方式のことである。技術革新のスピードが速い技術分野では、生産設備への投資が陳腐化してしまうリスクが大きい。

そのため、製品供給は外部の企業に委託し、自社では当該製品の技術標準や自社ブランド力維持に重点をおくという戦略行動が有効である。

(9) オープン・イノベーション

R05-30
R01-08
H30-20
H28-04

① オープン・イノベーションの概要

オープン・イノベーションとは、企業内部と外部のアイデアを有機的に結合させ、価値を創造することである。オープン・イノベーションのメリットは次のとおりである。

(a) 企業外部の経営資源の探索プロセスにおいて、内部での商品開発に対する競争圧力が強くなり、組織の活性化につながる。

(b) 企業内部の優れた人材に限らず、企業外部の優秀な人材と共同で新商品開発を進めればよく、内部での開発コストの低減が期待できる。

(c) 一般的に、より高い専門性を持つ企業との連携などによって、新商品開発プロセスのスピードアップにつながる。

②チェスブローのオープン・イノベーション

知識の流入と流出を自社の目的にかなうように利用して、社内イノベーションを加速するとともに、イノベーションの社外活用を促進する市場を拡大することをいう。

チェスブローは、自社のテクノロジーを発展させたいなら、社内のアイデアとともに社外のアイデアを活用すべきであり、市場への進出にも社内とともに社外を経由したルートを活用すべきだとしている。

また、オープン・イノベーションは、基盤技術の開発などのコラボレーションというよりも、事業化レベルのコラボレーションを促進するという特徴がある。

R04-15
H25-15
⑽ 企業の渉外担当者 (boundary personnel)

① 企業間取引関係

企業間取引関係は、それぞれの企業の渉外担当者（対境担当者、boundary personnel、バウンダリーパーソネル）の行動によって担われている。

企業の渉外担当者は、外部組織が自らの組織に対して影響力を行使する際にターゲットとなるため、それに対応するのに十分な交渉力を持つ必要がある。また、組織内外の接点に位置するゲートキーパーとしての役割を持つため、組織変革にとって重要な誘導者となることもある。

② 企業の渉外担当者の機能

企業の渉外担当者の機能には、次のようなものがある。

  (a) 外部環境の情報を得て、組織内の各部門に対し不確実性を削減する**機能**
  (b) 外部組織との連結環としての**機能**
  (c) 外部組織の脅威から自らの組織を防衛する境界維持的**機能**
  (d) 組織内部の組織的意思決定を、具体的な環境適応行動として実行する**機能**

R02-07
⑾ プロジェクト・マネジャー

商品ライン間の技術共通化など、複数の開発プロジェクトを統合的にマネジメントする場合、関連組織を横断的に組織化したプロジェクトを先導する重量級プロジェクト・マネジャーを設けることより、複数のプロジェクトを統括管理するプラットフォーム・マネジャーを設けることが効果的である。

R03-22
⑿ 両利きの経営

企業の長期成長のためには、既存事業の深化と新規事業の探索のバランスをとることが経営において重要である。新規事業の開発では、経営環境の変化や大きさに柔軟に対応するため新規事業探索ユニットとして、社内ベンチャー制度などを創設し、既存事業とは分離させて経営資源を割り振ることも必要である。その際に、独自の成果を上げやすいように既存事業と異なる評価基準、意思決定の基準、マネジメントのスタイルを認めることが望ましい。

3 海外における研究開発活動

⑴ 海外拠点の設置の特徴

企業はグローバル化するにつれて、海外でも研究開発活動を展開するようになる。

海外拠点の設置には次のような特徴がある。

- 海外市場や海外生産への依存度が高くなると増える傾向が見られるが、進出先の研究開発力が劣っているとその傾向は弱まる
- 企業が、海外への技術移転、海外子会社の要請、現地の研究能力や技術の獲得を考えている場合に、海外研究開発拠点の開設に積極的になりやすい
- 企業が、国内で研究開発の規模の経済が大きい場合や技術ノウハウの保護を重視する場合、海外研究開発拠点の開設に消極的になりやすい
- 国の差異を利用してグローバルに技術ノウハウを蓄積することによって、研究開発のグローバル・シナジーが実現される可能性が高い場合には積極的になりやすい

(2) グローバル・シナジー

グローバル・シナジーとは、国際的な複数の拠点で生み出された資源を多重あるいは共通利用することによって生じる国際的な地域（拠点）間シナジーである。グローバルレベルで競争優位を獲得している企業は、海外研究開発拠点の能力をグローバルな製品開発に活かしている。

4 先端技術の活用 Ⓒ

近年、先端技術を集積したデジタル製品が苦戦している。その原因として、急速に悪化する景気の影響をあげることができるが、それ以上に、この分野に特有の競争と収益の構造による影響が大きい。

(1) レファレンス・モデルの活用

レファレンス・モデルとは、組立メーカーの製品開発を支援するための機器（モデル）である。レファレンス・モデルには、組立メーカーが必要とする機能をふんだんに盛り込んでおり、組立メーカーはこのモデルを使用して自社が望む製品に仕上げることができる。

最新技術の擦り合わせのための技術が最小限で済み、製品市場への参入障壁は低くなる。

① EMSなどでのレファレンス・モデルの活用

EMS（Electronic Manufacturing Service：電子機器受託製造サービス）やモジュール部品供給メーカーはシステム統合の技術を、レファレンス・モデルを通じて提供する場合が多い。

② インターフェースの標準化

インターフェースとは、2つ以上の異種のものを接続する場合の接続部分である。通常、コンピュータと周辺機器を接続する際の転送手順や速度などの仕様のことをいう。人間とコンピュータの間のインターフェースを特にユーザー・インターフェースという。

5 イノベーションが成功しない理由

イノベーションが成功しない理由の一つに、新規技術への取り組みの遅れがある。新規技術への取り組みが遅れる原因には、次のようなものがある。

(1) 既存製品への依存

- 新しい技術による新製品に市場は移りつつあるのに、既存の旧製品で利益が出ているため、経営者が新製品への投資を躊躇している状態がある。
- 業界で市場シェアの高い有力な製品をもつ企業では、現有市場の顧客ニーズを重視するあまり、自社のこれまでの技術と異質な新規技術への取り組みが後手に回り、次世代技術に乗り遅れる。
- イノベーションにより既存製品の顧客ではない、新しい顧客が重要なユーザーとして登場するとしても、既存製品の顧客とのつながりを大切にして見逃したり、つい後回しにしたりしてしまうことがある。

(2) 技術面の影響

- 開発時の技術が顧客の支持を受けるほど、その後の技術発展の方向が制約されやすく、技術分野が固定化されて企業の競争優位が失われていくことがある。
- ある技術システムとそれを使用する社会との相互依存関係が、その後の技術発展の方向を制約するという経路依存性がある。
- 製品の要素部品の進歩や使い手のレベルアップが、予測された技術の限界を克服したり、新規技術による製品の登場を遅らせたりすることもある。
- 自社技術の拡散スピードが速く、技術優位性を守りにくい場合、後発企業から模倣されやすいため、先発者利得を獲得するのは困難である。累積生産量を大きくしても、コスト面での差別化につながりにくい。

(3) 市場ニーズとの関係

- 市場ニーズに適合的な技術に基づく製品は、企業の成長に貢献すればするほど、革新的な技術の製品が新しい市場を築き始めると、急速に市場を失うことがある。
- 部門内に蓄積された大量の情報や暗黙知などは、技術部門と営業部門の交流を阻むので、市場ニーズから遊離した製品が開発されやすくなる。

V ベンチャー企業のイノベーション

1 将来の成長ステージへの計画と資金

スタートアップ段階のベンチャー企業は、将来の成長ステージについて段階を追って計画を立て、達成目標と時期を明確にしたマイルストーンの明示を真剣に考慮する必要がある。累積的なキャッシュフローを予測して、それを経営の根幹に位置付けて計画を検討することも必要である。

(1) Jカーブ曲線 〈H26-11〉

① Jカーブ曲線の概要

スタートアップ段階のベンチャー企業のような新規事業の立ち上げにおいては、最初はキャッシュフローがマイナスになり、成果が出るとキャッシュフローがプラスに転じる。この累積的なキャッシュフローを描いた曲線を**Jカーブ曲線**という。

② リスクと時間の影響

Jカーブ曲線は、新製品・サービスの開発、生産、販売などを予想通り行えるかどうかのリスクを示し、商品の市場投入までの時間と量産までの時間の両方から影響を受ける。

(2) ベンチャー企業の成長と資金提供 〈H29-09〉

成長をめざすベンチャー企業にとって外部資金の獲得は欠かせない。ベンチャー企業への資金提供には、次のようなものがある。

① ベンチャーキャピタル

ベンチャーキャピタルとは、ベンチャー企業を資金的に支援する機関である。事業の成長により企業価値を高めることで、新規株式公開やM&Aを通じて投資した資金を回収することが一般的である。ベンチャーキャピタルのうち、投資先に経営者を派遣し経営に深く関与するのがハンズオン型、投資先のマネジメントに任せるのがハンズオフ型と呼ぶ。

② 投資事業有限責任組合

ベンチャー企業など、事業者への投資を行うファンドを創設・運用するために設立された組合である。無限責任組合員と有限責任組合員とから構成され、組合の業務は無限責任組合員が執行する。業務執行を伴わない組合員は、その出資額を限度として組合の債務を弁済する責任を負う。

2 技術開発型ベンチャー企業が起業から事業展開で直面する障壁 Ⓐ

〈H30-12〉
〈H27-08〉
〈H26-09〉
〈H20-07〉
〈H17-03〉

ダーウィンの海は、ハーバード大学のブランスコム (L. Branscomb) が提唱している概念である。製品を市場に投入した後に、厳しい市場環境の中で本当に生き残

れるかどうかを、ダーウィンの進化論になぞって名前をつけたものである。

(1) ダーウィンの海

① 障壁の内容

ダーウィンの海とは、開発商品を事業化して軌道に乗せる際、既存商品や他企業との激烈な競争に直面するという障壁である。

② 対応策

大手企業とのアライアンスやファブレス生産に取り組み、生産、販売、マーケティング、アフターサービスが一体となった体制などによって回避を試みる。

(a) ファブレス生産

ファブレス生産とは、工場を持たずに生産をアウトソーシングし、他社に依存する生産方法である。工場を持たないため、多大な設備投資や設備維持の負担やリスクを負わずに、設計や開発、マーケティングなどに専念することができる。

H28-09

(b) アウトソーシングの留意点

アウトソーシングをする場合には、アウトソーシングする事業領域と自社で取り組む事業領域を区分して経営資源を集中特化することが必要である。これにより、特定事業領域で独自能力の構築を目指すことが可能になる。

(2) デスバレー (死の谷)

① 障壁の内容

デスバレーとは、応用研究と商品開発ないし事業化との間に存在する資金や人材の不足などという障壁である。

② 対応策

所有している特許権や意匠権などの知的所有権のうち、一部の専用実施権を第三者企業に付与することや、社内プロジェクトメンバーについての担当の入れ替え、メンバーの権限付与の見直しなどによって回避を試みる。

(a) 専用実施権

特許権者以外の者が、ある範囲内において、独占的に特許発明の実施をする権利である (詳細は弊社「経営法務」で学習する)。

(3) デビルリバー (魔の川)

① 障壁の内容

デビルリバーとは、技術シーズ志向の研究のような基礎研究からニーズ志向の応用 (開発) 研究に至る際の障壁である。

② 対応策

基礎技術や高い要素技術を必要とする領域は大学に任せ、TLO を活用して連携を積極的に行うことなどによって回避を試みる。

(a) TLO (Technology Licensing Organization)

TLOとは、技術移転機関のことで、大学の研究者の研究成果を特許化し、それを企業へ技術移転する法人であり、産と学の「仲介役」の役割を果たす組織である。

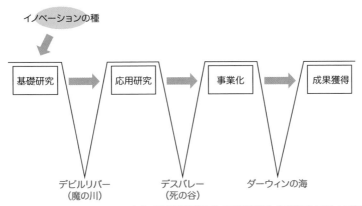

イノベーションの種

基礎研究 ▶ 応用研究 ▶ 事業化 ▶ 成果獲得

デビルリバー
（魔の川）

デスバレー
（死の谷）

ダーウィンの海

出典：高尾義明著『はじめての経営組織論』有斐閣アルマをもとに作成

■■■ **問題編** ■■■　　Check!!

問1 (H30-09)　　　　　　　　　　　　　　　　　　　　　　　　　　［○・×］

　技術進歩のパターンが経時的にS字型の曲線をたどることがあるのは、時間の経過とともに基礎となる知識が蓄積され、資源投入の方向性が収斂するからである。

問2 (H30-08)　　　　　　　　　　　　　　　　　　　　　　　　　　［○・×］

　製品イノベーションを戦略的に達成するには、バウンダリー・スパンニングが必要となるが、バウンダリー・スパンニングは、技術、マーケティング、生産の各担当者が、互いにアイデアや情報を共有することである。

問3 (R04-09)　　　　　　　　　　　　　　　　　　　　　　　　　　［○・×］

　破壊的技術が登場した初期段階においては、破壊的技術を利用した製品の性能の方が持続的技術を利用した製品の性能よりも低い。

問4 (H28-04)　　　　　　　　　　　　　　　　　　　　　　　　　　［○・×］

　オープン・イノベーションは、企業外部の経営資源の探索プロセスにおいて、内部での商品開発に対する競争圧力が強くなり、組織の活性化につながる。

問5 (H29-09)　　　　　　　　　　　　　　　　　　　　　　　　　　［○・×］

　中小企業へ投資する投資事業有限責任組合では、組合の業務を執行する者は有限責任組合員である。

■■■ **解答・解説編** ■■■

問1　○：設問文のとおり。
問2　×：バウンダリー・スパンニングとは、組織の内側と外側の境界線を連結する活動（境界連結活動）である。
問3　○：設問文のとおり。そのため、優良企業は、破壊的技術に積極的に投資するのは合理的ではないと判断する。
問4　○：設問文のとおり。
問5　×：組合の業務は無限責任組合員が執行しなければならない。

■■■ **問題編** ■■■

　組織セットモデルにおける渉外担当者（boundary personnel）の概念と機能に関する記述として、最も適切なものはどれか。

ア　渉外担当者は、組織内外の接点に位置するゲートキーパーとしての役割を持つため、組織革新の誘導者となることもある。

イ　渉外担当者は、その組織の顔として組織を代表するものであるから、法的な代表権を有する必要がある。

ウ　渉外担当者は、他組織の脅威から当該組織を防衛するという境界維持機能を果たすため、外部環境とは距離を置き、組織内のメンバーと同質性を保つ必要がある。

エ　渉外担当者は、自らは不確実性を処理する権限を持たず、外部環境の状態や変化を組織内に正確に伝える役割を果たす必要がある。

オ　渉外担当者を通じた組織間関係は、市場関係を通じた調整ではなく、権限関係を通じた調整によって維持される。

解答：ア

　渉外担当者の概念と機能に関する出題である。

ア　適切である。渉外担当者は、組織内外の接点に位置することにより、ゲートキーパーとして環境における情報の源泉ともなるし、組織革新にとって重要な誘導者となることもある。

イ　不適切である。渉外担当者はトップマネジメントだけでなく、購買担当者、営業部門、人事部門、広報担当者など多様な担当者からなるものであり、必ずしも法的な代表権を有している必要はない。

ウ　不適切である。渉外担当者は、外部環境の情報を得て、組織内の各部門に対し不確実性を削減する機能や、外部組織との連結環としての機能を持つために、外部環境とは距離を置かず、組織内外の接点に位置する必要がある。

エ　不適切である。渉外担当者には、外部環境の情報を得て、組織内の各部門に対して不確実性を削減する機能がある。また、組織をめぐる状況が不安定なときや、揺れ動いて方向を見定め難いとき、意思決定を迅速にするために、権限を外部との接点である渉外担当者に委譲することがある。

オ　不適切である。組織間関係は、組織間のヒト・モノ・カネ・情報の交換や組織間の共同行動などの市場関係として現れる。具体的には、組織内・外の接点に位置する渉外担当者の行動を媒介として行われる。

テーマ別出題ランキング

過去23年分 平成13年 (2001年) 〜令和5年 (2023年)	
1位	企業の社会的責任 (CSR)
2位	産業集積と産業クラスター
3位	同族経営 (ファミリービジネス)
3位	分社化

直近10年分 平成26年 (2014年) 〜令和5年 (2023年)	
1位	企業の社会的責任 (CSR)
2位	同族経営 (ファミリービジネス)
3位	エフェクチュエーション

過去23年間の出題傾向

　23年間でCSRが8回、産業集積と産業クラスターが7回、同族経営・分社化が4回と、全体的に1次試験での出題回数は多くないため、時間に余裕が無い場合は後回しにしても構わない。ただし、2次試験では同族経営や産業集積の知識は必須で、令和2年度事例Ⅰに同族経営のデメリット、平成29年度事例Ⅰに産業集積のメリットが出題されているため、書けるようにしておこう。

第 6 章

企業の社会的責任と
その他戦略論の知識

企業の社会的責任（CSR）

1 企業の社会的責任（CSR）　

　国民経済の主な担い手は営利企業であるが、その活動にはおのずと限界がある。特に市民社会が求めるサービスは、営利企業以外の活動主体によって提供される方がうまくいくことが多い。そのような活動主体としてNPO（Non Profit Organization）が数多く存在する。

　また、企業も市民社会の構成単位として、企業の社会的責任（CSR：Corporate Social Responsibility）を明確にして経済活動を展開することが強く求められており、さまざまな非経済的な活動に取り組んでいる。

　国際標準化機構の社会的責任の国際規格ISO26000は、日本ではJIS Z 26000「社会的責任に関する手引き」として普及している。ISO26000は、業種を問わず利用できるガイダンス規格である。

　2015年の国連サミットにおいて、グローバルな社会課題を解決し持続可能な世界を実現するための2016年から2030年までの国際目標であるSDGs（持続可能な開発目標：Sustainable Development Goals）が採択された。日本においても、SDGsを経営に組み込むべく様々な取り組みが進められている。持続可能な世界を実現するための17のゴール・169のターゲットから構成され、企業はすべての目標、ターゲットに貢献できるように自社の資源を投入する必要があるとされている。

(1) 社会的責任ピラミッドのフレームワーク

　A.キャロルの社会的責任ピラミッドのフレームワークでは、経済的責任を基底に、それ以外の法的責任、倫理的責任などを付け加える、積み上げ方式で把握される。

(2) M.フリードマンの伝統的な企業観

　M.フリードマンの伝統的な企業観によると、株主は、企業に自己の持ち分を有し、その企業を共有しているために、一定の権利を保持するのであり、その権利は株主の代理人である経営者によって保証されなければならない。これをストックホルダーセオリーという。

(3) R.フリーマンの主張

　R.フリーマンは、株主、従業員、顧客、供給者、コミュニティ、そして経営者をステークホルダーとして例示し、特に企業の経営者にステークホルダー間の利害調整の役割を求めている。ステークホルダーは、R.フリーマンによって、広く認知されるようになった概念であり、企業目的の達成に影響を与える、あるいはその過程で影響を受けるグループや個人を指している。

2　CSRをめぐる状況　

　CSRは企業にとっては重要な戦略課題になっている。企業のあり方を問い直そうとするCSRへの取り組みは、国際的な広がりを示しつつ、大企業のみならず中小企業、さらには企業経営者にとっても重要な経営課題になっている。

(1) フィランソロピー

　フィランソロピーは、博愛的な精神に基づく慈善活動行為であり、金銭、物品、時間、労力をささげる行為のことである。

(2) わが国企業の動向

　経済団体連合会は、会員企業による経常利益の1%相当額以上の支出や個人の寄付を財源にする1%(ワンパーセント)クラブを設立して社会貢献活動を行っている。

　また、意欲的な企業では、NPOに金銭的な寄付をするだけでなく、余剰の商品在庫の提供や従業員のボランティア派遣など、NPOとの連携で社会貢献を図ろうとする例もある。

3　共通価値の創造(CSV)　

　共通価値の創造(CSV:Creating Shared Value) とは、企業の事業を通じて、社会的な課題を解決することから生まれる「社会価値」と「企業価値」を両立させようとする経営フレームワークである。マイケル・E・ポーターは、共通価値の概念を「企業が事業を営む地域社会や経済環境を改善しながら、自らの競争力を高める方針とその実行」と定義している。CSVのアプローチには、①製品と市場を見直す、②バリューチェーンの生産性を再定義する、③企業が拠点を置く地域を支援する産業クラスターをつくる、の3つがある。M.ポーターが提示したCSVの概念では、本業と関係のある事柄で、本業の利益に還元されるものが重視され、CSR(Corporate Social Responsibility)の概念よりも社会的課題を事業活動そのものと結びつけようとする側面が強調されている。

4　コーポレートガバナンス　

(1) コーポレートガバナンス (Corporate Governance)

　コーポレートガバナンスとは、企業統治とも訳され、企業は経営者のものではなく、株主のものであるという考えのもとで、企業の経営を監視する仕組みである。

　企業経営における意思決定の不正を防止したり、企業価値の向上を目指したりするために重要性が高まっている。企業統治を強化するために有効な方法として次のようなものがある。

① 内部統制

業務に関係して違法行為や背任行為を起こさないよう内部統制制度を導入する。

② 会社の機関設計

　取締役会に社外取締役を、監査役会に社外監査役を導入することなどがある（機関設計の詳細は弊社、速修テキスト「経営法務」で学習する）。

⑵ アメリカ型のガバナンスの概要

① 概要

- 社長の権限の分散と牽制が鍵となる
- 指名委員会、報酬委員会、監査委員会などが設置されている

② ウォールストリートルール

　投資先企業の経営に関して不満があれば、その企業の株式を売却することで不満は解消されるという、多くの株主が株式を手放すことで経営者責任を問い、経営者を交代へ追い込むことである。しかし、機関投資家が多くの株を所有する現実の下ではほとんど期待できないといわれている。

⑶ ドイツ型のガバナンスの概要

　株主総会で選出された株主と労働者の代表からなる監査役会が最高決定機関として取締役の任免と監督を行う。形式的には株主と労働者が主権を分かち合っている。

Ⅱ その他戦略論に関する事項

R03-09
R02-11
H30-11

1 同族経営（ファミリービジネス） Ⓑ

⑴ スリー・サークル・モデル (Three Circle Model)

　創業家とその一族によって所有、経営されるファミリービジネスの中小企業は多い。**スリー・サークル・モデル**では、ファミリービジネスのシステムを、互いに重なり合う部分を持つ「オーナーシップ」「ビジネス」「ファミリー」の3つのサブシステムで表している。

⑵ スリー・サークル・モデルの活用

　スリー・サークル・モデルは、経営理念の核となる家訓の維持を重視するファミリービジネスに適用でき、ファミリービジネスの限界が何に起因するのかを知るなど、個々のファミリービジネスで異なる経営の問題解決に有用である。特に複数のサークルが重なる部分、図表の④〜⑦において、ファミリービジネス特有の課題が生じることが多い。
　　①外部の投資家
　　②所有権を持たず経営者又は従業員でもない家族
　　③所有権を持たず家族ではない経営者又は従業員
　　④所有権を持ち経営者又は従業員でもない家族
　　⑤所有権を持たず経営者又は従業員の家族
　　⑥所有権を持つ家族ではない経営者又は従業員
　　⑦所有権を持ち家族である経営者又は従業員

【 スリー・サークル・モデル 】

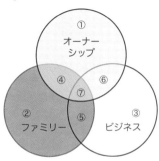

出典：『Next Generation Success：Reflections on a Decade of Dialogue Between Senior and Junior Generations』John A. Davis

(3) 同族経営の企業における懸念

同族経営の企業では、株式公開によって事業規模の拡大とともに株式の分散化が生じ、創業者一族の影響力が低下し、機関投資家などの比重が高まることを懸念する場合が多い。

R04-07 ### (4) 4C モデル

4C モデルとは、Continuity（継続性・夢の追求）、Community（同族集団）、Connection（良き隣人であること）、Command（自由な行動と環境適応）という4つの要素から、ファミリービジネスの経営の特性を説明するモデルである。4C モデルでは、4つの要素のバランスが重要であり、いずれかに経営が傾かないことを重視する。また、4C モデルは、それぞれの要素にプラスの側面とマイナスの側面があるとしている。

【 各要素のプラスの側面とマイナスの側面 】

	プラスの側面	マイナスの側面
継続性・夢の追求 (continuity)	長期的な視点からの投資を行うことができる	過度に保守的になり変化に適応できなくなる
コミュニティ・同族集団 (community)	従業員を強い価値共有集団とすることができる	同じ価値観の集団となり、新しい発想や実践を阻害する
コネクション・良き隣人であること (connection)	多様なステークホルダーとの互恵関係を構築できる	経営者が迅速的かつ独立的に行動することを妨げる
コマンド・自由な行動と環境適応 (command)	株主からの牽制を受けずに独立性を保つことができる	経営者の暴走によりコミュニティの調和が破壊される

2 産業集積と産業クラスター

(1) 産業集積

産業集積とは、地理的に接近した特定の地域内に多数の企業が立地するとともに、各企業に受発注取引や情報交流、連携等の企業間関係が生じている状態のことである。

H24-11 ### (2) 地場企業と大企業の関係

地元に進出した大企業が、地場企業に部品やメンテナンス等の発注をすることが多い。しかし、地場企業が産業集積に進出した大企業との新規取引に応じられないことが多いのは、次のような原因によるものである。

① 進出企業側の納期や受注単価などの条件の厳しさ

進出企業側の納期や受注単価などの条件が厳しく、地場の中小企業は慣れ親しん

でいる既存の取引を優先しがちになる。

② 新規設備投資の難しさ

進出企業の発注に応えるには新規設備投資が必要な場合が多く、地場の中小企業は資金的にも人材的にも投資余力が乏しく対応しきれないことが多い。

③ 地場の中小企業の技術水準問題

地場の中小企業の技術水準が低いため、進出企業の発注仕様に応じられないことが起こりがちである。

(3) 有力企業の進出が産業集積に与える効果

① 産業集積内技術の高度化

異質な業種の進出に伴って競争が激化すればするほど、地場企業が新規技術の導入や固有の技術の精練化に取り組み、産業集積内の技術は高度化する可能性が高くなる。

② 集積による技術革新の発生

大手の進出企業が地場の中堅中小企業に求める新規技術をめぐって、産業振興を図ろうとする自治体や公的機関による技術移転あるいは地場企業間の学習を通じた技術習得などがみられ、集積による技術革新が発生しやすくなる。

③ 産業構造の高度化の進行

新規進出企業の技術革新のスピードが速いほど、地場の中小企業はそれに対応できる企業とそうでない企業との間で格差を拡大しながら、産業構造の高度化が進行する。企業が集中的に立地している「産地」等の産業集積にも変化が生じている。集積のメリットの低下により産業集積の拡散や低迷が見られる一方、新たな集積が作られつつある業種や地域も見られる。これは、技術革新により産業構造の高度化が進行することを示している。

④ 産業集積の経営効率化

新規の企業立地に伴って、工場用地や労働力の不足が起こりやすくなるが、製品の高付加価値化によって産業集積の経営効率化が進む。

(4) 産業クラスター   H26-19

産業クラスター (クラスター) とは、異業種の企業が連携して生まれた新たな産業集積のことである。

ポーターは、クラスターについて、「ある特定の分野に属し、相互に関連した、企業と機関からなる地理的に隣接した集団」と定義している。クラスターを地理的に見た場合、一都市のみの小さなものから、国全体、あるいは隣接数力国のネットワークにまで及ぶものがある。ポーターの産業集積のダイヤモンド・モデルとは、立地の競争優位性の源泉を表したモデルのことであり、「要素 (投入資源) 条件」、「企業戦略および競争環境」、「需要条件」、「関連・支援産業」の4つの要因から構成される。産業クラスターは、ダイヤモンド・モデルの構成要因の「関連・支援産業」にあたる。

従来の産業集積と比較した場合の産業クラスターの今日的意義は、次の4つに集約できる。

【 産業クラスターの意義 】

- 産業の地域的集積の要因が、天然資源などの伝統的生産要素から科学技術インフラや先進的な顧客ニーズのような知識に変化している
- 集積が企業群だけでなく、大学、研究機関など多様な組織で構成されている
- 従来の産業集積が費用の最小化を目指すのに対し、クラスターではイノベーションを目指している
- ネットワークをベースにした協調とともに、競争が強調される

R05-08
R01-12

3 リーン・スタートアップ

E.リースによって提唱された「リーン・スタートアップ」モデルは、構築、計測、学習のプロセスを短期間で繰り返すことで、新しいビジネスの成功率を高めようとするモデルである。

(1) リーン・スタートアップのサイクル

リーン・スタートアップは、「構築－計測－学習」のフィードバックループを中心にモデル化されている。まず、顧客ニーズに基づく仮説の段階をクリアしたら、最初のステップである「構築」のフェーズに入り、できるだけ早くMVP（Minimum Viable Product）といわれる実用最小限の製品を、コストをかけずに開発する。次のフェーズでは、流行に敏感な消費者（初期採用者）に提供して反応をみる「計測」をする。最後のフェーズでは、初期採用者の反応の結果を製品に反映させる「学習」をする。この3つのフェーズを1つのサイクルとして、このサイクルをできるだけ短期間で回転させる。

(2) 戦略の方向転換の重要性

リーン・スタートアップでは、戦略を検証する実験によって、その実験段階の製品やサービスが失敗に終わった場合、ビジョンを実現するためには、それまでの開発コストが無駄になっても、**戦略の方向転換（ピボット）**が必要であるとしている。

4 完成品メーカーと部品メーカーの取引関係

部品の開発や生産をめぐる完成品メーカーと部品メーカーの取引関係は多様である。そのような取引関係に関して、自動車業界の自動車部品取引方式を例に取り学習する。ここでは、完成品メーカーが発注側で、自動車メーカーとする。

(1) 市販品方式

部品メーカーが、特定の部品（市販部品）のコンセプト作成から生産までを一貫して行う。完成品メーカーは、部品メーカーのカタログから選択して発注する。

⑵ 承認図方式

各部品の基本的な要求仕様（基本設計）は、完成品メーカーが作成し提示するが、詳細設計や部品を試作し性能評価は部品メーカーが行い、完成品メーカーの承認を得る。

⑶ 貸与図方式

完成品メーカーが部品の詳細設計に至るまで作成し、入札で選ばれた部品メーカーは図面どおりに部品を製造するのみである。

⑷ 委託図方式

詳細設計を部品メーカーが行う点では承認図方式に近いが、図面の所有権や品質保証の責任は完成品メーカー側にある。

【 設計外注化の視点から見た部品取引の方式 】

	当該部品についての作業分担			権限・責任	
	部品製造	詳細設計	基本設計	図面の所有権	品質保証の責任
貸与図方式	●	○	○	○	○
委託図方式	●	●	○	○	○
承認図方式	●	●	○	●	●

●は部品メーカーが担当、○は自動車メーカーが担当する。

出典：『生産システムの進化論』藤本隆宏著　有斐閣を一部修正

⑸ デザイン・イン

承認図方式や委託図方式では、部品メーカーには製造能力ばかりでなく設計開発能力が要求される。これは完成品メーカーが部品メーカーを選定する重要なポイントとなる。このような設計の外注化による部品メーカーの開発参加は、デザイン・インと呼ばれる。

5 セル生産方式 Ⓒ

セル生産方式とは、1人あるいは数人のチームで製品を組み立てる生産方式である。セル生産方式は、現場労働者の多能工化により成立するので、多工程持ちが進み、作業工程の手待ちの無駄を排除できる。多能工とは、複数の作業群または製品について1人で担当できる作業者である。

6 長寿企業の戦略

(1) 三方よし

　近江商人が重視する三方よしとは、「売り手よし、買い手よし、世間よし」を意味する。近江商人中村治部兵衛宗岸の「書置」と「家訓」に起源が見出され、近江（現在の滋賀県）商人の伝統的精神として有名である。

(2) 競争と共生のバランス

　老舗企業では互いに市場を棲み分けながら、自社製品への根強い愛顧者を安定的に確保しており、競争と共生のバランスが生まれていることが見受けられる。老舗企業は、長年の経営の中で、自社の強みと標的顧客とを十分に認識している場合が多い。

(3) 地域の生活ニーズへの対応

　地域に根を下ろした長寿企業では地域の生活ニーズを満たすべく、地域の資源や伝統的な技術を駆使するとともに、そこに現代の技術成果を導入して、生産性の向上や商品開発を試みるなどの例が多い。

(4) 老舗ブランドの逆機能

　強い商品ブランドや企業ブランドを守るべく、新製品や新市場の開発が鈍くなる傾向がある。企業は強い商品を保有していると、その成功体験が忘れられずに経営が保守的になりやすい。

7 分社化

(1) カンパニー制

　企業グループ内の個々の業態ごとに、事業組織を再編し、あたかもそれぞれが一つの企業であるかのように大幅な権限委譲を行う組織である。

(2) 持株会社

　株式を所有することにより、子会社の事業活動の支配を目的とする会社である。
　独占禁止法により、事業支配力が過度に集中するような持株会社の設立は禁止されているなど、設立には一定の制限が定められている。しかし、設立する企業規模の下限は設定されていないため、中小企業においても目的に応じて活用することができる。

8　PIMS (Profit Impact of Market Strategies)

「市場戦略が利益にもたらす影響」という分析である。PIMSの主な結果には次のものがある。
- ・絶対的・相対的市場シェアは投下資本収益率 (ROI) と強い関係になる。
- ・製品の相対的品質は市場のリーダーシップを確立する鍵である。

9　ティモンズ・モデル

ティモンズ・モデルによると、事業機会・経営資源・経営者チームの3要素が均衡することはまれであり、起業家には不安定な状態の3要素のバランスをとる役割があるとしている。

10　エフェクチュエーション

(1) エフェクチュエーションの概要と行動原則

エフェクチュエーションとは、経験豊富な起業家の経験より抽出された実践的な論理から構成される概念である。エフェクチュエーションは、どのような環境に注目し、どのような環境を無視すべきか不明瞭な場合に有効である。「既存の手段を使って何ができるだろうか」と、結果ではなく手段を起点に問いかけることから始め、5つの行動原則がある。

(2) エフェクチュエーションとコーゼーションの違い

エフェクチュエーションでは、手元の手段から、いま何ができるかを考え環境に働きかけていく。それに対して、最終目標から考えて計画を立て、論理的にものごとを順序立てて取り組んでいくことを**コーゼーション**という。エフェクチュエーションとコーゼーションの違いについて整理すると、次の図表のようになる。

	エフェクチュエーション	コーゼーション
発想の起点	手元の手段から考える	最終目標から考える
リターン・リスクに対する考え方	許容可能な損失を計算して、その範囲で行動する	期待利益を最大化できるように行動する
外部との関係	可能性のある仲間を探す	競合との戦い方を考える
変化への対応	想定外の事態から次なる機会を見つけ出す	想定外の事態を避け、計画通りに統制する
未来に対する態度	自ら作り出す	予測する

⑶ 5つの行動原則

エフェクチュエーションには、次の５つの行動原則がある。

①「手中の鳥」の原則

「手中の鳥」の原則とは、目的を達成するために、既存の手段やリソースで、何か新しいものを作ることである。「アイデンティティ（自分は何者であるか）」「知識（何を知っているのか）」「ネットワーク（誰を知っているか）」を認識することで自分は何を持っているかを把握し、それらを使って何をするかが重要となる。

②「許容可能な損失」の原則

「許容可能な損失」の原則とは、損失にフォーカスして、いくらまでの損失なら許容できるか、あらかじめ決めておき行動することである。負けを「許容する」ことが可能となり、事業を途中でやめることで、多種多様な事業をリストアップして取り組むことができるため、最終的には最大の収益を得られる事業を選択できるようになる。

③「クレイジーキルト」の原則

「クレイジーキルト」の原則とは、今後関わる可能性のある潜在的な関与者を選定することにリソースを浪費するのではなく、起業後に実際に関わった関与者と交渉しながら協業し、関係性を構築していくことである。

④「レモネード」の原則

「レモネード」の原則とは、不確実性や偶発的な情報などの、予期せぬ事態を梃子として利用することで、予測できないことを前向きに捉え、適切に対応していくことである。

⑤「飛行機の中のパイロット」の原則

「飛行機の中のパイロット」の原則とは、予測できないことを避けようとするのではなく、予測できないことのうち自分自身でコントロール可能な側面に焦点を合わせ、自らの力と才覚を頼って生き残りを図ることである。

11 プラットフォーム

プラットフォームとは、一般的には、物事を進行・展開していくうえで中心となる土台のことを意味する。経営学では、技術・製品・産業の３つのレベルで使い分けられている。

参加者がプラットフォームから得られる効用は、参加者が増加するにつれて指数関数的に増加する。プラットフォームに参加する人が増えるほど、参加者がそのプラットフォームから得られる効用が増加することを**直接ネットワーク効果**という。

関係諸国では、多くの利用者のパーソナルデータを有するデジタル・プラットフォーマーに対して規制の強化が議論されている。また、プラットフォームを用いたビジネスの中には、サービスの受益者に課金されるものもある。

⑴ 技術レベルのプラットフォーム

コア技術戦略のように、複数の製品分野に製品を展開していくための役割を果たす土台を意味する。

⑵ 製品レベルのプラットフォーム

複数の製品モデルに、共通部品および製品群を展開していくための役割を果たす土台を意味する。

⑶ 産業レベルのプラットフォーム

ビジネスの中心となる製品・サービスに、補完製品・サービスを展開していくための役割を果たす土台を意味する。

■■■ **問題編** ■■■　　　Check!!

問1 (H29-13)　　　　　　　　　　　　　　　　　　　　　　　　　　　　［○・×］
　現地の習慣や文化への配慮の必要性は高く、グローバルな統合の必要性は低い製品を取り扱う企業では、通常、海外子会社が独自に製品開発やマーケティングに取り組み、現地の需要の変化に即座に対応する戦略がとられる。

問2 (R04-07改題)　　　　　　　　　　　　　　　　　　　　　　　　　　　［○・×］
　ファミリービジネスの4Cモデルは、家族、企業の所有者、経営者など複数の属性を持つ構成員から成り立つファミリービジネスの複雑な利害関係を解決するためのものである。

問3 (H25-19)　　　　　　　　　　　　　　　　　　　　　　　　　　　　　［○・×］
　企業規模の拡大に伴う株式の分散によって、経営者が企業の法的所有者である株主から直接的な影響を受けにくくなった。

問4 (H30-07改題)　　　　　　　　　　　　　　　　　　　　　　　　　　　［○・×］
　発注側である完成品メーカーと受注側である部品メーカーの取引関係において、承認図方式では、発注側が準備した部品の詳細設計に基づいて製造できる能力やコストを評価して部品外注先が選ばれる。

■■■ **解答・解説編** ■■■

問1　○：設問文のとおり。
問2　×：4Cモデルは、Continuity（継続性・夢の追求）、Community（同族集団）、
　　　　Connection（良き隣人であること）、Command（自由な行動と環境適応）
　　　　という4つの要素から、ファミリービジネスの経営の特性を説明するモ
　　　　デルである。設問文は、スリー・サークル・モデルの説明である。
問3　○：設問文のとおり。
問4　×：貸与図方式の説明である。

■■■ **問題編** ■■■

　創業家とその一族によって所有、経営されるファミリービジネスの中小企業は多い。ファミリービジネスのシステムを、互いに重なり合う部分を持つ「オーナーシップ」「ビジネス」「ファミリー」の3つのサブシステムで表すスリー・サークル・モデルに関する記述として、<u>最も不適切なものはどれか</u>。

ア　スリー・サークル・モデルは、経営理念の核となる家訓の維持を重視するファミリービジネスに適用でき、ファミリービジネスの限界が何に起因するのかを知るなど、個々のファミリービジネスで異なる経営の問題解決に有用である。

イ　スリー・サークル・モデルは、直系血族の経営から従兄弟などを含む広い意味でのファミリービジネスへ変化していくようなファミリービジネスの時間による変化について、オーナーシップ、ビジネス、ファミリーの3次元から分類するモデルへと展開できる。

ウ　スリー・サークル・モデルは、ファミリービジネスの3つのサブシステムに対する利害関係者の関わり方を表し、ファミリービジネスの中小企業に関わるすべての個人は、自らを3つのサブシステムの組み合わせからなるセクターのいずれか1つに位置づけて問題解決に関わる。

エ　スリー・サークル・モデルは、ファミリービジネスの合理的経営のための戦略計画とファミリー固有のビジョンや目標との間の適合を図り、コンフリクト回避のためにファミリーメンバーの継続的関与と戦略を並行的に計画させるモデルである。

オ　スリー・サークル・モデルは、ファミリービジネスの中小企業に内在する複雑な相互作用の分析の助けとなり、企業内外の人間関係における対立、役割上の困難な問題を理解する際に、それらが何に起因するのかを知るのに役立つ。

解答：エ

　スリー・サークル・モデルに関する出題である。

　スリー・サークル・モデルは、経営理念の核となる家訓の維持を重視するファミリービジネスに適用でき、ファミリービジネスの限界が何に起因するのかを知るなど、個々のファミリービジネスで異なる経営の問題解決に有用である。

ア：適切である。選択肢のとおりである。

イ：適切である。選択肢のとおりである。

ウ：適切である。選択肢のとおりである。

エ：不適切である。スリー・サークル・モデルは、ファミリービジネスの限界が何に起因するのかを知るなど、個々のファミリービジネスで異なる経営の問題解決に有用である。コンフリクト回避のためにファミリーメンバーの継続的関与と戦略を並行的に計画させるモデルではない。

オ：適切である。選択肢のとおりである。

過去23年分 平成13年（2001年）〜令和5年（2023年）	
1位	組織の環境戦略
2位	組織の個体群生態学モデル
3位	組織の戦略的選択

直近10年分 平成26年（2014年）〜令和5年（2023年）	
1位	組織の個体群生態学モデル
2位	組織の戦略的選択
2位	組織の環境戦略
3位	組織と意思決定

過去23年間の出題傾向

　1次試験では、組織の環境戦略が18回、組織の個体群生態学モデルが10回、組織の戦略的選択が9回出題されている。2次試験では、令和4年度と令和3年度の事例Ⅰに、組織間関係（組織の環境戦略）が出題されている。また、組織慣性（組織の個体群生態学モデル）の知識は、2次試験の特に事例Ⅰでは前提となる知識なので、しっかり覚えておこう。

第7章

組織論の基礎と環境に組み込まれた組織

I 組織論の基礎

1 組織論の体系

　企業、大学、病院、政府、自治体、労働組合、警察、軍隊、ボランティア団体、宗教団体そして家族など、現代社会には、組織が満ちあふれている。現代社会は組織によって構成されている。組織論の体系は次の図表のようになる。

【 組織論の体系 】

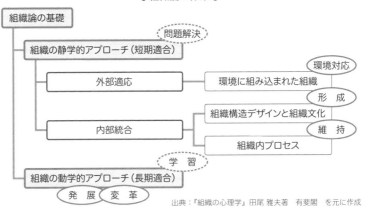

出典：『組織の心理学』田尾 雅夫著　有斐閣　を元に作成

R02-14
H29-21

2 組織の定義

(1) 組織の定義

　バーナードは、組織を2人以上の人々の、意識的に調整された諸活動、諸力の体系であると定義した。このような組織は公式組織と呼ばれ、無意識的に調整される諸活動の体系は非公式組織と呼ばれる。一般的に組織論で学習する「組織」は、公式組織を指している。

(2) 公式組織の3要素

　バーナードは、組織には必ず3つの要素が必要であるとした。

① 貢献意欲 (協働意欲)

　組織は構成するメンバーの活動を提供しようとする意欲なくしては成立しない。

② 目的 (共通目的)

　組織は本来個人では達成できないことを協働で達成するために形成されるものであり、共通の目的が不可欠である。

③ 伝達 (意思伝達・コミュニケーション)

目的と貢献意欲が存在しても、両者を結びつける意思伝達がなければ集団の行為
は呼び起こせない。

(3) 組織アイデンティティ

組織アイデンティティとは、「誰が組織であるのか？」という質問に対する答えである。
アルベルトとフェッテンは、個人の集合である組織を１つの主体として捉え、中心性、
独自性、連続性の３つを満たすような組織の特徴を組織アイデンティティと定義した。
組織アイデンティティは、組織文化に埋め込まれ、組織文化の理解を表したものとなる。
コンフリクト解消などに、組織アイデンティティは重要な意味をもつ。

3 組織と意思決定

戦略を実行するために、組織内の各階層において様々な意思決定が行われる。**意
思決定**とは、ある目標を達成するために、複数の選択可能な代替案の中から最適な
ものを選ぶことである。企業の経営では、戦略目標を達成するための様々な意思決
定が行われる。

(1) 意思決定の段階構造

一般的に、組織内の階層は、①トップ・マネジメント（経営職能）、②ミドル・
マネジメント（管理職能）、③ロワー・マネジメント（監督職能）、④業務執行職能
の階層構造になっている。職能とは、職務上の能力である。

①経営職能では、経営環境に適応するための戦略的意思決定が中心であり、②管
理職能では、最大限の業績を上げられるように企業の資源を組織化する管理的意思
決定が中心である。③監督職能では、企業の資源変換プロセスの能率を最大にする
決定が業務的意思決定の中心である。

【 組織階層と意思決定 】

	①トップ・マネジメント
階層	経営階層（経営職能）
職制	社長、副社長、専務等［会社制度上では、トップ・マネジメントの位置づけは取締役会（受託機能）と代表取締役（全般管理機能）となる］
機能	経営計画策定・組織編成・重要な人事配置・経営全般にかかわる統制（戦略的意思決定）　＝　非定型的意思決定
	②ミドル・マネジメント
階層	管理階層（管理職能）
職制	部長・課長等
機能	トップ・マネジメントが設定した事項を自己の部門領域に具体化（管理的意思決定）＝経営資源の配分
	③ロワー・マネジメント
階層	監督階層（監督職能）
職制	係長・主任等
機能	部下の指導、職場の人間関係を良好に維持（業務的意思決定）
	④業務執行職能

(1) 意思決定の概念

① サイモンの意思決定

サイモンによれば、**意思決定**とは、行動に先立って行われる行動の選択である。また、有機体（人間）とは、欲求を満たすために意思決定する行動主体である。

サイモンは経験主義を排して管理の適用プロセスないしシステム、すなわち、「意思決定過程」の分析を中心に行い経営管理論をシステム・アプローチにより体系的に発展させた。

② アンゾフの意思決定

アンゾフは、環境変化が激しく、企業が決定すべき選択肢の評価基準も与えられていない高度に不確実な状況を、**部分的無知**という概念で捉え、部分的無知の状況下において、企業が取り組むべき問題を確定させ、その問題解決の方向性を探求することを経営戦略論の固有の課題と示した。

(2) 意思決定前提

意思決定をするには、以下の5つの要素、すなわち意思決定前提が必要である。

【 5つの意思決定前提 】

- 目標
- 代替的選択肢の集合
- 各代替的選択肢の期待される結果の集合
- 各結果がもたらす効用の集合
- 意思決定ルール

追究すべき目標があり、それを実現する可能性のある代替的選択肢の集合が与えられたとき、その各選択肢がもたらすであろう諸結果を予測し、その結果がもたらす効用を計算したうえで、何らかの基準（意思決定ルール）に照らして望ましい選択肢を1つ選択する。

(3) 最適化意思決定と満足化意思決定

最大の期待効用をもたらす選択肢を選択する意思決定を最適化意思決定という。これは、古典的管理論が前提とした経済人（economic man）モデルのとる意思決定である。主要な局面のみをとらえた単純化されたモデルの中で行われる場合の意思決定を満足化意思決定という。これは、サイモンが提唱した経営人（administrative man）モデルのとる意思決定である。

【 経済人モデルと経営人モデル 】

経済人モデル	経営人モデル
古典的管理論	サイモンの意思決定論
最適化 (極大化) 基準で意思決定	満足化基準で意思決定
●すべての代替案を列挙する。 ●代替案のすべての結果を予測する。 ●代替案の結果を完全に評価する。	●部分的代替案を列挙する。 ●代替案の結果を部分的に予測する。 ●代替案の結果を不完全に評価する。

⑷ 意思決定プロセス

① 意思決定プロセスは、情報収集、代替案の列挙、代替案の結果の推定と評価、代替案の選択、行動という順序になる。

② 情報収集段階は、意思決定の前段階であり、価値前提と事実前提の2つの情報が与えられる。

　⒜ 価値前提とは、組織目的、公正の基準、個人的価値などの目的に関する情報であり、価値前提は目的や人それぞれの価値観によって変わるので、客観的ではなく、検証不可能であるとした。

　⒝ 事実前提とは特に、技術、情報などの目的達成のために選択する手段についての情報であり、事実前提は客観的であり、検証可能であるとした。

【 サイモンの意思決定プロセス論の体系 】

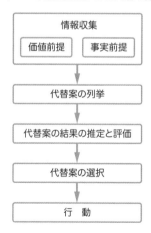

⑸ 共通バイアスとエラー

H27-13

　人は経験、衝動、直感、便宜的な「経験則」に過度に依存する傾向がある。その結果、合理性から大きく逸脱するおそれがある。そのため、意思決定プロセスにおいて、意思決定者の判断には体系的なバイアスやエラーが入りこむ。一般的に見られる主なバイアスには次のようなものがある。

【 バイアスの種類 】

バイアスの名称	バイアスの内容
自信過剰バイアス	人は実際より、多くのものを知っていると思いこむ
アンカリング・バイアス	最初に与えられた情報に固執する
確証バイアス	過去に行った選択を肯定するような情報を探索し、そうでない情報は軽視する
入手容易性バイアス	身近にある情報に基づき判断を下す
代表性バイアス	ある事態が起こる可能性を測るために、以前にあった類型に合わせようとする
ランダムネス・バイアス	偶発的な出来事の中に意味を見出そうとする（例：迷信を信じる）
後知恵バイアス	結果が判明した後になって、結果を正確に予測できたと思いこむ

出典：スティーブン・P・ロビンス著『組織行動のマネジメント』ダイヤモンド社より作成

(6) 行動プログラム

　意思決定する人間に合理性の限界を仮定し、ほとんどの場合に、満足化意思決定が行われると考えるならば、我々は、動機づけられた人間の適応行動を次の「動機づけられた適応行動の一般モデル」のように表現することができる。代替的選択肢やその結果を予測する探索プログラムには、時間とコストがかかる。ただし、人間は不完全な情報の中で常に自分が満足するよう行動したりするため、必ずしも合理的とは限らないことが、このモデルで表されている。

① 意思決定主体（人間）の満足度が低いほど、代替的選択肢に対する探索活動は積極的に行われる（a）

② 探索活動が積極化するほど、いっそう多くの報酬が期待されるようになる（b）

③ 報酬の期待値が高くなるほど、満足度も高くなる（c）

④ 報酬の期待値が高くなるほど、意思決定主体（人間）の希求水準（求める水準）も高くなる（d）

⑤ 希求水準が高くなるほど、報酬の期待値に対する満足度は低くなる（e）

⑥ 満足度が低くなると、さらに探索する（a）

【 動機づけられた適応行動の一般モデル 】

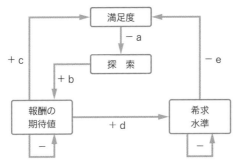

出典：『組織論』桑田耕太郎・田尾雅夫著　有斐閣

5 組織均衡と組織の存続

(1) 組織均衡論

　組織均衡論とは、組織が成立・存続していくためには、どのような条件が必要になるかを明らかにした理論である（マーチとサイモン）。

(2) 均衡 (組織均衡)

　均衡 (組織均衡)とは、組織が成員に対して、継続的な参加を動機づけるのに十分な支払いを整えることに成功している状態である。組織が生存に必要な経営資源の獲得・利用に成功している状態であり、「誘因効用≧貢献効用」の状態である。

【 組織均衡＝組織の利害関係者との均衡 】

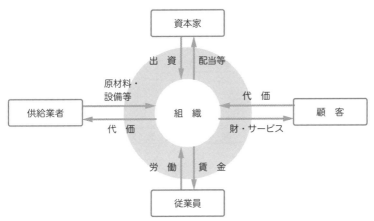

出典：『組織論』桑田耕太郎・田尾雅夫著　有斐閣

⑶ **組織スラック**

組織均衡を維持するのに必要な資源に対して、実際にその組織が保有している余分な資源を**組織スラック**(organization slack)という。

組織スラックには次のような特徴がある。①利害関係者の組織に対して求める要求が、満足水準に近づくことから生じる傾向があり、複数の利害関係者の組織に対する要求を調整する機能を持つ。②組織革新を遂行するための資源となり、組織スラックが存在しない場合、革新案を探索する際にリスク志向的な行動をとりにくくなる。③環境変化の影響を吸収するバッファーとしての役割を持つ。④組織スラックを組織参加者に放出することによって、参加者の満足水準が上昇する。好況時には、組織スラックを放出せずに増やすことを通じて、組織参加者の満足水準が上昇することを抑制できる。

⑷ 有効性と能率

組織論では、有効性と能率という2つの用語を次のように捉えている。

① 組織の有効性

組織の有効性とは、受容可能な行動もしくは成果を生み出す組織の能力である。受容可能とは、組織均衡が成立するのに必要な参加者が組織に課する要求水準を、組織の成果が満たしているということである。

組織は共通目的を達成するために手段を選択する。ある手段が組織の目標水準を達成するときは、その手段は有効となる。

② 組織の能率

一般にはインプットのアウトプットへの変換率(能率＝アウトプット／インプット)として定義されるが、組織均衡論では、有効性の基準を満たすものの中から、より能率的なものを選択する際に用いられる概念である。

【 有効性と能率 】

II 環境に組み込まれた組織

1 組織の戦略的選択 Ⓑ

　企業の戦略ドメインに基づいて策定された戦略が実行され、企業が戦略の効果を最大限に享受するかどうかは、どのように経営資源の一つである「人」をコントロールするかに左右される。

　チャンドラーは、米国の事業部制を研究して「組織構造は戦略に従う」という命題を主張した。企業が策定した戦略の効果を最大限に享受するためには、自社が策定した経営戦略に合致した、最適な組織を構築する必要がある。

(1) 取引コスト・アプローチ

H20-18
H19-14

　組織と利害関係者との関係の決定は、どのようなメカニズムで資源取引が調整されるのかを把握することが必要である。

　取引コスト・アプローチでは、ある資源取引が内部化、つまり階層組織のもとで調整されるのは、この場合の取引コストが、市場メカニズムで調整される場合の取引コストよりも低いからであると説明される。

　取引コストとは、正当な取引契約を結ぶために必要なコストと、その契約を正しく履行させるために必要なコストの和である。

　また、取引コスト・アプローチは、次の2つの命題を前提としている。

　　(a) 経済活動は取引とみることができる。

　　(b) 取引を調整する組織形態（市場か階層か）は、取引コストに依存する。

　資源取引の調整には下記のようなものがある。

① 市場メカニズムを通じての調整

　市場メカニズムによって調整される場合には、組織も利害関係者もともに自由に行動し、その行動は自動的に調整される。

② 階層的権限関係（内部組織）によって調整

　内部組織すなわち階層的な権威によって調整される場合には、資源の取引は、より上位の権威によって計画と統制を通じて調整される。

(2) 環境の不確実性

H23-19

　不確実性は、組織が有効性を達成するための最も基本的な問題である。組織がさまざまな特性をもつのは、不確実性に対処していくためである。

　不確実性とは、環境要因について合理的意思決定をするために十分な量の情報を意思決定主体がもっていないことを意味する。不確実性が増大すれば、有効な意思決定が行われなくなり、結果として組織は失敗する可能性が高まる。不確実性は環境の複雑性と環境の変化性との関数である。

　環境の複雑性とは、組織の活動に関連する環境要因の数の多さ、相互の異質性、

相互作用関係を表している。**環境の変化性**とは、環境構成要素が一定期間安定しているか否か、その変化が予測可能なものであるか否かを表している。

【 環境変化・環境の不確実性 】

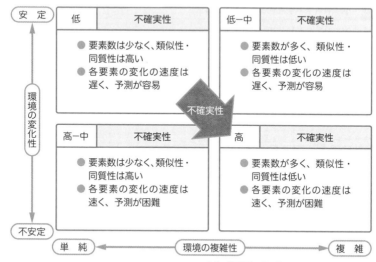

出典：『組織論』桑田耕太郎・田尾雅夫著　有斐閣

R05-15
R02-16
H25-11
H19-12

(3) 不確実性への組織の対応

　不確実性の高い環境に適した組織と、低い環境に適した組織とでは、その情報処理特性（公式化の程度やコミュニケーションのあり方）に違いがある。あらゆる環境に適した組織化の唯一最善の方法（one best way）は存在しない。このように、環境の変化により組織を変化させることを、**組織のコンティンジェンシー理論**という。

① ウッドワードのサウス・エセックス研究

　技術のコンティンジェンシー要因を追求したウッドワードは、サウス・エセックス研究と呼ばれる100に及ぶ製造企業の実態調査を行い、技術と組織構造の適合について証明した。その結果、「技術が組織構造を規定する」という有名な命題を打ち立てた。

② 機械的管理システムと有機的管理システム

　バーンズとストーカーは、英国の産業企業20社を調査し、外部環境が組織内部の管理システムに影響を与えることを明らかにした。外部環境が安定的ならば、内部管理システムは、規則や手続き、明確な責任・権限の階層化等の特徴をもつ。すなわち不確実性が低ければ、公式化の程度は高くなる。多くの意思決定は、トップマネジメント・レベルで行われ、組織は集権化されるという。彼らはこの種の管理システムを、機械的管理システムと名づけた。

【 機械的管理システムと有機的管理システムの比較 】

機械的管理システム	有機的管理システム
●機能的タスクの専門分化・分割 ●各タスクの抽象性（全体目標や技術と関係が遠い） ●直属の上司による各成果の調整 ●各役割の職務・権限および方法の明確化 ●職務・権限・方法が機能的地位の責任に変換される ●制御・権限・伝達の階層的構造 ●階層トップへの知識の集中による階層構造の強化 ●メンバー間の垂直的相互作用（上司ー部下） ●上司の指示・命令に支配された職務 ●組織への忠誠と上司への服従の強調 ●組織内特有の知識・経験・スキルの強調	●共通のタスクに対し、異なる知識・経験を基礎とする専門化 ●各タスクの具体性（全体状況の結びついている） ●横の相互作用を通じた各タスクの調整・再定義 ●責任を限られた領域に限定しない（問題を他者の責任にしない） ●技術的規定を越えたより広い関心へのコミットメント ●制御・権限・伝達のネットワーク型構造 ●ネットワーク内での知識の分散、権限・伝達の中心はアドホックに変化 ●より水平的相互作用、異なる地位間の伝達は命令的ではなく指導的 ●情報提供と助言的内容のコミュニケーション ●タスクそのものと優れた仕事をしようとする精神へのコミットメント ●組織外の専門家集団でも通用する専門能力およびそうした集団への参加の強調

出典：『組織論』桑田耕太郎・田尾雅夫著　有斐閣

　一方、変化が速く、不確実性の高い環境の組織では、階層的な責任・権限関係も明確でなく、人々は有効な意思決定を行うために比較的自由に組織内を走り回る。権限は分散化されており、より現場の問題発生に近い点に委譲されている。バーンズとストーカーは、この種の管理システムを有機的管理システムと呼んだ。不確実性が高まると組織は有機的になる。

③ 分化と統合

　分化とは、異なる部門の管理者間で、認知・感情的志向に差異がある状態をいう。**統合**とは、部門間の協調の程度を意味する。環境の不確実性は、組織内部の部門間における分化と統合の程度に影響を与える。

　ローレンスとローシュは、組織内で分化が進むと、部門間の調整は次第に困難になるとした。部門間の調整により多くの時間・資源・労力を投入しなければならない。不確実性が高くなると、分化が進み部門間の調整の必要性が高くなる。

⑷ 分化した部門を統合する方法

　分化した部門を統合するための方法には、次のようなものがある。

① 公式の統合担当者の設置

　公式の統合担当者を置くことである。この統合担当者は、リエーゾン担当者、ブランド・マネジャー、あるいはコーディネーターと呼ばれる。

② 公式組織の調整能力の向上

　調整の必要な部門を横断的に貫く構造をつくる方法がある。マトリックス組織や、プロジェクト・チーム、タスク・フォース等の自己完結的組織単位を形成し、その

中に調整の必要な諸業務を組み込む。

H27-19
③ スラック資源の活用
　スラック資源を用い、不確実性がもたらすショックを和らげる方法である。**スラック資源**とは、現在の業務間で直接活用されていない余裕資源である。営業部門と製造部門の間に在庫を持つことによって、営業部門は顧客の需要の変化に対応でき、かつ製造部門はそうした変化に関わることなくコンスタントに操業することができる。このような在庫が多くなりすぎると、逆に高コストを負担することにもなる。

R02-15
(5) 生産技術と組織の管理構造
　小規模バッチ生産技術から大規模バッチのマスプロダクション技術、さらに連続的処理を行うプロセス技術へ移行するにしたがって、一人の監督者の部下数や組織の階層、スタッフやスペシャリスト支援の管理職の比率が増え、一人当たりの労務費が低下する。

2　組織の環境戦略

R05-21
R03-20
H23-19
H19-16
(1) 資源依存と組織間関係
　組織間における資源依存関係は、組織の意思決定に対して、より具体的な要求をつきつけるパワーを行使する。**組織間関係**は、組織が存続するために必要な資源を、外部の組織に依存せざるを得ないことから生じ、親企業と下請企業の関係のように、相互に自律的であろうとしながら、相互に直接的な依存関係をもつ組織間の関係である。パワーは依存関係と表裏一体であり、相手に対する依存度が高いほど、相手からパワーを行使されやすくなる。市場での取引の調整や、組織内部の権限関係とは異なる関係である。
　資源依存の概念を、組織間関係を説明する基本概念とし、組織間関係の形成・維持の理由や組織間マネジメントを分析するための枠組みを**資源依存パースペクティブ**という。資源依存パースペクティブでは、組織は他組織にとって稀少であり重要である資源を保有していればいるほど、また資源を独占していればいるほど、他組織に対するパワーを持つとしている。
　組織間関係の調整は、複数の組織間で締結される契約や合意、あるいは非対称的なパワー行使の関係に影響される。

H25-04
H24-09
(2) 組織間関係の類型
① 組織のアライアンス（提携）
　アライアンス（提携）とは、2つ以上の企業が、新たな事業機会を開発するために、お互いの経営資源を共有する組織編成をいう。アライアンスの目的は、①余っている生産能力、販売能力、開発能力の有効利用、②不足している能力の補充、③学習を通じた新しい能力の獲得、④投資リスクの削減、などがある。

② コンソーシアム

コンソーシアムとは、一個人や企業等では知識・技術的、情報上の問題で実現不可能であるが、当該領域に関心のある複数者によって、これを実現する目的でつくられる個人、企業などのグループである。参加者は、投資負担や事業リスクを軽減できる。一般的にオープンで緩やかな提携関係であるため、解散後の企業間の差別化が維持される。

③ 下請関係

下請関係は親企業にとって、資本投資の節約、不況期における危険負担の軽減、下請企業の低賃金利用など、製品製造コストの削減に有効である。また、新製品の開発や技術革新についても、親企業は下請企業から入手する情報により、利用可能な技術の内容を把握することが容易であり、下請企業も親企業からの情報で、完成品市場の動向や必要とされる技術の動向をつかめるなど「情報の流通網」として機能する。下請関係では、取引コストは低く抑えられる。

④ ジョイント・ベンチャー

ジョイント・ベンチャー (合弁企業) は、企業が保有している資本、研究開発力、技術ノウハウ、生産能力、市場活動能力、ブランド・イメージ、労働力などに限界がある場合に、経営資源の相互利用を目的として、複数の企業が経営資源を持ち寄って設立する会社のことである。

(3) 組織間関係の調整メカニズム

組織間調整メカニズムは、組織間関係の協力の仕組みであるとともに、組織と組織が協力関係を作り上げていくメカニズムである。また、組織間調整メカニズムは、組織が自らの目標を達成するために、他組織との依存関係を処理、管理する機能ともいえる。組織間調整メカニズムは組織間関係が当事者間で直接に操作されるのか、間接的に操作されるのか、また組織が他組織との依存関係そのものをどの程度吸収するのか、により次の3つに分けることができる。

① 自律化戦略

組織が依存している他組織との関係の必要性をなくす戦略である。そのために組織は他組織との合併を行ったり、既存の事業分野以外への多角化を図る。ある企業が製品を作るために、他組織からの部品が重要であるときに、部品を調達する他組織と合併することや、その部品を必要としない事業分野に進出するなどはその例である。また、企業が部品を自社で作ることによって、部品メーカーへの依存を回避することも含まれる。

② 協調戦略

組織間の依存関係を前提としつつ、互いの自主性を維持する戦略である。したがって、協調戦略では、組織は他組織（ステイクホルダーを含む）との折衝により、一定方向の合意を形成し、他組織との安定的で良好な関係を作りあげる。協調戦略には、規範形成、契約（協定）締結、合弁による共同事業、業界団体の形成、調整機関の設置などがある。その他の方法として、交渉、包摂などがある。

(a) 交渉

交渉とは、組織間の財・サービスの取引に関する合意を意図した折衝である。例えば、経営者と労働者が将来の行動について双方が満足できるように折衝することなどがある。

(b) 包摂 (ほうせつ)

包摂とは、環境からの脅威を小さくするために、政策決定機関に利害関係者の代表を参加させることを意味する。例えば、財務的資源を必要とする企業が、金融機関の代表を自社の取締役会に招いたりすることなどがある。

③ 政治戦略

組織が他組織との依存を当事者同士で対処することができないときに用いられる戦略である。政治戦略は組織間の相互依存関係を当事者レベルで変えていくのではなく、第三者機関の働きかけ、あるいは第三者機関への働きかけにより、間接的に操作していく戦略である。例えば、企業が政府に対して補助金を求めることや、市場の保護を図ること、独占禁止法の緩和を図ることなどがある。

3 　組織の個体群生態学モデル　

R04-20
H20-20

(1) 自然淘汰モデル

組織の個体群生態学モデルとは、個々の組織ではなく、共通の特性を持つ組織の集合に対して外部環境が与える影響を取り上げたモデルのことである。このモデルの中における組織の個体群の変化は、「変異」「選択・淘汰」「保持」のステップを経る「自然淘汰モデル」によって説明される。

【 自然淘汰モデル 】

出典:『組織論』桑田耕太郎・田尾雅夫著　有斐閣

① 変異

変異とは、組織個体群の中に、多様な組織形態が誕生することをいう。組織個体群に変異が起こる源泉には、企業者や既存の組織の経営者、あるいは政府などによって意図的、計画的に新しい組織がつくられる場合だけではなく、非意図的、非計画的に新しい組織が誕生してくる場合も含まれる。

変異には、①組織間で異なる組織形態が生まれる場合と、②組織内で、異なる組織形態の下位組織が生まれる場合の2つのタイプがある。組織内の各部門が緩やかな結合関係にある場合、各部門がより独立して行動できるため、②のタイプの変異

が生じる可能性が高くなる。

② 淘汰・選択

組織個体群の中に発生した新しい組織形態の組織は、環境にどの程度適合するかによって**淘汰・選択**される。変異によって生まれた組織のうち、ある組織形態を持つ組織は、環境にニッチを見出すことができ、生存に必要な資源を確保することができる。

淘汰・選択は、①市場における競争を通じて起こる場合と、②政治的権力によって起こる場合がある。②の場合、政府などによる規制や政策によって選択・淘汰されるが、規制が緩和されれば、選択される組織形態の多様性は増大する。

③ 保持

保持とは、選択された組織形態が、長期にわたって存続することをいう。保持と変異は、互いに対立する圧力として作用し、組織に変異をもたらす一連の要因は、ある組織形態が保持される可能性を低くする。逆に、既存の組織形態を保持しようとする力が強ければ、新たな組織形態が生まれる可能性は低くなる。

R05-23
R03-21
H27-20
H18-14

(2) 組織慣性

個体群生態学モデルでは、組織の形態について強い慣性が働いていることを前提としている。

組織が強い慣性を持つのは、組織が変化することに対して内的・外的制約を課されているからである。

① 組織慣性への内的制約

組織慣性が生まれる内部からの制約条件には、次の4つがある。

(a) 埋没コスト

組織が既存の設備や資産に大きな投資をしていると、変化に対して埋没コストを生み出す。

(b) 情報による制約

意思決定者が利用できる情報に関する制約がある。意思決定者が入手できる情報は、現在の業務・職務に関係するものが中心となり、新しい変革のための情報は入手しにくい。

(c) 組織内の政治的制約

組織を変えるには、組織内の資源を再配分することが必要となる。そうした動きに対し、資源の優先配分を受けてパワーをもっている部門や人々が抵抗を示す。

(d) 変化への抵抗

歴史や伝統からくる変化への抵抗である。歴史的一貫性を保ち、伝統を守ろうとする組織の性質は、新たな変革に対して大きな障害となる。

② 組織慣性への外的制約

組織に慣性を与える外的制約には、次の2つのものがある。

(a) 法制面・財務面での障壁

法制面や財務面において退出障壁が高ければ、既存の活動を続けることに強い誘因が働き、新市場への参入障壁が高ければ、新しい活動をすることから得られ

る期待利益は大幅に低下する。その結果、現在の活動を続けようとする強い慣性が生まれる。

R05-22
R03-21

(b) 外部環境からの正当性の要求

組織と参加者は組織均衡論で示したような資源取引を行っている。各参加者は誘因－貢献が正になることを第一義的に要求するが、それとともに誘因の信頼性と、貢献に関する広義の会計責任を組織に要求する。

信頼性は、組織が参加者に支払う誘因の品質におけるバラツキ（偏差）を意味する。広義の会計責任とは、組織に対するインプット資源が、組織内でどのような手続きに従って処理され、どのような成果を生み出したかを説明する責任を意味する。

行為や存在が外部から認められ、正当性を確保するための典型的な動きとして、他の組織や個体群そのものへの**同型化**がある。**同型化**とは、互いに競争している組織同士（競争的同型化）や同じ産業に属する組織同士（制度的同型化）が次第に似てくることをいう。制度的同型化は、依存関係にある他の組織や社会など外部からの圧力により生じる強制的同型化、成功している組織や評価の高い組織などを模倣することで生じる模倣的同型化、同じような教育課程を受けた特定の専門領域に属する人々が共通して持っている価値や規範により生じる規範的同型化の3つに分類される。

ただし、同型化した組織ばかりで構成される個体群は環境変化に脆弱になり、大きな環境変化が起きると、それに適合できず淘汰される確率が高まる。

H30-19

4 インセンティブとプリンシパル＝エージェント

(1) インセンティブ強度原理

① インセンティブ強度原理

経営者と従業員は、賃金を支払って従業員に職務を委託するプリンシパルと、賃金を受け取って委託された職務を遂行するエージェントの関係として考えることができる。

インセンティブ強度原理では、従業員（エージェント）が、自由裁量が認められている場合や階層の上位で利益責任を負う管理職であり、インセンティブへの対応が十分可能な場合に、インセンティブを最大に与えるべきであると考えている。

② 具体例

ここで、Pは賃金、Aは固定給、Bは歩合、Xはエージェントの売上や生産量などの成果として、次のような業績インセンティブ制度を仮定する。

$$P = A + B \times X$$

Aの割合が小さいほど、組織階層の下位にいる従業員（エージェント）にとっては、ハイリスク・ハイリターンになり、階層の上位で利益責任を負う管理職（エージェ

ント）にとっては、インセンティブを高める制度となる。

⑵ 最適なインセンティブの強度

最適なインセンティブの強度は、次の４つの要因に依存する。

① 追加的な努力がもたらす売上や生産量などの増加分

上記の式で、固定給（A）と歩合（B）を一定とするなら、従業員（エージェント）の賃金（P）は、売上や生産量の増加率に比例するため、追加的に努力しても、それに見合った増加分がなければ、努力しても意味がないと考えて、動機づけが弱くなる。

② 期待されている行動に対する評価の正確さ

従業員（エージェント）の職務の成果の測定が難しい場合には、評価の誤差が大きくなるため、上記の式で歩合（B）の割合が高い業績インセンティブ制度のもとでは、動機づけが弱くなる。

③ 従業員（エージェント）のリスク許容度

リスク回避的な従業員（エージェント）に対しては、与えるインセンティブを弱めることが必要である。

④ 従業員（エージェント）のインセンティブに対する反応の強度

工場内で一定のスピードで動く生産ラインの従業員（エージェント）は、業績インセンティブ制度に反応して産出量を増やすことはできない。そのため、インセンティブを最大化しても動機づけられない。

---

5 組織の有効性

⑴ 組織の有効性に関する４つのモデル

組織の内部構造や管理システムは、有効性を達成するためにデザインされる。２つの次元により、４つのモデルに分類される。

① オープン・システム・モデル

資源を獲得し成長するために、外部環境との良好な関係を構築することに中心的な価値がおかれるモデルである。

② 合理的目標モデル

合理的な管理、しっかりとしたコントロールに重点がおかれ、目標を達成しようとするモデルである。

③ 内部プロセス・モデル

効率的なコミュニケーションや情報管理・意思決定メカニズムを構築して、安定的な組織構造を通じて秩序だった操業を行うモデルである。

④ 人間関係モデル

人的組織の開発に主要な関心を持ち、従業員には機会と自律性が与えられるモデルである。

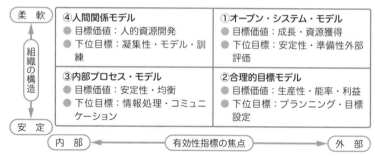

【 組織の有効性に関する4つのモデル 】

	柔 軟		
組織の構造	④人間関係モデル ● 目標価値：人的資源開発 ● 下位目標：凝集性・モデル・訓練	①オープン・システム・モデル ● 目標価値：成長・資源獲得 ● 下位目標：安定性・準備性外部評価	
	③内部プロセス・モデル ● 目標価値：安定性・均衡 ● 下位目標：情報処理・コミュニケーション	②合理的目標モデル ● 目標価値：生産性・能率・利益 ● 下位目標：プランニング・目標設定	
	安 定		

内 部 ◄――― 有効性指標の焦点 ―――► 外 部

出典：『組織論』桑田耕太郎・田尾雅夫著　有斐閣

【 組織の有効性に関する4つのモデルのイメージ 】

	モデル	イメージ
①	オープン・システム・モデル	成長、企業間連携、SCM、資本提携、新規獲得
②	合理的目標モデル	計画、管理、PDCA、生産性、目標達成
③	内部プロセス・モデル	標準化、文書化、システム、仕組み、予定調和、官僚制
④	人間関係モデル	能力開発、モチベーション、士気、企業は人なり、権限委譲

R01-13

6 組織のコミュニケーション

(1) 組織におけるコミュニケーションの機能

① 内部統合機能

組織内のコミュニケーションが円滑に稼働することによって、メンバーの行動の予測可能性が高まり、協働を確保し促進することができる。

② メンバー間の価値共有

組織内のコミュニケーションによりメンバー間の相互理解を通じて、共通認識が形成され価値共有を図ることができる。

③ 環境適応機能

環境からの情報を感知し、その情報を組織の関連部門に伝達することで、組織の環境適応が可能になる。

(2) メディア・リッチネス理論

コミュニケーションでは対面関係、電話、文章、情報機器など様々なメディア（媒体）が用いられる。コミュニケーション媒体のもつ情報移転能力を**メディア・リッチネス**と呼ぶ。情報処理モデルに従って組織構造をデザインする際には、情報処理の必

要性が不確実性 (uncertainty) の除去に関わるものなのか、多義性 (equivocality) の除去に関わるものなのかによって、必要となるコミュニケーションメディアのリッチネスや調整メカニズムが異なる。

　環境の質的な変化は、組織部門間での多義性の除去の必要性を増加させるので、部門間でのフェイス・ツー・フェイスコミュニケーションなどのリッチなコミュニケーションメディアを利用した調整メカニズムが必要になる。

①多義性と不確実性

　(a) **多義性**とは、課題の所在が曖昧で、課題の解釈について組織内で多様な解釈が並立したり、衝突してしまう状態である。

　(b) **不確実性**とは、課題は明確に把握されており、課題の解決策を導き出すための情報が不足している状態である。

②コミュニケーションメディア

　リッチネスの高いメディアは、多義性の縮減に有効であり、リッチネスの低いメディアは、不確実性の縮減に有効である。次の (a) ～ (d) のうち、(a) はリッチネスが高く、(b)、(c)、(d) の順に低くなる。

　(a) ミーティングなどの対面関係 (フェイス・ツー・フェイス) のコミュニケーション

　(b) 電話によるコミュニケーション

　(c) 手紙などの宛先が特定されている書類

　(d) 社内報や定量的なデータなどの宛先が特定されていない書類

■■■ 問題編 ■■■　　　　Check!!

問 1 (H27-13改題)　　　　　　　　　　　　　　　　　　　　　[○・×]
　人が実際より多くのものを知っていると思いこんでしまうバイアスのことを、「確証バイアス」という。

問 2 (H24-14改題)　　　　　　　　　　　　　　　　　　　　　[○・×]
　組織の参加者が、組織への参加を続けるのは、「誘因効用≦貢献効用」の場合である。

問 3 (R04-19)　　　　　　　　　　　　　　　　　　　　　　　[○・×]
　組織スラックが存在しない場合、革新案を探索する際にリスク志向的になる。

問 4 (H29-21)　　　　　　　　　　　　　　　　　　　　　　　[○・×]
　異なる利害関係者が関わる組織においては、コンフリクトなどが頻繁に発生するため、組織アイデンティティは効果を発揮することができない。

問 5 (R05-22)　　　　　　　　　　　　　　　　　　　　　　　[○・×]
　専門家団体のような組織横断的な専門家ネットワークが発達することにより、規範的同型化が生じやすくなる。

問 6 (H26-18改題)　　　　　　　　　　　　　　　　　　　　　[○・×]
　経営者と労働者が将来の行動について双方が満足できるように折衝するのは、取引される財やサービスについての合意を意図する包摂戦略である。

問 7 (R04-20)　　　　　　　　　　　　　　　　　　　　　　　[○・×]
　個体群生態学モデルでは、環境の変化に対して自らの組織形態を柔軟に変化させて対応できる組織群が選択され、長期にわたって保持されることを示唆する。

問 8 (R01-13)　　　　　　　　　　　　　　　　　　　　　　　[○・×]
　環境の質的な変化は、組織部門間での多義性の除去の必要性を増加させるので、部門間でのフェイス・ツー・フェイスコミュニケーションなどのリッチなコミュニケーションメディアを利用した調整メカニズムが必要になる。

問1　×：「自信過剰バイアス」の説明である。

問2　×：「誘因効用≧貢献効用」の場合である。

問3　×：組織スラックが存在しない場合、革新案を探索する際にリスク志向的な行動をとりにくくなる。

問4　×：コンフリクトの解消などに、組織アイデンティティは重要な意味をもつ。

問5　○：規範的同型化とは、同じような教育課程を受けた特定の専門領域に属する人々が共通して持っている価値や規範により生じる同型化である。

問6　×：交渉戦略である。

問7　×：ニッチを見出すことができる組織形態が選択され、環境に適した組織が保持される。

問8　○：設問文のとおりである。

■■■ **問題編** ■■■

　現代の企業は、規模の大小にかかわりなく、さまざまなステイクホルダーの社会的ネットワークの中に埋め込まれている。企業は利害の異なるこうしたステイクホルダーから正当性を獲得するために、ステイクホルダーと協調戦略を採る場合がある。

　以下のa～dの行動について、こうした協調戦略に関する記述の正誤の組み合わせとして、最も適切なものを下記の解答群から選べ。

a　企業とステイクホルダーとの間の資源交換をめぐって協定を締結すること。
b　ステイクホルダーの代表を、企業の一員として政策決定機関に参加させること。
c　組織間の共通目標を達成するために、複数の組織が資源やリスクを共有しながら、共同事業を行うこと。
d　特定の目標を達成するために、複数の組織間で、公式の調整機関を設置すること。

〔解答群〕

ア　a：正　　b：正　　c：正　　d：正

イ　a：正　　b：正　　c：正　　d：誤

ウ　a：誤　　b：正　　c：誤　　d：誤

エ　a：誤　　b：誤　　c：正　　d：正

オ　a：誤　　b：誤　　c：誤　　d：正

解答：ア

　組織間調整メカニズムにおける協調戦略に関する出題である。協調戦略とは、組織間の依存関係を前提としつつ、互いの自主性を維持する戦略である。協調戦略には多様なものがあるが、非公式なものから公式なものの順に並べると以下の5つがある。

①規範
　組織間を調整するために共通の期待形成が行われることである。
②契約
　組織と組織との間の資源交換に関する契約や協定を締結することである。
③役員の受け入れ・兼任
　組織が他組織の代表を組織の一員として政策決定機構（取締役会や理事会など）に参加させることを通じて、他組織との関係の調整を図ることである。
④合弁
　2つ以上の組織が共通の目的を達成するために資源や能力を共有しあいながら共同事業を行うことである。
⑤アソシエーション
　2つ以上の組織が特定の目標を達成するために組織や団体を設置することである。例として業界団体があげられる。

　a～dはすべて正しいため、選択肢のアが最も適切である。

テーマ別出題ランキング

過去23年分 平成13年 (2001年) ～令和5年 (2023年)	
1位	さまざまな組織構造
2位	組織文化
3位	ジョブ・デザイン

直近10年分 平成26年 (2014年) ～令和5年 (2023年)	
1位	さまざまな組織構造
2位	グループ・ダイナミクス
3位	組織構造と組織デザイン
3位	組織コントロール・システム
3位	ジョブ・デザイン
3位	組織の中のチーム
3位	組織文化

過去23年間の出題傾向

　さまざまな組織構造が27回と圧倒的に出題回数が多く、組織文化が10回、ジョブ・デザインが8回と続く。組織構造の知識は2次試験でも必須のテーマで、令和4年度、令和元年度、平成30年度、平成29年度、平成28年度の事例Iに出題されている。2次試験では、組織改編を行った理由や、どのような組織構造にすべきか、といった切り口で問われるので、各組織構造のメリット・デメリットを書けるようになるまで学習しておこう。また、組織文化も令和元年度事例Iで出題されており、重要なテーマである。

第 **8** 章

組織構造と組織文化

I 組織構造と組織デザイン

1 組織構造と組織デザイン

(1) 組織構造の概念

組織構造とは、組織の内外でさまざまな構成要因の間で相互作用が繰り返され、それらが積み重なって、比較的安定的な関係にいたった状態、すなわち、安定した相互依存状態である。

組織の頂点に意思決定を集中する度合いとして集権化と分権化が決められる。集権化するほど組織的な行動が可能になり、分権化するほど環境変化への対応力を高められる。

(2) 組織のデザイン要素 〈H29-14〉

組織を成り立たせているデザイン要素として、サイズ以外に階層数、分業化の程度、統制スパンがある。いずれも、ファヨールのあげた管理原則に基づく要素である。

① 階層数 〈H27-12〉〈H23-12〉

上から下へどの程度の階層（ヒエラルキー）があるかという要素である。階層数が多いと、トップの意思決定が現場に伝達されるまでに遅れが出たり、時間のコストが増えたりするが、トップの権威は大きくなる。階層数が少ないと、トップと現場は相互に連絡しやすいが、トップの権威は小さくなる。

② 分業化

同時並行的にタスクを遂行する際の役割分担をどうするかという要素である。組織は多くの複数のタスクを達成しなければならない。同時並行的にタスクが遂行されるためには、互いのタスクが重複しないことが前提である。分業化によって、無駄を排除でき、少ないコストによる作業も可能となる。

③ 統制スパン 〈H20-13〉

統制スパン（スパン・オブ・コントロール、統制範囲、管理の幅、統制の幅）とは、1人の上司の管理限界は何人かという要素である。

組織が、複雑なタスク環境に対応しなければならないようであれば、スパンを小さくして少数精鋭で対応しなければならない。単純なタスクであれば大きなスパンが可能であり、多くの部下を管理できる。

管理の幅は、自在に変えることができない。次図に示す要因が組み合わされることにより、「管理の幅」が決定される。

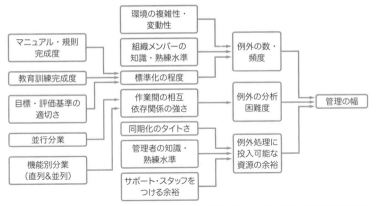

【 管理の幅を左右する要因 】

出典：『組織デザイン』沼上幹著　日本経済新聞出版社

2 組織コントロール・システム ⓒ

⑴ コントロール手法

　有効な組織デザインには、適切なコントロール・システムを組み込むことが不可欠である。組織のトップやマネジャーは、次の3つの包括的なコントロール手法から選択することができる。

① 官僚主義的コントロール

　規則や基準、階層構造や合法的権威など、官僚主義的メカニズムを用いて、従業員の行動を標準化しコントロールすることである。官僚主義的コントロールの一部として用いられるマネジメント・コントロール・システムには、予算、統計的報告、報酬システム、業務手続きといったサブシステムがある。

② 市場コントロール

　市場における価格競争が組織の生産量と生産性を評価するときに行うコントロールである。市場コントロールは、企業、事業部門、あるいは部の製品に価格設定することが可能で、競争がある場合にのみ利用することができる。

③ クラン・コントロール（仲間的コントロール）

　組織文化や帰属意識、伝統などの社会的特性を利用して行動をコントロールすることである。変化があまりに急で、組織がサービスの価格を設定できず、ルールや規則で従業員の正しい行動を特定できないような不確実性の高い環境で重要になる。

　クラン・コントロールに類似して自律的コントロールがある。クラン・コントロールはグループへの社会化機能であるが、自律的コントロールは個人的価値観や目標、基準に由来するものである。直接的な介入がなくても組織目標が達成できる場合、従業員自身に自己目標を設定させ、自らの成果を監視させる自律的コントロールが有効である。

⑵ コントロール・システムのデザイン

アウトプットを起点とするフィードバック型、インプットを起点とするフィードフォワード型、活動プロセスの外部を起点とするオープンループ型のコントロール・タイプに分けられる。

① オープンループ・コントロール

オープンループ・コントロールは、一連の活動プロセスの外部にある情報処理メカニズムによって活動をコントロールする。具体的には、管理者は、職務記述書や標準業務手続きなどによりコントロールを行うが、アウトプット（成果）の望ましさを評価するメカニズムを備えていない。

② フィードバック・コントロール

フィードバック・コントロールは、一連の活動プロセスが終了した後のアウトプット（成果）に焦点をおいて活動をコントロールする。具体的には、管理者は、フィードバックの内容において、活動の目標と活動のアウトプット（成果）との差異がわずかであるならば計画が全体として目標どおりに実現されていると考える。しかし、差異が重大な意味をもつならば、是正のためのコントロールや、効果的な計画の再設定を行う。管理者がフィードバックを受けとったときには、すでに組織においてダメージが発生していることが問題である。

③ フィードフォワード・コントロール

フィードフォワード・コントロールは、一連の活動プロセスが終了する前に修正を行うもので、インプットに焦点をおいて活動をコントロールする。管理者は、活動プロセスにおいて目標との乖離を発見し、結果を予測してコントロールすることが求められる。

3 ジョブ・デザイン

ジョブ・デザインとは、個々の作業の中身をどのようにとらえるかであり、労働の人間化と深く関わる概念である。

H27-17 ⑴ **職務拡大**

職務拡大（enlargement）とは、作業単位の増加である。アージリスが提唱した概念で、職務の水平的拡大ともいう。

10個の作業単位は5個のそれよりも幅があり、広がりがある。幅のない、種類の乏しい仕事は、それだけ構造が単純であり、それを持続的に行うことになれば、単調な仕事になる。逆に、作業単位が多くなると、複雑になり、動作の繰り返しも少なくなる。多能工化を推進する際の根拠理論である。

⑵ **職務充実**

職務充実（enrichment）とは、仕事の中身のつくりかえである。ハーズバーグが提唱した概念で、職務の垂直的拡大ともいう。

QCサークルや従業員の経営参画、目標管理制度等を推進する際の根拠理論となる。

職務内の権限を下位の構成員に委譲することをエンパワーメント（権限委譲）という。職務の充実化は、エンパワーメントにより実現する。

4 さまざまな組織構造

実際の企業の組織図を見ると、複雑なものもあるが、事業部制組織と機能別組織が基本となっていることが多い。

R05-14
R04-13
R03-15
H28-12
H20-11
H19-19

(1) 機能別組織

【 機能別組織の例 】

① 機能別組織の特性

機能別組織は、経営機能（販売・生産・購買等）のそれぞれの機能を部門に統合しているヒエラルキー型組織である。部門長の責任範囲は自部門に限られるため、会社全体を見渡すようなトップ・マネジメントの育成には適していない。

構造は、命令の一元性の原則にのっとり構築されているため、すべての権限はトップ・マネジメントに集中している。

規模が拡大するにつれて多重階層を形成するようになる。その結果、組織の情報処理能力が低下し、トップ・マネジメントの機能低下や部門間対立（組織の垣根）が起こりやすい状況となる。

部門の専門化が高度化するにつれて規模の経済性を発揮することができる。

単一事業で製品の品種も少なく、規模の経済が重要な意味をもち、強力なリーダーシップを発揮できるトップ・マネジメントがいる場合に有効である。

② 機能別組織の長所と短所

機能別組織には次のような長所と短所がある。

【 機能別組織の長所と短所 】

長　所	短　所
●業務範囲が細分化、専門化されている ●従業員は個々の業務分野の専門家となる ●意思決定権限がユニット内の上位管理者に集中しやすい	●組織の細分化、階層化が進みやすい ●ユニット間の連携が難しい ●組織の規模が拡大するにつれ「組織の垣根」が顕在化する

R05-14
R04-13
R03-15
H28-12
H27-12
H25-14
H22-13
H20-11
H19-19

(2) 事業部制組織

単一事業の場合には機能別組織で問題はないが、企業が多角化して、複数の事業を営むようになった場合には、それぞれの事業を総合的に管理する機能が存在しな

いことで問題が生じる。

事業部制組織は、一定の基準（製品・地域・顧客など）で組織を分割して事業部を設立し、事業部に大幅な権限委譲が行われる組織形態である。事業部制組織は、自己完結的組織の１つであり、情報処理の必要性を低くする。

① 事業部制組織の特性

それぞれの事業部は独立性が高く、「組織の垣根」が生じる。「組織の垣根」により、事業部間のコミュニケーションが不足し、調整が困難になる。事業部制組織では、本社はそれぞれの事業戦略に関する権限を事業部に委譲し、本社は全社戦略に集中することが特徴である。

オーバーヘッドコスト（間接費）に関して、各事業部を評価する統一的な基準がないために発生する問題は、オーバーヘッドコストの高騰ではなく、各事業部への配賦基準の設定にある。限界利益率は各事業部の規模を無視しているため、予算配分の基準としては適さない。事業部制組織では、各事業部に配分した資金がどれだけ利益を生み出しているかを示すROI（投下資本利益率）で予算配分を行うことが多い。

【 事業部制組織の例 】

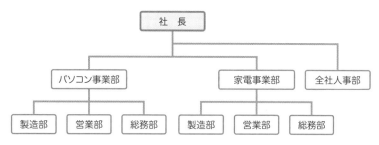

② 事業部制組織の事業部の本質

独自の市場を持ち、その事業に必要な生産、販売、開発などの職能を持つ自己充足的組織単位である。事業運営に必要な意思決定権限がトップ・マネジメントより委譲された分権的組織単位である。トップ・マネジメントに対して利益責任を負う利益責任単位（プロフィット・センター）である。

③ 事業部の編成基準

一般に次の３つが事業部の編成基準とされる。

　(a) 製品別事業部

　(b) 地域別事業部

　(c) 得意先別事業部

④ 事業部制組織の長所と短所

事業部制組織において指摘される長所と短所は次のとおりである。

【 事業部制組織の長所と短所 】

長　　所	短　　所
●事業ごとに事業部が編成されるので、利益責任が明確化する ●事業ごとに事業部が編成されるので、事業間の調整が軽減される ●限定された事業環境に特化しているので、的確で迅速な対応ができる ●事業部の業績評価に基づき、資源配分とコントロールが比較的容易になる ●事業部長には大幅な権限が委譲されるので、経営者の訓練・育成ができる	●本社は事業部の現状を十分に把握できなくなり、事業部の逸脱した行動をコントロールしにくくなる ●利益責任の遂行に必要な職能を事業部内に組織するため、組織面での重複や、設備などの重複投資が発生する ●短期業績志向が強まり、長期的・戦略的取り組みが抑制されやすい ●事業部間の壁が生じ、コミュニケーションが不足したり、調整が困難になったりする ●事業部間の人事交流が消極化し、人事の硬直化が生じる ●複数の事業部にまたがる統合的な製品開発などは遅れがちになる

R05-14
R04-13
H28-12
H28-16
H27-12
H20-11

⑶ マトリックス組織

　マトリックス組織は、横断的組織の１つであり、分権化の利点と専門化の利点の両方を狙った、網の目構造の組織形態である。従来の機能別組織に、プロジェクト・チーム等の水平的組織を交差させた組織形態であり、情報処理の必要性を高くするとともに、組織の情報処理能力を高くする。

　マトリックス組織では、指揮系統の一貫性の概念が排除されているために、機能マネジャーと事業マネジャーの間にコンフリクトが生じやすい。従業員も指揮系統の一貫性の概念を排除することによる曖昧さの発生と、機能マネジャーと事業マネジャーの対立により安心が失われる。コンフリクトを解消するために、①トップ・マネジメントが最終的な判断を行う、②あらかじめ命令の優先順位をルール決めしておく、などの対策が必要となる。

　マトリックス組織は、現場での事業感覚を重視し、機能と事業を連携させるために採用される。現場での事業感覚がなく、全社戦略を重視する本社機構にはマトリックス組織を導入しにくい。

【 マトリックス組織の例 】

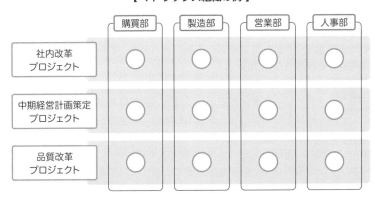

⑷ 官僚制システム

　組織構造の典型は官僚制システムである。官僚制とは、最高責任を担う幹部を頂点に、ピラミッド型を形成し、上意下達のコミュニケーション・チャネルを発達させた典型的な組織構造である。

① 官僚制の特徴

　官僚制には、次のような特徴があるため、情報の流通をシステム化し、不要な混乱を回避できる長所がある。

　⒜ **規則と手続き**

　何をすべきか、どのようにすべきかを公的に定めて、すべてのメンバーに、それに準拠して考え、行動するように、枠組みを提供する。

　⒝ **専門化と分業**

　互いに役割を明確に定めて、重複しないようにする。それぞれの役割について、専念できるようにする。

　⒞ **ヒエラルキー**

　指示を発する人、指示を受ける人という役割が分化する。この役割関係は階層構造（ヒエラルキー）を構成する。階層構造の中では、その人に指示を与える人はただひとり、仕事を済ませてその成果を報告する人もただひとり、とするような命令の一元化の関係を作らなければ、混乱をきたす。

　⒟ **専門的な知識や技術をもった個人の採用**

　与えられた職務を遂行するために必要な能力をもっていることが不可欠の要件である。能力のない人を縁故などによって採用すべきではない。

　⒠ **文書による伝達と記録（文書主義・文書重視主義）**

　ミスや誤解の生じないように、正確に伝達されなければならない。どのような経過でどのようなことが決められたかを保存することで、誰もがそれを事実として共有しなければならない。

② 官僚制の逆機能

　膨大な手続きと書類作成に煩わされる繁文縟礼（はんぶんじょくれい）や、本来は手段に過ぎない規則や手続きが目的に転じてしまう目的置換、規則や手続きそのものを絶対視し、画一的な対応を生み出す形式主義、分業が進んだ結果、組織の目標や利益よりも自分の部門の目標や利益を優先するセクショナリズム、規則化されている最低限の行動しかしなくなる最低許容行動、古い規則に固執するあまり、革新的な行動を許容しない革新の阻害などがある。

③ 官僚制システムからの脱却

　官僚制システムでは、文書などによって規則・礼法などが細々としている。過剰な文書でその手続きを逆に煩わしくさせてしまう。環境の不確実性に対応するために、新たな組織構造が必要になる。マトリックス組織はその一例である。

④ パーキンソンの法則

　パーキンソンの法則とは、負担を散らすことで仕事が必要以上に膨らみ、組織が肥大化していくという法則である。組織の中で自分の負担が増えるようになると、

同僚と仕事を分け合うよりも、部下を２人任命して負担を軽減し、自らはその仕事を監督する地位を望むようになる。競争相手よりも部下を増やしたがる傾向から指摘されるようになった法則である。

(5) ミンツバーグの組織形態分類 H21-11

① 企業組織を構成する５つの基本的要素

ヘンリー・ミンツバーグは、企業組織を構成する５つの基本的要素として、①戦略的トップ、②ミドルライン、③現業部門、④テクノストラクチャ（職能スタッフ）、⑤サポートスタッフ（事務管理）をあげた。

【 組織の５つの基本的要素 】

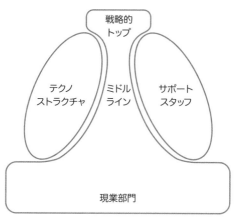

出典：『H. ミンツバーグ経営論』ヘンリー・ミンツバーグ著
DIAMOND ハーバード・ビジネスレビュー編集部訳　ダイヤモンド社

② 組織形態（コンフィギュレーション・相対的配置）の５分類

これら５つの要素の組み合わせによって、組織形態（コンフィギュレーション・相対的配置）は、①単純構造、②機械的官僚制、③プロフェッショナル官僚制、④分権構造、⑤アドホクラシーの５つに分類できるとした。このうち、プロフェッショナル官僚制とアドホクラシーについての概要は次のとおりである。

(a) プロフェッショナル官僚制

プロフェッショナル官僚制における現業部門は、医師や会計士などの高度な専門的スキルを有しており、スキルの標準化は組織の外で行われるため、テクノストラクチャはほとんど必要ない。一方、現業部門がやりたがらないルーティン作業などの業務を大勢のサポートスタッフがこなすことになる。

(b) アドホクラシー

アドホクラシーは限りなく流動的な構造であり、権限は常に移動している。調整と統制は、関係者間の相互調整により、インフォーマルなコミュニケーションや有能なプロフェッショナル同士の相互作用を通して達成される。

【 組織形態（コンフィギュレーション・相対的配置）の5分類 】

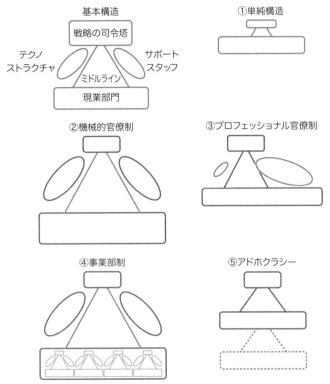

出典：『H.ミンツバーグ経営論』ヘンリー・ミンツバーグ著
DIAMOND ハーバード・ビジネスレビュー編集部訳　ダイヤモンド社を一部改訂

H26-15 ⑹ マイルズ＝スノーの環境適応類型

　マイルズとスノーによれば、何らかの問題への対応が迫られる企業は、一定の意思決定のサイクルを反復することによって対処しようとする。

　組織の諸問題は、①企業者的問題（製品市場の選択）、②技術的問題（生産と流通のための技術の選択）、③管理的問題（組織構造・過程の合理化）というサイクルで行われ、組織は一定の適応パターンを生み出し、それを継続しようとする傾向がある。問題に対応しようとする組織の戦略類型には、４つのタイプがある。

【 戦略類型のパターン 】

①防衛型	自社のドメインの中で自社の強みで防衛することに重きをおき、脅威に対抗しようとする組織である。新しい機会を求めて領域外を探索しようとはしない。
②探索型	防衛型とは対極をなす関係にあり、積極的な行動で、機会を探索していこうと環境適応する組織である。新しい環境にいつでも柔軟に対応できる体制をとろうとする。
③分析型	防衛型と探索型の中間で、対象市場ごとに防衛型と探索型の行動を分析的に組み合わせる組織である。安定性と柔軟性のバランスを図ろうとする。
④受動型	防衛型、探索型、分析型のいずれにも該当しない行動をとる組織である。一貫性のある戦略はなく、環境からの圧力がない限り対応しようとしない。

⑺ 逆ピラミッド型組織

R01-33
H21-14

　逆ピラミッド型組織は、サーバント・リーダーシップに見られる組織形態である。

　サーバント・リーダーシップは、リーダーのビジョンとサーバント・エシックス（奉仕の精神に裏付けられた倫理観）に基づき、①他者への奉仕を重視し、②仕事に対するホリスティック（全体論的）なアプローチでコミュニティ（共同体）の感覚を促進し、③意思決定における権限を共有することを強調する。

　企業においては、権限をリーダーに集中するのではなく、部下や仲間に権限委譲を行う。また、この組織では共同体としての協調性や参画を重視する。リーダーは、常に部下や従業員の成長を援助する。そのことでリーダー自身の成長にもつながる。援助された部下や従業員は、自身の立場に置き換えて、顧客の成長に奉仕することを志向するようになる。

　サーバント・リーダーシップに基づく、部下の潜在能力を発見し、開発するためのコミュニケーションの原則には、①オープンな雰囲気での環境づくり、②積極的傾聴、③受容、④明確化、⑤共感的支持、⑥相互理解、⑦フィードバック、がある。

【 サーバント・リーダーシップにおける逆ピラミッド型組織の構造 】

支配型リーダー　　　サーバント・リーダー

出典：NPO 法人　日本サーバント・リーダーシップ協会ホームページ

第 8 章　組織構造と組織文化　**179**

(8) ネットワーク組織

ネットワーク組織とは、階層的組織に代わる、新しい組織編成のあり方である。従来の階層的組織とは異なり、メンバーは固定化されず、メンバー間の関係は対等的であり、規則よりも価値によって調整されている。変化の激しい環境の中で迅速・創造的な対応をするための組織である。

(9) ライン組織

ライン組織とは、トップから末端の作業者に至るまで、単一の指揮命令系統によって結ばれている組織形態である。ライン組織は、①各成員はただ1人の長からのみ命令を受けるので、指揮命令系統が単純であり、責任・権限関係が明確である、②コミュニケーションは、執行活動の遂行に関する包括的な決定・命令（ライン権限）である、③組織構造が単純で管理費用が安い、という特徴がある。一方で、①水平的なコミュニケーションの確保が困難、②すべて全般管理者なので、専門化による複雑な仕事の遂行が困難、といったデメリットがある。

5 組織の中のチーム

(1) チームとグループ

チームとグループは同じではなく、一般的には業績において次のような違いがある。
①**チーム**では、個々のメンバーが集団的な業績を目標として、メンバー同士の協調を通じてプラスの相乗効果を生みだそうとする。そのため、個々のメンバーの投入量の総和よりも高い業績水準をもたらす。
②**グループ**では、メンバーが個々の責任分野内で、業務遂行の助け合いを目的としている。そのため、業績は個々のメンバーの投入量の総和となる。

(2) チームの活用

チームで業務を遂行する場合は、個人で業務を遂行する場合よりも、一般に多くの時間と資源を必要とし、コンフリクトが顕在化する傾向にある。そのため、チームで業務を遂行することによるメリットが、このような代償を上回る必要がある。

(3) チーム活用の判断

ある業務において、チームを活用した方が良いのかどうかを判断するためには、次の3つの判断基準がある。3つの判断基準において必要とするならば、個人よりチームの方が高い業績をあげる傾向にある。

① 業務の複雑性と異なる視点の必要性

その業務の遂行において、複数のメンバーでの対応や多様なスキルや経験を必要とするかどうかという点である。

② 価値ある目標への到達の必要性

その業務の目標が、単に個別の目標の合計ではなく、それ以上の価値のあるメンバー共通の目標につながるのかという点である。

③ 相互依存関係の必要性

その業務において、チーム全体の成功がメンバーの個々の仕事に左右され、加えて、メンバーの個々の仕事の成功が、メンバー同士の仕事の成功にかかっているように、チームのメンバー同士が、相互依存関係にあるかどうかという点である。

(4) チームの種類

① 問題解決型チーム

(a) 概要

問題解決型チームは、メンバーが作業の工程や手法を改善する方法について、アイデアを共有したり、提案したりする。提案内容をチームが単独で実施する権限が与えられることは少なく、解決策の実行に関する最終決定はマネジメントに委ねられることが多い。

チーム型作業組織に期待される効果には、自律的な調整のための積極的な参加が求められるため、メンバー間のコミュニケーションが活発になり、互いに助け合いながら共同することによる労働生活の質（QWL）の向上が期待できる。

(b) 問題解決型チームの利用法

第一線の職場で働くメンバーが継続的に、製品の品質やサービスなどの問題の原因調査や解決策の提案などを行うQCサークル（クオリティ・サークル、クオリティ・コントロール・サークル）として利用される。

② 自己管理型チーム

(a) 概要

自己管理型チームは、メンバーは高度に関連した業務や独立的な業務を遂行し、従来、上司が負っていた責任を引き継ぐ。自己管理型チームが完全になると、自らメンバーの選定や、メンバー相互で業績評価も行い、監督者の地位の重要性が薄れ、監督者が排除される場合もある。

(b) 自己管理型チームの留意点

自己管理型チームは、状況に左右される。例えば、組織のリストラの実施や、チームの規範の強さ、チームが遂行する仕事の種類、報酬体系などが、チームの業績に大きな影響を与える。

③ 機能横断型チーム

(a) 概要

機能横断型チームは、組織内の多様な分野の人々が情報を交換し、新しいアイデアの開発や問題解決を行い、複雑なプロジェクトを調整することができる効果的な手段である。

タスク・フォースは、臨時的に設置された機能横断型チームであり、さまざまな部門からの委員で構成される委員会も機能横断型チームである。

(b) 機能横断型チームの留意点

　機能横断型チームにおいて、チームの発展の初期段階には、メンバーが多様性や複雑性への対処の仕方を学ぶために時間がかかる。また、信頼やチームワークを確立するのにも時間がかかる。

④ バーチャルチーム

(a) 概要

　バーチャルチームは、チームを構成するそれぞれのメンバーが、物理的に離れた場所にいようとも、一つのチームとして機能している集団である。一つのチームとして共通の目標を達成するために、直接対面する機会が少なくても、ITツールなどの活用により、コミュニケーションをはかりながら業務を遂行する。

(b) バーチャルチームの留意点

　メンバー同士が直接顔を合わせた経験がない場合には、そうでない場合に比べて、タスク志向性が高くなり、メンバー同士の社会的・感情的な情報交換が少なくなる傾向がある。

Ⅱ 組織文化

1 経営理念と組織風土 (基)

　経営理念とは、経営者が経営活動の根底を支えるものとして重視している信念、信条、理想、イデオロギーなどをいう。**組織風土**とは、一般には、組織メンバーが、他のメンバーや外部の人々と相互作用するパターン・組織内の物理的環境などによって生み出される雰囲気である。社風と呼ばれることもある。

R02-10
H29-19
H25-10
H22-17
H21-13

2 組織文化

　組織文化（コーポレート・カルチャー）とは、組織の中で、構成する人々の間で共有された価値や信念、あるいは、習慣となった行動が絡み合って醸し出されたシステムである。

　組織文化は、組織の骨組みを知るために不可欠の概念であり、組織のそれぞれの相違を知るためには都合のよい概念である。しかし、組織文化の構築の方法や測定技法などについてまだ十分な段階にはいたっていない。

(1) 組織文化の要素

　組織文化は「価値観」「パラダイム」「行動規範」の3つの要素からなっており、これらは、従業員に対して「モチベーション」「判断」「コミュニケーション」の3つのベースを与える。また、組織は「採用」「トップ・マネジメントの行動」「社会化」を通じて、組織文化を維持することに努める。※パラダイムとは「認識の枠組み」を意味する。

(2) 組織文化の機能

　組織文化の持つ機能は、次のとおりである。
　① 境界を定義する。1つの組織と別の組織とを区別する。
　② 組織のメンバーにアイデンティティの感覚を伝える。
　③ 組織文化により、個人の興味を超えた、もっと大きなものへの関与を促進する。
　④ 社会システムの安定性を強化する。組織文化により従業員が何を語り、行うかについて適切な基準が提供され、組織の結束に貢献する社会的接着剤となる。
　⑤ 従業員の態度や行動を形成する。

(3) キャメロンとクインによる組織文化理論

　キャメロンとクインは、組織文化には、価値観やリーダーシップスタイル、仕事の進め方などさまざまな要素が反映されるとし、組織文化を4つに類型化している。

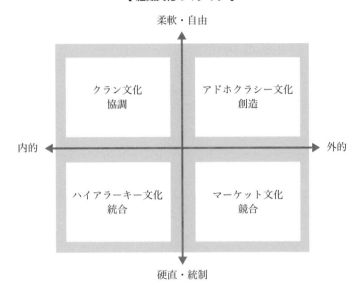

【 組織文化の4タイプ 】

柔軟・自由

| クラン文化
協調 | アドホクラシー文化
創造 |
| ハイアラーキー文化
統合 | マーケット文化
競合 |

内的　　　　　　　　　　　　　　外的

硬直・統制

　4つの組織文化タイプごとの求められるリーダーシップや志向性は、次の表のとおりである。

【 各組織文化の特徴 】

組織文化タイプ	求められるリーダーシップ	志向性
クラン文化	支援的リーダーシップ	協力的、協調性
アドホクラシー文化	革新者 (企業家) 的リーダーシップ	イノベーション、創造性
ハイアラーキー文化	規則や手続きの遵守	安定性、予測可能性
マーケット文化	現実主義的リーダーシップ	競争環境への対応、結果

⑷ 組織文化の解読

　組織文化を読み取るためには、以下のようないくつかの手がかりがある。

① 儀式やセレモニー

　儀式やセレモニーは、厳かさや深遠さを演出することで、価値の高揚を図ることができる。入社式、年頭のあいさつなどで、組織の価値を強調する。

② シンボル・表象

　独自の価値意識の高揚を企てる効果がある。社旗、制服、バッジ、店舗の外装・内装、パンフレット、コーポレート・カラーなどが該当する。

③ 言葉

　組織文化は、隠喩のような、メンバーでないと理解できない言葉にも表れる。標

語や社内用語が該当する。

④ 物語や伝承

創業に関するエピソード等について装幀を施して成員に伝える、読ませる、聴かせる、見せるなど様々な方法が考えられる。社史、パブリシティ、創業者による講演などが該当する。

⑸ 組織文化を形成する要因

組織文化の形成には、組織構造、組織デザインに関わる要因がすべて関与している。組織デザインの変更は、当初は、物理的環境の変更であるが、徐々に行動環境の変更に至り、新たな組織文化を醸成する。

次のような5つの要因が分散を小さくして、強力な組織文化を形成する。

① 近接性

近接性とは、成員が物理的に近接していることをいう。本社以外の出張所を増やすと横断的な組織文化は形成されにくくなる。これは近接性が低くなるからである。

② 同質性

同質性とは、成員が相互に類似し、同質であることをいう。従業員の性別・年齢・学歴・経歴・趣味・関心が似通っていると、組織としての分散は小さくなる。

③ 相互依存性

相互依存性とは、相互に依存しあう関係にあることをいう。個人プレイ型の営業スタッフしかいない組織には、強固な組織文化は形成されない。

④ コミュニケーション・ネットワーク

コミュニケーション・ネットワークとは、情報の流れとなるコミュニケーション経路が形成されていることをいう。情報の流れが一方通行では、強固な組織文化は生まれない。

⑤ 帰属意識の高揚

帰属意識の高揚とは、研修その他の手法で、成員のロイヤルティを高める機会を設けていることである。

⑹ 組織文化形成における創業者の役割

企業の草創期においては、組織文化の推進力となるのは創業者である。創業者のシンボリック・アクションなどを通じて組織に植えつけられた文化は、その組織独特の能力となり、メンバーのアイデンティティの基礎となり、組織を結束させる心理的な糊となる。

【 コミュニケーション・ネットワーク 】

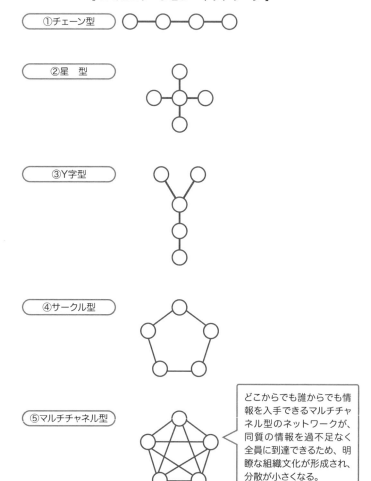

①チェーン型

②星　型

③Y字型

④サークル型

⑤マルチチャネル型

どこからでも誰からでも情報を入手できるマルチチャネル型のネットワークが、同質の情報を過不足なく全員に到達できるため、明瞭な組織文化が形成され、分散が小さくなる。

出典:『組織論』桑田耕太郎・田尾雅夫著　有斐閣

3 グループ・ダイナミクス

(1) グループ・ダイナミクス (集団力学・社会力学)

　グループ・ダイナミクス (集団力学・社会力学) とは、集団とそのメンバー個人の力動的な相互依存関係を把握し、そこから普遍的な一般法則を求めようとする分析的理論である。集団の中では、グループ・ダイナミクスを維持するように、基準や規範をつくり、それに従うように強要したり、従わないメンバーには相応の制裁

を加えたりするなどの固有のメカニズムが働く。また、集団にいると、人は自分の信念や意見を変えてでも集団に合わせた行動（同調行動）をとりやすくなる。

(2) 斉一性の圧力

　凝集性の高い集団では、時間の経過とともに、客観的事実とは関係なく、多数のメンバーが信じるべきであるとするソーシャル・リアリティ（社会的事実）を創造して、すべてのメンバーがその価値を受け入れ、それに同調することを強要するようになる。

　メンバーが入手できる情報が限られていたり、その真偽を確認する手段や方法に欠けるほど、また、意思決定に緊急を要するほど、ソーシャル・リアリティは強固になる。

【 斉一性の圧力 】

　凝集性の高い集団では、ソーシャル・リアリティが強固になり、逸脱者に対しては同調させようとしてコミュニケーション量が増えるが、それが無駄とわかれば、むしろ仲間外れにしてしまう。規範に従えば、他のメンバーから組織の一員であることが認められ、従わなければ、制裁を受けるか、一員であることが認められなく、追放の処分を受ける。

【 凝集性と同調への圧力 】

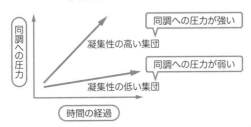

出典：『組織論』桑田耕太郎・田尾雅夫著　有斐閣

【 凝集性とコミュニケーション 】

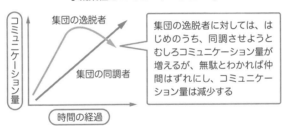

集団の逸脱者に対しては、はじめのうち、同調させようとむしろコミュニケーション量が増えるが、無駄とわかれば仲間はずれにし、コミュニケーション量は減少する

出典：『組織論』桑田耕太郎・田尾雅夫著　有斐閣

R05-19 **(3) 集団凝集性と生産性**

　集団凝集性と生産性との関係について、集団凝集性が高いほど、メンバーは集団目標に向かって努力する。

　集団内の業績関連の規範が高く、集団目標と組織の業績目標との一致度が高い場合、集団凝集性の高い集団は集団凝集性の低い集団より生産的である。

【 集団凝集性と生産性との関係 】

出典：『【新版】組織行動のマネジメント―入門から実践へ』
スティーブン・P・ロビンス著　高木晴夫訳　ダイヤモンド社を一部修正

(4) 凝集性を高める方法

　マネジャーが集団凝集性を高めるには、以下の7つの方法を複数試すとよい。
　① 集団をより小規模にする。　② 集団目標への合意を促進する。
　③ メンバーが共に過ごす時間を増やす。
　④ 集団のステータスを高め、その集団への参加資格を得がたいものに見せる。
　⑤ 他の集団との競争を促進する。
　⑥ 個々のメンバーではなく集団全体に報酬を与える。
　⑦ 集団を物理的に孤立させる。

R05-19
R03-18
R02-10
H19-13 **(5) 集団思考 (集団浅慮・グループ・シンク)**

　集団思考 (グループ・シンク) とは、「集団浅慮」とも訳され、集団による意思決定が多くの場合適切でなく、浅慮 (考えが浅い) ともいうべき結果になることを指す。

　集団思考の先行条件には、外部から判断ミスは許されないという強い圧力にさらされる場合や、集団凝集性が高く異なった意見を思いとどまらせようとする場合などがある。

　集団思考の兆候には、集団内部の自分達のことを優秀で失敗はしないと高く評価し、都合の悪い情報には目を向けず、集団外部の他者に対し紋切り型の判断をしたり、過小評価したりすることや、集団内部の異なる意見に圧力をかけ、異議を申し立てにくい状況を作り出すことがある。

　集団思考の発生を回避するためには、異なる意見や価値観を表明しやすい雰囲気作りが不可欠である。

⑹ 集団傾向 (グループ・シフト、リスキー・シフト)

R05-19
H19-13

集団による意思決定と個人による意思決定を比較すると、集団による意思決定の方が高いリスクを踏む傾向が強い。声の大きい人の意見に従ったり、多数決による決定に従ったりする場合、それぞれの個人が責任を負うことがなくなり、慎重さを欠くなど、集団の決定は個人の決定よりもリスクを含みやすくなる。これを**集団傾向 (グループ・シフト、リスキー・シフト)** という。

⑺ 社会的手抜き

R05-19

社会的手抜きとは、人が集団の中で働くときに単独で働くときほど努力しない現象をいう。社会的手抜きは、個人の貢献と集団の成果との関係が曖昧な場合に生じやすい。例えば、綱引きでは対戦する集団同士の成果は問われるが、各集団に所属する一人ひとりの貢献度が正確に特定できるわけではないため、社会的手抜きの誘惑が生じやすい。

⑻ 組織文化のダイナミクス

H27-21

組織文化の変化にとっては、規模や複雑さよりも、その組織の発展段階が重要な意味をもつ。組織の発展段階と組織文化の機能に応じて、変容メカニズムも異なる。例えば、組織が成熟段階に達し、パラダイム・レベルでの深い組織文化の変革が必要な場合には、首脳陣の大量交代や組織構造の再編成などの方法が有効である。

⑼ 並列的部門間関係 (組織内における相互依存性)

H28-13

組織内の相互依存性は、①プールされた (pooled) 相互依存性、②連続的相互依存性、③相互補完的 (reciprocal) 相互依存性という3つのタイプに分類できる。

① プールされた相互依存性

相互依存性が最も弱い関係であり、フランチャイズチェーンにおける本部と店舗の関係がある。この関係は各店舗の直接的な相互依存性は少ないが、各店舗が本部に対して別々に貢献している。各店舗の行為は互いに関係なく進展していくため、店舗間の調整の必要性は低く「標準化」が中心となる。

② 連続的相互依存性

相互依存性が中程度の関係である。自動車メーカーの生産工程における、購買部門、生産部門、流通・販売部門における関係などがあり、プールされた相互依存性の場合よりも部門間の調整が必要で、「計画による調整」が必要になる。

③ 相互補完的相互依存性

相互依存性が最も強い関係である。新製品開発における設計、購買、製造、販売等の各部門における情報のやりとりなどがあり、部門間の調整は最も必要とされ「相互調節による調整」が求められる。

⑽ 組織文化の逆機能

R02-10

① 保守化と固定化

過去の成功体験に依存するため、変化の必要性を認識できたとしても行動が困難になる。

② 組織の画一化

多くの社員が同じ考え方になり、新しい発想や実践を阻害する。

【事例】

> A社では、創業以来の伝統的な価値観に基づく戦略による過去の成功が、現在の戦略を機能させていない根本的原因となっていることを誰も認めようとはしない。

R04-17 ## (11) 政治的行動

組織における**政治的行動**とは、公式の役割の一部として求められているものではないが、組織における利益と不利益の分配に影響を及ぼす、もしくは影響を及ぼそうと試みる諸活動と定義される。政治的行動に寄与する要因には、個人的要因と組織的要因がある。

① 個人的要因

次のような特徴がある従業員は、組織に及ぼす影響をさほど考えずに政治的行動をとる。

(a) 権威主義的である

(b) 高いリスクをとりたがる傾向がある

(c) 行動決定源の所在意識が外部にある（自分の外にある力が自分の命運を支配していると信じる）

(d) 権力・自律・安定・地位に対する欲求が高い

② 組織的要因

次のような特徴をもつ組織文化は、政治的行動が育まれる機会を生み出す。

(a) 信頼性の乏しさ

組織における信頼性が乏しいほど、政治的行動の程度が高くなる。

(b) 役割のあいまいさ

従業員に公式に与えられた役割が曖昧であり、従業員の行動についての規定が明確でない場合、従業員が政治的行動に従事できる余地は大きくなる。

(c) 業績評価体系の不明確さ

業績評価において、主観的な評価基準を用いたり、単一の成果測定尺度を重視したり、活動から評価までに長い時間をかけたりするほど、従業員は政治的行動に走りやすい。

(d) ゼロサムの報酬分配慣行

ゼロサム手法では報酬の総量が一定なため、ある人物または集団が報酬を得れば、必ず他の人物や集団が犠牲になる。従業員は他の従業員をおとしめ、自分の業績を目立たせるために、政治的行動に従事するようになる。

(e) 民主的な意思決定

正当な権力を手に入れたマネジャーが、ミーティングなどの意思決定の場を、

策略を用いて人々を操る場として利用する場合がある。

(f) 業績への強いプレッシャー

成果に対する厳格な達成責任は、自分をよく見せなければならないという大きなプレッシャーを与え、好ましい数値を確保するためなら何でもするよう強く動機づけられる。

(g) 自己利益を追求するマネジャー

経営幹部層が自己利益を追求して政治的駆け引きを行うことは、そうした行動が組織内で許容されることを従業員に暗示することで、政治的行動を助長する組織風土を醸成しやすい。

■■■ 問題編 ■■■　　Check!!

問1 (H29-14)　　　　　　　　　　　　　　　　　　　　　　　　［○・×］

組織の頂点に意思決定を集中する度合いとして集権化と分権化が決められ、集権化するほど環境変化への対応力を高めることができ、分権化するほど迅速な組織的な行動が可能になる。

問2 (H26-14)　　　　　　　　　　　　　　　　　　　　　　　　［○・×］

市場コントロールは、組織内部の部門のコントロールには利用できないが、市場における価格競争が組織の生産量や生産性を評価する時に有効である。

問3 (H20-11)　　　　　　　　　　　　　　　　　　　　　　　　［○・×］

事業部制組織では、各事業部は独立採算のプロフィットセンターとして管理されるために、複数の事業部にまたがる統合的な製品の開発などは遅れがちになる。

問4 (H21-13)　　　　　　　　　　　　　　　　　　　　　　　　［○・×］

組織文化は、新入社員に対して、この組織ではどのような振る舞いが望ましいのか、何を良いと感じるべきかを教育する機能を持つ。

問5 (R05-19)　　　　　　　　　　　　　　　　　　　　　　　　［○・×］

「凝集性」が高い集団では、集団内の規範と組織全体の業績目標とが一致するため、集団内の個人の生産性が高まりやすい。

問6 (R03-18)　　　　　　　　　　　　　　　　　　　　　　　　［○・×］

誤った判断を下すことは許されないというような外部からの強い圧力に集団がさらされる場合、集団思考が起きやすい。

問7 (H30-14)　　　　　　　　　　　　　　　　　　　　　　　　［○・×］

遂行すべきタスクに必要なスキルや経験の多様性が低い場合は、個人よりチームの方が高い業績を上げる傾向にある。

問8 (R04-17)　　　　　　　　　　　　　　　　　　　　　　　　［○・×］

組織において報酬を従業員に分配する場合に、ゼロサムの分配基準を用いると、従業員間での勝ち負けが曖昧になるので、従業員は政治的行動に動機づけられやすくなる。

問1　×：集権化するほど迅速な組織的な行動が可能になり、分権化するほど環境
　　　　変化への対応力を高めることができる。
問2　×：部門のコントロールにも利用できる。
問3　○：組織の垣根により、調整が困難になる。
問4　○：組織文化には、従業員の態度や行動を形成する機能がある。
問5　×：「凝集性」が高い集団でも、集団内の規範と組織全体の業績目標とが一致
　　　　するとは限らず、一致度が低い場合、生産性は低下する。
問6　○：設問文のとおり。
問7　×：遂行すべきタスクに必要なスキルや経験の多様性が高い場合は、個人よ
　　　　りチームの方が高い業績を上げる傾向にある。
問8　×：ゼロサムの分配基準を用いると、報酬の総量が一定で勝ち負けが明確に
　　　　なるので、従業員は他の従業員をおとしめ、自分の業績を目立たせるた
　　　　めに、政治的行動に従事するようになる。

 **問題編**

　経営組織の形態と構造に関する記述として、最も適切なものはどれか。

ア　事業部制組織では事業部ごとに製品－市場分野が異なるので、事業部を共通の基準で評価することが困難なため、トップマネジメントの調整負担が職能部門別組織に比べて大きくなる。

イ　職能部門別組織は、範囲の経済の追求に適している。

ウ　トップマネジメント層の下に、生産、販売などの部門を配置する組織形態が職能部門別組織であり、各職能部門はプロフィットセンターとして管理される必要がある。

エ　マトリックス組織では、部下が複数の上司の指示を仰ぐため、機能マネジャーと事業マネジャーの権限は重複させておかなければならない。

オ　命令の一元化の原則を貫徹する組織形態がライン組織であり、責任と権限が包括的に行使される。

解答：オ

　経営組織の形態と構造に関する出題である。

ア：不適切である。事業部制組織では事業部が一つの利益単位となっているため、
　　成果を共通指標で客観的に評価することができる。また、事業ごとに事業部が
　　編成されるので、事業間の調整が軽減される。

イ：不適切である。職能部門別組織は部門の専門化が高度化するにつれて規模の経
　　済性を発揮することができる。

ウ：不適切である。職能部門別組織は各部門が異なる業務を担当しており、各部門
　　が組織の目標達成や利益にどれだけ貢献したかを評価する統一的な指標を作れ
　　ないため、各職能部門をプロフィットセンターとして管理することは難しい。

エ：不適切である。マトリックス組織では指揮系統の一貫性の概念が排除されてい
　　るために、機能マネジャーと事業マネジャーの間にコンフリクトが生じやすい。
　　よって、あらかじめ命令の優先順位をルール決めをしておくなどの対策が必要
　　となる。

オ：適切である。ライン組織はトップから末端の作業者に至るまで、単一の指揮命
　　令系統によって結ばれている組織形態である。各成員はただ一人の長からのみ
　　命令を受けるので、指揮命令系統が単純であり、責任・権限関係は明確になる。

過去23年分 平成13年(2001年)〜令和5年(2023年)	
1位	モチベーションの過程説
2位	その他のリーダーシップに関する研究
3位	モチベーションの欲求説

直近10年分 平成26年(2014年)〜令和5年(2023年)	
1位	モチベーションの過程説
2位	その他のリーダーシップに関する研究
3位	モチベーションの欲求説
3位	X理論・Y理論と目標による管理

過去23年間の出題傾向

　モチベーションの過程説が14回で最多の出題回数である。その他のリーダーシップに関する研究では、ここ数年、パス・ゴール理論や権威受容説からの出題が多いので重点的に確認してほしい。2次試験では、各学説について個別に問われることは無いが、令和元年度と平成30年度の事例Iに内発的動機づけが出題されるなど、従業員のモチベーションを高める施策として問われることが多い。

第9章

モチベーションと
リーダーシップ

I キャリア・マネジメント

1 キャリア発達モデル

モチベーションを高揚するために欠かせない視点とは、人は組織においてどのような経緯を経て形成されるかということである。組織の中で自身の立場や役割を修得し、知識や技術を蓄えていくかである。

(1) 職業的自己概念とキャリア発達

D.スーパーは、**職業的自己概念**について、個人が職業に関連すると考えた自己特性の配置と定義している。この職業的自己概念は職業選択や職場適応というプロセスの中で変化する。その変化には規則性があり、ある発達上の課題を達成すれば、次の課題へというように段階的に起こる。**キャリア発達**とは、職業的自己概念を発達させていくプロセスである。

職務満足は、職業的自己概念を適切に表現する場を見つける程度によって決まり、人の職業に対する好みや能力は、時間や経験とともに変化し、職業的自己概念として社会的に学習される。

(2) キャリア発達モデル

① 試行期

試行期は、自分の適性や能力について確信を持つにはいたらず、まだ自分がどのような仕事に向いているのかがよくわからないため、探索と試行錯誤を繰り返す時期である。

② 確立・発展期

確立・発展期は、自分の適性や能力がどのようなものであるかを理解し、職場でどのような立場にあるかがわかるようになり、よりいっそう自分の適性や能力にあった仕事を探すことに関心を向ける時期である。

③ 維持期

維持期は、これまでに得た地位や立場を維持し、余分なコストを払ったりリスクを冒したりするような危険を避け、保身的になる時期である。

④ 衰退期

衰退期は、閑職に就く、転職・出向・退職等によって、徐々にまたは急に、キャリアの終焉を迎える時期である。再度、発展期に転じることもある。衰退期に向かうキャリアを再び発展期に転じることができるような人事施策は、企業のHRM上の重要なポイントである(キャリアの延命化・長期化)。

【 キャリア発達モデル 】

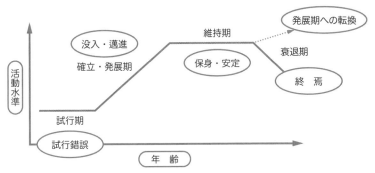

出典:『組織論』桑田耕太郎・田尾雅夫著　有斐閣

---

2 キャリア・アンカー

　職務遂行にあたって個人が合理的にキャリアにまつわる決定をするための指針のことをいう。キャリア・アンカーの種類は以下の8つのカテゴリーがある。

　ひとつひとつに対してある程度の関心は誰もが持っているが、その中でこれだけはあきらめたくないと思う重要な領域が、その個人にとっての**キャリア・アンカー**となる。例えば、しっくりこないという経験を通じて自らのキャリア・アンカーを反省し、転職や働き方の変化につながることなどがある。

【 キャリア・アンカーの種類 】

①技術的・機能的コンピタンス	⑤企業家的独創性
②全般的な管理コンピタンス	⑥奉仕・社会貢献
③自律・独立	⑦純粋な挑戦
④保障・安定	⑧生活様式（ライフスタイル）

II モチベーション

H29-18 ## 1 組織の中の個人

組織は組織人によって成り立つ。組織人とは、組織の枠組みに、自らの考えや行動を準拠させ、組織のために働く人や、組織目標の達成に貢献する人である。組織の成果は、彼らが熱心に働くことによって得られる。

組織の中でそれぞれ一人ひとりが、働くことに動機づけられるほど、組織はより多量の、より上質の成果を得ることになる。動機づけ（モチベーション）は、組織にとって欠かせない要因である。

R01-18 ### (1) パーソナリティ

パーソナリティとは、個人の思考と行動を特徴づける傾向のことである。パーソナリティの5要素モデルでは、「ビッグ・ファイブ」と呼ばれる5つの基本的な要素が他のパーソナリティ基礎になるとされている。

【 パーソナリティの「ビッグ・ファイブ」 】

外向性	社交的、話し好き、独断的
人当たりのよさ（調和性）	気立てが良い、協力的、人を信頼する、温和
誠実さ（誠実性）	責任感が強い、頼りになる、不屈、完璧主義、計画的
安定した感情（神経症傾向）	冷静、熱心、緊張に動じない、心配性、傷つきやすい
経験に開放的（開放性）	想像力が豊か、芸術的、知的、好奇心が強い

人はそれぞれ異なるパーソナリティを持つ一方で、パーソナリティの要因と職業に必要とされる能力には関連性があることが示されている。

(2) モチベーション管理

モチベーション管理とは、人間行動の方向、強度、持続性を決定する心理的メカニズム、もしくは従業員を組織目標の達成に向かわせるために経営者が用いる手法である。動機づけと訳される。

(3) モラール管理

モラールとは、士気のことである。経営学では、従業員の勤労意欲を指す。モラールを向上させるため、企業はモラール・サーベイ（勤労意識の調査）を実施し、その結果をもとに人事・労務管理などの諸方策を立てる。

モチベーション管理で効果が上がれば、結果としてモラールも向上する。

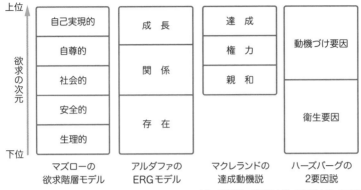

【 欲求説 (欲求モデル) の比較 】

出典:『組織論』桑田耕太郎・田尾雅夫著　有斐閣

H30-15
H29-16
H22-14
H19-15

(1) マズローの欲求階層モデル (欲求階層説・5段階欲求説)

マズローの欲求階層モデル (欲求階層説・5段階欲求説) によれば、すべての人は、全体を見通したい、成長を続けたいという生来の欲求があり、自身の潜在的な能力を最大限発揮したいという欲求をもっているとされる。人間が行動を起こす動機には、欠乏動機と成長動機の2つがある。

① 欠乏動機

欠乏動機は、自分が持っていないものを満たすことが動機づけの要因となることである。欠乏動機は充足されれば、それより高い次元の欲求に関心が向かう。また、実質的に満たされれば、もはや動機づけとはならない。欠乏動機には次の4つがある。

  (a) 食欲や性欲、睡眠などの生理的欲求
  (b) 衣や住に関わる安全的欲求
  (c) 所属や友人を求める社会的欲求
  (d) 自らが他よりも優れていたいとする自我 (自尊) 的欲求

② 成長動機

成長動機は、満たされるほど、いっそう関心が強化される欲求である。自己実現的欲求がこれにあたり、最も人間的とされる動機づけであり、外発的に動機づけられるものではなく、自分自身の理想を追い求め続けることを通じた内発的な動機づけとも考えられる。

(2) アルダファのERGモデル

H19-15

アルダファは、マズローの欲求階層モデルを修正して**ERGモデル**を提示した。人間の欲求は、人間にとって基本的な存在の欲求 (existence)、人間関係に関わる

関係の欲求 (relatedness)、人間らしく生きたいとする成長の欲求 (growth) の3次元に分けられるとした説である。

　アルダファの理論の特徴は、3個の欲求が、同時に存在したり並行したりすることもあり得るとした点である。関係の欲求は成長の欲求と並存することがあり、高次の欲求が充足されないときは、後退して低次の欲求が強くなることもある。成長の欲求が充足されなければ、関係欲求が強くなる。3つの欲求カテゴリーが連続的であり、可逆的であるとしている。

R04-16
H29-16
H22-14
H19-15

(3) マクレランドの達成動機説 (三欲求理論)

　①三欲求理論の概要

　マクレランドの達成動機説 (三欲求理論) は、モチベーションにつながる3つの欲求を、①達成欲求、②権力欲求、③親和欲求とし、この3つの欲求のうち、とくに達成欲求を重視した。

【 3つの主要な欲求 】

①達成欲求	ある一定の標準に対して、成功の報酬よりも、個人的な達成感を求め、それを達成しようと努力すること
②権力欲求	他の人々に、インパクトを与え、影響力を行使してコントロールしたいという欲望
③親和欲求	他の人々に好かれ、受け入れてもらいたい、という、密接な対人関係を結びたいという欲望

　②達成欲求の高い人の特徴
・職務の困難さが中程度の場合に、最も動機づけされ、職務成果も最高になる
・現実的だけど難しく、少し手を伸ばせば届くような目標を立てたがる
・個人的な責任を引き受け、フィードバックが確立され、中程度のリスクを伴う職務状況を好む
・大企業において、必ずしも優秀なマネジャー (管理職) になるとは限らない

【 達成欲求の高い人における職務の困難さと職務成果との相関関係 】

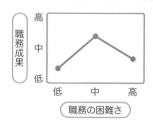

R04-16
H29-16
H22-14
H19-15

(4) ハーズバーグの二要因説 (二要因理論、動機づけ・衛生理論)

　ハーズバーグの二要因理論では、従業員が不満足を知覚する衛生要因と、満足を知覚する動機づけ要因を独立した要因として捉え、必ずしも不満足を解消せずとも、

モチベーションを高めることができることを提唱した。

①衛生要因

賃金やさまざまのフリンジ・ベネフィット、作業条件、経営方針、上司・同僚・部下との人間関係などは低次の要因であり、衛生要因とされる。仕事そのものではなく、仕事の外にあるので外発的要因でもある。これらは、なければ不満であるが、あったとしても満足にいたらない。

②動機づけ要因

自らが仕事を成し遂げたり、自身が認められ評価を受けたり、仕事をすること自体に満足できるなどは高次の欲求である。働くという行為そのものの中にあり、内発的要因である。これらは動機づけ要因とされ、なくても、特に不満ということはないが、経験するとさらに強い満足を得ようとする欲求である。

【 ハーズバーグの二要因説 】

衛生要因	動機づけ要因
職務不満を防止	積極的な職務態度を誘発
●会社の方針 ●管理者の質 ●対人関係 ●物理的な作業条件 ●給与 ●職務保障	●達成 ●表彰 ●昇進の機会 ●個人的成長の機会

3 X理論・Y理論と目標による管理　Ⓑ

R04-16
H29-16
H19-15

(1) X理論・Y理論

マグレガーは、マズローの欲求段階説の自己実現的欲求に依拠した新しい人間観を提唱した。彼は伝統的な人間観をX理論、新しい人間観をY理論と呼びマネジメント理念の変革を主張した。

【 X理論・Y理論 】

	X理論 (伝統的人間観)	Y理論 (新しい人間観)
人間観	人間は生来、仕事が嫌い	人間は条件次第で、すすんで仕事に身を委ねる
管理方式	命令と統制による管理	組織目標と個人目標の統合
動機づけの方法	アメ (賃金) とムチ (処罰) で働かせる	目標による管理で、自己実現的欲求の充足をはかる

① X理論の管理スタイル

命令と統制による管理が行われ、担当者は職務記述書に従って割り当てられた目標を上司の監督のもとで実行し、結果を上司に報告して評価を受けるだけである。

② Y理論の管理スタイル

目標による管理を導入すると、担当者は自分の意思、判断、創造性に基づいて自律的目標を設定し、職務を遂行するので自己実現的欲求を充足できる。

上司は、部下に対して助言者となる。企業目標または部門目標と個人目標との調整を行う。また、部下が高次の欲求を満たせるように環境・条件を整備する。

H26-17
H19-01

(2) 目標による管理

① 定義

組織全体の目標と個人の目標を関連づけてチャレンジ目標に挑戦させる自主的管理方法のことである。MBO（MBO：Management By Objectives）ともいう。職務内容の管理だけではなく、動機づけのための手段としても利用される。

② 目標による管理の問題点

目標による管理は従業員の自己実現欲求を尊重する非常に優れた管理技法であるが、その性格上どうしても数値目標の設定が必要になり、運用を誤ると弊害が生じて本来の狙いが実現されない。

【 目標による管理の問題点 】

- 仕事をとにかく定量化（数値化）すれば良いとする誤解が生じる
- 組織全体の成果より自分や自部門の目標の達成のみを中心に考え、組織における目標のつながりが忘れがちになる
- 長期目標よりも短期目標の達成を偏重しがちになる
- 業績評価と人事評価の結びつきを意識して、目標水準を低く設定することが生じる

③ 目標による管理の実施ステップ

目標による管理を導入する場合、以下のような実施ステップに基づき、部下を管理するのが基本である。

【 目標による管理の実施ステップ 】

	ステップ	内　容
①	主要職務の決定段階	担当者が分担する職務は予め規定されているものの概括的指針であるため、本当に遂行すべき職務内容と目標を担当者自身の立場で検討し、定義する
②	目標の設定段階	担当者が一定期間内に達成すべき目標を決定する。上司は担当者が考えた個人目標と企業目標との双方を達成できるように、また非現実的な目標にならないように助言する
③	計画の実行期間の段階	担当者が自分の計画を自主的判断に基づき実行する。自己統制を原則におき、上司は部下が援助を求めてこない限り、指導や介入をしない
④	自己評価の段階	計画の期間が終了したら各計画事項について担当者は自己評価を行う。上司はその結果に対して、率直に意見を交換し、問題点を明確にして次の目標設定に反映できるようにする

4 コンピテンシー

コンピテンシーとは、職務上の高い成果や業績と直接的に結びつき、行動として
顕在化する職務遂行能力と定義され、性格やパーソナリティ、知的能力を含む概念
である。コンピテンシー・マネジメントの導入により、各人材は職務遂行能力を高
め、業績を向上させることにより、仕事に対するモチベーションとコミットメント
(貢献意欲)を高め、さらに企業の業績を向上させることが期待できる。

コンピテンシーの対象になる職務遂行能力の要素には、「達成・行動」「援助・対
人支援」「インパクト・対人影響力」「管理領域」「知的領域」「個人の効果性」があり、
同僚支援という行動特性は「援助・対人支援」のひとつである。

5 モチベーションの過程説

過程説とは、人がどうやって動機づけられるかという「動機づけの過程」を重視
した研究であり、動機づけの理由や背景に対する検討が中心となる。

欲求説では、個人の安定した傾性(反応)を仮定している。しかし、過程説では
人は絶えず、その価値や選好さえも変えるダイナミックな存在であるという認識が
背景にある。また、自分の利害について、人は必ず最適な判断ができるとの合理人
仮説が根底にある点が過程説の弱点である。人は、常に最適な判断、最適な行動が
できるわけではないからである。

(1) 公平説 (公平理論)

公平説は、個人の努力に対する公平な評価がモチベーションに影響を与えるとい
うグッドマンとフリードマンの説である。過大な報酬を受け取っていると感じてい
る従業員は、時間給制においては時間あたりの生産量を増やそうとし、出来高給制
においては、生産量を減らしても高品質の製品を作ろうとする。逆の場合は、時間
給制においては時間あたりの生産量を減らそうとし、出来高給においては低品質の
製品を大量に作り出そうとする。

(2) 強化説 (学習説)

強化説は、適切な報酬を受けると動機づけられ、報酬を受けられなかったり罰せ
られたりすると動機づけが消えてしまうというルーサンスとハムナーの説である。

R04-16
R02-19
H29-16
H25-13
H22-14
H19-17

(3) 期待説 (期待理論)

期待説とは、努力すれば相応の成果が得られそうだという期待と、その成果がそ
の人にとって価値がある、あるいは、重要であると考える誘意性を掛け合わせたも
のがモチベーションの強さの関数であるというものである。最初にブルームが公式
化した。いいかえると、モチベーションは、個人の努力があらかじめ定められた報
酬につながるという期待の程度と、その報酬が本人に与える魅力の程度による、と
いうものであり、個人が何かをしようと努力するモチベーションの水準は「個人の

努力（成果をあげられるか）→個人の業績（成果が評価されるか）」→「組織からの報酬（成果が自身の報酬になるか）」→「個人目標の達成（報酬に満足できるか）」の要因で説明される。

　期待説に基づいたリーダーシップ行動では、個人の努力によって目標を実現することによって得られる報酬が、いかに魅力的なものであるのかを説得することが必要である。

　期待説によれば、職務を達成できそうだと予想したときに従業員の動機づけは強くなり、逆に職務を達成することが難しいと予想したときには動機づけは弱くなる。職務を達成できそうだと予想するのは、当然職務の困難さが低いときであり、職務の困難さと職務成果の間には負の相関がある。

【 期待理論における職務の困難さと職務成果との相関関係 】

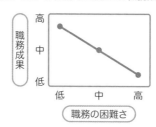

R05-17
R01-16
H19-17

(4) 目標設定理論

　目標設定理論では、自らが何をどのようにすべきかを決定できるような状況のもとでは、モチベーションが向上するとしている。具体的でかつ達成が困難な目標を与えられた場合に、目標の達成度合いについてのフィードバックが得られることで、個人のパフォーマンスが高まるとされる。達成の難易度が高い目標を設定するにあたっては、部下にその目標を受容させることが重要であるため、その目標が公正で妥当であることを伝える必要がある。また、目標に対するコミットメントを高めるためには、周囲と比較して自分の目標がふさわしいものだと知覚することが重要である。

R05-16
R02-20
H26-16
H23-13

(5) 職務特性モデル

　職務特性モデルとは、仕事自体の様々な特性が、従業員の仕事意欲にどのような影響を与えているのかを示す枠組みである。職務特性モデルによると、次の5つの中核的職務特性が心理状態を介して従業員の仕事の成果に影響を及ぼすと考える。

① スキルの多様性（技能多様性）

　職務において、従業員が多様なスキルや技能をどの程度活用できるかを示す特性である。

② タスク・アイデンティティ（タスク完結性）

　職務において、どの程度全体像をつかむことができ、その職務全体を完結させることがどの程度必要とされているかを示す特性である。つまり、自らがかかわる仕

事が自己完結していて、全体像がつかめるかを示す。

③ タスクの有意味性 (タスク重要性)
ある職務が、他人の仕事や生活にどの程度大きな影響を与えるかを示す特性である。

④ 自律性
職務を行うにあたり、どれだけの裁量が与えられているかを示す特性である。成長欲求の低い従業員より、成長欲求の高い従業員の方が、自律性の高い仕事を与えられた場合に、責任感をより強く感じる傾向がある。

⑤ フィードバック
職務を行った結果、職務に関する有効性のある明確な情報が、従業員にどの程度直接提供されるかを示す特性である。

【 職務特性モデル 】

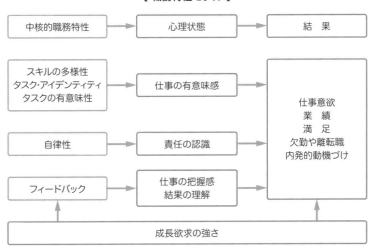

出典：『組織の心理学』田尾雅夫著　有斐閣を一部修正

6 内発的モチベーション管理

(1) モチベーションの外発的要因と内発的要因
個人の活動が外的な報酬などによって動機づけられている場合の動機づけを**外発的動機づけ**と呼び、内的な報酬によって動機づけられていたり、活動を行うことそれ自体が目的となっていたりする場合の動機づけを、**内発的動機づけ**と呼ぶ。
　　①内的な報酬とは、「好奇心」に駆られて活動が生じ、好奇心が満たされることであったり、活動を行うことによって得られる「楽しさ」であったりする。
　　②活動を行なうことそれ自体が目的になることは、「有能さ」を発揮することを目的として何らかの自発的な活動が生じたりすることである。

強制や押し付けではなく、自ら進んで働きたいという意欲を、自然に醸成することがモチベーション管理の基本である。

(2) デシの理論

デシは、内発的に動機づけられるためには、自らの有能さと報酬のためにやらされているのではなく、自分の好きにやっているという自己決定が最も重要な条件となると考えた。自らの有能さを誇示でき、自己決定ができるような選択肢が多くあるところでは、内発的に動機づけられる。ただし、内発的な動機づけは、外発的な要因の介入によって効果を失う（弱められる）。

H27-15
(3) 心理的契約

企業で働く人々は、雇用契約として規則で明文化されている処遇が改善されるかどうかにかかわらず、業務上で必要な仕事に取り組む傾向がある。このような働き方を支える人々の心理的状態に注目する概念のひとつに、心理的契約がある。心理的契約（Psychological contract）が組織と個人の間にあり、そういう雰囲気を醸し出すような組織でないと、積極的に動機づけられないと考えられている。

H30-15
(4) チクセントミハイのフロー経験

M.チクセントミハイは、特定の活動に没頭する中で、自身や環境を完全に支配できているという感覚が生まれることを**フロー経験**と呼んでいる。フロー経験では、その活動自体が目的となるため自己充足的な活動となる。また、他者からのフィードバックも必要とせず、給与などの報酬とも無関係であり、個人に「楽しさ」という内的な報酬をもたらすようになる。

H30-15
(5) ホワイトのコンピテンス (有能性) 概念

R.W.ホワイトが提唱するコンピテンスでは、生物が環境と効果的に相互作用する有機体の能力自体が、「うまくいった」という内発的な動機づけの源泉となる。

例えば、ものをつかむこと、探索すること、歩くこと、注意や認知を集中させること、操作することなどを通じて周囲に変更を加えることは、環境との効果的な、そして有能な相互作用を促進するものである。環境と効果的に関わりたいという内発的な欲求を満たすためにこれらの行動が持続する。

R03-17
H29-17
H23-16
H21-15

 ## 7 組織コミットメント

組織によって公式に表明された目標に対し、個人は私的な目標 (私的目標) を持つ。組織の公式目標と個人の私的目標とが互いに合致しない場合、個人と組織は対立する。この組織と個人の目標の相違、あるいは溝ともいうべきものを埋めるのが、コミットメントである。コミットメントは、言質・誓約と訳する場合や、献身・傾倒という意味で用いられていることもある。

組織の価値や目標に関与するほど、個人と組織、この2つの目標の相違は小さく

なる。しかし、相違を小さくしたいとは考えず、ほとんど関心をもたない人もいる。
　コミットメントは、態度的次元と行動的次元の2つに分けられる。

(1) 態度的次元

　コミットメントの態度的次元とは、個人が、組織の目標や価値を進んで受け入れ、それに関連した役割などに積極的に関与することで、組織の目標に個人が同一化した状態である。主観、情緒、個人の思いなどに現れる次元である。

(2) 行動的次元

　コミットメントの行動的次元とは、自らの投資とそれに見合う報酬のバランスが合えば、行動的に献身しようとする次元である。客観、理性、組織均衡などと関連する次元である。

【 コミットメント 】

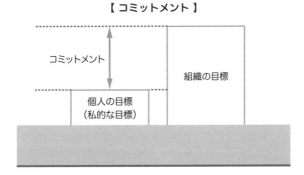

　コミットメントの強いメンバーは、通常、組織に対して前向きで、貢献の意欲が強く、組織均衡も高い水準で達成される。コミットメントの高揚を図ることが、管理運営のポイントである。

(3) 組織コミットメントが高揚する理由

- ・個人が目指す目標や価値観と組織のそれらとが一致している
- ・組織のメンバーに対する好意を持ち、組織に参加すること自体に誇りを持っている
- ・長い時間の訓練を費やして身につけた技術や知識が他の組織に転用できない
- ・高い給与や年功序列的な給与体系のため、組織に居続けることに経済的なメリットがある
- ・複数の企業を転々と移動するより、長期にわたって1つの企業にとどまることが望ましいという社会的な規範がある

(4) 自発的に職務にコミットさせるためのプロセス

　組織における個人のコンピテンシーを高め、自発的に職務にコミットさせるようにするためのプロセスとして、現場の従業員に経営資源を活用する権限を委譲し、

自己規律に基づくエンパワーメントをしていく。

⑸ 個人のコンピテンシーとコミットメントの統合

個人のコンピテンシーとコミットメントを組織全体の力として統合していくためには、成熟した事業部門の枠を超えて、他の事業部門との横方向の情報交換を促進するような場の設定をする。

8 組織的公正

企業において、経営者はすべての側面で平等に個人を処遇することはできず、差異を正当に評価する必要がある。この正当性は、一般的に広く認められた公平なルールによって担保されるが、とくに企業で広く利用されるルールのことを、組織的公正と呼ぶ。組織的公正の概念は、大別すると、分配的公正と手続的公正に分けることができる。

① 分配的公正

分配的公正は、受け取った報酬の総量に関して知覚された公平性である。

例えば、組織や社会に対して個人が提供した客観的便益の対価として成果を分配することや、個人が置かれた境遇に基づき、社会的な必要性に応じて成果を分配することである。

② 手続的公正

手続的公正は、報酬が決定される際の手続きに関して知覚された公平性である。

例えば、意思決定の諸ルールに基づき、定められた役割の人が成果の分配にかかわる意思決定にあたることや、生来の能力や外的環境に左右されない、努力に応じた処遇を行うことである。

III リーダーシップ

1 リーダーシップの定義

リーダーシップとは、対人的な影響関係を捉えるために不可欠な概念である。特定の個人の能力や資質によるのではなく、対人的な関係の中で発揮され、場合によっては、集団の機能そのものである。

スタジルは、**リーダーシップ**を、集団の成員に受け入れられるような目標を設定し、それを達成するために個々の人たちの態度や行動を統合的に組み立て、いわゆる組織化を行い、それをさらに、一定の水準に維持するという集団全体の機能と定義している。リーダーシップの変数はリーダーの能力や資質だけではなく、対人的な影響が集団に及ぶ過程全体がリーダーシップである。それは、その集団が求めている方向や価値などとともになければならない。

2 リーダーシップの特性理論アプローチ

(1) 特性論アプローチ

特性論アプローチ (偉人説) は、リーダーになる人には、リーダーになれない人とは異なる能力や資質、パーソナリティ特性が備えられているのではないかと考える。いくつかの個人的な特性について、ある人たち、特に有能とされる人たちに一貫してみられ、その特性は組織の成果にも有意に関連していることが主張されている。

(2) カリスマになれるリーダー

カリスマになれるリーダーとは、自己犠牲を厭わず、進んでリスクを背負い、既存の秩序を超えたところに、新たなビジョンを打ち立て、人々をそれに向けて動員できるような改革者である。

【 カリスマになれるリーダーの要素 】

リーダーシップの行動理論では、有効なリーダーとそうでないリーダーを区別する行動を発見することで、どのような行動が有効なリーダーを作り上げるのかを発見しようとした。

(1) レヴィンのグループ・ダイナミクス研究

レヴィンを中心にしたグループ・ダイナミクスの研究の結果、**民主的リーダーシップ**では集団凝集性、メンバーの積極性や満足度、集団の作業成果のいずれにおいても他のリーダーシップ・スタイルよりも優れていること、専制的リーダーシップでは同程度の成果は上がるものの、集団のダイナミズムやメンバーの満足度が低いこと、自由放任的リーダーシップがすべての点で最低の結果になることがわかった。

【 レヴィンによるリーダーシップ・スタイルの実験結果 】

リーダーの型	実験による評価結果
専制的 (独裁的) リーダー	リーダーへの潜在的不満が生じ、依存性も高まる。メンバー相互間の敵意、攻撃性が高まる。
自由放任的リーダー	メンバーは自分で訓練し、モチベーションを高めなければならなくなる。作業の質、量ともに低下する。
民主的リーダー	集団の生産性、メンバーの満足度、集団の凝集性に最も望ましい結果が生じる。

R03-16
H20-15
(2) オハイオ研究

オハイオ研究では、リーダーシップは構造づくりと配慮という次元を異にする2つの要因からなるとして、リーダーシップの2次元論が結論として得られた。

構造づくりとは、メンバーの仕事 (タスク) の内容にリーダーが積極的に関心を示して、その目標を定め、その達成を督励するなどの目標達成に必要な仕事の道筋 (構造) を明確に示そうとする仕事中心のリーダーの行動である。**配慮**は対照的に、集団の凝集性を高めるべく、メンバーに人間的な関心をもって接し、メンバーの個人的欲求の満足をはかろうとするリーダーの行動である。

H22-12
(3) マネジリアル・グリッド

ブレイクとムートンは、業績に対する関心と人間に対する関心を横軸と縦軸に配置して、リーダーシップの類型化をはかっている。この図を彼らは**マネジリアル・グリッド (MG)** と呼んで、横軸・縦軸のスコアがともに高くなるスーパーマン型のリーダーシップ・スタイルを理想型においた。

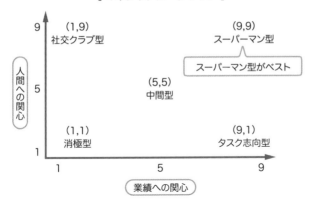

【 マネジリアル・グリッド 】

(4) PM理論

H20-15

　心理学者の三隅二不二は、リーダーシップの2要因を目標達成機能（Performance：P機能）と集団維持機能（Maintenance：M機能）と呼ぶ2つの機能と解釈して、自らの理論をPM理論と名づけている。

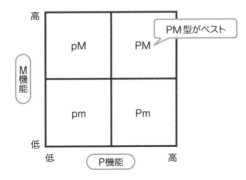

【 PM理論 】

R03-16
H22-12
H20-15
H19-13

(5) リカートの研究

① システムⅣ理論

　リーダーシップ・スタイルが組織システムの特性を決め、それがメンバーの行動に作用するという、「リーダーシップ・スタイル→組織システム→成果」の因果関係を明らかにしている。

　まず、リーダーシップ・スタイルをシステムⅠ（独善的専制型スタイル）、システムⅡ（温情的専制型スタイル）、システムⅢ（相談型スタイル）、システムⅣ（集団参加型スタイル）の4つに区別する。システムⅠでは権限が上層に集中した組織システムが発展し、従業員は懲罰の恐怖心や不信感を募らせ、従業員満足度は低く、生産

性は一定以上上昇しないが、これと対照的なシステムIVでは、民主的な参画型のコミュニケーションが発展した組織システムになり、従業員満足度、生産性とも高くなると結論づけている。

【 リカートのシステムIV理論 】

システムI	独善的専制型スタイル
システムII	温情的専制型スタイル
システムIII	相談型スタイル
システムIV	集団参加型スタイル

> システムIVこそが理想のリーダーシップである

　リカートによれば、システムIVには支持的関係の原則、集団的意思決定の原則、高い業績目標の原則という3つの原則が存在する。そして、システムIVが最も集団の成果を高め、モチベーションを高めるとした。

【 システムIVの3原則 】

リーダーの型	実験による評価結果
支持的関係の原則	リーダーが部下の個人的側面に関心を寄せて良好な信頼関係ができると、部下はその集団に所属することに満足感をもつ。
集団的意思決定の原則	小集団のリーダーが連結ピンの役割を円滑に果たすためには、集団内部の意思決定に部下を参加させ、集団の凝集性を高めることが必要である。
高い業績目標の原則	支持的関係の原則と集団的意思決定の原則が行われていれば、高い業績目標はメンバーの自己実現欲求を満足させる目標になる。

② 連結ピン

　リカートのシステムIV理論では、組織は上位集団と下位集団、左右の集団の重複集団型組織として構成されており、各小集団の管理者や監督者が各集団をつなぐ役割を果たすことによって、コミュニケーションや意思決定がよくなるとした。リカートはこの役割を果たす者を**連結ピン**と呼んだ。

【 重複集団型組織と連結ピン 】

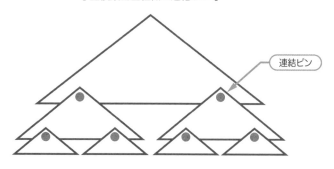

連結ピン

リーダーシップのコンティンジェンシー理論とは、リーダーシップはリーダーの特性や行動だけで決まるのではなく、リーダーの権限や対人関係、タスク構造、部下の成熟度といった状況によって異なるとしている。

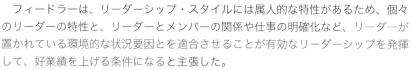

(1) フィードラーのコンティンジェンシー理論

① 状況特性とリーダーシップ

　フィードラーは、リーダーシップ・スタイルには属人的な特性があるため、個々のリーダーの特性と、リーダーとメンバーの関係や仕事の明確化など、リーダーが置かれている環境的な状況要因とを適合させることが有効なリーダーシップを発揮して、好業績を上げる条件になると主張した。

② リーダーの特性の測定

　リーダーの特性を測定する際には、LPC（Least Preferred Coworker：最も好ましくない仕事仲間）という尺度を用いる。リーダーに、かつて一緒に働いた仲間の中で、最も一緒に働くことが困難であった人を思いだしてもらい、その人物への好意さを評点させる。これにより、リーダーの特性を、人間関係志向型リーダーと課題達成（タスク）志向型リーダーに区分する。

(a) 人間関係志向型リーダー

　最も一緒に働くことが困難であった人を好意的に評価するリーダーは、LPC得点の高いリーダー（以下、高LPC）となる。このリーダーは人間関係志向型で部下との関係性を配慮しながら仕事を進めるタイプである。許容的、非指示的、部下に対して配慮的である。

(b) 課題達成（タスク）志向型リーダー

　最も一緒に働くことが困難であった人を非好意的に評価するリーダーは、LPC得点の低いリーダー（以下、低LPC）となる。このリーダーは課題達成志向型で、業績目標や業績の達成を念頭に仕事を進めるタイプである。指示的、管理的、部下をコントロールする。

③ リーダーの置かれている状況の区分

　リーダーの置かれている状況を、（A）リーダーとメンバーとの関係が良好か否か、（B）仕事（タスク）の構造が明確か否か、（C）リーダーの権限の強弱という3つに区分する。

　3つの区分のそれぞれを「①良い、②明確、③強い」、「①良い、②明確、③弱い」のように組み合わせていくと、次の図のように8つのタイプに区分できる。

【 リーダーが置かれている状況要因の区分 】

	I	II	III	IV	V	VI	VII	VIII
リーダーシップ業績の高いリーダーのタイプ	低LPC	低LPC	−	高LPC	高LPC	−		低LPC
(A) リーダーとメンバーとの関係	良い	良い	良い	良い	悪い	悪い	悪い	悪い
(B) 仕事の構造	明確	明確	不明確	不明確	明確	明確	不明確	不明確
(C) リーダーの権限	強い	弱い	強い	弱い	強い	弱い	強い	弱い
リーダーの置かれている状況	有利な状況		−	やや有利な状況		−	不利な状況	

出典：『組織行動のマネジメント』スティーブン.P.ロビンス著、高木晴夫訳　ダイヤモンド社
※出典は概念的な図表であるため、試験対策上、どちらともいえないものには「−」としている。

④ リーダーの置かれている状況の評価

フィードラーは、リーダーとメンバーとの関係が良好で、仕事の構造が明確であり、リーダーの権限が強い「Ⅰ：良い、明確、強い」という状況を、リーダーが影響力を最も行使でき仕事がしやすい有利な状況とした。

また、関係が悪く、仕事の構造が不明確で、権限が弱い、「Ⅷ：悪い、不明確、弱い」という状況を、リーダーの影響力の行使が困難で仕事がしにくい不利な状況とした。

⑤ フィードラー理論の結論

リーダーの置かれている状況のうち、有利な状況と不利な状況のときには、課題達成志向型リーダー（低LPC）の機械的リーダーシップが望ましいとした。

やや有利な状況では、人間関係志向型リーダーの有機的リーダーシップが望ましいとした。本試験では、有利な状況を環境の不確実性が低い場合又は組織が成熟しており管理体制が緩やかな場合、不利な状況を環境の不確実性が高い場合又は組織が未成熟で管理体制が厳しい場合としている。

- ●課題達成志向型リーダー：環境の不確実性が高い場合と低い場合に最も適している
- ●人間関係志向型リーダー：環境の不確実性が中程度の場合に最も適している

(2) 状況理論 (SL 理論)

ハーシーとブランチャードは、ブレークとムートンのマネジリアル・グリッドに部下の成熟度という状況要因を導入して、リーダーシップの状況理論（状況適応理論・状況適合理論・SL 理論：Situational Leadership）を展開している。

部下の成熟度とは、部下の目標達成意欲、責任負担の意思と能力、集団における経験の3項目で測られる得点で示される。部下の成熟度は右にいくほど低くなっている。

それにあわせて、有効なリーダーシップ・スタイルは実線で示すようなカーブをたどっている。これは自律的な行動が可能なよくできた部下には大いに任せ、未熟

な部下にはまず仕事のやり方を徹底して教え込むべきであることを示している。

【リーダーシップの状況理論（SL理論）】

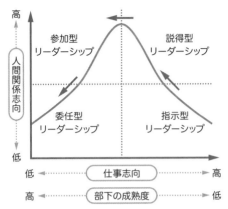

出典：『入門から応用へ　行動科学の展開―人的資源の活用』
ポール・ハーシィ、デューイ・E・ジョンソン、ケネス・H・ブランチャード著
山本 成二・山本あづさ訳　生産性出版

【部下の成熟度とリーダーシップのスタイル】

部下の成熟度	低い	やや低い	やや高い	高い
人間関係志向	低い	高い	高い	低い
仕事志向	高い	高い	低い	低い
リーダーシップのスタイル	指示型リーダーシップ (Telling)	説得型リーダーシップ (Selling)	参加型リーダーシップ (Participating)	委任型リーダーシップ (Delegating)
状態	感情的な配慮に時間を費やすよりも、詳細にわたる業務的な指示を出すのに時間をかける。	情報交換や社会連帯的支援を通じて、指示に対する心理的抵抗を低くする。	相互の情報交換およびリーダーの促進奨励的行動を通じて、双方の意思決定への参加が見られる。	権限を大きく委譲し、部下に思い通りにやらせることができる。

5　その他のリーダーシップに関する研究　

(1) アージリスの未成熟・成熟理論

H21-16

　アージリスは、欲求によって人格が未成熟から成熟していく段階で、職務拡大を通じて、受動的行動から能動的行動へと変化していくと主張した。

　また、組織で働くことが個人の成長につながるように、職務内容の決定にメンバーを参加させる参加的リーダーシップの必要性を唱えた。

H21-16 **(2) ヴルームの研究**

　ヴルームは、リーダーシップ・スタイルを管理者の意思決定モデルに結びつけて、どのような状況で、どのようなリーダーシップが望ましいかをモデル化した。

　状況を12場面にまとめ、メンバーの合意や情報の共有が欠かせられない状況ほど参加的リーダーシップが望ましく、その逆になるほど、専制的リーダーシップが望ましいと主張した。

H19-13 **(3) セルズニックの制度的リーダーシップ**

　セルズニックは、役割体系としての公式組織に価値観を注入された組織を「制度」と呼び、組織を制度にすることがリーダーシップの本質であると指摘した。

R05-18
R01-17
H30-16
H22-12
H20-15 **(4) パス・ゴール理論**

① パス・ゴール理論の概要

　パス・ゴール理論は、ロバート・ハウスの開発した状況理論の1つであり、「構造作り」「配慮」に関するオハイオ研究と、動機づけの期待理論から主な要素を抽出している。用語は、有能なリーダーは道筋（パス）を明確に示してフォロワーの業務目標（ゴール）達成を手助けすることが由来となっている。

② パス・ゴール理論の本質

　パス・ゴール理論の本質は、フォロワーの目標達成を助けることはリーダーの責務であり、目標達成に必要な方向性や支援を与えることは、集団や組織の全体的な目標にかなうというものである。

③ パス・ゴール理論におけるリーダーの行動

　リーダーの行動とその結果を結びつける、①リーダーが直接コントロールできない環境（タスク特性、公式の権限体系、ワークグループなど）と、②部下の個人的特徴（行動決定権の所在意識、部下の経験、認知されている能力など）の2種類の状況要因を提案した。

　リーダーの行動が環境的構造の源に対して過剰であったり、部下の特徴と調和していなかったりする場合、有効なリーダーシップは発揮できないとしている。

　また、指示型・支援型・参加型・達成志向型という4つのリーダーシップ行動を規定し、同じリーダーでも状況によって、4つのリーダーシップ行動のいずれも採用する可能性があるとした。

【4つのリーダーシップ行動】

リーダーシップ行動	内容
指示型リーダーシップ	何を期待されているのかを部下に教え、するべき仕事のスケジュールを設定し、タスクの達成方法を具体的に指導する
支援型リーダーシップ	親しみやすく、部下に気遣いを示す
参加型リーダーシップ	決定を下す前に部下に相談し、部下の提案を活用する
達成志向型リーダーシップ	困難な目標を設定し、部下に全力を尽くすように求める

④ パス・ゴール理論の結論

パス・ゴール理論から、パス・ゴール理論が明らかにしたリーダーシップには、次のようないくつかの結論が得られている。

(a) 指示型リーダーシップ

- タスクが高度に構築されうまく配分されているときよりも、あいまいでストレスの多いときに、より大きな満足につながる
- ワークグループ内に相当なコンフリクトが存在するときには、従業員に高い満足度をもたらす
- 複雑なタスクに携わるような高い能力や豊富な経験を持つ従業員に対してはくどすぎる可能性が高い
- 行動決定権の所在意識が、外部にある部下(自分の命運は自分がコントロールできないと信じている部下)は、最も満足する

(b) 支援型リーダーシップ

- 部下が構造化されたタスク(ルーチンワーク)を遂行しているときは、高業績と高い満足度をもたらす
- 公式の権限関係が明確かつ官僚的であるほど、リーダーは支援的行動を示し指示的行動を控える必要がある

(c) 参加型リーダーシップ

- 行動決定権の所在意識が、自分の内部にある部下(自分の命運は自分がコントロールできると信じている部下)は、最も満足する

(d) 達成志向型リーダーシップ

- タスクの構築が曖昧なとき(タスクが構造化されていないとき)に、努力すれば好業績につながるという部下の期待を増す

(5) リーダー・メンバー交換理論(LMX理論)

R01-17
H23-17

リーダー・メンバー間に存在する社会的交換(LMX)に着目した理論であり、リーダーシップは、リーダーのみが要因ではなく、メンバーとその関係によって有効性が決まると考えている。

リーダーは、全てのメンバーに対して平等に振る舞うことはなく、リーダーとメンバーの個々のつながり(垂直二者連関、VDL:vertical dyad linkage)により、メ

ンバーを内集団（in-group：好意的に振る舞う）と外集団（out-group：非好意的に振る舞う）に分類する。

① 内集団のメンバーの傾向

(a) 自分と似た考え方や個人的特性を持った部下や外集団のメンバーよりも能力の高い部下が多い傾向

(b) メンバーが業績に応じた報酬をリーダーから受け取ることを期待し、業績をあげるために積極的にリスクを取る傾向

(c) 外集団のメンバーと比較して総じて業績は高く、離職の意思は低い傾向

② 外集団のメンバーの傾向

(a) リーダーとは公式のやりとりのみの関係をとる傾向

(b) 内集団のメンバーと比較して相対的に業績は低く、離職の意思も高い傾向

【 LMXにおけるリーダーとメンバーの関係 】

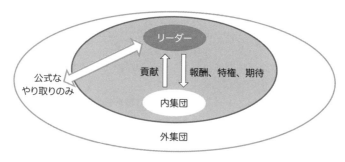

R04-14
R03-14
H27-14

(6) 権威受容説

権威受容説とは、バーナードによって提示された。権威とは受け入れられてはじめて有効となり、上意下達のリーダーシップが維持されるという説である。権威とは、むき出しで、むりやり服従を強要するようなやり方では、受け入れられない。むしろ、権威を権威と感じさせないような影響関係が形成される方が望ましい。従業員が組織の権威を受け入れている場合、組織的なコミュニケーションに従わないことは、自らの利害を損ねることになるため、上意下達のリーダーシップが維持される。

従業員が上位者からの伝達を権威あるものと認め、伝達を受容するには、a.伝達内容を理解できること、b.伝達内容が組織目的と矛盾しないと信じること、c.伝達の実行により自己の利益が損なわれないと信じること、d.精神的・肉体的に伝達を実行できる能力があることの4条件が必要である。ただし、組織と関係を持った時点で一般に予期される範囲内である「無関心圏」内の伝達は、権威の有無に関わらず受容される。

また、伝達の受容を誘引する要素に、職位の権威とリーダーシップの権威がある。

① 職位の権威

職位の権威とは、厳密には職位そのものには権威はないが、上位者が従業員に送る伝達の内容が、その職位にふさわしい視野と展望に一致していれば、上位者個人

の能力は限られていても、職位が高いという理由で伝達に権威があると認められることである。

② リーダーシップの権威

リーダーシップの権威とは、職位とは無関係に、すぐれた能力により尊敬をかちとり、発言に権威が認められることである。

職位の権威とリーダーシップの権威が組み合わされると、命令に服従すること自体が伝達を受容する一つの誘因になりうる。

6 リーダーシップとパワー

(1) パワーの源泉

集団のリーダーには、メンバーが集団目標を自身の目標として達成しようとするように働きかけることが求められるが、その手段としてメンバーを追従させるためのパワーが必要である。ジョン・フレンチとバートラム・ラーベンは、パワーの源泉もしくは供給源の5つのタイプを提案した。

【 パワーの源泉 】

パワーの源泉	内容
①強制力	強制力は恐怖心に依存する。ある人物が強制力に反応するのは、そうしなければ、よくない結果が起こるかもしれないという恐怖心からである。例えば、リーダーがメンバーに集団内での不利益を与える場合などがある
②報酬力	強制力の逆である。人が他者の望みや指示に従うのは、そうすることがプラスのメリットをもたらすからである。例えば、リーダーがメンバーの昇給や昇進、その他の好意的な労働条件を与えることができる権限を持っている場合、メリットを求めて指示に従うことなどがある。
③正当権力	組織の公式のヒエラルキーにおける地位の結果として得られる権力である。例えば、職位権限など、組織から公式に与えられた地位は、それ自体が人々を従わせることなどがある。
④専門力	専門技術、特殊スキル、知識を有する結果として行使される影響力である。例えば、技術が高度化するにつれ、リーダーが専門的な知識やスキルを有している、あるいは専門家からのサポートを得ていることなどがある
⑤同一視力	好ましい資質や個性を備えた人物との同一化のことである。例えば、誰かの行動や態度を模倣するほどその人物を称賛しているとすれば、その人物は行動や態度を模倣している者に対して、同一視力を有することになる

IV コンフリクト・マネジメント

1 コンフリクトの定義

　コンフリクトとは、2つないしは3つ以上の人ないしは集団の間に生じる対立あるいは敵対的な関係のことである。

　コンフリクトは、表出されたものも、それ以前の、互いに好ましく思わない、潜在的なものも含めて無数にある。また、コンフリクトは不可避である。

R03-19
R01-15
2 コンフリクトの発生要因

(1) 資源の希少性

　組織が活用できる資源が不足している場合にコンフリクトは発生する。

(2) 自律性の確保

　互いが自律を求めて、他者を統制したり自らの管轄下に置きたいと意図したりした場合にコンフリクトは発生する。自律とは、自分で自分の行為を規制すること、すなわち、外部からの制御から脱して、自身の立てた規範に従って行動することである。

(3) 意図関心の分岐

　組織内の作業集団で、共通の目標を確立するに至らず、協力関係のコンセンサスが成り立たない場合にコンフリクトは発生する。

3 コンフリクトの機能性

　一般的に、コンフリクトの問題点が取り上げられることが多いが、コンフリクトを巧みに処理できれば、組織の効率や生産性を高めることができる場合もある。

　組織は、あまりにもハーモニー（調和）を重視すると、逆に自己満足に陥って崩壊にいたる場合がある。コンフリクト自体は悪いことではなく、建設的に働くか、破壊的に働くかの問題であり、組織の業績向上に貢献するようにコンフリクトを管理することが重要である。

　コンフリクトが組織にとって機能的であるとする視点は以下のとおりである。
　① 多少の緊張の存在は、コンフリクトの低減に向けてメンバーの行動を動機づけ、関心や好奇心を刺激して、成員の行動を活性化させる。
　② 見解の対立は、上質のアイディアを生み出す源泉となる。
　③ 対立や敵対に対する攻撃行動は、組織の変革意欲につながる。

4　集団間コンフリクト

専門分化が進んだ相互依存的な集団の間では意図が十分伝わらず、歪められたり、利害が競合したりするなど、構造的にコンフリクトが発生している。

(1) 水平的コンフリクト

組織同士が相互依存的であるほど、水平的コンフリクトは発生しやすい。

水平的コンフリクトは、その組織がおかれた環境が曖昧で、それぞれの部門の目標が互いにまとまりを欠いたり、そのために限られた資源を取り合ったりする場合に大きくなる。事業部と総務部のコンフリクト、事業部間コンフリクトなどは水平的コンフリクトの代表例である。

組織内の部門間コンフリクトは、共同意思決定の必要性が高ければ高いほど、また予算など限られた資源への依存度が大きければ大きいほど、発生する可能性が高まる。

(2) 垂直的コンフリクト

垂直的コンフリクトは、組織のヒエラルキーが有効に機能せず、権威が正当性を失い、権限の配分に歪みが生じるなどの場合に発生しやすい。親会社・子会社間のコンフリクトなどがその代表例である。

5　コンフリクトの是正・解消

(1) コンフリクトの協調的解消法

コンフリクトの協調的解消法には以下の３つがある。
① コミュニケーション機会を増大させる
② 仲介者を設ける
③ 人事交流を深める

(2) コンフリクト処理モデル

シュミットは、どの程度自らの利害にこだわるかの自己主張性と、どの程度他者の利害に関心を有するかの協力性について２次元上でとらえるモデルを示した。

① 競争
競争とは、自らの利得にこだわり、相手を打ち負かす方法である。
② 和解
和解とは、自らの利得を捨て、相手に譲る方法である。
③ 回避
回避とは、自らの利得・相手の利得の両方が表立つのをやめる方法である。
④ 妥協
妥協とは、自らも譲り、相手も譲るようにしむけ、折り合いをつける方法である。

⑤ 協力

協力とは、自らの利得・相手の利得も大きくなる方法をともに探す方法である。

【 コンフリクト処理モデル 】

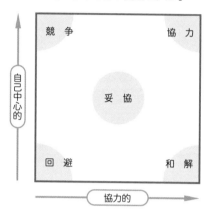

出典：『組織論』桑田耕太郎・田尾雅夫著　有斐閣

6　組織ストレス

(1) ストレスの状態

　ストレスの状態は、ストレッサー（ストレスを起こす刺激）とストレン（ストレスの結果起こる心身の変化）、および、それらの間に介在するモデレーター要因という3つの要因群の相関関係として捉えられており、次の分析図式が示されている。

【 モデレーター要因 】

①個人差	感受性とストレス耐性がある
②コーピング	ストレスの影響に対して積極的に対処し、場合によっては、その影響をなくしたり、軽減しようとしたりする行動のこと
③社会的支持	周囲に支えてくれる人がいるかどうか（職場の同僚・上司・部下、職場外の友人や知人など）

【 組織ストレスのモデル 】

出典：『組織の心理学』田尾雅夫著　有斐閣

(2) ストレス管理における介入プロセス

　企業のストレス管理はストレッサーそのものの解消だけではなく、ストレッサーを解消しようとする介入のプロセスが重要である。具体的には、ストレス管理の対象となる従業員を、介入案の策定や実施のプロセスに積極的に関わらせ、自身のストレッサーを自覚させるようにする。

(3) ストレスと組織の成果

　ストレスと組織の成果は次の図のような逆U字型の関係にある。ストレスのない、弛緩した状態では、モラールは低下し、生産性も乏しくなり効率的ではなくなる。逆に、極度に緊張した状態であってもモラールは阻害される。適度のストレスは必要であり望ましいことである。

【 ストレスと組織の成果 】

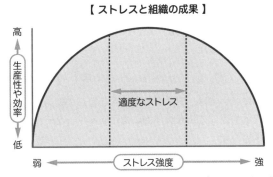

出典：『組織の心理学』田尾雅夫著　有斐閣

■■■ **問題編** ■■■　　　　　**Check!!**

問1 (H29-16)　　　　　　　　　　　　　　　　　　[○・×]
　マズローの欲求段階説は、多様な欲求が同時に満たされることによって、個人のモチベーションが階層的に強まっていくことを提唱した。

問2 (H30-15)　　　　　　　　　　　　　　　　　　[○・×]
　内発的動機づけを概念として広く知らしめたE.デシは、報酬のためにやらされているのではなく、自分の好きにやっているという自己決定が重要であるとした。

問3 (H19-17)　　　　　　　　　　　　　　　　　　[○・×]
　公平理論によると、出来高給制度の下では、過大な報酬をもらっていると感じている従業員は、公平な報酬を得ている従業員と比較して生産量を低く抑え、品質を高くするよう努力する。

問4 (H27-15)　　　　　　　　　　　　　　　　　　[○・×]
　心理的契約は、正規社員との間には結ばれるが、非正規社員との間には結ばれない。

問5 (H23-16)　　　　　　　　　　　　　　　　　　[○・×]
　態度的コミットメントとは、組織の価値や目標を進んで受け入れ、関連した役割などに積極的に関与することである。

問6 (H22-12改題)　　　　　　　　　　　　　　　　　[○・×]
　ブレイクとムートンのマネジリアル・グリッドでは、「中間型」のリーダーシップ・スタイルが理想的であるとした。

問7 (R05-18改題)　　　　　　　　　　　　　　　　　[○・×]
　パス・ゴール理論においては、タスクを遂行する自らの能力が高いと認識する部下ほど、タスクの内容や達成方法を具体的に指示するリーダーシップに対する満足度が高くなるとしている。

問8 (R04-14)　　　　　　　　　　　　　　　　　　[○・×]
　個人の無関心圏に属する命令は、権威の有無を問われることなく受容される傾向がある。

問1　×：高い次元の欲求は、低い次元の欲求が満たされた後に実現するものとしている。

問2　○：ただし、外発的な要因の介入で効果を失うことがある。

問3　○：時間給制度の下では時間当たりの生産量を増やそうとする。

問4　×：非正規社員との間にも結ばれることがある。

問5　○：設問文のとおり。

問6　×：スーパーマン型が理想的であるとしている。

問7　×：指示的リーダーシップは、高い能力や豊富な経験を持つ従業員に対してはくどすぎる可能性が高い。

問8　○：設問文のとおり。

■■■ 問題編 ■■■

　動機づけ理論に関する記述として、最も適切なものはどれか。

ア　期待理論では、職務成果と報酬とのつながりが明確な場合に報酬の魅力度が高まりやすいことを根拠として、人事評価制度の透明性が仕事に対する従業員のモチベーションを高めると考える。

イ　公平理論では、従業員間で報酬に関する不公平感が生まれないように公正に処遇することで、仕事の量と質を現状よりも高めるように従業員を動機づけられると考える。

ウ　動機づけ・衛生理論(二要因理論)では、職場の物理的な作業条件を改善することは、仕事に対する従業員の不満を解消するための方法として有効ではないと考える。

エ　D. C. マクレランドの欲求理論では、達成欲求の高い従業員は、成功確率が低く挑戦的な目標よりも、成功確率が中程度の目標の方により強く動機づけられると考える。

オ　D. マグレガーが「X理論」と命名した一連の考え方では、人間は生来的に仕事が嫌いで責任回避の欲求を持つため、やりがいが強く感じられる仕事を与えて責任感を育てる必要があると考える。

■■■ 解答・解説編 ■■■

解答：エ

動機づけ理論に関する出題である。

ア：不適切である。期待理論では、モチベーションは、期待（努力によって成果を
上げられるという見込み）と道具性（成果と報酬とのつながり）、誘意性（報酬
の魅力度）の3要因で説明される。道具性と誘意性は別個の要因であり、成果
と報酬とのつながりが明確であることが、報酬の魅力度に影響を与えるわけで
はない。報酬の魅力度は、究極的には個人の主観に委ねられる。したがって、
報酬の魅力度の観点では、多様な価値観に適応した報酬を提供できる組織づく
りが動機づけに有効である。なお、成果（職務成果）と報酬とのつながりにお
いて、透明性のある人事評価制度が有効である点は正しい。

イ：不適切である。公平理論では、個人の努力に対する公平な評価がモチベーショ
ンに影響を与えるとされる。従業員間など他者との関係における公平性がモチ
ベーションに影響を与えるものではない。

ウ：不適切である。動機づけ要因は満足感をもたらす要因、衛生要因は不満足感を
もたらす要因である。職場の物理的な作業条件は衛生要因に該当し、衛生要因
が劣っている場合は不満につながる。したがって、職場の物理的な作業条件を
改善することは不満を解消する方法として有効である。

エ：適切である。マクレランドの欲求理論には、達成欲求、権力欲求、親和欲求の
三欲求があり、達成欲求がとくに重視される。達成欲求とは、ある一定の標準
（本問では「目標」にあたる）に対して、成功の報酬よりも個人的な達成感を求め、
それを達成しようと努力することである。達成欲求の高い従業員は、職務の困
難さが中程度の場合にもっとも動機づけられる。

オ：不適切である。X理論では、人間は生来、仕事が嫌いであるため、アメ（賃金）
とムチ（処罰）で働かせる必要があると考える。

テーマ別出題ランキング

過去23年分 平成13年(2001年)〜令和5年(2023年)	
1位	組織の成長と発展段階モデル
2位	ナレッジ・マネジメント
3位	組織学習のレベル
3位	革新的組織変革案の創造

直近10年分 平成26年(2014年)〜令和5年(2023年)	
1位	組織の成長と発展段階モデル
2位	ナレッジ・マネジメント
2位	安定的段階における組織学習
3位	組織学習のレベル
3位	クライシスマネジメント

過去23年間の出題傾向

　組織の成長と発展段階モデルは、出題回数7回のうち5回が直近10年間からの出題で、近年出題が増えているテーマである。ナレッジ・マネジメント、組織学習、組織変革の知識も定期的に出題されるため、注意が必要である。2次試験では、令和4年度事例Ⅰに経営戦略と組織形態の発展段階モデルが出題された他、令和2年度事例ⅠにSECIモデル(ナレッジ・マネジメント)が出題されている。

第 10 章

組織の発展と成長

I 組織の長期適応と発展過程

1 組織の短期適応と長期適応

　良くデザインされた組織は、一定の環境適応能力をもっている。その組織は既存の構造、文化、組織プロセスや人員の能力によって、ある程度の環境変化に対して適応できる行動プログラムのレパートリーをもっているからである。

(1) 組織の行動能力

　組織の行動能力は、組織のもつ行動プログラム（ルーティン）に依存している。組織のもつ行動プログラムは、公式の文書として制度化されている諸規則・手続き、組織構造だけでなく、メンバー間に暗黙のうちに共有されている組織文化や、個人の頭脳に記憶されている知識等の形態をとっている。

(2) 組織の適応能力

　組織の適応能力は、組織のもつ行動プログラムの体系であり、ある時点での組織の適応能力は、その組織がもつ行動プログラムのレパートリーによって決定される。
　①組織の短期適応とは、組織のもつ行動プログラムにおける問題解決活動を通じて行われる適応である。
　②組織の長期適応とは、組織のもつ行動プログラムそのものの変化を伴う適応である。**組織学習**は、組織のもつ行動プログラムそのものを変化させる。

R04-18
H30-21
H28-17
H27-21

2 組織の成長と発展段階モデル

　組織の成長・規模の拡大に対応して、組織の戦略行動や構造、組織文化、管理システムなどが変化していくパターンを包括的に説明するモデルとして、クインとキャメロンが提唱した組織のライフサイクル・モデルがある。組織の誕生から成長、成熟していく過程を段階的に見ていく。

(1) 起業者段階（企業者的段階）

　創業者が創造力の高い技術志向の経営者の場合、従業員は非公式で非官僚主義的なコミュニケーションで管理されることが多い。初期の市場が成長し、それに伴い従業員が増加すると、創業者の個人的能力では管理できないほどの資源を扱うようになるため、財務管理などを含めた、組織全体を統率するリーダーシップを持った経営者が必要になる。この段階では、資源獲得と成長が組織の有効性指標として特に重視され、顧客や金融機関などの利害関係者と良好な関係を築くことに中心的な価値が置かれる。

⑵ 共同体段階（集合化段階）

　組織が強力なリーダーシップを得ることに成功し、持続的な成長を迎えると、明確な目標と方向性が策定される。従業員は、組織のミッションを自身のミッションとして、自身が共同体の一員であると強く感じるようになる。

　職務の割り当てが専門化され、組織の階層化が進む。組織の階層化の進展により規模が拡大すると、強力なリーダーシップだけでは組織が有効に機能しなくなり、リーダーから中間管理職への権限委譲が必要になってくる。この段階では、人的資源の開発が有効性指標として重要となり、経営者のリーダーシップの下で職場集団の凝集性とモラールを高めることが追求される。

⑶ 公式化段階（形式化段階）

　職務規制や評価システム、予算・会計制度や財務管理制度などの規則・手続きが導入され、組織は次第に官僚的になっていく。組織の規模がさらに拡大すると、官僚制の逆機能が弊害となって現れてくる。この段階では、組織の安定性と統制、ならびに組織の生産性が支配的な有効性指標となり、情報管理システムや業務上の規則と手続きが組織内で広く整備される。

⑷ 精巧化段階（成熟段階・精緻化段階）

　官僚制のもたらす形式主義的な弊害を克服するために、組織の柔軟性を得ようとする。場合によっては、公式のシステムを単純化し、チームやタスク・フォースを活用することもある。

　小企業的な価値観や発想を維持するために、組織全体に絶えず新しい挑戦や努力を推奨する必要が生じる。

　組織が成熟段階に達し、パラダイム・レベルでの深い組織文化の変革が必要な場合には、首脳陣の大量交代や組織構造の再編成などの方法が有効である。この段階では、組織の安定性と統制、ならびに組織の生産性と人的資源の開発を重視しつつ、新たな環境適応のための資源獲得と成長が追求される。

【 組織の成長と発展段階モデル 】

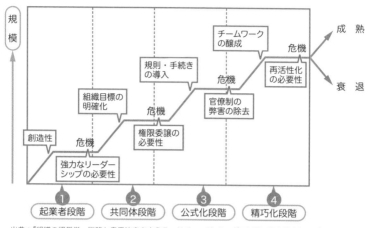

出典:『組織の経営学―戦略と意思決定を支える』リチャード・L・ダフト著、髙木晴夫訳 ダイヤモンド社

R02-17 **(5) 経営戦略と組織形態の発展段階モデル**

　経営戦略と組織形態の発展段階モデルとは、経営戦略の変革に従って組織形態も変革が必要な場合、経営戦略の変革によって異なる変革経路をとることをモデル化したものである。

【 経営戦略と組織形態の発展段階 】

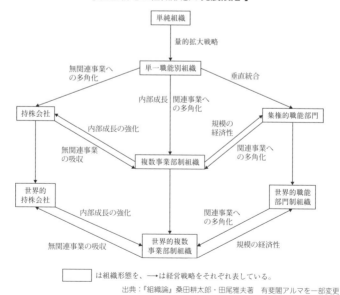

　□ は組織形態を、――▶は経営戦略をそれぞれ表している。

出典:『組織論』桑田耕太郎・田尾雅夫著　有斐閣アルマを一部変更

3 組織の衰退

⑴ 組織の衰退

組織はやがて衰退に向かう。組織の衰退は、避けられないことである。

⑵ 組織の衰退に対する方策

衰退の回避のために、組織として次のようなさまざまな方策を考えなければならない。ただし、このような試みによっても、環境そのものがその組織の生存にとって不適合な場合は、組織の衰退を止めることはできない。

① 組織の動態化・柔構造化

資源の調達能力が低下するようであれば、積極的に、動態化や柔構造化などを果敢に断行して、組織の若返り、つまり活性化を図らなければならない。

② ドメインの再定義

組織の活動分野を、より成果を得られるように修正したり訂正したりするドメインを再定義する。組織目的を変更することである。

③ ダウンサイジング (規模の縮小)

ダウンサイジング、つまり、規模の縮小を図って、残された人員で効率的な経営を行うこともある。

II 組織活性化

R02-18
H20-27 **1** 組織活性化

　組織が活性化された状態とは、「組織のメンバーが、相互に意思を伝達しあいながら、①組織と共有している目的・価値を、②能動的に実現していこうとする状態」である。①の組織と目的・価値を共有している程度を表すものとして**一体化度**を、②に関連して、逆に受動的に思考している程度を表すものとして**無関心度**を考える。一体化度と無関心度は、それぞれ次のような意味をもっている。

(1) 一体化度

　サイモンは、メンバーが組織と目的・価値を共有しているとき、そのメンバーは組織に自身を一体化していると呼んだ。一体化の程度を表す指標を一体化度という。

　他集団と競争する場合や集団の威信が高まる場合、集団の凝集性が高い場合、集団内で個人欲求が充足される場合などは一体化度が高くなるが、集団圧力も強くなることがある。組織外部への代替的選択肢を持つメンバーの一体化度は低くなる。

(2) 無関心度

　バーナードは、各メンバーには無関心圏が存在し、その圏内では命令の内容は意識的に反問することなく受け入れられると考えた。

　無関心圏が大きいということは、上司の命令に対して忠実で従順であることを意味している反面、受動的で、組織において受け身でいることも意味し、言われたことは実行するが、自分で代替案を作っていくようなことはしない。無関心圏の大きさを表す指標を無関心度という。

(3) 組織活性化のフレームワーク

　無関心度を横軸、一体化度を縦軸にとったグラフにメンバーや組織をプロットして、活性化度の比較を行う手法が開発された。無関心度の高低と一体化度の高低の組み合わせによる次のような4つのタイプにメンバーを類型化することである。

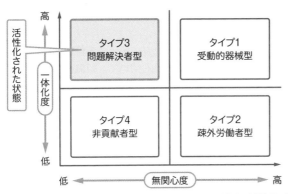

【 一体化・無関心度によるメンバーの類型化 】

出典：『経営管理』塩次喜代明・小林敏男・高橋伸夫著　有斐閣

① タイプ1：受動的器械型

　無関心度が高く、一体化度が高い組織メンバーである。このタイプのメンバーは組織の要請・命令に忠実で、かつ組織と目的・価値を共有している。指示を受けて仕事を遂行するが、自分から行動を起こして影響力を行使したりはしない。また、組織と目的・価値を共有しているので、動機づけはあまり問題にならない。

② タイプ2：疎外労働者型（官僚型）

　無関心度は高く、一体化度は低いメンバーである。命令には従うが、個人的な目的・価値と組織の目的・価値が一致していない。そのため、目的・価値の対立から、権力現象や勤労意欲が組織内の行動の説明で重要となってくる。目的・価値の点では組織と一線を画しているが、行動の点では命令に従っているので、公務員タイプ、官僚タイプに相当する。

③ タイプ3：問題解決者型または意思決定者型

　無関心度は低く、一体化度は高いメンバーである。メンバーは無関心圏が狭いので、命令・指示の忠実な受け手というよりは、それらに反問し、組織と共有している目的・価値に基づいて、組織の立場から常に問題意識をもって、問題解決をし、意思決定を行おうとする者である。このタイプ3のメンバーが多いとき、組織は活性化された状態にある。

④ タイプ4：非貢献者型（非構成員型）

　無関心度も一体化度も低いメンバーである。個人的な目的・価値と組織の目的・価値が一致していないうえに、命令にも従順ではなく、組織的な行動を期待できない者である。実質的には組織のメンバーとはいえない。

(1) 組織開発の意義

　組織開発とは、計画的に、組織全体にわたり、トップが管理しながら、組織の効果性と健全性を増すために、行動科学の知識を用いて、組織過程の中で計画的干渉を通じて行う努力である。

　主な特徴は、①組織行動の有効な様式を学習するキーユニットとしてワークチームを重視する、②参加および協力的マネジメントの重視、③組織文化の変革を重視する、④チェンジ・エージェントとして行動科学の専門家を活用する、⑤変革努力は進行形のプロセスととらえる、などがある。

H27-18
(2) 組織開発の価値観

　組織開発は、今の状態よりもよくなること、効果的になることを目的とするため、どのような状態が組織にとって望ましいのか、という価値観が重視される。組織開発の研究者でありコンサルタントでもあるロバート・マーシャクは、組織開発の根底にある価値観として次の4つを挙げている。

【 組織開発の価値観 】

価値観	意味
①人間尊重の価値観	人間は基本的に善であり、最適な場さえ与えられれば、自律的かつ主体的にその人が持つ力を発揮すると捉えることを重視する考え方である
②民主的な価値観	ものごとを決定するには、それに関連する、できる限り多くの人が参加し関与する方が決定の質が高まり、関与した人々やお互いの関係性にとっても効果的である、と捉える考え方である
③クライアント (当事者)中心の価値観	組織の当事者が現状と変革にオーナーシップをもつ、という考え方である
④社会的・エコロジカル的システム志向性	組織開発の結果、社会や環境、そして世界に悪影響が生じることは避ける必要があるという考え方である

　組織開発では、階層的な権威にこだわらずに、信頼関係で結ばれ、他者に対して開かれ、協力的な環境を持った組織が効果的である。組織メンバーは、責任感を持ち、誠実で思いやりのある存在として尊敬に値すると考え、変革の影響を受ける人を決定に参加させ、変革の実行に関与させることが重要である。

III ナレッジ・マネジメントと組織学習

R05-11
R04-10
R03-10
H29-20
H25-17
H19-19

1 ナレッジ・マネジメント Ⓑ

(1) ナレッジ・マネジメント

ナレッジ・マネジメントとは、組織メンバーである個人のナレッジ（過去の経験から得られた知識）を組織的な知識へと展開・共有し活用することで、新たな知識を創造しながら、組織の新しい価値を創造する力に変えていく経営管理手法である。野中郁次郎が提唱したSECIモデルが代表的である。

(2) 知識創造（組織的知識創造）

知識創造とは、新しく学んだことを組織の中でかたちにしていくことである。この組織における知識創造のプロセスを野中郁次郎らは、SECIモデルで提唱している。

SECIモデルの知識創造には、「共同化（暗黙知→暗黙知）」⇒「表出化（暗黙知→形式知）」⇒「連結化（形式知→形式知）」⇒「内面化（形式知→暗黙知）」という4つの異なるモードがある。

(3) SECIモデルにおける知識の概念

SECIモデルでは、知識には暗黙知と形式知の2種類があるとしている。

(a) **暗黙知**…個人的な経験や勘に基づいている知識であり、個人としては理解していても言語化したり他人に伝えたりするのが難しい主観的知識である。具体的には、本人はわかっているものの、他者にうまく説明できないようなコツや技能などがある。

(b) **形式知**…言葉・図・記号等で言語化されており伝達できる知識である。具体的には、容易に伝達や共有が可能でマニュアル化できたり、具体的な指示が可能な手順などがある。

(4) SECIモデルの各モードの内容

① **共同化（暗黙知→暗黙知）**
- 内容：経験を共有化することで暗黙知が伝達されるプロセス
- 具体例：大工の師匠に弟子入りして、言葉によらず経験の共有（**共体験**）を通じて師匠のスキルを学ぶ

② **表出化（暗黙知→形式知）**
- 内容：暗黙知を探り当て、形式知に変換するプロセス
- 具体例：金型製作の熟練技能者のスキルを継承するために、熟練技能者と対話を重ねて、**スキルの言語化**を図る

③ 連結化 (形式知→形式知)
- 内容：異なる形式知を組み合わせて新たな形式知を創り出すプロセス
- 具体例：複数の熟練技能者から抽出された金型製作の言語化されたスキルを組み合わせることで、新たな方法を発見する

④ 内面化 (形式知→暗黙知)
- 内容：共有された形式知を暗黙知へと変換するプロセス
- 具体例：金型製作において発見された新たな方法を、個々人がスキルとして体得する

【 知識変換プロセス 】

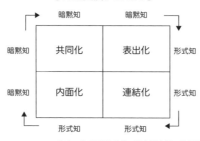

出典：『知識創造企業』野中郁次郎・竹内弘高　著　東洋経済新報社

⑸ 組織的な知識創造を支援・促進する要因

組織的な知識創造を支援・促進する要因には、次の５つがある。

① 自律性 (autonomy)

個人に自由な行動を許すことであり、これにより個人が外部から獲得する情報の多様性が増大し、また個人が新しい知識を創造するための動機づけが強まる。

② ゆらぎ・カオス (fluctuation, creative chaos)

外部に対してオープンであることで組織内に取り込まれる曖昧性やノイズのことであり、既存の知識に対する疑問を生起させ、組織成員が原点遡及的な思考を行う契機をつくる。

③ 組織的意図 (intention)

組織が何をしたいのかという目的への思い（知識ビジョン）であり、それが明確化されることによって個人レベルでは組織成員の全人的関与を促す。また、集団および組織レベルでは、組織的意図は創造された知識を正当化する役割も持つ。

④ 情報冗長性 (redundancy)

当面は必要のない情報が重複して共有されていることであり、これにより他者が言語化しようとしているイメージを感知することが可能となり、暗黙知の共有が容易となる。また、すべての個人が潜在的なリーダーとなりうることで組織に非階層構造をもたらす利点、組織に信頼関係を生み出してダイナミックな協力関係を可能とする利点も併せ持つ。

⑤ 最小有効多様性 (requisite variety)

最も簡素な構造によって最大の情報・知識を保持することである。組織成員が既存の情報・知識に最も早くアクセスできるように組織構造を整えることで、効率的な知識創造が可能となる。

2 組織学習と組織学習サイクル C H25-17

(1) 組織学習

組織の行動能力は、組織のもつ行動プログラム（ルーティン）に依存している。組織学習は、組織がもつ行動プログラムの変化プロセスである。組織学習は、組織のもつ行動プログラムそのものを変化させる組織の長期適応に対応する。

(2) 組織学習サイクル

マーチとオルセンによれば、組織学習は、次のようなサイクルを通じて行われる。

① 組織行動がもたらした結果を観察・分析した結果、個人レベルの信念・知識に修正が加えられる
② 個人が学習した成果は個人レベルの行動の変化を促す
③ 個人レベルの行動の変化は組織レベルでの行動の変化をもたらし、組織は新しい行動を展開する
④ 組織の新しい行動は環境での優れた成果に結びつく（①に戻る）

【 組織学習サイクル 】

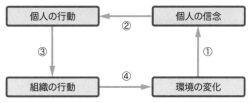

出典：『組織論』桑田耕太郎・田尾雅夫著　有斐閣

3 組織学習のレベル R01-14 C H30-18 H20-19 H19-19

組織学習には、2つの異なるレベルの学習（低次学習と高次学習）がある。異なるレベルの組織学習は同じメカニズムでは学習できない。

低次学習には、単なる行為の繰り返しや部分修正、シングルループ学習などが含まれる。高次学習には、全体組織に影響を与える学習やダブルループ学習、規範・認知枠組・根源的仮定の変化等が含まれる。

シングルループ学習とは、所与のコンテクスト（環境・状況）のもとで、手段行動のエラーのみを修正する学習である。ダブルループ学習とは、前提となる価値・

目標・政策などのコンテクスト（環境・状況）そのものの修正を伴う学習である。

【 組織学習のレベル 】

低次学習	高次学習
●単なる行為の繰り返し ●部分修正 ●シングルループ学習 ●ルーティン ●組織の全レベル（全階層）で起こる ●表層的	●全体組織に影響を与える学習 ●規範・認知枠組・根源的仮定の変化等 ●ダブルループ学習 ●非ルーティン ●組織の上位レベル（上位階層）で起こる ●本質的

R05-20
R01-14
H30-18
H28-16

4 安定的段階における組織学習

(1) 安定的段階における組織学習の傾向

安定的段階では、組織学習サイクルは不完全なものになる傾向がある。結果として低次レベルの組織学習が中心となる。これは、この時期に展開される組織構造の精巧化と密接に関係している。

企業組織は規模の成長に伴い、垂直的および水平的に分業関係が進展し、階層化、専門化、規則の制度化を導くことになり、多数の専門化された部門から構成される安定的な存在になる。環境と組織の戦略や構造、組織文化やプロセスの間には、一貫した整合性がみられる。

このような特徴をもつ安定的段階では、組織学習サイクルは、次の４つのパターンに示すように、不完全なものになる傾向がある。

(2) 安定的段階における組織学習サイクル

① 役割制約的学習

個人の信念の変化が行動の変化に結びつかない場合である。複雑な組織では、個人の自由な行動を抑制するさまざまな制約が存在し、業務手続・罰則規定・集団圧力等のために、自己の信念に反するような行動を余儀なくされることがある。また、組織内の人々は役割が規定され、その成果によって評価されるために、環境の変化に対応した新しい知識を獲得しても、それを直ちに個人や組織の行動の変化に反映できないこともある。

② 迷信的学習

組織の行動と環境の反応とが断絶している状況である。組織の行動とそれが環境に与える効果の因果関係が分かりにくい場合に起こりやすい。広告・宣伝費の支出を増加させた場合に、実際には景気の回復により売上高が伸びても、組織メンバーが「広告宣伝費の支出増は、売上高の増加をもたらす」という信念を強めることがある。

③ 傍観者的学習

個人は学習し、それに基づいて行動するが、個人の行動が組織の行動には活かさ

れない場合である。画期的な新製品を発明した個人研究者の業績は、その事業計画が取締役会で採用されなければ、その企業の戦略行動の展開には結びつかない。

④ **曖昧さのもとでの学習**

　組織の行動がもたらした環境の変化を、組織メンバーが適切に解釈できず、結果として個人の信念が修正されない状況である。曖昧な事象に直面すると、個人はあらかじめ持っている自己の認識枠組の中で、それを解釈する傾向がある。

【 不完全な組織学習サイクル（マーチとオルセン）】

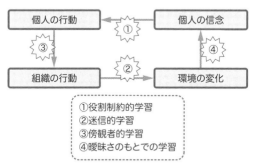

①役割制約的学習
②迷信的学習
③傍観者的学習
④曖昧さのもとでの学習

出典：『組織論』桑田耕太郎・田尾雅夫著　有斐閣

IV 組織変革（チェンジ・マネジメント）

1 組織変革のプロセス

(1) 変革の必要性の認識

組織は、組織内外の新しい事実に気づき、既存の方法ではもはや適応できなくなることを認識する。

(2) 革新的組織変革案の創造

経営戦略・組織構造・組織文化・組織プロセスなどをどのようなものに変革していくのか、目標・ビジョン・具体案を作り出す。

(3) 変革の実施・定着

実際に組織を変革するために、実施計画を作成し、移行過程を適切に管理し、その変革の成果を確実に定着させ、維持していく。

【 組織変革のプロセス 】

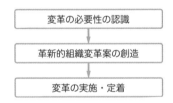

このような計画的プロセスによる組織変革に効果的と考えられる理論的アプローチは、ステップアプローチと呼ばれ、J.P.コッター（J. P. Kotter）の提唱した組織変革の8段階モデル（変革を推進するための8段階のプロセス、8ステップの理論）がある。

【 変革を推進するための8段階のプロセス 】

第1段階	危機意識を高める
第2段階	変革推進のための連帯チームを築く
第3段階	ビジョンと戦略を生み出す
第4段階	変革のためのビジョンを周知徹底する
第5段階	従業員の自発を促す
第6段階	短期的成果を実現する
第7段階	成果を活かして、さらなる変革を推進する
第8段階	新たな方法を企業文化に定着させる

2 変革の必要性の認識

　戦略的組織変革は自然に始まるものではない。経営者もしくは経営者グループによって、変革を創始する必要性が認識されなければならない。経営者自身が、既存の認知プロセスによって、情報を自動的に処理するのではなく、より意識的に経験・外部環境の情報をよりリッチな物語として解釈することが必要である。

　経験（情報）のリッチさとは、その経験から多様な解釈を導き出せる程度、すなわち情報の潜在的多義性を意味する。

3 革新的組織変革案の創造

　特定の個人が経験を通じて組織変革の必要性を認識し、革新的なアイディアを創始しても、個人的知識あるいは言語で表現できない暗黙的知識（暗黙知）にとどまる限り、革新的組織変革には結びつかない。ハイレベルの組織的プロセスを通じて、明示的な変革案として経営者層に公式に認められる組織的知識創造が必要である。

　組織における創造過程に影響を与える条件が3つある。それは、①リッチな情報を処理する自律的組織単位、②フェイス・トゥ・フェイスの対話、③冗長性と最小有効多様性の法則である。

(1) 自律的組織単位

　革新のための組織単位は、自由に考え行動できる自律性をもつ必要がある。ここでいう自律性とは、第1に目標、手段、基準を自ら決定する自由をもち、第2に既存の組織構造や文化、管理システムにとらわれない自由をもつことを意味する。

　自ら目標や手段を設定する自由を与えられた人々は、内発的に動機づけられる。こうした人々は、問題解決過程に積極的にコミットし、多様で創造的な解決案を創り出せるようリッチな情報にコミットする傾向がある。彼らが積極的に行動する際、新しい現実を創出し、新しい秩序、ものの見方を自ら生み出す可能性が高くなる。

(2) フェイス・トゥ・フェイス・コミュニケーション

　革新的アイディアは、既存の言語では表現できないという意味で、「暗黙知」の形態をとることが多い。暗黙知は既存の言語ではなく、行動やメタファー（隠喩）を通じて他の人へ伝えるため、フェイス・トゥ・フェイスの対話が最も有効となる。

(3) 冗長性と最小有効多様性の法則

　自律的組織単位は、それぞれのメンバーがまったく異なる知識や情報をもっている場合には成立しない。各メンバーが重複した情報をもつという**冗長性**は、能率を重視する伝統的な分業体系においては無駄だと考えられているが、メンバーは、少なくとも自己の専門領域をもちつつも、組織全体に関する知識や情報を共有していなければならない。

　一方で情報の冗長性は、組織の情報負荷を著しく高めてしまう。そのコストを抑制

するためには、**最小有効多様性の法則**にしたがって、必要以上の多様性を組織がもたなくて済むようにすることが重要となる。**最小有効多様性**とは、複雑な環境に対処するために、組織は同じ程度の多様性を内部に持っていることが必要であるということである。これにより、組織メンバーは多様な状況に対処することができるようになる。

　一定以上の情報の冗長性を確保しつつ、最小有効多様性を達成するには次の2つの方法がある。第1は、すべてのメンバーが環境探査に責任を負うことである。第2の方法は、キーとなる環境要因や革新に影響を与える要因を理解できる人員を、適切に配置することである。こうした人員が組織内のどこにいるのか、正しい情報を各メンバーがもつことによって、組織メンバーのそれぞれが重要な要因に精通していなくても、組織としての多様性は確保できるからである。

4 組織変革への障害

(1) 埋没コストと継続

　革新のコストの典型は埋没コスト（サンク・コスト）である。**埋没コスト**とは、現在のプログラムを継続している限り発生しないコストでありながら、それを捨てて新しいプログラムを採用する場合に発生するコストである。

　そのため、一般に組織はできる限り現在の戦略・構造に執着する傾向がある。

(2) 外部環境へのロックイン

　漸次的プロセスにおける組織学習を特徴づけるのは、高い安定性と強力な慣性である。安定性と慣性が強く作用するのは、第1に、組織が矛盾した要求をもつ外部環境に組み込まれている、すなわち利害関係者の圧力があるからであり、第2に、一定以上の業績を上げていれば、あえて不連続な変革をもたらすような探索を行わない傾向があるからである。

　利害関係組織にとって、現在の組織均衡の変革は、既得権益の喪失を意味する。一方で、自らの利益が失われる可能性のある戦略行動に対しては、彼らはさまざまなルートを通じて影響力を行使し、変革に強力な抵抗を示す可能性が高くなる。

(3) 有能さのワナ

　企業組織および環境を構成している諸組織は、成熟段階にある組織均衡状態から満足水準を超過する十分な利潤を得ているが、このように不満がない状況では、組織成員は現状を変更する可能性を探索したり、改革を実行したりしようとする十分な動機を持たなくなる。

　あるプログラムや戦略知識が希求水準を超えるような成果をもたらすと、そのプログラムや戦略はますます使用されるようになる一方、現在のプログラムや戦略よりも優れたものを探索しようとする動機づけは失われる。

⑷「ゆでガエル」シンドローム

業績が希求水準を少し下回ると、満足度が若干低下し探索量を増やすが、第2次的には希求水準そのものを若干低くすることによって適応しようとするようになる。

業績低下が緩やかに起こると、希求水準自体がそれに適応してしまい、革新へのきっかけがつかめなくなる。

5 移行実施プロセスのマネジメント

戦略的組織変革の到達点である、望ましい組織の変革案が明らかになると、現在の組織に働きかけて、それを望ましい組織に変えていく変革実施プロセスに入る。組織を、現在の状態から将来の望ましい状態にシフトさせていく変革実施のプロセスは、移行状態と呼ばれる。この移行状態には、以下に述べる固有の不安定な問題が発生するため、この時期の組織管理には特別の注意が必要である。

⑴ 移行状態における諸問題

組織変革を実施していく過程で生じる問題は次の3つである。

① 変化に対する「抵抗」の問題

変化が生み出す「未知」の状況への不安、既存の状況で確立されていたアイデンティティや能力が新しい状況で適応できない可能性、既得権の喪失からの苦痛を回避するために抵抗が起こる。たとえば、組織変革に伴い、これまで積み上げてきた自分のキャリアを活かせる業務が消滅するという事実は受け入れがたい、というものである。

組織において変化や変革に対する抵抗が生じる理由には、次のようなものがある。

- 業務プロセスを変革したとしても、それと整合するように組織構造や業績評価システムといった他のサブシステムも併せて変革しない限り、変革を元に戻す組織的な作用が働きやすいため
- 現状の資源配分パターンから最も大きな利益を得ている部門は、環境変化に伴う資源配分パターンの変革を脅威と見なし抵抗する傾向があるため
- 組織が安定を生むための内在的なメカニズムである構造的慣性が、安定を維持する方向に作用してバランスをとろうとするため
- 従業員が所属する集団の規範が、変革に対する従業員の前向きな考えや行動を抑制するように作用する可能性があるため
- 従業員の思考や行動を同質化する組織社会化のプロセスが、組織の革新性を阻害する可能性があるため

② 変化に対する「混乱」の問題

変革が組織構造や文化に及ぶ場合に、組織内に制度化されていた既存の秩序が破壊されることによって混乱が生ずる。たとえば、事業部が合併する際に、日常業務の滞りが心配である、というものである。

③ 変化に伴う「対立」の問題

変革に伴って生じる組織中のパワー・バランス（権力の均衡）の変化をめぐり、

成員間で対立が起こる。たとえば、新しい組織の中に自分のポジションが確保されないのなら、組織変革そのものに反対である、というものである。

(2) 移行状態のマネジメント

　これらの諸問題に対する基本的な対策は、第1に移行状態のマネジメントを専門に担当する管理者およびチームを形成することである。第2にトップ・マネジメントがこの移行管理チームを、全面的にサポートし、彼らが職務を完遂できるよう支援する必要がある。移行管理者は、移行期の諸問題に適切に対処するための移行計画を、以下のような方法を統合して形成し、移行過程を管理していく。

① 抵抗問題への対処

組織メンバーの変革への抵抗を少なくし、移行への関心を高める代表的方法には、次の5つがある。

- (a) 現行組織の問題点をメンバーへ周知徹底
- (b) 変革過程へのメンバーの参加
- (c) 変革支持に対する報酬配分
- (d) 現状脱却のための時間と機会の提供
- (e) 新組織に向けての教育・訓練

② 混乱問題への対処

混乱問題の管理は、次の3つの方法によって対処される。

- (a) 望ましい新組織像の具体的な明示
- (b) 関係者間の緊密かつ継続的な情報伝達
- (c) 迅速な問題解決とその支持体制

③ 対立問題への対処

組織内の権力闘争に伴う問題への対処法として、次の2つが重要である。

- (a) 中心的な権力集団からの協力の確保
- (b) 下位集団リーダーの役割行動の利用：対立がある諸集団（リーダー）に、共通の外部環境の敵を作り、行動させて、集団全体の統合をはかる

 ## 6 解凍−変化−再凍結モデル

　組織の計画的変革には、さまざまな手法がある。試験対策上はそれぞれのモデルについて区別して理解してほしい。ここでは、K.レヴィンらが主張した、解凍−変化−再凍結モデルを紹介する。環境変化により組織に新しい均衡状態の確立が必要なとき、組織の計画的変革を成功させるためには、解凍−変化−再凍結が必要である。

(1) 現状の解凍

　現状の組織は均衡がとれた状態と考えられているとき、この均衡を破るためには解凍が必要である。解凍の際には、新しいことを学ぶだけではなく、その人のパーソナリティや社会関係と一体化していることをやめることが含まれる。そのため、その人を変革に対して動機づけ、変わろうというモチベーションを起こさせること

が重要である。

① 動機づけのために必要な取り組み

(a) 現状に対する認識の欠如や誤解を知覚させる

(b) 脅威の原因を取り除いたり、心理的な障壁を取り除く

(2) 新しい状態への変化 (変革)

変化の過程では、その人の認識を再定義させるような介入が行われる。模範的な役割を演じるロールモデルや信頼のおける仲間たちとの同一視と、そうした人々の立場から新しいことを学ぶことが必要である。

(3) 新しい変化を永久化するための再凍結

新しい状況を長期間維持するためには再凍結の必要がある。この最後の段階の注意を怠ると変革が短期に終わり、従業員が以前の均衡状態に逆戻りする可能性が非常に高い。この段階では変化した行動様式を、パーソナリティの中に統合し、新しい行動様式と現実を関連づけられるようにできるような介入が行われる。

① 再凍結のための介入

(a) 新しい役割や行動が、その人のアイデンティティにあっているかどうか、パーソナリティと矛盾しないかどうかを確認する機会を持たせる

(b) 新しい行動様式を身につけた人にとって重要な他者たちから、その行動や態度を認めてもらえるかどうかを試す機会を持たせる

7 クライシスマネジメント

予測可能な事態に対応する「リスク・マネジメント」に対して、予測不能な事態に対応するものを「クライシスマネジメント (危機管理)」という。

危機 (クライシス) とは、「システム全体や個人に物理的または精神的影響を与え、基本理念つまりシステムそのものの抽象的意義やシステムの実在する核心事項を脅かす崩壊」と定義されている。具体的には、新型インフルエンザや自然災害の発生、工場・設備の不備、経営者の突然死、企業買収などが挙げられる。

効果的なクライシスマネジメント (危機管理) とは、①危機前兆の発見、②準備・予防、③封じ込め・ダメージの防止、④平常への復帰、⑤学習とフィードバックによってまた①に戻る、という5段階のサイクルを構築することである。学習とフィードバックが鍵とされる点で、危機に関する学習システムを構築することが重要となり、組織学習と合わせて議論されることが多い。

危機管理には、組織として労働者全員参加型の取り組みが重視され、それが組織の安全文化を育むとされている。安全文化を創出するためには、安全を脅かすものに関して従業員と経営側の間にオープンなコミュニケーション・ラインを確立することが必要となる。

危機対応はまず個人レベルで始まるため、ダメージの防止を経て、平常への復帰が可能となるころ、危機によって経験する知識は個人が獲得する。この危機対応に

おける個人レベルの活動が組織の経験となるよう、組織学習により組織能力を高める必要がある。個人の活動は「対話」により、組織全体に共有され、組織内の知識として蓄積される。

【 危機管理の５段階モデル 】

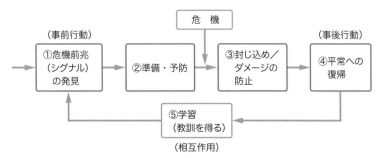

出典：『クライシスマネジメント―危機管理の理論と実践（三訂版）』大泉光一著　同文舘出版

■■■ 問題編 ■■■　　Check!!

問1 (H30-21改題)　　　　　　　　　　　　　　　　　　　　　　［○・×］

　組織が公式化段階になると、規則や手続き、管理システムの公式化が進み、戦略的意思決定や業務的意思決定をトップマネジメントに集権化する必要が生まれ、トップが各事業部門を直接コントロールするようになる。

問2 (H27-18)　　　　　　　　　　　　　　　　　　　　　　　　［○・×］

　信頼関係で結ばれ、他者に対して開かれ、協力的な環境を持った組織が効果的で健全である。

問3 (H30-18)　　　　　　　　　　　　　　　　　　　　　　　　［○・×］

　シングルループ学習とは、ある目的とそれを達成するための行為の因果関係についての知識を、一度見直すことを意味する。

問4 (R04-10改題)　　　　　　　　　　　　　　　　　　　　　　［○・×］

　野中郁次郎が提唱した知識創造理論では、組織構成員に当面必要のない仕事上の情報を重複して共有させると、コミュニケーションに混乱が生じるので、組織的な知識創造は阻害されるとしている。

問5 (H26-21改題)　　　　　　　　　　　　　　　　　　　　　　［○・×］

　戦略的に組織変革を進める際には、組織メンバー間やコンサルタントとの間で、フェイス・ツー・フェイスのコミュニケーションを通じて、できるだけ問題が生じている現場の生のデータを収集し、予期されなかった事態についての情報にも耳を傾ける必要がある。

問6 (H26-21改題)　　　　　　　　　　　　　　　　　　　　　　［○・×］

　組織変革を進める際、変革を自己に有利な形で利用して権力を握ろうとする集団が登場することがあるため、混乱が収まるまで新しい組織案を提示しないようにしなければならない。

問7 (R05-23改題)　　　　　　　　　　　　　　　　　　　　　　［○・×］

　業務プロセスを変革したとしても、それと整合するように組織構造や業績評価システムといった他のサブシステムも併せて変革しない限り、変革を元に戻す組織的な作用が働きやすい。

問1　×：公式化段階は権限が委譲されているため、トップは戦略的意思決定に専念する。

問2　○：組織開発では、参加および協力的なマネジメントが重視される。

問3　×：ダブルループ学習についての説明である。

問4　×：当面は必要のない情報が重複して共有されていることを情報冗長性といい、組織的な知識創造を促進する。

問5　○：フェイス・ツー・フェイスの対話が重要である。

問6　×：新組織像を具体的に明示することが望ましい。

問7　○：設問文のとおりである。

■■■ 問題編 ■■■

　組織のライフサイクル仮説によると、組織は発展段階（起業者段階、共同体段階、公式化段階、精巧化段階）に応じた組織構造、リーダーシップ様式、統制システムをとる。また、組織の発展段階に応じて、組織で支配的となる有効性（組織がその目標を達成した程度）の指標は変化すると考えられる。

　組織の発展段階の名称と、各段階で支配的な組織の有効性指標に関する記述の組み合わせとして、最も適切なものを下記の解答群から選べ。

【組織の発展段階】
　　a　起業者段階
　　b　共同体段階
　　c　公式化段階
　　d　精巧化段階

【組織の有効性指標に関する記述】
　　①　この段階では、人的資源の開発が有効性指標として重要となり、経営者のリーダーシップの下で職場集団の凝集性とモラールを高めることが追求される。
　　②　この段階では、資源獲得と成長が組織の有効性指標として特に重視され、顧客や金融機関などの利害関係者と良好な関係を築くことに中心的な価値が置かれる。
　　③　この段階では、組織の安定性と統制、ならびに組織の生産性が支配的な有効性指標となり、情報管理システムや業務上の規則と手続きが組織内で広く整備される。
　　④　この段階では、組織の安定性と統制、ならびに組織の生産性と人的資源の開発を重視しつつ、新たな環境適応のための資源獲得と成長が追求される。

〔解答群〕
　ア　a−①　　b−②　　c−③　　d−④
　イ　a−①　　b−④　　c−②　　d−③
　ウ　a−①　　b−④　　c−③　　d−②
　エ　a−②　　b−①　　c−③　　d−④
　オ　a−②　　b−①　　c−④　　d−③

解答：エ

　組織のライフサイクル仮説に関する出題である。

a：起業者段階は②に該当する。新しく誕生した組織が生存できるか否かは、資本家や供給業者、労働者、顧客などの外部環境からの支持を得ることができ、必要な資源を獲得できるかに依存しているためである。

b：共同体段階は①に該当する。共同体段階では、組織の内部統合をつくり出し、組織内の諸活動は明確な目標に向けて統合されていく。この段階ではインフォーマルなコミュニケーションや統制が優先され、リーダーの個人的特性によるモラールの確保が中心となる。

c：公式化段階は③に該当する。公式化段階では、職務規制や評価システム、予算・会計制度や財務管理制度などの規則・手続きが導入され、組織は次第に官僚的になっていく。

d：精巧化段階は④に該当する。組織が仕上げ段階にまで成長すると、起業者段階で設定された組織の社会的使命の重要性は低下していく可能性がある。このような危機を乗り越えていくために、組織は環境との関係を新たに創りだし、再活性化する必要が生まれる。

　したがってa-②　b-①　c-③　d-④となるため、正解はエである。

過去23年分 平成13年(2001年)〜令和5年(2023年)	
1位	雇用管理
2位	能力開発の方法
3位	人事考課の意義と方法

直近10年分 平成26年(2014年)〜令和5年(2023年)	
1位	雇用管理
2位	人事考課の意義と方法
2位	能力開発の方法
3位	人的資源管理 (HRMの概念)
3位	人事・労務情報

過去23年間の出題傾向

　雇用管理が11回と出題回数が最多で、幅広い内容が出題されている。次いで、能力開発の方法が8回、人事考課の意義と方法が7回となっている。本章の内容は2次試験においても、組み合わせて活用することが多く、令和4年度に採用・配置、令和3年度に中途採用、令和2年度に人事制度、平成28年度に採用（いずれも事例Ⅰ）と、何度も出題されている。また、OJT（能力開発）の知識は事例Ⅲでも活用する。

第 11 章

人的資源管理

1 人的資源管理 (HRMの概念)

(1) 人事システムの目的

　人事システムとは、「経営戦略の実現のために、人と組織を動かす仕組み」である。人事システムの目的は、「人」という経営資源を最大限活用し、経営戦略の実行を促進することと、長期に人材を育てることであり、HRM (Human Resource Management：人的資源管理) の中心的役割を果たすシステムといえる。

(2) 人的資源管理の概念

　人的資源管理 (HRM：Human Resource Management) とは「人的資源理念に基づく労務管理」である。人的資源理念は、
　① 経済的資源としての人間重視 (従業員の知識・技能に基づく生産能力の側面)
　② 人間的存在としての人間重視 (個と組織の目的の一致)
　という両面を持つ。この理念に基づき、企業における最も重要な経済的資源こそ従業員そのものであるという認識に立って、行動科学を理論的基礎において構築された労務管理の考え方がHRMである。

　これを簡単に公式化すると、

> 労働能率 (生産性) ＝ 労働能力 (①の観点) × 労働意思 (②の観点)

という関係になる。

(3) HRMの領域

　HRM領域には、組織運営、人材フローマネジメント、報酬マネジメントがあり、戦略性の高い全社レベルでの取り組みが必要とされている。

【 HRMの領域 】

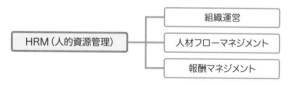

H26-22 (4) 戦略的人的資源管理 (SHRM)

　人的資源を競争優位の源泉としてとらえる**戦略的人的資源管理 (SHRM：**

Strategic Human Resource Management）は、従業員の戦略的活用という問題を含んでいる。

　人材の調達先（外部からの登用－内部での育成）、管理の対象（仕事の結果－仕事のプロセス）という二軸から分類した場合、次のような人的資源戦略となる。

【 人的資源戦略 】

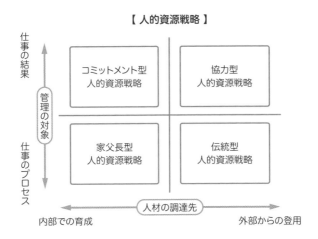

2　人事・労務情報

(1) 職務分析の意義と方法

① 職務分析の意義

(a) 職務分析

　職務分析とは従業員が行う職務の内容、性質、特徴、責任、権限、資格要件を明らかにして、他の職務との違いを明確にするものである。

(b) 職務分析の目的

　職務分析の目的は時間研究や動作研究を通じて業務の標準化を図り、適切な従業員を配置し、効率的な人的資源管理を行うことにある。

目的	内容
採用、配置、異動、昇進 (適正配置)	職務の内容が明らかになると、必要な人材、必要な人員が明確になる。また、人事評価制度 (従業員情報) を活用して異動・昇進が的確に行える
教育訓練 (職務に必要な知識と技能)	教育訓練の計画作成に役立つ
業務の標準化	業務内容の無駄を省き、標準化を進めて効率化を図る
組織の改善	職務相互の関係が明らかになり、合理的な職制を決定することができる
職務給の決定	各職務の相対的重要度・貢献度を決定する。この職務評価の結果を適切な給与設計に活用する

② 職務分析の方法

職務分析は職務調査を行い、職務記述書を作成することから始まる。職務記述書により職務を分類し、職務に序列をつける職務評価を行う。

【 職務分析の手順 】

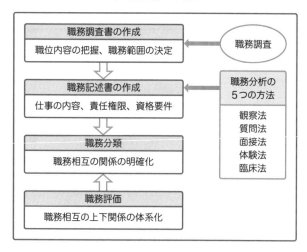

方法	内容	特徴
観察法	分析者の観察による内容把握	現場作業に適切な方法
質問法	質問票による内容把握	あらゆる業務に適用可能
面接法	面接による内容把握	管理・監督者や専門的業務に適している
体験法	分析者が自分で体験し内容を把握	心理的・生理的内容把握に適する
臨床法 （実験法）	時間研究及び動作研究によって内容把握	実験

【 職務分類 】

種類	内容
職種	職務の性質または種類により分類されたものである。他の職種との違いが明らかになる
職級	職務の困難度、重要性により区分されたものである。職級の決定は職務評価により行う
等級	従業員の資格要件による分類である。職能資格制度に活用される

【 職務評価の方法 】

方法	内容
序列法	職務全体で評価。すべての職務について一対比較法により困難度・重要度に序列をつけ、それを各等級に分けて等級法を作成。組織が小さく、従業員の数が少ない中小企業向き
等級法	職務全体で総合的に評価。職務の重要度・困難度等により予め等級表を作成し、等級ごとに定義しておき、各職務をその等級にあてはめ、等級を決定。等級表の作成に十分な注意が必要。管理職向き
点数法	職務の価値を決める個々の要素（知識・体力・熟練度・責任度等）を職務ごとに比較して、要素ごとにいくつかの段階を決定。その段階ごとに点数をつけ、その点数の合計で順位を決定。数量により表示され、比較的客観的なので、大企業向き
要素比較法	現在の賃金を基準にして評価。基準職務について、職務の価値を決める要素ごとに点数法によって評価し、その要素ごとに他の職務を比較し、合計点により順位を決定。現状の賃金が大部分の従業員に納得されている場合に効果的

(2) 職務再設計

R04-21

従業員の仕事へのモチベーションを高めるための方法として、職務再設計がある。職務再設計には、次のような方法がある。

① ジョブ・ローテーション

ジョブ・ローテーションとは、活動にやりがいを感じられなくなったとき、従業員を同一レベルのスキルを要する職務に配置換えすることである。

② 職務拡大

職務拡大とは、個人が行うタスクの数および種類を増やすことで職務の多様性を拡大することである。

③ 職務充実

職務充実とは、職務の垂直的拡大のことであり、自分の職務のプランニング、実施、評価に関して、従業員が自分自身でより多くを管理できるようにすることである。職務充実を図るためには、次のような行動が推奨される。

(a) **業務を組み合わせる**

既存の分割された業務をまとめて、より大きな業務の単位を形成する。

(b) **ナチュラル・ワークユニットをつくる**

従業員にとってアイデンティティや意義を認めることのできる業務の単位（ナチュラル・ワークユニット）を形成する。

(c) **顧客との関係を確立する**

顧客と直接的な関係性を築けるように従業員の職務を設計することは、従業員が自らの職務の実績を自律的に評価できる機会につながるため、仕事へのモチベーションを高めるのに有効である。

(d) **職務の垂直拡大**

マネジャーが持つ責任や管理の権限を、従業員に委譲する。

(e) **オープンなフィードバック・チャネル**

業績に関するフィードバックを、従業員の職務遂行の中で直接与える。

(3) 柔軟な働き方を可能にする勤務形態

従業員の柔軟な働き方を可能にする勤務形態には、次のようなものがある。

① フレックスタイム制

フレックスタイム制とは、従業員がある一定の範囲内で勤務時間を自由に変更できる勤務形態である。フレックスタイム制の欠点は、受付担当者、小売店の販売員など、決められた時間帯に持ち場にいなければならない仕事に適用できないことである。

② ジョブシェアリング

ジョブシェアリングとは、通常の週40時間労働を二人以上の従業員で分担する勤務形態である。企業側にとっては、ある一つの仕事において二人以上の人材を活用できることや、フルタイムでの勤務が困難な子育て中の従業員や退職者といったスキルのある労働者を取り込む機会が広がることなどの利点がある。また、従業員にとっては、ジョブシェアリングによって柔軟性が高まり、モチベーションや満足感を高めることができる。一方で、マネジメントにとっては、煩雑な一つの仕事をうまく調整して分担できる二人以上の従業員を見つけることが大きな問題となる。

③ 在宅勤務

在宅勤務とは、オフィスとネットワークでつながれたコンピュータを介して、週に2日以上自宅勤務をする勤務形態である。

3 人事考課の意義と方法 B

⑴ 人事考課の意義と目的

人事考課とは、人事管理に活用するために、個々の従業員の職務遂行能力、勤務態度、勤務成績を一定の項目に従って、上司等が査定する制度である。人事考課を活用する目的には、①昇給査定、②昇進・昇格、③賞与査定、④配置・異動、⑤教育訓練・能力開発である。

⑵ 人事考課の方法

① 評価項目

人事考課の評価項目には、勤務記録や生産・能率記録などの客観的データの他に、能力や勤務意欲・態度のような主観データも含まれる。通常、管理職になるに従って成果や実績の比重が増え、勤務態度や能力の比重が減ってくる。

【 人事考課の評価項目 】

能力考課	仕事経験や教育訓練を通して、ストックされた「職務遂行能力」を評価対象とする
業績考課	一定期間にどの程度企業に貢献したかという「顕在的貢献度」を評価対象とする
情意考課	職務に取り組む意欲や勤務態度、積極性や協調性などを評価対象とする

② 評価方法

人事考課には、絶対評価と相対評価がある。絶対評価とは絶対的な基準に基づいて評価する方法で、相対評価とは評価する対象者の中で比較して、優劣を決定する方法である。

【 人事考課の評価方法 】

絶対評価	絶対的な基準 (定められたレベル) に基づいて評価
相対評価	評価する対象者の中での比較により、優劣を決定

相対評価	成績順位法	被考課者を評価要素ごとに序列化し、総合順位を決める手法
	人物比較法	従業員の中から各評定項目の段階ごとに標準的人物を選定し、その人物を基準として他の従業員を評価する方法
絶対評価	算出記録法	生産量・販売量など一定の基準を設け、その結果を記録・整理し、一定の基準に達しているかを評価する方法
	勤怠記録法	従業員の出欠席、遅刻早退等を記録し客観的に勤務状態を評価する方法
	図式尺度法	信頼性、知識度といった要素ごとに段階的評価基準を示す5段階程度の目盛りを設け、考課者が該当する目盛りをチェックしていく方法

成績評語法	評価要素をＳ、Ａ、Ｂ、Ｃなど、いくつかの段階を表す言葉で表現し、その選択肢の中から選択し、成績を評価する方法
プロブスト法	被考課者の日常の勤務態度、行動などに関連する具体的事例のリストを作成し、考課者が確信をもてる項目のみをピックアップしていく方法

③ 評価の留意点
  (a) 人事考課の対象・目的に応じた考課要素を選定し、基準を被考課者に公表すること
  (b) 選定方法が客観的かつ比較可能であること
  (c) 評価者が適正であること (考課者訓練の実施)
  (d) 評定にあたって生じやすい心理的誤差傾向をできるだけ是正すること
  (e) 評価結果を被考課者へフィードバックすること

(3) 人事考課の心理的誤差傾向

　人事考課は公平な評価が行われることが最も重要であるが、一般に心理的誤差が生じがちである。よって、心理的誤差を是正、排除する仕組み作りや、誤差を踏まえ運用することが人事考課の課題である。

【 人事考課の心理的誤差傾向 】

心理的誤差傾向	内容
ハロー効果	一部の優れた点 (悪い点) があると、他の考課要素まで良く見える (悪く見える) 傾向
論理的誤差	考課要素間に関連があると、ある要素が優れている場合に、それと関連のある要素も優れていると評価する傾向
対比誤差	考課者が、自分の得意分野ほど辛めに評価したり、得意分野でないほど甘めに評価したりする傾向
寛大化傾向	考課者の自信欠如から甘めに評価する傾向
個人的偏向	考課者が自分自身の特性や行動を基準として判断する傾向
恒常誤差	特定項目を暗黙のうちに重視もしくは軽視してしまう傾向
時間差による誤差の原則	同じ人が同じ人物を評定しても、時間や順序が違うと異なる評定になる傾向
中心化傾向 (中央化傾向)	考課者が、被考課者の集団に対してあまりにも多数の者を「普通」と評価しすぎる傾向
逆算化傾向	先に全体の評価結果を決めて、それに沿うように個別の評価をする傾向

R04-22 ## (4) 業績評価の実施者

　従業員の業績評価は、直属の上司が行うことが一般的であるが、次のような者が行う方が適している場合もある。
① 同僚
　対象者と毎日接しているため包括的な見方ができる、独立した複数の判断を提供できるなどの利点がある。一方で、評価し合うことに躊躇がある、友好的あるいは

敵対的関係によって評価が偏る可能性があるなどの欠点がある。

② 自己評価

自己評価は、自己マネジメントやエンパワーメントの考え方に一致したアプローチである。自己評価は、従業員の評価プロセスに対する防衛的態度を軟化させるとともに、上司との間で職務成果に関する議論が活発になるなどの利点がある。一方で、過大評価や自分に都合の良い評価につながりやすいという欠点がある。

③ 直属の部下

直属の部下による評価では、通常マネジャーと頻繁に接触の機会がある者が評価するため、マネジャーについての正確で詳細な情報が得られる。一方で、不利な評価を行った部下に対して、上司が報復を行うことが考えられるため、無記名で評価させることが望ましい。

(5) 360度評価

R04-22
H28-20

360度評価は、「多面評価」とも呼ばれ、直属の上司・同僚・部下・他部門などから多面的に評価する制度である。360度評価の効果には、顧客や取引先が評価者となることで被評価者の顧客志向が高まる、評価者に異なった評価を見せることで、評価の訓練機会を提供する、などの効果がある。

(6) コンピテンシー評価

R04-22

コンピテンシー評価とは、優れた業績を上げるための知能や性格といった能力・特性を、実際の具体的な行動レベルでモデル化した行動特性で評価する手法である。

II 雇用管理と能力開発

H28-19

1 雇用管理 Ⓐ

雇用管理とは、単に適性テストを中心とする採用のための管理だけではなく、求人、選考、配置、人事異動（配置転換、昇進、昇格を含む）、休職・退職の領域を含む一連の管理を指す。

H28-21

(1) 採用管理

人材の募集（求人）から選考・採用までの管理を**採用管理**という。企業は、要員計画で、どの部署にどのような人材がどれぐらい必要なのかを決定し、求人を行う。

働き方の多様化により、正規従業員（正社員）だけでなく、非正規従業員（契約社員、パートタイマー、アルバイトなど）の活用が注目されている。

① RJP(Realistic Job Preview)

RJPとは、労働市場に対して組織の状況や特色をアピールする際に、応募者に好感される情報を強調するのではなく、ときには好感されにくい現実をありのままに伝えようとする広報戦略のことである。効果として、職務や職場への初期適応を円滑にすることや、入社後の離職を回避させる効果などがある。

② 人材のダイバーシティ

人材のダイバーシティにより、これまで社外に求められていた異質な見方を社内に取り込むことで、組織やそのメンバー対して、組織変革や新商品開発などのイノベーションの影響を与える。

H29-23
H24-22

(2) 配置管理

① 配置管理の意義

配置管理とは、企業の経営管理上必要とされる職務にふさわしい人材を割り当てるための管理、つまり適材適所を貫くための管理である。

従業員の適正配置のためには、①企業全体の要員計画、②個々の職務に必要とされる資格要件、③個々の従業員の持つ職務能力、の3つが結びつくことが必要である。

要員計画とは、企業の採用ポリシーや経営計画に基づいて、将来いかなる能力の人材が各部門・各職種に何人必要となるかを長期・短期にわたり明らかにすることである。

② 配置転換が行われる理由

(a) 従業員の能力発揮を目的として定期的に行われる配置転換（ジョブ・ローテーション）

(b) 経営上の必要（新分野進出、技術革新や新製品の開発などに伴う仕事の創設・改廃等）に基づく配置転換

(c) 雇用調整による配置転換（部門間の労働力の再配分、出向等）

(d) 不正防止や困難を伴う職務（寒冷地・海外勤務等）の交替による配置転換

③ 質的基幹化

質的基幹化とは、職場において、正社員以外の労働者が、仕事内容や能力が向上し正社員と同じ責任を持って職務に従事することを指す。

(3) 異動管理

① 異動管理の意義

異動とは、「雇用管理の過程における職位の位置づけの変更」を意味し、これを計画・実施・統制する過程が**異動管理**である。

異動の形態には、同一水準の他の職位への異動を図る配置転換異動と責任や賃金の上昇を伴う昇進・昇格異動、降職・降格異動がある。配置転換は水平的異動であり、昇進・昇格及び降職・降格は垂直的異動である。

【 異動の目的と動機 】

目　的	動　機
●労働意欲の向上（昇進欲求の刺激） ●能力の開発 ●労働力の効率的利用 ●人心の刷新（同一職位への定着化を排除） ●後継者の育成	●要員補充・欠員の補充を必要とするため ●個々の従業員について、その職務能力と職務条件の乖離が生じたため

② 自己申告制度と社内公募制度

異動の決定だけでなく、異動先を決めるのは人事労務管理部門や職能分野の責任者などであることが一般的である。しかし、従業員自身の希望を異動決定の情報としてより重視したり、仕事の内容から社内公募を行い、異動を行う企業が増えている。

(a) 自己申告制度

自己申告制度とは、毎年一回程度定期的に、現在の仕事についての評価や満足度、今後の進路、担当したい仕事等についての希望を申告させ、それを配置転換や能力開発に活かそうとする制度である。

(b) 社内公募制度

社内公募制度とは、新商品の開発、新規ビジネスへの進出、新しい営業拠点の運営など、担当する仕事をあらかじめ明示し、その仕事に従事したい人材を社内から広く募集する制度である。

【 社内公募制度の導入目的と留意点 】

導入目的	留意点
●人材発掘手段としての活用 ●人材活性化策としての活用 ●組織活性化策としての活用 ●能力開発活性化策としての活用	●社内公募に自由に応募できるようにする ●制度に対する管理職の理解を求める ●人選にもれた従業員に対してフォローを実施する

H29-12 **(4) 福利厚生**

① 福利厚生

福利厚生は、企業が従業員とその家族などに福祉向上のために設けた様々な施設と制度の総称である。これらは、直接的・間接的に生産性の向上、労使関係の安定、労働力の保全などに寄与する。

② カフェテリア・プラン

カフェテリア・プランは、従来の社員全員が一律の福利厚生を受ける制度に対して、企業があらかじめ用意した様々な福利厚生メニューの中から、従業員が自身のポイントの範囲内で、自主的に希望するメニューを選択して利用する制度である。一般的には、従業員には事前に企業から福利厚生のポイントが付与される。

(5) 退職管理

① 退職管理の意義

退職とは、従業員が労働契約を解除することである。退職には、定年退職や中途退職があり、中途退職には、自己都合によるものと会社都合によるものがある。

退職管理の対象は、定年退職や中途退職の他、定年延長・勤務延長・再雇用等も含まれ、さらに最近では早期退職優遇制ないし選択定年制なども加わっている。

② 退職管理の内容

(a) 定年退職

定年退職は、従業員が一定の年齢に達すると自動的に退職となる制度である。「自動的に退職する」旨は、通常就業規則または労働協約に記載している。定年制の類型としては、一律定年制の実施割合が圧倒的に多い。

【 定年制の類型 】

一律定年制	常用労働者全部について、職種などに関係なく定年年齢が一律に定められているもの
職種別定年制	職種別に定年年齢が定められているもの
その他	生産労働者・事務労働者別／資格別定年制等

(b) 中途退職

中途退職については、自己都合によるものと会社都合によるものがある。自己都合による退職は、結婚・出産・転勤・家業継承・独立自営等、個人の自発的意思に基づく任意退職である。会社都合による退職は、定年退職の他事業不振による人員整理・転籍等がある。

③ 早期退職優遇制・選択定年制

早期退職優遇制は、一律定年制に代わって複数の退職コースを設け、定年前の一定期間に退職する従業員に対し、退職金を優遇する制度である。制度の適用を受けるかどうかは、本人の選択に任されていることから、選択定年制ともいう。

企業側としては、人件費の総額抑制や組織の活力維持が狙いである。

④ 雇用延長

H24-23

これまでの日本の企業では、一定の年齢に達した労働者を一律的、強制的に退職させる定年制が、退職管理の中心であった。しかし高齢化を背景に、定年の延長を含めて定年後の雇用継続の推進が求められている。

雇用延長の種類としては、定年延長と継続雇用制度があり、継続雇用制度には勤務延長と定年者再雇用制がある。

【 雇用延長の種類 】

定年延長		定年そのものを延長する制度。従業員にとっては最も有利だが、企業にとってはコスト増につながる。
継続雇用制度	勤務延長	定年に達した者を直ちに退職させないで、個別調査により企業が特に必要とする人材に限って、能力・健康状態に応じて退職時期を延長する制度。この制度は、役職・給与等を定年前と変えないところが多く、再雇用制よりも従業員にとって有利である。
	定年者再雇用制	定年に達した従業員をいったん退職させ、改めて嘱託等の形で再雇用する制度。この制度は、役職や給与などについて切り替えたうえで、再スタートするケースが多い。再雇用者の処遇は定年前より悪くなるのが普通である。

⑤ 雇用調整

H22-20

雇用調整とは、事業の生産規模等事業活動の変動に応じて適正雇用量が変化するのに合わせ、現実の雇用量を調節するもので、要員管理の一環である。したがって、過剰人員の調整のみではなく、不足人員の雇用も含む。

雇用調整の方法には、労働者数と労働時間数いずれかの調整による数量調整と、賃金などを削減する賃金調整に分けることができる。

実際の雇用調整では、数量調整と賃金調整の両者を組み合わせて実施されることが多い。

【 雇用調整の方法 】

数量調整	新規採用削減、出向・転籍、希望退職者募集、解雇、残業抑制
賃金調整	賞与の削減、ベースアップの水準削減、定期昇給の停止・延期

雇用調整を実施する場合、社員のモラールダウン・会社に対する不信感が発生する可能性がある。実施にあたっては、会社側として社員への納得いく説明と毅然とした態度が必要である。

また、実施前には、経営全体としてのコストダウン・生産性向上・売上拡大への挑戦が行われていることが前提である。

⑹ 資格制度

R01-21
H22-14

① 職能資格制度

組織内において、各職務の困難度、複雑度および責任などを判断基準として資格区分を行い、各職務部分に該当する職務資格等級基準を設定すること（各資格部分に該当する職務遂行能力（職能）の種類や程度を明確にして設定）によって、この基準に基づいた人事処遇を行う制度である。

この制度の目的は、企業の人事諸制度を職能資格等級基準と連動させ、適正な運用基準とすることによって能力主義人事を行い、社員の動機づけと能力開発を図ることにある。

【 職能資格と役職の関係 】

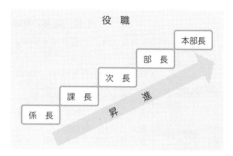

職能資格制度は、企業内の各職務の困難度・責任度等を基準として資格等級を定め、それぞれの等級の能力要件を明確にする。

そのうえで、各従業員の職務遂行能力（職能）を評価して資格等級格付し、賃金や職位と連動させる（職能給）。

また、従業員の職務遂行能力の上昇が認められれば、たとえそれに見合う上位階層のポストや職務が社内で用意できなくても、社内等級は上げることができる。

② 専門職制度

専門的な知識や技術を持つ有能な人を個人の特性に応じてスタッフないしスペシャリストとして、調査役、主任研究員等の名称を与えて、管理職と同等な社内の地位と賃金を保障しようとする制度である。

【 専門職の類型 】

類型	内容	例
社会的専門職	高度の知識・技術・経験あるいは技能を要し、一般に社会的に職業として確立しているもの	弁護士、医者、通訳、電気工事士、運転手、タイピスト
研究・開発専門職	研究所等において、高度の技術的専門知識および経験を要する基礎研究・開発職務	諸工学・力学研究、科学分析、基礎研究、新製品開発

| 企業内専門職 | 事務・技術専門職（ホワイトカラー） | 経営管理あるいは生産・販売活動全般において専門的に高度なあるいは実務上広範な知識、技術および経験を要する職務 | 経営管理（企画、計画、調査）、技術、生産管理、エンジニア、コンサルタント、セールスマンなどのエキスパート、テクニシャン |
| | 技能専門職（ブルーカラー） | 工場等の製造、操作、保守作業において、高度な経験的技能、熟練を要する職務 | 機械工、鋳鉄鋳物工、仕上工、配管工等の現業作業職におけるベテラン |

出典：『人を生かす組織戦略』日経連職務分析センター編

2 能力開発

(1) 能力開発の目的

　企業が社員に求めることは、仕事に関係した能力（職務遂行能力）である。能力開発は、従業員の職務遂行上必要な知識と技能を与え、その知識を活用できる技能を会得させるとともに、従業員の能力をレベルアップさせるものである。

【 能力開発の目的と効果 】

3 能力開発の方法

　能力開発は、その実施形態から、OJT、Off-JT、自己啓発の3つに大別できる。

① OJT (On the Job Training)

　日常業務の遂行を通じて上司・先輩が部下や後輩を指導育成していく教育技法である。仕事上の実務能力を向上させるためには非常に効果が高い。

② Off-JT (Off the Job Training)

　日常業務を離れて内部・外部の専門家等を招いて行われる能力開発である。社内での集団研修や社外でのセミナー・講習会などの参加が代表的である。

③ 自己啓発

　社員自身が自らの意思で行う能力開発である。個別の興味や将来必要とされる能力の開発などを自発的に実施するものである。

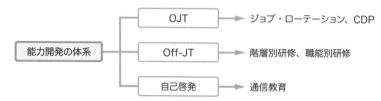

【 能力開発の体系 】

```
                    ┌──────────────┐
                ┌──│     OJT      │──→ ジョブ・ローテーション、CDP
                │   └──────────────┘
┌──────────┐    │   ┌──────────────┐
│ 能力開発の体系 │──┼──│   Off-JT     │──→ 階層別研修、職能別研修
└──────────┘    │   └──────────────┘
                │   ┌──────────────┐
                └──│   自己啓発    │──→ 通信教育
                    └──────────────┘
```

(1) OJT

① OJTの重要性

OJTは職場において上司が日常の業務遂行の中で教育訓練を行うことである。職務遂行の具体的知識が身につくのはOJTによる場合が多く、効率的な職務遂行が可能となり、管理者にとって、OJTは重要な職務である。

② OJTの留意点

忙しい日常業務の中で行われるOJTは、実行にあたり充分な準備が必要である。その際の留意点は次のとおりである。

- (a) 管理者は、日頃から自己啓発を行い、新しい考え方、技術を身につける。
- (b) 人事部門は積極的に管理者能力の向上を援助する。
- (c) 事前に人事担当者と充分な打ち合わせを行う。
- (d) 誰に、何を教育するか明らかにする。
- (e) 達成すべき目標を決定する。
- (f) いつ、どこで、どのように教育するか計画を立てる。
- (g) 教育の成果をチェックする。
- (h) マニュアルを作成する。
- (i) 次の目標を立てる。

③ ジョブ・ローテーション

ジョブ・ローテーションとは、一定の時期ごとに、従業員の職場や職務を変えて職務遂行能力の向上を図ることである。

【 ジョブ・ローテーションの目的 】

目的
①幅広い業務経験を積むことにより、対応能力向上が期待される
②異動を通じた部門間のコミュニケーション向上による業務内容の相互理解が進む
③従業員の業務体験拡大による潜在的適性が発見できる

④ CDP

CDP（キャリア・デベロップメント・プログラム）とは、経歴開発制度、経歴管理制度と訳され、社員個人の職業生涯目標と会社の長期経営目標の達成とを両立させた長期的なキャリア育成計画を作成し、その計画に則した配置転換、昇進と能力開発や人事評価を行う制度である。

ジョブ・ローテーションは経験により個々の従業員の能力向上を図るが、それに能力開発を加えて、長期的、体系的に計画し、実行するのがCDPである。

(2) Off-JT

① Off-JTの体系

Off-JTは、日常業務を離れて内部・外部の専門家等を招いて行われる能力開発である。

② 階層別研修

階層別研修は、新入社員、中堅社員、管理者、経営者といった経営階層に応じて従業員に必要とされる共通的な知識・技能の習得を目的としている。

新入社員教育では、企業で働く従業員としての心構えや態度の形成が基本的なねらいである。

中堅社員では経営階層に応じた実務能力の習得が中心となる。また、職場のチームワーク向上や人間関係の改善を確保することも期待できる。

管理職や経営者には、企業の変化を敏感に察知してそれを業務に反映する戦略的な能力や、新たなビジネスチャンスをものにする企業家的センス、さらにはこうした内容を効果的に遂行する職場リーダーシップや職場モラール形成の技能などの習得が重要である。

(3) 自己啓発

① 自己啓発の意義

自己啓発は従業員が自らの意思や判断によって、自己の能力向上に努力することである。自己啓発の目指すところは、単に知識や技能を習得するだけでなく、能力を向上し自己実現を図るための強い欲求を引き出すことである。

② 自己啓発援助の内容

自己啓発に関する援助には、経済的支援と時間的支援が中心だが、主なものは次のとおりである。

    (a) 通信教育講座の援助・あっせん

    (b) 公的資格取得の援助

    (c) 図書等の貸出し

    (d) 社外講座等の紹介・あっせん・援助

    (e) 留学等特殊事項の相談

(4) 経験学習

R02-21

経験学習とは、実際にやってみることで得られた成功や失敗について振り返る学習を、後の経験・学習の土台とすることをくり返すもので、次のモデルになっている。

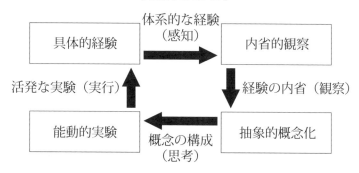

【 経験学習モデル 】

出典：『人事管理』平野光俊　江夏幾多郎著　有斐閣ストゥディア

III 賃金管理と作業条件管理

1 賃金管理

⑴ 賃金体系の構成要素

　1年間に支給される賃金は通常、月例賃金と賞与で構成される。月例賃金とは毎月支給される賃金で基本給と各種手当等の所定内賃金、及び時間外勤務手当等の所定外賃金から構成されている。

① 所定内賃金・所定外賃金

　所定内賃金とは、企業であらかじめ決められた1日の労働時間（所定労働時間）内の労働に対して支払われる賃金である。一方、所定外賃金とは、所定労働外の労働に対して支払われる賃金である。

② 基準内賃金・基準外賃金

　基準内賃金とは、予定された労働時間に就労したことに対して支払う基本的賃金部分である。残業手当等の計算の基準として用いる賃金を指すことが多く、基本給と手当の一部を含む。企業によっては、所定内賃金と同じ場合もある。

【 賃金体系の構成要素 】

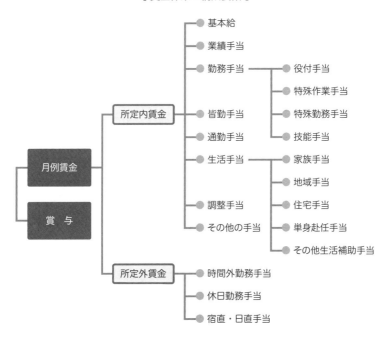

2 基本給体系

(1) 基本給の定義

基本給は、量的に賃金の中核を形成し、質的に賃金の性格を規定する中核的な賃金形態といえる。基本給の機能としては、下記の３つの機能がある。

① 従業員の内部序列を反映する

② 他の賃金項目（賞与、退職金）の算定基礎として使われることが多い

③ 賃金収入の安定性の度合を示す

上記②に関し、近年人件費抑制の観点から第２基本給の導入を図る企業もみられる。第２基本給とは、本来基本給に繰り入れるべき金額の大部分または一部分を別建ての賃金項目とし、これを賞与や退職金の算定基礎としない制度である。

(2) 基本給の種類

基本給の種類としては、属人給、職務給、職能給、総合給等がある。

【 基本給の種類 】

属人給	年齢・勤続年数など属人的要素を基準に上昇する賃金。年齢給と勤続給がある
職務給	各職務の相対的価値の大きさに対して支払われる賃金
職能給	職務遂行能力の大きさに対して支払われる賃金
総合給	成果給・業績給として、属人的要素と仕事的要素を総合的に評価し決定される賃金

① 属人給

属人給とは、従業員の年齢・勤続年数など属人的要素のみを基準に上昇していく賃金のことである。属人給としての基本給項目には、年齢給と勤続給とがある。

(a) **年齢給**

年齢給とは、年齢を基準として定められる基本給項目のことで、一般に年齢の増加とともに賃金が増額するように定められている。

(b) **勤続給**

勤続給とは、従業員の勤続年数を基準として機械的に定める基本給項目のことで、職務内容や職務遂行能力等とは直接関連を持たないものである。

② 職務給

職務給は、職務の内容に対応して決められる賃金のことで、職務の重要度と困難度を中心に各職務の相対的価値を定め、その価値に応じて定められる賃金といえる。

職務給は、１つの職務等級に１つの賃金額を決める単一職務給（シングル・レート）と職務等級ごとに２つ以上あるいは幅のある賃金を決める範囲職務給（レンジ・レート）とがある。職務給は、本来同一職務同一賃金の単一型とされている。しかし、我が国の職務給は、大部分が範囲職務給型のもので、この型の職務給では、同一職務等級内でも昇給制度を有し、年功的要素により昇給するものもある。

職務給を導入するには、正確に職務分析を行う必要がある。職務分析の目的は、

(a) 職務価値の判定

(b) 適正配置を具体化するための各職務に必要な資格要件の把握

(c) 職務のニーズに合わせた能力開発の計画

の3つである。

成果主義賃金として職務給が制度化される場合には、職務間に賃金差が発生する。職務の違いによる賃金の不公平感を低減させるため、自己申告制度や社内公募制度など配置転換の機会を与えるのが一般的である。

③ 職能給

職能給は、個々の従業員の職務遂行能力を基準として定められる基本給項目である。この場合の能力とは、現在の職務における顕在的能力の他に潜在的能力をも含めた総合的な能力を指す。

職能給の実施にあたっては、職務遂行能力を分類するための職能分類制度と、個々の従業員の能力を判定して職能分類制度にあてはめるための人事考課制度が必要になる。

職能分類制度では、職務遂行能力の同質もしくは類似した職務を一括して職務群に分類し、その職務群ごとにその仕事を遂行するのに要する資格要件（習熟度・理解力・判断力など）を定めた職能等級基準（職能分類基準）を設定する。職能給は、この等級に基づいて賃金表を作成し、そのうえで、人事考課で従業員各人の適正な能力評価を行い、その効果を上げようとするものである。

また、職能給と密接に結びついている制度に職能資格制度がある。

【 職務給と職能給のメリット・デメリット 】

	メリット	デメリット
職務給	●仕事内容を反映した賃金となる ●差別的な賃金とならない	●配置転換が難しい ●新しい業務への取り組みが弱い
職能給	●能力開発を促進させる ●職務との関係が緩やかで配置転換をしやすい	●能力評価が難しい ●年功賃金になりやすい

④ 総合給

総合給は、属人的要素（年齢、勤続年数、学歴等）と仕事的要素（職務内容、職務遂行能力、勤務成績）を総合的に評価し決定するので、賃金決定基準が不明確になり、賃金と職務との結びつきが曖昧になるため、結果的に属人給の色彩が濃くなる可能性がある。

(3) 年俸制

H22-14

年俸制は、賞与も含めた年間の賃金をあらかじめ決めておく制度で成果主義賃金制度の代表例である。日本では月給に相当する部分（基本年俸）および賞与に相当する部分（業績年俸）からなる場合が多い。

① 年俸制の適用条件

年俸制には以下のような適用条件が求められる。

 (a) 各人の役割と責任が明確となっている。

 (b) 各人の仕事上の役割と責任が大きい。

 (c) 各人の業績を明確に把握できる。

年俸制になじむ職種には、①管理職、②専門職、③研究員、④営業社員等がある。

② 年俸制の留意点

年俸制の導入にあたっては、①確固たる方針と目標の設定、②目標と方針の社員への公表・周知徹底、③段階的な導入、④導入後の精査、⑤状況に応じた柔軟な変更、というプロセスに留意しなければならない。

【 年俸制のメリット・デメリット 】

メリット	デメリット
●経営意識の高揚が図れる ●業績目標の設定によりチャレンジ精神が醸成される ●年収の調整が容易になる ●目標管理制度の効果が高まる ●実力主義の導入が図れる	●社員が目先の業績のみを追い、生産性が低下するおそれがある ●連帯感が失われるおそれがある ●社員の不公平感や意欲低下が生じるおそれがある ●部下育成を軽視しがちになる ●社員が失敗をおそれがちになる

 3　昇給制度

(1) ベースアップ

ベースアップは、消費者物価の上昇、会社の業績、労働生産性の向上等、画一的要素による全従業員一斉の賃上げである。年齢や能力・成績・勤怠などにはかかわりなく、賃金水準そのものを「底上げ」するものであり、賃金表を書き換えることになる。

(2) 昇給

昇給は、個々の従業員における年齢等の属人的要素や職務遂行能力・職務内容といった仕事的要素の変化に対応して、既定の昇給基準線（新規学卒入社者が、年とともに標準的に昇級・昇格をした場合、基本給がどのように変化するかを描いたもの）に沿って、賃金額を増額修正することになる。

昇給制度には、基幹的労働者の長期勤続を確保するために、将来にわたり一定の賃金上昇があることを労働者に約束する機能がある。年齢・勤続に伴う昇給や職務遂行能力の向上、職場における重要性の増大を一定期間ごとに評価して、基本給に反映させるための制度といえる。

4 賞与

(1) 賞与の性格と役割

賞与の性格と役割については、以下の3点が指摘できる。

① 企業業績の動向や従業員個々人の業績評価を反映させ、弾力的に支給することができる。これにより景気動向に伴う人件費負担をある程度緩和できる。

② 賞与には、出費がかさむ時期(盆と年末年始)の生活補給金としての性格がある。

③ 賞与は割増賃金(時間外勤務手当)の算定基礎となる賃金に含まれないので、賞与を増加させても時間外のコスト増につながらない。

(2) 賞与原資の算定方式 (考え方)

賞与の算定方式には、売上高を基準にした売上高配分方式と付加価値を基準にした付加価値配分方式がある。売上高配分方式はスキャンロン・プラン、付加価値配分方式はラッカー・プランと呼ばれる。

【 スキャンロン・プランの算定方式 】

賞与総額=(売上高×標準人件費比率)-既払賃金総額
＊標準人件費比率=賃金総額(人件費)÷売上高

【 ラッカー・プランの算定方式 】

賞与総額=(付加価値額×標準労働分配率)-既払賃金総額
＊標準労働分配率=人件費÷付加価値額

賞与原資の算定に成果配分・利潤分配方式等を取り入れていない企業は企業業績や世間相場・同業他社の動向を基準に、算定基礎となる基礎給の「何か月分」という形で決定する「世間相場に基づく算定方式」を採用している企業が多い。

5 作業条件管理

(1) 労働時間管理

① 労働時間の管理の意味

労働時間管理とは、労働時間の長さ、配置(休憩を含む)、休日、有給休暇日数等について、人的資源管理の目的達成に役立たせるための組織的、計画的施策である。

② 労働時間短縮の方法

労働時間短縮の方法として、以下のようなものがある。

　(a) 所定労働時間の短縮

　(b) 所定外労働時間の短縮

(c) 週休2日制の推進

(d) 年次有給休暇の完全消化等

　我が国においても、平成19年に「仕事と生活の調和（ワーク・ライフ・バランス）憲章」および「仕事と生活の調和推進のための行動指針」が策定され、家庭や地域社会などにおいても、子育て期、中高年期といった人生の各段階に応じて多様な生き方が選択・実現できる社会を推進している。

⑵ 労働安全衛生管理

① 労働安全衛生管理の重要性

　労働安全衛生管理は、労働者に働く意欲を与え、企業のイメージを高め、生産性を向上させる。労働者にも企業にも大きな利益をもたらすものであり、重要性を認識し、十分な対策をとる必要がある。

【 労働安全衛生管理の領域 】

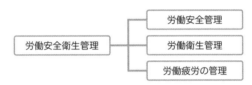

② 労働安全管理

(a) 災害の防止と対策

　労働安全管理は労働災害の発生を防ぐためにその原因を究明し、原因に応じた対策を考え、計画的に災害防止対策を実行することである。そのためにまず原因を明らかにする必要がある。労働災害の原因には主に次のようなものがある。

【 労働災害の原因例 】

物的・技術的原因	作業設備の不備、作業方法の不適切
個人的原因	経験不足、不注意、過失、怠慢、命令無視
管理的条件の不備	管理組織の不備、安全検査の欠如、不十分な安全教育

　労働安全管理の代表的な方法は次のとおりとなっている。

　　・主要な諸施設について安全検査を行う

　　・危険な作業については能力検定試験合格者を充てる

　　・通路を確保し、整理整頓を行う

　　・有害物の除去、機械の危険部分の被覆、安全作業の励行、保護具の着用を実行する

　　・不適性者を危険作業に就けない

　　・安全衛生教育訓練の励行と安全マニュアルを作成する

(b) 災害補償

　労働災害の防止に努力しても、完全に防ぐことは困難である。不幸にして災害を受けた労働者を救済するのが労働者災害補償保険法である。

③ 労働災害発生状況の把握

労働災害発生状況を把握する代表的指標として以下の２つがある。

【 労働災害発生状況の把握指標 】

指標	内容
強度率	災害の重軽度合を表す形式で、我が国では1,000労働時間当たりの労働災害の死傷による労働損失日数で表現する。 強度率＝(労働損失日数÷延実労働時間数)×1,000
度数率	ILOで決議され国際的に適用する災害発生率の表現方式で100万実労働時間当たりの1日以上休業の死傷者数で表現する。 度数率＝(死傷者数÷延実労働時間数)×100万

④ 労働衛生管理

労働衛生管理は、作業環境の条件が労働者の健康に及ぼす悪影響を組織的、計画的に防ぐための施策である。労働災害と違い、目にみえる直接的な被害がないので関心が低いが、人的資源管理に大きな関係があり、十分な対応が必要である。

(a) 従業員の健康を維持することにより、欠勤等を防げる。

(b) 作業環境の整備は労働能率の向上に役立つ。

(c) 作業環境の改善は労働者に安心感を与え、モラールの形成や企業イメージの向上に役立つ。

■■■ 問題編 ■■■　　**Check!!**

問1 (H26-22)　　　　　　　　　　　　　　　　　　　　　　　[○・×]
　コミットメント型人的資源戦略では、企業内部の従業員に仕事のプロセスに対して責任を負うことを求めていく。

問2 (R04-21)　　　　　　　　　　　　　　　　　　　　　　　[○・×]
　ジョブシェアリングでは、個人的な事情に応じて従業員が勤務時間を自由に設定できる権利を保証するため、フルタイムでの勤務が困難な子育て中の従業員の雇用機会を広げることができる。

問3 (H21-20)　　　　　　　　　　　　　　　　　　　　　　　[○・×]
　ハロー効果とは、同じ考課者が同じ被考課者を評価しても、時間や順序が変わると異なった評価になる傾向のことをいう。

問4 (H20-24)　　　　　　　　　　　　　　　　　　　　　　　[○・×]
　CDP（キャリア・ディベロップメント・プログラム）は、社員各自の希望と企業の人材ニーズに照らした長期的なキャリア・プランに基づく教育訓練と人事評価や処遇を合わせて行う必要がある。

問5 (H26-26)　　　　　　　　　　　　　　　　　　　　　　　[○・×]
　OJT は、管理職等が日常の活動の中で指揮命令を通して行うものであるから、OJTを計画的に実施したり、マニュアルに基づいてOJTを行うなどということは、実際には困難であり、あまり現実的ではない。

問6 (H25-23改題)　　　　　　　　　　　　　　　　　　　　　[○・×]
　ベースアップとは、全従業員一斉の賃上げのことをいう。

問7 (R01-21)　　　　　　　　　　　　　　　　　　　　　　　[○・×]
　従業員の職務遂行能力の上昇が認められれば、たとえそれに見合う上位階層のポストや職務が社内で用意できなくても、社内等級は上げることができる。

問1　×：プロセスではなく、結果に対して責任を求める。

問2　×：従業員が勤務時間を自由に設定できる勤務形態は、フレックスタイム制である。

問3　×：ハロー効果とは、一部の悪い点があると、他の考課要素まで悪く見える現象のことである。

問4　○：長期的、体系的な計画が必要である。

問5　×：計画を立てマニュアルづくりを行うなど日頃の準備が重要である。

問6　○：設問文のとおり。

問7　○：設問文のとおり。

■■■ 問題編 ■■■

　人事評価における評価基準と評価者に関する記述として、最も適切なものはどれか。

ア　360度評価では、評価者からのフィードバックの客観性を高めるために、従業員が所属している部門内の直属の上司、同僚、部下に範囲を絞って評価者を設定することが望ましい。

イ　コンピテンシー評価とは、優れた業績をあげるための知能や性格といった従業員の潜在的な特性に基づいて、従業員の職務成果を評価する手法を指す。

ウ　従業員に自らの職務成果を自己評価させることには、従業員と上司との間で職務成果に関する議論が活発になる利点がある。

エ　上司の職務成果を直属の部下に評価させる場合は、不正確な評価を行った部下に対して上司が指導を事後的に行えるように、記名式で評価させることが望ましい。

オ　組織におけるエンパワーメントの考え方に従えば、従業員の職務成果の評価者を直属の上司に限定し、従業員による自己評価の機会を認めるべきではない。

解答：ウ

　人事評価に関する出題である。

ア：不適切である。360度評価では上司、同僚、部下以外に他部署関係者や顧客、関係先を含めることもある。回答者は、対象者と仕事上で何らかの接点がある、仕事内容や期待されている行動をある程度理解している、同一区分（部下のみなど）に偏ることなく様々なグループからバランスよく選ぶ、などの条件を満たすように設定する。

イ：不適切である。コンピテンシー評価とは、優れた業績を上げるための知能や性格といった能力・特性を、実際の具体的な行動レベルでモデル化した行動特性で評価する手法である。

ウ：適切である。自己評価は従業員の評価プロセスに対する防衛的態度を軟化させやすく、職務業績について従業員と上司の間の議論が活発化する有効な手段になる。

エ：不適切である。不利な評価を行った部下に対して、上司が報復を行うことが考えられるため、無記名で評価させることが望ましい。

オ：不適切である。従業員が自分自身の業績評価を行うことは、自己マネジメントやエンパワーメントという考え方に一致したアプローチである。

テーマ別出題ランキング

過去23年分 平成13年（2001年）～令和5年（2023年）	
1位	労働時間・休憩・休日
2位	労働者災害補償保険法（労災保険法）
3位	賃金

直近10年分 平成26年（2014年）～令和5年（2023年）	
1位	労働時間・休憩・休日
2位	賃金
3位	就業規則

過去23年間の出題傾向

　労働基準法が労働関連法規出題の約5割に相当する58回と出題回数が最も多く、労働基準法の中では労働時間・休憩・休日が16回、賃金が10回、労働条件を定める就業規則と労働契約との合計が13回の出題である。労働関連法規の配点は少なく2次試験で扱われる可能性も低い。範囲を絞って効率的に対策したい場合は、出題回数の多い法律やテーマを中心に対策する方法も考えられる。

第 **12** 章

労働関連法規

I 労働基準法

1 総則・労働条件

(1) 目的

労働基準法は憲法27条に基づき、1947 (昭和22) 年に制定された法律で、労働法の根幹をなす法律である。

一般に労働者は使用者に対して経済的に弱い立場にある。使用者が勝手に賃金や労働時間などの労働条件について、何の制約もなく自由に決めることになると、労働者は劣悪な条件のもとで働かされることにもなりかねない。

労働基準法は社会的・経済的弱者である**労働者**の保護を目的として、労働者が人たるに値する生活を営むために必要な賃金・労働時間・労働契約等の労働条件の**最低基準**を規定している。

原則として、事業の種類、規模等に関係なく、労働者を使用するすべての事業または事務所に適用される。

(2) 定義

① 労働者

職業の種類を問わず事業又は事務所に使用される者で、賃金を支払われる (使用従属関係が認められる) 者のことを**労働者**という。不法就労の外国人、パートタイム労働者 (パートタイマー、アルバイト等) も労働者である。

② 使用者

事業主又は事業の経営担当者その他その事業の労働に関する事項について、事業主のために行為をするすべての者のことを**使用者**という。

③ 労働条件

賃金、労働時間、解雇、災害補償、安全衛生等に関する条件をすべて含む労働者の職場における一切の待遇のことを**労働条件**という。

④ 過半数組合

事業場において労働者の過半数で組織する労働組合のことを過半数組合という。

⑤ 過半数代表者

事業場において労働者の過半数を代表する者のことを過半数代表者という。

(3) 労働条件の原則

労働基準法で定める労働条件の基準は**最低**のものであるから、労働関係の当事者は、この基準を理由として労働条件を低下させてはならないことはもとより、その向上を図るように努めなければならない。

⑷ 労働条件の決定

労働条件は、労働者と使用者が、対等の立場において決定すべきものである。労働者及び使用者は、労働協約、就業規則及び労働契約を遵守し、誠実に各々その義務を履行しなければならない。

同一の労働条件については、**労働基準法＞労働協約＞就業規則＞労働契約**の順に効力がある。

【 労働協約・就業規則・労働契約 】

労働協約	労働組合と使用者又はその団体とが結んだ労働条件その他に関する協定
就業規則	会社の労働者が就業上守るべき規律（服務規律）や賃金、労働時間その他の労働条件に関して細かく定めた規則
労働契約	労働者個人と使用者とが結んだ契約

⑸ 均等待遇、男女同一賃金の原則

使用者は、労働者の国籍、信条又は社会的身分を理由として、賃金、労働時間その他の労働条件について、差別的取扱いをしてはならないと均等待遇について規定しているものの、性別による差別は対象ではない。

労働基準法では、男女差別を禁止しているのは**賃金**だけで、それ以外の差別の禁止については男女雇用機会均等法で定めている。

差別的取扱いは、女性を不利に扱うことはもちろん、有利に扱うことも禁止されている。

【 均等待遇と男女同一賃金の原則約 】

	差別理由	差別禁止事項
均等待遇	国籍、信条又は社会的身分	賃金、労働時間その他の労働条件
男女同一賃金の原則	女性であること	賃金

2 就業規則

⑴ 作成および届出の義務

常時**10人**以上の労働者を使用する使用者は、就業規則を作成し、遅滞なく行政官庁（所轄労働基準監督署長）に届け出なければならない。

就業規則は、その作成及び届出義務が規定されているだけでなく、使用者は、社内掲示や設置パソコン等による閲覧、書面交付などの方法で、就業規則を労働者に**周知**させることが義務づけられている。当該労働者に関係する部分を明示して就業規則を書面交付することや、常時事業場の見やすい場所に掲示する方法、全労働者に配布する方法で、当該部分の労働契約の明示義務を果たすことができる。

(2) 減給の制裁の制限

就業規則で、労働者に対して減給の制裁を定める場合においては、その減給は、1回の額が平均賃金の1日分の半額を超え、総額が1賃金支払期における賃金の総額の**10分の1**を超えてはならない。

ただし、就業規則において明確に規定されている懲戒処分によって出勤停止を命じた従業員に対する賃金は、出勤停止期間が適切な範囲内のものである限り、その出勤停止期間に対応する分は支給しなくてもよい（ノーワーク・ノーペイの原則）。

(3) 記載事項

就業規則は、①**絶対的必要記載事項**（記載が義務づけられている事項）、②**相対的必要記載事項**（定めをする場合には記載義務のある事項）および③**任意的記載事項**（その他の事項）から構成される。就業規則の法定記載事項は、①絶対的必要記載事項と②相対的必要記載事項である。

①、②の一部を欠く就業規則（例 育児・介護休業についての記載のない就業規則）であっても、その他の要件を備えていれば有効な就業規則であるが、作成及び届出の義務違反となる。

【 絶対的必要記載事項と相対的必要記載事項 】

絶対的必要記載事項	相対的必要記載事項
① 始業及び終業の時刻、休憩時間、休日、休暇並びに労働者を2組以上分けて交替に就業させる場合においては就業時転換に関する事項 ② 賃金（臨時の賃金等を除く）の決定、計算及び支払の方法、賃金の締切り及び支払の時期並びに昇給に関する事項 ③ 退職に関する事項（解雇の事由を含む）	① 退職手当の定めが適用される労働者の範囲、退職手当の決定、計算及び支払の方法並びに退職手当の支払の時期に関する事項 ② 臨時の賃金等（退職手当を除く）及び最低賃金額に関する事項 ③ 労働者に負担させる食費、作業用品その他の負担に関する事項 ④ 安全及び衛生に関する事項 ⑤ 職業訓練に関する事項 ⑥ 災害補償及び業務外の傷病扶助に関する事項 ⑦ 表彰及び制裁の種類及び程度に関する事項 ⑧ その他労働者のすべてに適用される定めをする場合においては、これに関する事項

(4) 意見書作成の手続き

使用者は、就業規則の作成または変更について、当該事業場に、労働者代表（過半数労働組合がある場合はその労働組合、過半数労働組合がない場合は過半数代表者）の**意見**を聴き、書面を作成しなければならない（同意は**不要**である）。

⑸ 届出の手続き

就業規則は、事業場ごとに届けることが原則である。しかし、複数の事業場がある企業において、企業全体で統一的に適用される就業規則を定める場合は、各事業場ごとに所轄の労働基準監督署に届けることは効率的ではない。そこで、次の条件を満たしている場合、本社で一括届出ができる。

① 本社の所轄労働基準監督署長に対する届出の際には、本社を含め事業場の数に対応した必要部数の就業規則を提出すること（本社＋事業場の数の必要部数）

② 各事業場の名称、所在地および所轄労働基準監督署名、ならびに本社の就業規則と各事業場の規則が同一の内容であるという旨が附記されていること

③ 意見書については、その正本が各事業場ごとの就業規則に添付されていること

3 労働契約 Ⓑ

⑴ 部分無効自動引き上げの原則

労働基準法で定める基準に達しない労働条件を定める労働契約は、その部分について**無効**とする。

労働基準法に違反する契約の部分は、労使間でどう判断しようと関係なく、法律上、自動的に労働基準法で定めた基準（最低基準）で契約したことになり、効力が発生する。

⑵ 契約期間

期間の定めのある労働契約については、一定の事業の完了に必要な期間を定めるものの他は、契約期間の上限を**3年**（次のいずれかに該当する労働契約にあっては、**5年**）とすることができる。

① 専門的な知識、技術または経験（以下「専門的知識等」という）であって高度のものとして厚生労働大臣が定める基準に該当する専門的知識等を有する労働者（当該高度の専門的知識等を必要とする業務に就く者に限る）との間に締結される労働契約

② **60歳**以上の労働者との間に締結される労働契約

※「高度の専門的知識等を有する労働者」の例には、i) 博士の学位を有する者、ii) 公認会計士、医師、歯科医師、獣医師、弁護士、一級建築士、薬剤師、不動産鑑定士、弁理士、技術士、社会保険労務士または税理士の資格を有する者等がある。

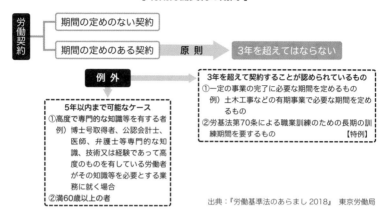

【 有期労働契約の期間 】

出典：『労働基準法のあらまし 2018』 東京労働局

(3) 有期労働契約の更新、雇止め、無期労働契約への転換に関する基準

① 1年を超える継続勤務者について契約更新しない場合は30日前までに予告をしなければならない。

② 1年を超える継続勤務者について契約更新しない場合に労働者がその理由の証明書を請求したときは交付しなければならない。

③ 契約を1回以上更新し、かつ、1年を超える継続勤務者について、更新の際、契約の実態や労働者の希望に応じて、契約期間をできるだけ長くするように努めなければならない。

④ 同一の使用者との間で、有期労働契約が通算で**5年**を超えて繰り返し更新された場合は、労働者の**申込み**により、無期労働契約に転換できる。また、労働者が申し込んだ時点で、使用者は申込みを**承諾**したものとみなされる。

R04-23
H29-24

(4) 労働条件の明示

使用者は、労働契約の締結に際し、労働者に対して賃金、労働時間その他の労働条件を明示しなければならない。

明示事項には、必ず明示しなければならない事項（絶対的明示事項。要書面交付）と使用者が定めをした場合には明示しなければならない事項（相対的明示事項）がある。

使用者が明示した労働条件（絶対的明示事項・相対的明示事項）が事実と違う場合、労働者は即時に労働契約を解除できる。

【 絶対的明示事項と相対的明示事項 】

絶対的明示事項 書面交付による明示事項	相対的明示事項 口頭の明示でもよい事項
①賃金 (退職手当等を除く) の決定、計算・支払の方法、賃金の締切・支払の時期、昇給に関する事項 ②就業場所・従事する業務・これらの変更の範囲 ③始業及び終業時刻・所定労働時間を超える労働の有無・休憩時間・休日・休暇・就業時転換に関する事項 ④退職に関する事項 (解雇の事由を含む) ⑤労働契約の期間 ⑥期間の定めのある労働契約を更新する場合の基準・更新上限・無期転換申込機会・無期転換後の労働条件に関する事項	①退職手当 (適用される労働者の範囲、退職手当の決定、計算及び支払の方法並びに退職手当の支払の時期に関する事項) ②臨時の賃金等 (退職手当を除く) 及び最低賃金額に関する事項 ③労働者に負担させる食費、作業用品その他の負担に関する事項 ④安全及び衛生に関する事項 ⑤職業訓練に関する事項 ⑥災害補償及び業務外の傷病扶助に関する事項 ⑦表彰及び制裁の種類及び程度に関する事項 ⑧休職に関する事項

4 賃金 Ⓐ

(1) 賃金

賃金とは、賃金、給料、手当、賞与その他名称の如何を問わず、労働の対償として使用者が労働者に支払うすべてのものをいう。

H30-27

(2) 賃金支払いの5原則

R05-24
R03-26
H29-26
H27-22

【 賃金支払いの5原則 】

	原則	例外
通貨払いの原則	賃金は通貨で支払わなければならない。	法令や労働協約により現物支給は可能。労働者の同意などにより銀行振込は可能。
直接払いの原則	賃金は直接労働者に支払わなければならない。	使者への支払いは可。未成年者の親権者等への支払い不可。
全額払いの原則	賃金は全額を支払わなければならない (※1)。	法令 (例 税金や社会保険料等を控除) 労使協定 (例 組合費、社内預金等を控除)
毎月1回以上払いの原則	賃金は毎月1回以上支払わなければならない。	賞与、臨時に支払われる賃金等は可。非常の場合の費用は一部可 (※2)
一定期日払いの原則	賃金は毎月25日等一定の期日に支払わなければならない。	

※1 予め懲戒解雇時に退職手当 (退職金) を減額や不支給にする支給基準が明確に定められていない場合、懲戒解雇時に退職金を減額や不支給にすることは全額払いの原則に抵触する。
※2 使用者は、労働者が出産、疾病、災害その他非常の場合の費用に充てるために請求する場合においては、支払期日前であっても、既往の労働に対する賃金を支払わなければならない。

(3) 平均賃金

　平均賃金とは、これを算定すべき事由の発生した日以前**3か月**間にその労働者に対し支払われた賃金の総額を、その期間の**総日数**で除した金額をいう。

$$平均賃金 = \frac{算定事由発生日以前3か月間に支払われた賃金の総額}{算定事由発生日以前3か月間の総日数}$$

(4) 割増賃金

　労働時間を延長し、または休日に労働させた場合や深夜（原則午後10時から午前5時）に労働させた場合は、割増賃金を支払わなければならない。

　割増賃金は、通常の労働時間または労働日の賃金を基礎として計算されるが、①家族手当、②通勤手当、③別居手当、④子女教育手当、⑤住宅手当、⑥臨時に支払われた賃金、⑦1か月を超える期間ごとに支払われる賃金は、割増賃金の基礎となる賃金から除外される。ただし、①～⑤の手当については、これら名称にかかわらず実質により判断される。

【 時間外労働の割増率一覧 】

法定の時間外労働	2割5分以上
法定の時間外労働（月60時間超）	5割以上
法定の休日労働	3割5分以上
深夜労働（原則午後10時から午前5時）	2割5分以上
時間外労働が深夜の時間帯に及んだ場合	5割以上
時間外労働が深夜の時間帯に及んだ場合（月60時間超）	7割5分以上
法定の休日労働が深夜の時間帯に及んだ場合	6割以上

(5) 休業手当

　使用者の責に帰すべき事由による休業の場合、使用者は、休業期間中当該労働者に、その平均賃金の100分の**60**以上の手当を支払わなければならない。

(6) 最低賃金

　最低賃金法に基づき国が賃金の最低限度（1時間あたりの最低賃金）を定め、使用者は、その最低賃金以上の賃金を支払わなければならない。

5 労働時間・休憩・休日

(1) 法定労働時間

H27-22

労働基準法では、休憩時間を除き、原則として、1週間について**40時間**、1日について**8時間**を超えて労働させてはならないことを定めている。この1週40時間、1日8時間を法定労働時間という。

これに対し、就業規則などで1週間について35時間、1日について7時間と定められている場合の労働時間のことを所定労働時間と呼んでいる。

特例事業場については、労働時間の特例措置として、1週44時間、1日8時間まで労働させることができるようになっている。※特例事業場とは、常時使用する労働者の数が10人未満である商業、映画・演劇業（映画の製作の事業を除く）、保健衛生業、接客娯楽業を営む事業場のことである。

【 時間外労働の割増率 】
[所定労働時間が 9:00 から 17:00 までの場合（休憩 1 時間）]

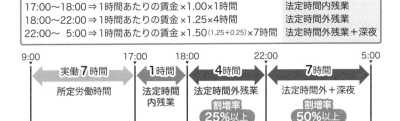

出典：『労働基準法のあらまし 2018』 東京労働局

R03-25
R02-25
H29-27
H25-20
H19-24

(2) 変形労働時間

変形労働時間制とは、一定の条件のもとで、一定の期間における特定の日又は特定の週に法定労働時間を超えて労働させることを認める制度である。

変形労働時間制は、1か月単位の変形労働時間制、フレックスタイム制、1年単位の変形労働時間制、1週間単位の非定型的変形労働時間制の4つがある。

フレックスタイム制は、始業時刻及び終業時刻を労働者が決定し、標準の1日の労働時間などを就業規則に定める。

【 変形労働時間制 】

	1か月	フレックス	1年	1週間非定型
手続き方法	就業規則等または労使協定	就業規則等および労使協定	労使協定	労使協定
労使協定の届出	必要	清算期間が1か月超の場合必要	必要	必要
対象期間	1か月以内	－	1か月を超え1年以内	1週間
清算期間	－	3か月以内	－	－
業種・規模制限	なし	なし	なし	常時使用労働者数30人未満の小売業、旅館、料理店、飲食店

R04-23
H28-23 **(3) 休憩**

　使用者は、労働時間が6時間を超える場合においては少なくとも**45分**、8時間を超える場合においては少なくとも**1時間**の休憩時間を労働時間の**途中**に与えなければならない。

　労働者の疲労を減らし、労働災害を防止するため、使用者は、労働者に対して労働時間の途中に原則**一斉**に休憩時間を与え、**自由**に使わせなければならない。

H30-25
H28-23 **(4) 休日**

　使用者は、労働者に対して、毎週少なくとも**1回**の休日を与えなければならない（原則）。この規定は、4週間を通じ4日以上の休日を与える使用者については適用しない（例外）。

R05-26 **(5) 時間外労働・休日労働（36協定）**

① 36協定（サブロク協定）

　労働基準法第36条に基づく労使間の協定のことを**36協定**という。

　使用者は、労働者代表（過半数労働組合がある場合はその労働組合、過半数労働組合がない場合は過半数代表者）と労働時間の延長や休日労働について、書面による協定（36協定）を締結し、この協定を行政官庁（所轄労働基準監督署長）に届け出ることによって労働基準法に反することなく、労働時間を延長したり、休日に労働させたりすることができる。

　ただし、坑内労働その他厚生労働省令で定める健康上特に有害な業務の労働時間の延長は、1日について2時間を超えてはならない。

　法定時間内（所定労働時間外）残業の場合、当該協定は不要である。

② 時間外労働の限度

法律上、時間外労働の上限（原則）が定められ、新たな技術、商品又は役務の研究開発を除き、臨時的な特別の事情がなければ、時間外労働の上限（原則）を超えることができなくなった。臨時的な特別の事情があって労使が合意する場合（特別条項）でも、年6か月を限度とするなど、法律による上限（特別条項）が定められた。上限（原則）や上限（特別条項）に違反した場合には、罰則が科される。

【 上限規制のイメージ 】

出典：『時間外労働の上限規制　わかりやすい解説』厚生労働省・都道府県労働局・労働基準監督署

(6) 代替休暇

労使協定により、月60時間を超える時間外労働をした場合には、当該労働者の健康を確保するため、引上げ分の割増賃金の代わりに有給休暇（代替休暇）を付与することができる。

代替休暇は1日または半日単位で与え、また時間外労働が1か月60時間を超えた月の末日の翌日から2か月以内の期間で与える必要がある。

(7) みなし労働時間制

産業構造の変化に伴い、営業活動や在宅勤務などの事業場外労働や、研究開発、システム設計など裁量度の高い仕事の増加により、使用者の具体的な指揮監督が及ばないために労働時間を算定しがたい業務が増加している。**みなし労働時間制**は、このような業務における労働時間の算定が適切に行われるように規定されたものである。みなし労働時間制は、事業場外労働制と裁量労働制に分類でき、裁量労働には、専門業務型裁量労働制と企画業務型裁量労働制がある。

① 事業場外労働制

原則として**所定**労働時間労働したものとみなす制度のことである。通常、所定労働時間を超えて労働することが必要となる業務については、その業務の遂行に通常必要とされる時間労働したものとみなす。ただし、労使協定が締結されているときは、協定で定める時間労働したものとみなす。

② 裁量労働制

(a) 専門業務型裁量労働制

業務の遂行の方法を大幅に労働者の裁量にゆだねる必要があるため、具体的な

指示をすることが困難なものとして厚生労働省令で定める業務については、労使協定に当該業務の遂行の手段及び時間配分の決定等に関し具体的な指示をしない旨を定めれば、その協定で定める時間労働したとみなす。労使協定は、行政官庁（所轄労働基準監督署長）に届け出なければならない。

(b) 企画業務型裁量労働制

　労使委員会が設置された事業場において、当該委員会の委員の5分の4以上の多数による議決により対象業務、対象労働者の範囲、対象業務に従事する労働者の労働時間として算定される時間その他一定の事項に関する決議をし、かつ、当該決議を行政官庁（所轄労働基準監督署長）に届け出た場合において、対象労働者を決議により定めた時間労働したものとみなすためには、個別の同意を得なければならない。

R03-27
H29-25
H24-24
H21-18

6 解雇

(1) 解雇のルール

　解雇とは、使用者の一方的な意思表示による労働契約の解除である。法に定められた手続きに従って解雇することは、使用者に認められた権利であるものの、労働者の生活に及ぼす影響は大きい。また、解雇に関する紛争も増大していることから、労働契約法や労働基準法では、解雇について一定の制限を設け、労働者を保護している。

【 解雇のルール 】

> 解雇は、客観的に合理的な理由を欠き、社会通念上相当であると認められない場合は、その権利を濫用したものとして、無効とする。（労働契約法16条）

(2) 解雇制限期間

　労働者が会社の仕事上（業務上）で負傷したり、病気になったりして入院しているときや、女性労働者が出産で会社を休む間は、働きたくても働けない状態である。このような場合に、解雇により職を奪うことは人道上問題があるので、労働基準法では解雇に一定の制限を設けている。

【 解雇制限期間 】

原則（解雇できない）	例外（解雇できる）
①業務上負傷し、又は疾病にかかり療養のために休業する期間＋30日間 ②産前産後の女性が労働基準法65条の規定によって休業する期間＋30日間	A) 左記①の場合で、療養開始後3年を経過しても治らず、打切補償（平均賃金の1,200日分）を支払ったとき B) 左記①、②の場合で、天災事変等により事業の継続が不可能となったとき（→行政官庁の認定が必要）

（労働基準法19条）

(3) 解雇予告

　使用者は、労働者を解雇しようとする場合においては、少なくとも**30日前**にその予告をしなければならない。**30日前**に予告をしない使用者は、**30日分**以上の平均賃金を支払わなければならない。

　ただし、天災事変その他やむを得ない事由のために事業の継続が不可能となった場合（行政官庁の認定が必要）または労働者の責に帰すべき事由に基づいて解雇する場合（行政官庁の認定が必要）においてはこの限りではない。即時解雇の意思表示後に行政官庁から認定された場合、当該即時解雇は意思表示時から有効となる。

【 解雇予告 】

原則	例外（解雇予告不要）
① 30日前に予告する ② 30日前に予告しないときは、30日分以上の平均賃金を支払う ③ ①＋② ≧ 30日（例：20日前に解雇予告して、残りの10日分の平均賃金を支払う）	A) 天災事変その他やむを得ない事由のため事業継続が不可能となった場合（→行政官庁の認定が必要） B) 労働者の責めに帰すべき事由による場合（→行政官庁の認定が必要）

（労働基準法20条）

(4) 解雇予告の適用除外

　使用者は、臨時的な労働者については即時に解雇できる（解雇予告及び解雇予告手当の支払いは不要）。

　しかし、短期労働契約を繰り返し、臨時的雇用を常態化しつつ、使用者の都合で即時解雇できるようにするといった脱法行為に利用されるおそれがあるので、引き続き使用される労働者の場合は、解雇予告が適用される。

【 解雇予告の適用除外 】

原則（解雇予告は適用されない）	例外（解雇予告が適用される）
日日雇い入れられる者	1か月を超えて引き続き使用されるに至った場合
2か月以内の期間を定めて使用される者	所定の期間を超えて引き続き使用されるに至った場合
季節的業務に4か月以内の期間を定めて使用される者	所定の期間を超えて引き続き使用されるに至った場合
試用期間中の者	14日を超えて引き続き使用されるに至った場合

（労働基準法21条）

7　労働時間等の規定の適用除外

　労働時間、休憩及び休日に関する規定は、次のいずれかに該当する労働者については適用しない。

① 農業、水産業に従事する者

② 事業の種類にかかわらず監督若しくは管理の地位にある者（**管理監督者**）又は機密の事務を取り扱う者（秘書室長など）

③ 監視又は断続的労働に従事する者で、使用者が行政官庁の許可を受けた者

④ 宿直又は日直の勤務で断続的労働に従事する者で、使用者が行政官庁の許可を受けた者

なお、①〜④に該当する者は、労働時間、休憩及び休日に関する規定が除外されるが、年次有給休暇の付与や深夜業の割増賃金の規定は適用される。

【 労働時間等に関する規定の適用（×：除外、○：適用）】

労働時間等に関する規定の適用	労働時間、休憩及び休日	有給休暇・深夜業
農業、水産業に従事する者	×	○
管理監督者又は機密の事務を取り扱う者	×	○
監視又は断続的労働に従事する者で、使用者が行政官庁の許可を受けた者	×	○
宿直又は日直の勤務で断続的労働に従事する者で、使用者が行政官庁の許可を受けた者	×	○

8 年次有給休暇

(1) 発生要件

使用者は、その**雇入れ**の日から起算して**6か月**間継続勤務し全労働日の**8割**以上出勤した労働者に対して、継続し、又は分割した**10**労働日の有給休暇を与えなければならない。※パートタイム労働者であっても、要件を満たせば有給休暇を付与しなければならない。

(2) 年次有給休暇の日数

1年6か月以上継続勤務した労働者に対しては、雇入れの日から起算して6か月を超えて継続勤務する日（6か月経過日）から起算した継続勤務年数1年ごとに、一定の有給休暇を与えなければならない。

【 年次有給休暇の付与すべき日数 】

勤続年数	6か月	1年6か月	2年6か月	3年6か月	4年6か月	5年6か月	6年6か月
年休日数	10日	11日	12日	14日	16日	18日	20日

(3) 比例付与

所定労働日数の少ないパートタイム労働者であっても、6か月間継続勤務し、そ

のパートタイム労働者の所定労働日の8割以上出勤した場合には、一般労働者と同様に年次有給休暇を与えなければならない。所定労働日数の少ない労働者については、その労働日数に比例した日数の年次有給休暇を与えることになっている。これを年次有給休暇の**比例付与**という。

(4) 計画付与

労使協定により有給休暇の日数のうち5日を超える部分については、使用者が与える時季を具体的に定めることができる。

【 比例付与と計画付与 】

比例付与	●週所定労働日数が4日以下、または年間所定労働日数が216日以下で、かつ週所定労働時間が30時間未満の労働者 ●比例付与による年次有給休暇の付与日数 通常の労働者に対する付与日数 $\times \dfrac{当該労働者の週所定労働日数}{5.2 (日)}$ 例 6か月経過し、出勤率8割以上の週3日勤務労働者の場合 $10 \times \dfrac{3}{5.2} = 5.76 \rightarrow 5$日となる
計画付与	●労使協定を締結 ●年次有給休暇のうち5日を超える部分 ※計画付与が決まった日数については、時季指定権、時季変更権とも行使できない

※時季指定権とは、労働者が年次有給休暇を取得する日を労働者自身が指定できる権利である。時季変更権とは、当該労働者から指定された使用者が、業務の規模や内容、代替要員の確保等を総合的に判断した結果、事業の正常な運営を妨げる場合、当該労働者が指定した日を変更できる権利である。

(5) 時間単位の付与

労使協定により、年に5日を限度として、時間単位で年次有給休暇を与えることができる。

(6) 年次有給休暇の取得義務

R01-22

全ての企業において、年10日以上の年次有給休暇が付与される労働者(管理監督者を含む)に対して、年次有給休暇の日数のうち年5日については、使用者が時季を指定して取得させなければならない。時季の指定にあたっては、労働者の意見を尊重するよう努める。ただし、既に5日以上の年次有給休暇を請求・取得している労働者に対して時季を指定する必要はない。

9 妊産婦等

 H25-21

(1) 産前産後の休業

使用者は、**6週間**(多胎妊娠の場合にあっては14週間)以内に出産する予定の女

性が休業を請求した場合においては、その者を就業させてはならない。

　使用者は、**産後8週間**を経過しない女性を就業させてはならない。ただし、産後6週間を経過した女性が請求した場合において、その者について医師が支障がないと認めた業務に就かせることは、差し支えない。

【 妊産婦の保護 】

産前休業	請求により6週間 (多胎妊娠の場合は14週間) は就業禁止
産後休業	8週間は就業禁止 (6週間経過後に請求があったときは、医師が支障がないと認めた業務につき就業可)
妊娠中の作業転換	請求に基づく軽易な業務への転換措置
妊産婦の保護 (管理監督者等を除く)	請求により禁止 ●法定労働時間を超える労働 ●休日労働 ●深夜労働 ●非常災害の場合の時間外・休日労働、深夜業 ●公務の例外規定の時間外・休日労働、深夜業
解雇制限 (原則)	休業期間中及びその後30日間
管理監督者等	請求により深夜労働禁止

(労働基準法65条他)

(2) 育児時間

　生後満1年に達しない生児を育てる女性は、休憩時間のほか、1日2回各々少なくとも30分、その生児を育てるための時間を請求することができる。使用者は、育児時間中は、その女性を使用してはならない。

　生後満1年に達しない生児は、実子でなくても養子でもかまわないが、育児時間を請求できるのは、女性労働者のみである。1日の労働時間が4時間以内の場合、育児時間は1回のみの30分与えればよい。

10 雑則

(1) 労働者名簿

　使用者は、事業場ごとに労働者名簿を、各労働者 (日日雇い入れられる者を除く) について調製し、労働者の氏名、生年月日、履歴その他厚生労働省令で定める事項を記入し、5年間 (当面3年間) 保存しなければならない。

(2) 賃金台帳

　使用者は、事業場ごとに賃金台帳を調製し、賃金計算の基礎となる事項及び賃金の額その他厚生労働省令で定める事項を賃金支払の都度遅滞なく記入し、5年間 (当面3年間) 保存しなければならない。

(3) 時効

　賃金の請求権は5年間 (退職手当以外は当面3年間)、災害補償その他の請求権 (賃

金の請求権を除く。)は２年間行わない場合は、時効によって消滅する。

【 時効のまとめ 】

2年	5年
●災害補償 ●年次有給休暇	●退職手当 ●賃金 (当面３年間) ●休業手当 (当面３年間) ●割増賃金 (当面３年間)

⑷ 監督機関に対する申告

　事業場に、労働基準法又は労働基準法に基いて発する命令に違反する事実がある場合において、使用者は、労働者がその事実を行政官庁又は労働基準監督官に申告をしたことを理由として、その労働者に対して解雇その他不利益な取扱をしてはならない。

⑸ 災害補償

R04-25

　労働者が業務上負傷し、又は疾病にかかった場合 (患者の診療や看護・介護業務、研究などで病原体を取扱う業務による伝染性疾患を含む)、使用者は、その費用で必要な療養を行い、又は必要な療養の費用を負担しなければならない (療養補償)。

　療養で休業している場合、休業初日から第３日目までは労働基準法の休業補償、第４日目以降は労働者災害補償保険法の休業補償給付で、平均賃金の６割相当額が支払われる。

II 労働安全衛生法

1 総則

(1) 目的

　労働安全衛生法は、労働基準法と相まって、労働災害の防止のための**危害防止基準**の確立、**責任体制**の明確化及び**自主的活動**の促進の措置を講ずる等その防止に関する総合的計画的な対策を推進することにより職場における労働者の安全と健康を確保するとともに、快適な職場環境の形成を促進することを目的とする。

(2) 用語の定義

　用語の定義については、次のとおりである。

【 用語の定義 】

①	労働災害	労働者の就業に係る建設物、設備、原材料、ガス、蒸気、粉じん等により、または作業行動その他業務に起因して、労働者が負傷し、疾病にかかり、または死亡すること
②	労働者	労働基準法第9条に規定する労働者 (同居の親族のみを使用する事業または事務所に使用される者及び家事使用人を除く)
③	事業者	事業を行う者で、労働者を使用するもの

※「事業者」とは、事業を行う者で、労働者を使用するものをいう。つまり、個人企業にあっては経営者個人、法人企業であれば法人そのもの (法人の代表者ではない) を指す。

(3) 事業者の責務

　事業者は、単にこの法律で定める労働災害の防止のための最低基準を守るだけでなく、快適な職場環境の実現と労働条件の改善を通じて職場における労働者の安全と健康を確保するようにしなければならない。

　また、事業者は、国が実施する労働災害の防止に関する施策に協力するようにしなければならない。

2 安全衛生管理体制

(1) 総括安全衛生管理者

　事業者は、一定の規模以上の事業場ごとに、総括安全衛生管理者を選任し、その者に安全管理者、衛生管理者又は救護に関する技術的事項を管理する者の指揮をさせるとともに、労働者の危険又は健康障害を防止するための措置に関することなど労働災害を防止するため必要な一定の業務を統括管理させなければならない。

【 総括安全衛生管理者の選任すべき事業場 】

①	屋外的業種	林業、鉱業、建設業、運送業、清掃業	常時100人以上
②	工業的業種	製造業 (物の加工業を含む)	常時300人以上
		水道光熱 (水道、電気、ガス、熱供給) 業	
		通信業、各種商品卸売業	
		各種商品小売業 (デパート業)	
		家具・建具・じゅう器等の卸売業と小売業	
		燃料小売業 (ガソリンスタンド業)	
		旅館業、ゴルフ場業	
		自動車整備業、機械修理業	
③	その他の業種	上記①・②以外の業種	常時1,000人以上

【 総括安全衛生管理者が統括管理する業務 】

①	労働者の危険又は健康障害を防止するための措置に関すること
②	労働者の安全又は衛生のための教育の実施に関すること
③	健康診断の実施その他健康の保持増進のための措置に関すること
④	労働災害の原因の調査及び再発防止対策に関すること
⑤	上記①～④のほか、労働災害を防止するため必要な業務で、厚生労働省令で定めるもの

(2) 安全管理者

　事業者は、常時50人以上の労働者を使用する屋外・工業的業種の事業場ごとに、一定の者で厚生労働大臣が定める研修を修了した者や労働安全コンサルタントなど資格を有する者のうちから、安全管理者を選任しなければならない。

　安全管理者とは、総括安全衛生管理者が統括管理する業務のうち安全に係る技術的事項について管理する者である。

(3) 衛生管理者

　事業者は、常時50人以上の労働者を使用する事業場ごとに、資格を有する者のうちから、衛生管理者を選任しなければならない。

【 衛生管理者となる資格 】

①	都道府県労働局の免許を受けた者	(イ) 第1種衛生管理者免許
		(ロ) 第2種衛生管理者免許
		(ハ) 衛生工学衛生管理者免許
②	医師	
③	歯科医師	
④	労働衛生コンサルタント	

※第2種衛生管理者免許を有する者について、製造業や建設業、鉱業、運送業などにおいては、衛生管理者として選任できないことになっている。

衛生管理者は、少なくとも毎週1回作業場等を巡視し、設備、作業方法又は衛生状態に有害のおそれがあるときは、直ちに、労働者の健康障害を防止するために必要な措置を講じなければならない。事業者から指名された衛生管理者や産業医は衛生委員会の委員になる。

H23-23 **(4) 安全衛生推進者と衛生推進者**

事業者は、常時10人以上50人未満の労働者を使用する事業場の業種に応じて、安全衛生推進者または衛生推進者を選任しなければならない。

①安全衛生推進者…屋外・工業的業種
②衛生推進者………屋外・工業的業種以外の業種

3 健康診断

労働安全衛生法では労働者の健康を確保する観点から、事業者に対して医師等による健康診断の実施を義務づけるとともに、労働者に対しては健康診断の受診を義務づけている。

H28-25
H24-21
H21-19
(1) 一般健康診断

【 一般健康診断 】

雇入れ時の健康診断	常時使用する労働者を雇い入れるときは、当該労働者に対し、一定の項目について医師による健康診断を行わなければならない。ただし、雇い入れ日以前3ヵ月以内に医師による健康診断を受けた労働者が、その診断結果の証明書類を提出した場合には実施を省略できる。
定期健康診断	常時使用する労働者に対し、1年以内ごとに1回、定期に、医師による健康診断を行わなければならない。
特定業務従事者の健康診断	坑内労働、深夜業務等の特定業務(有害業務)に常時従事する労働者に対し、配置換えの際及び6月以内ごとに1回、定期に、医師による健康診断を行わなければならない。
海外派遣労働者に対する健康診断	労働者を本邦外の地域に6月以上派遣しようとするとき、及び本邦外の地域に6月以上派遣した労働者を本邦の地域内における業務に就かせる場合(一時的に就かせるときを除く)に、定期健康診断の項目及び厚生労働大臣が定める項目のうち医師が必要と認める項目について、医師による健康診断を行わなければならない。

※「常時使用する労働者」は、1週間の所定労働時間が、その事業場の同種の業務に従事する通常の労働者の1週間の所定労働時間の4分の3以上であるパートタイム労働者も含まれる。

(2) 健康診断の記録・報告

事業者は、健康診断の結果に基づき、健康診断個人票を作成して、これを5年間保存しなければならない。

⑶ 医師による面接指導

　事業者は、時間外・休日労働時間が1カ月当たり80時間を超え、かつ、疲労の蓄積が認められる労働者の申し出により、医師による面接指導を実施しなければならない。面接指導の結果の記録については、これを5年間保存しなければならない。

　面接指導は、常時50人未満の労働者を使用する事業場にも適用される。事業者は、タイムカードによる記録、パーソナルコンピュータ等の電子計算機の使用時間の記録等の客観的な方法その他の適切な方法で労働時間を把握しなければならない。

III 労働保険・社会保険

1 労働者災害補償保険法（労災保険法）

(1) 目的

　労災保険法は、**業務上**の事由又は**通勤**による労働者の負傷、疾病、障害、死亡等に対して迅速かつ公正な保護をするため、必要な保険給付を行い、あわせて、労働者の社会復帰の促進、当該労働者及びその遺族の援護、労働者の安全及び衛生の確保等を図り、もって労働者の福祉の増進に寄与することを目的とする。

【 労災保険の体系図 】

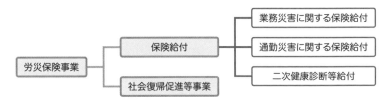

(2) 適用事業の範囲

① 適用事業の原則

　原則として労災保険法は「労働者を使用する事業」に適用される。労働者を1人でも使用する事業ならば適用事業となる。

　※適用事業に使用される労働者であれば、出入国管理及び難民認定法による在留資格ないし就労資格を有しない外国人にも、労災保険法の適用がある。

② 適用除外

原則	例外・備考
国の直営事業（国有林野の事業）に使用される者	国家公務員災害補償法が適用
国家公務員（非現業の官公署の事業）	日本郵政公社、特定独立行政法人に使用される者も、身分は国家公務員のため、労災保険は適用除外
地方公務員（非現業の官公署の事業）	現業の非常勤職員は労災保険法が適用
船員保険の強制被保険者	船員保険法が適用

(3) 業務災害

　業務災害とは、業務に起因して生じた、いわゆる業務上の事由による災害のことである。

業務災害と認定されるためには、業務遂行性と業務起因性の2つの条件を備えていることが必要である。

① 業務遂行性…労働者が労働契約に基づいて事業主の支配下にある状態

② 業務起因性…業務に起因して災害が発生し、その傷病等との間に相当の因果関係があること

(4) 通勤災害

R04-25
H28-25

① 通勤の定義

通勤とは、労働者が、就業に関し、次に掲げる移動を、合理的な経路及び方法により行うことをいい、業務の性質を有するものを除くものとする。

ⓐ 住居と就業の場所との間の往復

ⓑ 厚生労働省令で定める就業の場所から他の就業の場所への移動（複数就業者の事業場間の移動）

ⓒ aに掲げる往復に先行し、又は後続する住居間の移動（単身赴任者の赴任先住居・帰省先住居間の移動）

※同居の親族の介護や子の養育など厚生労働省令で定める要件に該当するものに限られる。

【 複数就業者の事業場間の移動 】

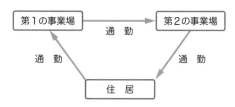

【 単身赴任者の赴任先住居・帰省先住居間の移動 】

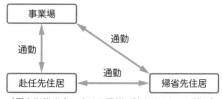

（厚生労働省令で定める要件に該当するものに限る）

② 逸脱・中断

労働者が、通勤に係る移動の経路を逸脱し、又はこの移動を中断した場合は、その逸脱、中断の間及びその後の移動は、通勤としない。

ただし、当該逸脱又は中断が日用品の購入や病院での診察などの日常生活上必要な行為であって、やむを得ない事由により行うための最小限度のものである場合は、その逸脱又は中断の間を除き、再び合理的な経路に復した後は、通勤とされる。

⑸ 障害補償給付と障害等級

障害等級は、重い方から第1級〜第14級まで定められており、障害等級第1級から第7級までに該当する場合には障害補償年金が支給され、障害等級第8級から第14級までに該当する場合には障害補償一時金が支給される。

⑹ 中小事業主等の特別加入

本来、労災保険は労働者の災害補償を行うものであり、保護の対象となるのは、労働基準法上の労働者である。しかしながら、業務の実態や災害の発生状況から見て、一般の労働者と同様な状態で労働に従事し業務災害を被る危険がある中小事業主、自営業者やその家族、家内労働者などに対しては、申請に基づき一定の条件のもとに特別に労災保険に加入することを認めている。

申請は、所轄労働基準監督署長を経由して所轄都道府県労働局長に提出する。

【 中小企業主等の特別加入 】

要件	労働保険事務組合に加入申請や労働保険の事務の処理を委託する者	
	業種	**常時使用する労働者の数**
規模	金融業、保険業、不動産業、小売業	50人以下
	卸売業、サービス業	100人以下
	その他の事業	300人以下

令和3年にITフリーランスが特別加入対象になるなど、特別加入対象が拡大している。厚生労働省の「労災保険への特別加入」ページに最新情報があるので確認してほしい。

https://www.mhlw.go.jp/stf/seisakunitsuite/bunya/koyou_roudou/roudoukijun/rousai/kanyu.html

2 雇用保険法

⑴ 目的

雇用保険は、労働者が失業した場合及び労働者について雇用の継続が困難となる事由が生じた場合に必要な給付を行うほか、労働者が自ら職業に関する教育訓練を受けた場合に必要な給付を行うことにより、労働者の生活及び雇用の安定を図るとともに、求職活動を容易にする等その就職を促進し、あわせて、労働者の職業の安定に資するため、失業の予防、雇用状態の是正及び雇用機会の増大、労働者の能力の開発及び向上その他労働者の福祉の増進を図ることを目的とする。

【 雇用保険事業 】

雇用保険	失業等給付	失業した場合	求職者給付
		求職活動を容易にする等その就職を促進する場合	就職促進給付
		自ら職業に関する教育訓練を受けた場合	教育訓練給付
		雇用の継続が困難となる事由が生じた場合	雇用継続給付
	雇用二事業	失業の予防、雇用状態の是正及び雇用機会の増大	雇用安定事業
		能力開発及び向上	能力開発事業

(2) 被保険者の種類

被保険者は、その就労の実態に応じて、一般被保険者、高年齢被保険者、短期雇用特例被保険者、日雇労働被保険者の4種類に分けられる。

【 被保険者の種類と区分 】

一般被保険者	高年齢被保険者、短期雇用特例被保険者、日雇労働被保険者以外の被保険者
高年齢被保険者	65歳以上の被保険者（短期雇用特例被保険者及び日雇労働被保険者を除く）
短期雇用特例被保険者	被保険者であって、季節的に雇用される者又は短期の雇用（同一の事業主に引き続き被保険者として雇用される期間が1年未満である雇用をいう。）に就くことを常態とする者（日雇労働被保険者を除く）
日雇労働被保険者	日々雇用される者又は30日以内の期間を定めて雇用される者で、一定の者

3 健康保険法

(1) 目的

H27-25

健康保険法は、労働者又はその被扶養者の**業務災害以外**（労災保険法に規定するもの以外）の疾病、負傷若しくは死亡又は出産に関して保険給付を行い、もって国民の生活の安定と福祉の向上に寄与することを目的とする。

(2) 保険者

健康保険（日雇特例被保険者の保険を除く）の保険者は、全国健康保険協会及び健康保険組合とする。

(3) 被保険者

適用事業所に使用される者は、適用除外者を除き（国籍・年齢等にかかわらず）

健康保険の被保険者となる。

※適用除外者とは、船員保険の被保険者、臨時に使用される者（日々雇い入れられる者、2月以内の期間を定めて使用される者）、事業所で所在地が一定しないものに使用される者、季節的業務に4月以内の期間で使用される者、臨時的事業の事業所に6月以内の期間で使用される者、国民健康保険組合の事業所に使用される者、後期高齢者医療の被保険者等である。

【 被保険者の具体的な取扱い 】

法人の代表者・業務執行者	会社等の理事、監事、取締役等であっても、法人から労務の対償として報酬を受けている者は、その法人に使用される者として被保険者となる。 これに対し、個人経営の事業の事業主は、使用されるとはみなされないので被保険者とはならない。
労働組合の専従職員	従前の事業主との関係では被保険者の資格を喪失し、労働組合が健康保険の適用事業所となった場合には、その労働組合に使用される者として被保険者となる。
試用期間中の者	試用期間中であっても、使用関係の実体が常用的であれば被保険者となる。

⑷ 被扶養者

被保険者本人のみならず、養われている扶養家族に対しても保険給付が行われる。この保険給付が行われる扶養家族のことを被扶養者という。

ただし、後期高齢者医療の被保険者等である者は除く。

① 被保険者の直系尊属、配偶者（届出をしていないが、事実上婚姻関係と同様の事情にある者を含む。以下④まで同じ）、子、孫及び弟妹であって、主としてその被保険者により生計を維持するもの

② 被保険者の三親等内の親族のうち、①に掲げる者以外のものであって、その被保険者と同一の世帯に属し、主としてその被保険者により生計を維持するもの

③ 被保険者の配偶者で届出をしていないが事実上婚姻関係と同様の事情にあるものの父母及び子であって、その被保険者と同一の世帯に属し、主としてその被保険者により生計を維持するもの

④ ③の配偶者の死亡後におけるその父母及び子であって、引き続きその被保険者と同一の世帯に属し、主としてその被保険者により生計を維持するもの

⑸ 標準報酬月額

健康保険では、事業主から支払われる報酬に基づき、被保険者が負担する保険料の額、保険給付の額を計算する。

ただし、被保険者が受け取る報酬は、年や月によってばらつきがあるため、一定の収入幅で標準的な収入額（標準報酬月額）を決め、これをもとに計算している。標準報酬月額は、いくつかの等級に区分され、等級区分に被保険者の報酬をあてはめ、保険料及び保険給付の額の計算の基礎として使用される。

この等級区分は厚生年金保険についても同様に適用される。

【 報酬のまとめ 】

報酬とは…
賃金、給料、俸給、手当、賞与その他いかなる名称であるかを問わず、労働者が労働の対償として受けるすべてのものをいう。

報酬となるもの	報酬とならないもの
●基本給、家族手当、住宅手当、通勤手当、残業手当等 ●年4回以上の賞与 ●就業規則等に規定されている休職手当	●退職手当 ●解雇予告手当

4 厚生年金保険法

(1) 目的

H27-25

厚生年金保険法は、労働者の老齢、障害又は死亡について保険給付を行い、労働者及びその遺族の生活の安定と福祉の向上に寄与することを目的とする。

(2) 保険給付

① 老齢給付

厚生年金保険の被保険者だった者が65歳に達すると、原則として老齢基礎年金に上乗せする形で老齢厚生年金が支給される。

一定の資格要件を満たしている者に対しては、65歳未満でも特別に老齢厚生年金が支給される。

② 障害給付

障害給付には、障害等級1級～3級の障害厚生年金と、障害等級3級よりも軽い障害が残った場合に支給される障害手当金(一時金)がある。

③ 遺族給付

厚生年金保険の被保険者や老齢厚生年金・障害厚生年金(障害等級3級を除く)の受給権者などが亡くなった場合に、その遺族に支給される遺族厚生年金がある。

5 書類の提出

R05-27

事業主は、新規適用届や事業所関係変更(訂正)届、被保険者資格取得届などを、必要に応じて、日本年金機構に提出しなければならない。

6 保険料の負担と納付

R01-25

健康保険や厚生年金保険といった社会保険において、被保険者及び被保険者を使用する事業主は、それぞれ保険料額の2分の1を負担する。事業主は、その使用する被保険者および自己の負担する保険料を、翌月末日までに、納付する義務を負う(口座振替可能)。例えば、被保険者の負担する保険料を被保険者に支払う報酬から

控除できなかったとしても、事業主は、使用する被保険者および自己の負担する保険料を納付する義務を負うものと解釈されている。

7 短時間労働者の被保険者資格

　特定適用事業所（短時間労働者を除く被保険者の総数が常時100人を超える事業所）で働く短時間労働者のうち、一定の要件（1週の所定労働時間が20時間以上・月額88,000円以上・継続して2カ月を超えて使用される見込みがある・学生でない）を満たす者は、健康保険・厚生年金保険の被保険者となる。

IV その他の労働関連法規

1 労働組合法

(1) 労働組合法の目的

労働組合法は、労働者が使用者との交渉において**対等の立場**に立つことを促進することにより労働者の地位を向上させること、労働者がその労働条件について交渉するために自ら代表者を選出することその他の団体行動を行うために自主的に労働組合を組織し、団結することを擁護すること並びに使用者と労働者との関係を規制する労働協約を締結するための団体交渉をすること及びその手続を助成することを目的とする。

(2) 労働組合

労働組合とは、労働者が主体となって自主的に労働条件の維持改善その他経済的地位の向上を図ることを主たる目的として組織する団体またはその連合団体をいう。

この法律でいう労働者には、アルバイトやパートタイマーだけでなく失業者も含まれる。

【 労働組合に該当しない例 】

①監督的地位にある労働者その他使用者の利益を代表する者の参加を許すもの
②使用者の経理上の援助を受けるもの
③共済事業その他福利事業のみを目的とするもの
④主として政治運動又は社会運動を目的とするもの

(3) 交渉権限

R04-26
H26-25
H22-21

労働組合の代表者または労働組合の委任を受けた者は、労働組合または組合員のために、使用者またはその団体と労働協約の締結その他の事項に関して交渉する権限を有する。合同労働組合や上部団体にも交渉権限がある。

(4) 不当労働行為

R04-26

①労働者が労働組合に加入せず、若しくは脱退することを条件として雇用すること（黄犬契約）、②労働者が労働組合を結成し、若しくは運営することを支配し、若しくはこれに介入すること（支配介入）、③労働組合の運営のための経費の支払につき経理上の援助を与えること（経費援助）、などは不当労働行為に該当し、同法により禁止している。

【 不当労働行為 】

不当労働行為に該当するもの	不当労働行為に該当しないもの
① 労働者が、労働組合に加入し、もしくは労働組合を結成しようとしたこと等を理由としてその労働者を解雇し、その他その労働者に対して不利益な取扱いをすること ② 労働者が労働組合に加入しないこと、又は労働組合から脱退することを雇用条件とする契約（黄犬契約）を結ぶこと ③ 使用者が雇用する労働者の代表者と団体交渉をすることを正当な理由なく拒むこと ④ 労働者が労働組合を結成し、若しくは運営することを支配し、若しくはこれに介入すること、又は労働組合の運営のための経費の支払につき経理上の援助を与えること ⑤ 労働者が、労働委員会に対し不当労働行為の救済命令の申立をしたこと等を理由としてその労働者を解雇し、その他これに対して不利益な取扱いをすること	① 労働組合が特定の工場事業場に雇用される労働者の過半数を代表する場合において、その労働者がその労働組合の組合員であることを雇用条件とする労働協約（ショップ契約）を結ぶこと ② 労働者が労働時間中に時間又は賃金を失うことなく、使用者と協議し、又は交渉することを使用者が許すこと ③ 厚生資金又は経済上の不幸、災厄を防止し若しくは救済するための支出に実際用いられる福利その他の基金に対して寄附をすること ④ 労働組合に対して最小限の広さの事務所を供与すること ⑤ 組合費を組合員の賃金その他の給与から差し引くこと ⑥ 専従期間又は就業時間中に組合活動に費やした時間を出勤日数、昇給年限、勤続年数等に算入すること ⑦ 組合業務のうち、福利厚生活動のみに専ら従事する専従職員の給与を使用者が支給すること

R04-26 (5) 労働協約

　労働組合と使用者又はその団体との間の労働条件その他に関する**労働協約**は、書面に作成し、両当事者が署名し、又は記名押印することによってその効力を生ずる。

　労働協約に定める労働条件その他の労働者の待遇に関する基準に違反する労働契約の部分は、無効となる。労働契約に定めがない部分についても、同様である。

【 労働協約 】

有効期間の定めのある労働協約	有効期間の定めのない労働協約
● 3年を超える有効期間の定めをすることができない ● 3年を超える有効期間の定めをした労働協約は、3年の有効期間の定めをした労働協約とみなす	● 当事者の一方が、署名し又は記名押印した文書によって解約しようとする日の少なくとも90日前に相手方に予告して、解約することができる

2 労働契約法

H20-21

(1) 目的

　労働契約法は、労働者及び使用者の自主的な交渉の下で、労働契約が合意により成立し、又は変更されるという合意の原則その他労働契約に関する基本的事項を定めることにより、合理的な労働条件の決定又は変更が円滑に行われるようにすることを通じて、労働者の保護を図りつつ、個別の労働関係の安定に資することを目的とする。

(2) 労働契約の原則

① 対等の立場における合意に基づいて締結し、または変更すべきものとする。
② 就業の実態に応じて、均衡を考慮しつつ締結し、または変更すべきものとする。
③ 仕事と生活の調和にも配慮しつつ締結し、または変更すべきものとする。
④ 労働契約を遵守するとともに、信義に従い誠実に、権利を行使し、および義務を履行しなければならない。
⑤ 労働契約に基づく権利の行使に当たっては、それを濫用することがあってはならない。

(3) 労働契約の変更

H25-22

　労働契約の変更は、労働者と使用者が、合意することによって、労働契約の内容である労働条件を変更することができる。

　就業規則を変更することにより、労働者の不利益になるような労働契約の内容である労働条件を変更するためには、労働者との合意が必要である。ただし、変更後の就業規則を労働者に周知させ、かつ、就業規則の変更が、労働者の受ける不利益の程度や変更の労働条件の変更の必要性等の事情に照らして合理的なものであるときは、労働契約の内容である労働条件は、変更後の就業規則で定めた内容になる。

(4) 期間の定めのある労働契約 (有期労働契約)

① 使用者は、有期労働契約について、やむを得ない事由がある場合でなければ、その契約期間が満了するまでの間において、労働者を解雇することができない。
② 有期労働契約の反復更新により無期労働契約と実質的に異ならない状態で存在している場合、または有期労働契約の期間満了後の雇用継続につき、合理的期待が認められる場合には、雇止めが客観的に合理的な理由を欠き、社会通念上相当であると認められないときは、有期労働契約が更新 (締結) されたとみなされる。
③ 同一の使用者との間で、有期労働契約が通算で5年を超えて反復更新された場合は、労働者の申込みにより、無期労働契約に転換できる。この場合、無期労働契約の労働条件は、別段の定めがない限り、直前の有期労働契約と同一となる。

3 育児・介護休業法

(1) 育児休業

　育児休業は、1歳に満たない子を養育する労働者が事業主に申し出ることにより取得することができる。また、一定の要件に該当する場合は、1歳6か月まで延長することができ、さらに、1歳6か月に達する時点で一定の要件に該当する場合は、2歳まで再延長することができる。

(2) 介護休業

　介護休業は、要介護状態にある対象家族を有する労働者が事業主に申し出ることにより、取得することができる。介護休業の期間は、特別の事情がない限り、同一の対象家族について、1要介護状態ごとに通算93日まで3回を上限として、介護休業を分割して取得できる。

4 男女雇用機会均等法

(1) 目的及び基本理念

　男女雇用機会均等法は、法の下の平等を保障する日本国憲法の理念にのっとり雇用の分野における男女の均等な機会及び待遇の確保を図るとともに、女性労働者の就業に関して妊娠中及び出産後の健康の確保を図る等の措置を推進することを目的とし、労働者が性別により差別されることなく、また、女性労働者にあっては母性を尊重されつつ、充実した職業生活を営むことができるようにすることをその基本的理念とする。

(2) 差別禁止規定

　① 募集及び採用
　② 配置・昇進、降格及び教育訓練
　③ 福利厚生
　④ 職種及び雇用形態の変更
　⑤ 退職の勧奨、定年及び解雇

(3) 間接差別の禁止

　雇用関係において、性別を理由にして女性を男性より不利に扱うことを直接差別というのに対し、表向きは性別に関係のない中立的な取扱いであっても、結果として男女間に不均衡を生じさせる場合を間接差別という。

　男女雇用機会均等法では、直接差別とともに、厚生労働省令で定める以下の3つの措置について、合理的な理由がない場合、間接差別として禁止している。

　※厚生労働省令に定めるもの以外については、男女雇用機会均等法違反とはならないが、裁判において、間接差別として違法と判断される可能性もある。

　① 労働者の募集又は採用にあたって、労働者の身長、体重又は体力を要件とするもの
　② 労働者の募集もしくは採用、昇進または職種の変更に当たって、転居を伴う転勤に応じることができることを要件とすること
　③ 労働者の昇進にあたり、転勤の経験があることを要件とすること

(4) ポジティブ・アクション

H24-23

　男女の均等な機会および待遇の確保の支障となっている事情を改善することを目的として女性労働者に関して行う特別措置は違法とはならない。なお、男女の均等な機会及び待遇の確保となっている事情は、女性労働者が男性労働者と比較して相当程度少ない状況（4割に満たない程度）にあるか否かで判断される。

(5) ハラスメントの禁止

R01-24

　男女雇用機会均等法では、職場において行われる労働者への不利益な取扱いや就業環境を害する行為（ハラスメント）を禁止している。

　ハラスメント対策の責任は、派遣元事業主と派遣先事業主に及ぶ。

　女性労働者が婚姻し、妊娠し、又は出産したことを退職理由とした労働契約を締結することはできない。

　妊娠中の女性労働者及び出産後1年を経過しない女性労働者に対してなされた解雇は、無効とする。ただし、当該解雇の理由が妊娠または出産に起因するものでないことを事業主が証明したときは、有効である。

5 労働者派遣法

(1) 目的

　労働者派遣法は、職業安定法と相まって労働力の需給の適正な調整を図るため労働者派遣事業の適正な運営の確保に関する措置を講ずるとともに、派遣労働者の保護等を図り、もって派遣労働者の雇用の安定その他福祉の増進に資することを目的とする。

(2) 用語の定義

　本法における主な用語の定義は次のとおりである。

【 用語の定義 】

①	労働者派遣	自己の雇用する労働者を、当該雇用関係の下に、かつ、他人の指揮命令を受けて、当該他人のために労働に従事させることをいい、当該他人に対し当該労働者を当該他人に雇用させることを約してするものを含まないものとする。
②	派遣労働者	事業主が雇用する労働者であって、労働者派遣の対象となるものをいう。
③	労働者派遣事業	労働者派遣を業として行うことをいう。
④	紹介予定派遣	労働者派遣のうち、労働者派遣事業と職業紹介事業の双方の許可を受け又は届出をした者が、派遣労働者・派遣先の間の雇用関係の成立のあっせん（職業紹介）を行い、又は行うことを予定してするものをいう。紹介予定派遣の場合、同一の派遣労働者について6か月を超えて労働者派遣を行うことはできない。

⑶ 労働者派遣事業

　労働者派遣事業には、認可要件にもとづく厚生労働大臣の許可が必要である。新規３年（更新後５年）の有効期間がある。

【 労働者派遣事業 】

主な認可要件	・専ら労働者派遣を特定の者に提供する目的でないこと ・派遣労働者のキャリア形成支援制度があること ・教育訓練等の情報を労働契約終了後３年間保存すること ・労働派遣契約の終了のみの理由で無期雇用派遣労働者を解雇しないこと ・使用者の責に帰すべき理由で休業させた場合に休業手当を支払うこと ・派遣労働者に対する安全衛生教育の実施体制があること
派遣禁止業務	①港湾運送業務 ②建設業務 ③警備業務 ④その他政令で定める業務
管理台帳	派遣元（派遣先）事業主は、派遣就業に関し、派遣元（派遣先）管理台帳を作成し、当該台帳に派遣労働者ごとに一定事項を記載し、これを３年間保存しなければならない。

⑷ 派遣元・派遣先の講ずべき措置

　労働条件の明示、36協定、年次有給休暇などは派遣元に、休憩、休日、公民権行使の保障などは派遣先にそれぞれ義務を負わせている。

【 使用者責任のまとめ 】

派遣元の使用者責任	派遣先の使用者責任
労働契約	労働時間、休憩、休日
時間外・休日・深夜業の割増賃金	公民権の行使
年次有給休暇	危険有害業務の就業制限
就業規則	育児時間
災害補償	生理休暇
派遣元及び派遣先に共通の使用者責任	
均等待遇	
強制労働の禁止	
記録の保存	
報告の義務	
法令等の周知義務（派遣先は就業規則を除く）	

⑸ 派遣可能期間

　派遣先は、無期雇用派遣労働者に係る労働者派遣や期間の定めがある労働者派遣など一定の場合を除き、原則として、次の２つの期間制限が適用される。

① 派遣先事業所単位の期間制限

派遣先の同一の事業所に対して派遣できる期間（派遣可能期間）は、原則3年が限度となる。派遣先が3年を超えて派遣を受け入れようとする場合は、派遣先の事業所の過半数労働組合等からの意見を聴く必要がある。

② 派遣労働者個人単位の期間制限

同一の派遣労働者を派遣先の事業所における同一の組織単位に派遣できる期間は、3年が限度となる。組織単位を変えれば同一の事業所に引き続き同一の派遣労働者を（3年を限度として）派遣できるが、事業所単位の期間制限による派遣可能期間が延長されていることが前提となる。派遣労働者の従事する業務が変わっても、同一の組織単位内である場合は、派遣期間は通算される。

(6) 日雇派遣の禁止

派遣元は、原則として、日雇労働者について労働者派遣を行ってはならない。日雇労働者とは、日々または30日以内の期間を定めて雇用する労働者のことをいう。「30日以内の期間」は、派遣元と派遣労働者との間の労働契約に定められた雇用期間で、派遣元と派遣先との間の労働者派遣契約に定められた派遣期間ではない。

(7) マージン率の公開

派遣元は、労働者派遣事業を行う事業所ごとの派遣労働者の数、派遣先の数、マージン率などの情報を提供しなければならない。

6 労働施策総合推進法

働き方改革の一環として、フリーランスや時短労働といった多様な働き方や育児・介護・治療などと仕事の両立を目的として、雇用対策法から改正された。パワーハラスメントを「職場において行われる優越的な関係を背景とした言動であって、業務上必要かつ相当な範囲を超えたものによりその雇用する労働者の就業環境が害されるもの」と定義したり、外国人労働者を新たに雇い入れた場合には、厚生労働大臣に届け出たりする規定がある。

7 パートタイム・有期雇用労働法

同一企業内における正規社員（無期雇用のフルタイム労働者）と非正規労働者（パートタイム労働者、有期雇用労働者、派遣労働者）との間の不合理な待遇（基本給・賞与・役職手当・食事手当・福利厚生・教育訓練等）の差をなくすための法律である。派遣労働者の均等待遇については労働者派遣法に規定される。厚生労働省は同一労働同一賃金ガイドラインを策定し、不合理な待遇の差を例示している。

■■■ 問題編 ■■■　　　　　　　　Check!!

問1 (R02-25)　　　　　　　　　　　　　　　　　　　[○・×]

　フレックスタイム制を採用する場合には、労働基準法第32条の3に定められた労使協定において標準となる1日の労働時間を定めておかなければならない。

問2 (R01-22)　　　　　　　　　　　　　　　　　　　[○・×]

　使用者は、年次有給休暇を10労働日以上付与される労働者に、付与した基準日から1年以内に5日について、時季指定して年次有給休暇を取得させなければならないが、既に5日以上の年次有給休暇を請求・取得している労働者に対しては、時季指定をする必要はない。

問3 (R03-26)　　　　　　　　　　　　　　　　　　　[○・×]

　賃金は、通貨で支払わなければならないが、使用者は労働者の同意を得て、労働者が指定する銀行の労働者本人の預金口座へ振り込む方法で支払うことができる。

問4 (H21-19)　　　　　　　　　　　　　　　　　　　[○・×]

　事業者は、健康診断個人票を5年間保存しなければならない。

問5 (H26-24)　　　　　　　　　　　　　　　　　　　[○・×]

　労災保険の保険給付には、労働者の業務上の負傷、疾病、障害又は死亡に関する保険給付及び労働者の通勤による負傷、疾病、障害又は死亡に関する保険給付並びに二次健康診断等給付の3つがある。

問6 (H22-18)　　　　　　　　　　　　　　　　　　　[○・×]

　いわゆる不法就労の外国人は、業務上の災害のため傷病にかかった場合にも、労災保険の給付は受けられない。

問7 (H27-25)　　　　　　　　　　　　　　　　　　　[○・×]

　健康保険は、労働者の疾病、負傷、死亡に関して保険給付を行い、国民の生活の安定と福祉の向上に寄与することを目的とするが、出産は保険給付の対象とならない。

問8 (R04-26)　　　　　　　　　　　　　　　　　　　　　　　　　[○・×]
　労働組合の代表者又は労働組合の委任を受けた者は、労働組合又は組合員のために使用者またはその団体と労働協約の締結その他の事項に関して交渉する権限を有する。

■■■ **解答・解説編** ■■■

問1　○：例えば、年次有給休暇取得時に、支払われる賃金の算定に使用される。
問2　○：設問文のとおり。
問3　○：設問文のとおり。
問4　○：設問文のとおり。
問5　○：設問文のとおり。
問6　×：不法就労であっても労災保険法の適用がある。
問7　×：健康保険では、出産も保険給付の対象である。
問8　○：設問文のとおり。

■■■ 問題編 ■■■

労働基準法の定めに関する記述として、最も適切なものはどれか。

ア 使用者により明示された労働条件が事実と相違する場合に、労働者が労働契約を解除するためには、労働契約を解除する日の 30 日前までにその予告をしなければならないと規定されている。

イ 使用者は、労働時間が6時間を超える場合においては少なくとも45分、8時間を超える場合においては少なくとも1時間の休憩時間を労働時間の途中に与えなければならないと規定されている。

ウ 使用者は、労働者が労働時間中に、選挙権その他公民としての権利を行使し、または公の職務を執行するために必要な時間を請求した場合においては拒んではならず、選挙権の行使は国民の重要な権利であるから、その時間の給与は支払わなければならないと規定されている。

エ 労働基準法で定める労働条件の基準に達しない労働条件を定めた労働契約は、当該基準に達しない部分のみならず、労働契約全体が無効となると規定されている。

解答：イ

労働基準法に関する出題である。

ア：不適切である。明示された労働条件が事実と相違する場合においては、労働者
　　は、即時に労働契約を解除することができる（労働基準法15条2項）。

イ：適切である。選択肢のとおりである。（同法34条）。

ウ：不適切である。前半は正しい。公民権行使の保障（同法7条）の規定は、給与
　　に関しては触れておらず、有給か無給かは、当事者の自由に委ねられた問題と
　　されている（S22.11.27基発399号）。

エ：不適切である。選択肢の場合、労働契約全体が無効とはならず、その部分につ
　　いてだけ無効となる。無効となった部分は、労働基準法で定めた基準による（同
　　法13条）。

テーマ別出題ランキング

過去23年分 平成13年(2001年)〜令和5年(2023年)	
1位	マーケティング・コンセプト
1位	社会志向のマーケティング
2位	マーケティングの定義
2位	ソーシャル・マーケティングの近年の動き
3位	マーケティング・ミックス
3位	マーケティングのパラダイムシフト
3位	ソーシャル・マーケティングとは
3位	非営利組織のマーケティング

直近10年分 平成26年(2014年)〜令和5年(2023年)	
1位	マーケティング・コンセプト
2位	社会志向のマーケティング
2位	ソーシャル・マーケティングの近年の動き
3位	マーケティングの定義
3位	マーケティング・ミックス

過去23年間の出題傾向

　マーケティング・コンセプト、社会志向のマーケティングから各5回出題されている。いずれも頻出ではないが、基礎的な内容なので、しっかり土台を固めておこう。特にマーケティング・ミックスの4Pは、2次試験の事例Ⅱを解く上で、非常に重要な考え方となる。

第 **13** 章

マーケティングの概念

I マーケティングの基礎

H28-30
H22-28

1 マーケティングの定義

"マーケティング（Marketing）"は、多くのマーケティング研究者によって、さまざまに定義されている。AMA（アメリカ・マーケティング協会）の定義は、次の通りである。

(1) 1985年の定義

マーケティングとは、個人目標および組織目標を満たす交換を創造するための、アイディア・商品・サービスのコンセプト、価格設定、プロモーション、流通の計画と実行のプロセスである。

〈 特徴 〉

① 交換の概念を重視
② 目的が明確
③ 非営利組織のサービスや無形財などを製品として含む
④ 製品・価格・プロモーション・流通のマーケティング・ミックスの4要素が組み込まれている

(2) 2004年の定義

マーケティングは、組織的な活動であり、顧客に対し価値を創造し、価値についてコミュニケーションを行い、価値を届けるための一連のプロセスであり、さらにまた組織および組織のステークホルダーに恩恵をもたらす方法で、顧客関係を管理するための一連のプロセスである。

〈 特徴 〉

① 価値（顧客価値）を重視
② 顧客関係（カスタマー・リレーションシップ）の管理を重視
③ 対象を顧客に限定せず、企業の利害関係者全体に拡大
④ 組織的な活動を強調

(3) 2007年の定義

マーケティングとは、顧客やクライアント、パートナー、さらには広く社会一般にとって価値のあるオファリングス（提供物）を創造・伝達・提供・交換するための活動とそれにかかわる組織・機関、および一連のプロセスである。

〈 特徴 〉

① 透明性を重視
② より広い組織・機関全体の活動と位置づけ
③ 持続可能性の視点をより明確化

④ 社会一般まで拡大

2 ニーズとウォンツ

(1) 顧客のニーズを把握する

　企業がマーケティングを実践する際には、顧客のニーズを正確に把握する必要がある。例として、女性が化粧品を購入するケースを考える。コラーゲン配合『つやつやα』という美肌効果のある化粧品が売れているとする。なぜ女性はその化粧品を購入するのだろうか。

　美肌効果のある化粧品を購入する女性は、自分の肌を美しくしたいという欲求を抱えている。その欲求を満たすために、商品の効果（便益）を期待して『つやつやα』を購入する。

　この女性が持っている「肌を美しくしたい」という本質的な欲求をニーズという。一方、本質的な欲求である「ニーズ」を満たすための「手段」にあたる表層的な欲求をウォンツという。この場合の「ウォンツ」は「化粧品『つやつやα』が欲しい」という欲求となる。

　それぞれ「欲求」という点では共通であるが、両者を比較すると大きく異なる。顧客の表層的な「ウォンツ」に惑わされずに、本質的な「ニーズ」をとらえることが必要である。

【 ニーズとウォンツの違い 】

肌を美しくしたい　　ニーズ

● 本質的な欲求
● 1次的な欲求
● 商品を購入する目的

つやつやαが欲しい　　ウォンツ

● 表層的な欲求
● 2次的な欲求
● 目的を達成するための手段に対する欲求

⑵ 目的は１つでも手段は多数

　「ニーズ」と「ウォンツ」を説明したが、女性の「肌を美しくしたい」という「ニーズ」を満たす「手段」は化粧品だけだろうか。

　女性にとって「肌を美しくできる」という効果（便益）を手に入れることができれば、『つやつやα』でなくても、他社の「コラーゲンパック」や「美肌クリーム」、さらに「エステ」や「美容整形手術」など、他の手段を選んでもよい。

　消費者にとっては、「ニーズ」は変わらない反面、「ウォンツ」は他の手段に置き換わる可能性がある。そのため、企業がマーケティングを展開するときには、自社が標的とする消費者のニーズが何かを把握して、ニーズに対応するマーケティング・ミックスを展開していく必要がある。

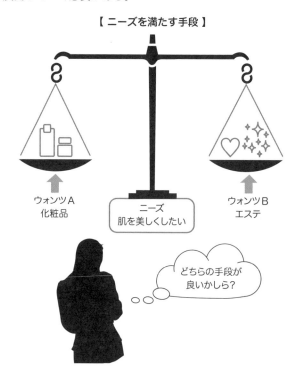

【 ニーズを満たす手段 】

ウォンツA
化粧品

ニーズ
肌を美しくしたい

ウォンツB
エステ

どちらの手段が
良いかしら？

3　セリングとマーケティング

　マーケティングを学習する際に、よく耳にする言葉に「セリング」がある。「セリング」も「マーケティング」も、企業が消費者に製品を販売する活動に関する言葉である。しかし、それぞれの言葉の意味するところは異なる。

【 セリングとマーケティングの違い 】

	セリング	マーケティング
特 徴	●「売り込む方法」を追求 ●「アクション」中心 ●「今日の糧」に焦点 ●日常的な努力が必要	●「売れる仕組み」を追求 ●「分析力、創造力」中心 ●「明日の糧」に焦点 ●長期的、継続的な努力が必要
考え方	日常業務的思考（短期的）	戦略的思考（長期的）
内 容	●短期的な売上を増加させるための販売員の労力など、マーケティング・コストがかかる ●積極的に企業側から消費者に売り込む販売努力が必要	●さほど販売努力をしなくても商品が売れていくので、マーケティング・コストが少なくて済む ●消費者ニーズの把握と、それに見合った商品・サービスの提供が必要

出典：『戦略的マーケティングの論理』嶋口充輝著　誠文堂新光社を一部修正

セリングは、目先の販売に重点を置き、今日の売上のために「売り込む方法」に重点を置いた活動である。一方、**マーケティング**は、将来の売上のための「売れる仕組みづくり」に重点を置いた活動である。

企業活動においては「売れる仕組み」を追求する「マーケティング」を実行することで、「売り込む方法」を追求する「セリング」に費やす努力を徐々に減らすことができる。

4 マーケティング・ミックス H30-33

(1) マーケティングの4つの要素（マーケティングの4P）

企業がマーケティングを実行する際には、**製品政策（Product）**、**価格政策（Price）**、**広告・販売促進政策（Promotion）**、**チャネル政策（Place）** の4つの要素の組み合わせを考える。この4つの要素の組み合わせを**マーケティング・ミックス**という。マーケティング・ミックスにより、企業のマーケティングの「個性」が決定する。

(2) マーケティング・ミックスと2つの整合性

企業がマーケティング・ミックスを構築する際に、考えなくてはならない「2つの整合性」がある。

一つ目は、4Pと消費者との整合性である。4Pとターゲットとなる消費者（標的顧客）との整合性のことを「ターゲット・フィット」という。標的顧客に整合的な製品政策、価格政策、広告・販売促進政策、チャネル政策を構築する必要がある。

例えば、30～40歳代のミセス層を標的顧客とした化粧品のテレビCMを深夜帯に流しても、標的とするミセス層に見てもらえない可能性が高く、CM効果は低くなる。

二つ目は、4P相互の整合性である。4Pそれぞれの整合性のことを「ミックス・フィット」という。例えば、廉価品を提供するという製品政策を採用する場合、価格政策では廉価品に見合った価格をつけなくてはバランスがとれない。このように、

製品と価格だけでなく、4Pを互いに整合的な構成にすることが大切である。

⑶ マーケティング・ミックスの具体例

　化粧品を参考に、マーケティング・ミックスを考えてみる。商品Aの場合、企業がターゲットとする消費者は10〜20代の女性だとする。製品政策は、標準品質の製品を提供し、価格政策は、若者が気軽に購入できる安価な価格にする。広告・販促政策は、若者がテレビをよく見る時間帯にCMを流し、チャネル政策は、若者の利用頻度が高いコンビニや量販店を中心に展開するマーケティング・ミックスになる。

　最初から完璧なマーケティング・ミックスを構築することは容易ではない。実際の企業活動では、マーケティング・ミックスの仮説を立て、実行し、結果を測定・分析し、分析から得られた改善点を活かして、マーケティング・ミックスの最適化を図っていく。

【 マーケティング・ミックスの具体例 】

	商品A	商品B
標的顧客	10〜20代の女性 （ヤング層）	30〜40代の女性 （ミセス層）
製品政策 (Product)	●標準品質の商品を提供	●高品質の商品を提供
価格政策 (Price)	●安価	●高価
広告・販促政策 (Promotion)	●若者向けファッション誌 ● TVCM 　(PM7:00〜9:00) 　10〜20代の観る時間帯	●女性週刊誌 ● TVCM 　(PM1:00〜3:00) 　30〜40代の観る時間帯
チャネル政策 (Place)	●コンビニ、量販店	●通販のみ

⑷ マーケティングの4C

　マーケティングの4Cとは、①Customer Value（顧客にとっての価値）、②Customer Cost（顧客の負担）、③Convenience（顧客の利便性）、④Communication（コミュニケーション）の4つの要素である。4Cはマーケティングの4Pを顧客の視点から見た考え方で、Customer ValueはProduct、Customer CostはPrice、ConvenienceはPlace、CommunicationはPromotionに対応している。

II マーケティングの考え方

1 マーケティング・コンセプト　Ⓑ R02-28

(1) マーケティング・コンセプト

　企業経営に必要な市場に対する考え方やアプローチ方法のことである。マーケティング・コンセプトに従って、企業のマーケティングの意思決定が行われる。コトラーは、「生産志向」「製品志向」「販売志向」「消費者志向」「社会志向」の5つの概念を述べている。

(2) マーケティング・コンセプトの変遷

　マーケティングの定義が時代とともに変化してきたように、「マーケティング・コンセプト」も時代とともに変化している。

【 マーケティング・コンセプトの変遷 】

時代背景	マーケティング・コンセプト	関連キーワード
1900〜1930年頃 モノ不足で、作れば作っただけ売れた時代	**生産志向(製品志向、シーズ志向)** ●テーマ：生産活動を効率的に行うこと ●生産性の追求	●シーズ重視、技術重視 ●プロダクトアウトの発想 ●製品開発において、マーケティング・マイオピアに陥ることがある
1930〜1950年頃 技術革新による大量生産で、所得水準の上昇が実現した時代	**販売志向** ●テーマ：大量生産品を効率的に販売すること ●販売効率の追求	●売り手(販売業者)重視 ●セリングの発想 ●プッシュ戦略中心の販売促進活動 ●生産者は、顧客ニーズより販売業者に積極的に売り込むことを考える
1950年頃〜現在 経済が成熟化し、消費者の嗜好が多様化してきた時代	**消費者志向(顧客志向、ニーズ志向)** ●テーマ：顧客のニーズ、ウォンツを探るためのマーケティングの仕組みを作ること ●顧客ニーズの追求	●顧客重視、ニーズ重視 ●マーケティングの発想 ●プル戦略中心の販売促進活動 ●市場(顧客)のニーズを探り、それを満たせる製品提供を考える
現在〜未来 企業が成長し、社会全体へ与える影響力が大きくなり、企業も社会の一員としての責任を果たす必要性が高まる時代	**社会志向** ●テーマ：企業も社会の一員であるという認識のもと、企業として果たすべき社会責任、社会貢献を実現すること ●社会性の追求	●社会責任、社会貢献を重視 ●企業市民(コーポレートシチズンシップ)の自覚 ●自社が社会に与える影響を考慮する ●消費者志向のさらに上をいく考え

(3) マーケティング3.0

コトラーは、インターネットやソーシャル・メディアの登場など、取り巻く社会環境の変化にともない消費者の行動が変化していることを踏まえて、マーケティング3.0のコンセプトを提唱した。

マーケティングは、モノを売り込むマーケティング1.0、顧客満足を目指す"消費者志向"のマーケティング2.0を経て、価値主導型のマーケティング3.0に進化している。マーケティング3.0とは、企業が消費者中心の考え方から、人間中心の考え方に移行し、収益性と企業の社会的責任がうまく両立する段階を指す。

【 マーケティング1.0、2.0、3.0の比較 】

	マーケティング1.0 製品中心の マーケティング	マーケティング2.0 消費者志向の マーケティング	マーケティング3.0 価値主導型の マーケティング
目的	製品を販売すること	消費者を満足させ、つなぎとめること	世界をよりよい場所にすること
可能にした力	産業革命	情報技術	ニューウェーブの技術
市場に対する企業の見方	物質的ニーズを持つマス購買者	マインドとハートを持つより洗練された消費者	マインドとハートと精神を持つ全人的存在
主なマーケティグ・コンセプト	製品開発	差別化	価値
企業のマーケティング・ガイドライン	製品の説明	企業と製品のポジショニング	企業のミッション、ビジョン、価値
価値提案	機能的価値	機能的・感情的価値	機能的・感情的・精神的価値
消費者との交流	1対多数の取引	1対1の関係	多数対多数の協働

出典：『コトラーのマーケティング3.0』P.コトラー・H.カルタジャヤ・I.セティアワン著　朝日新聞出版

 (4) マーケティング4.0

コトラーはマーケティング3.0以降、技術の進歩という点で多くの進展があったことを踏まえ、企業と顧客のオンライン交流とオフライン交流を一体化させるアプローチとしてマーケティング4.0を提唱した。

モバイル・インターネットによって顧客どうしの接続性が高まり、排他的・個別的な縦の世界から、横のつながりを重視する包摂的、社会的なビジネス環境へと変化している。マーケティング4.0でコトラーは、顧客のカスタマー・ジャーニー（製品やサービスを知った顧客が購入・推奨に至るまでの道筋）の質の変化に対しデジタル・マーケティングは伝統的なマーケティングにとって代わるべきものではなく、役割を交代しながら共存すべきものだとしている。

また、マーケティング・ミックスの4Pは4C（co-creation＝共創、currency＝通貨、communal activation＝共同活性化、conversation＝カンバセーション）に

改めるべきだとしている。実際に顧客との共創による消費者参加型製品開発を行うことで、商品開発力を高めたり、共創を通じて生み出された商品であるという事実により訴求力を高めたりしている企業もある。

【 デジタル・マーケティングと伝統的マーケティングの融合 】

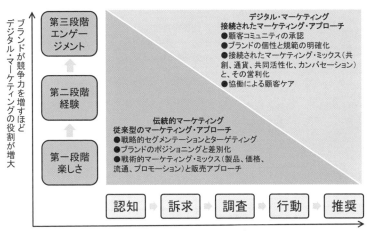

出典：『コトラーのマーケティング4.0』P.コトラー・H.カルタジャヤ・I.セティアワン著　朝日新聞出版

2　マーケティングのパラダイムシフト　

マーケティングにおける取引の捉え方を**マーケティング・パラダイム**という。マーケティング・パラダイムは、時代や市場の成熟度によって変化する。パラダイムとは、認識の枠組のことである。

マーケティング・パラダイムには、①刺激－反応パラダイム、②交換パラダイム、③関係性パラダイム、の3つが存在している。3つのパラダイムは、取引の環境によって有効性が決定され、現在では関係性パラダイムへとシフトしている。

① 刺激－反応パラダイム

売り手が商品に販売刺激を加えて、買い手の購買反応を引き出す方法として取引を捉える考え方である。

② 交換パラダイム

売り手と買い手の自由意思に基づく、相互同意型の交換として取引を捉える考え方である。

③ 関係性パラダイム

売り手と買い手を一体化されたパートナーと捉え、両者の協働による長期的な共創価値実現として取引を捉える考え方である。

【 3つの主要取引パラダイムの比較 】

	刺激－反応 パラダイム	交換 パラダイム	関係性 パラダイム
取引主体	売り手中心	買い手中心	両者中心
取引方向	一方的	双方的	一体的
取引思想	統制	適応	共創
買い手の 位置づけ	反応者	価値保有者	パートナー
時間的資格 （視点）	短期	短・中期	長期
中心課題	プロモーション （刺激と反応の生産性を重視）	マーケティング・ミックス （買い手の満足を高め、交換の円滑化を重視）	関係マネジメント （信頼関係の構築を重視）
前提	買い手は主体性を持たず、売り手のマーケティング刺激に必ず反応する	売り手は買い手のニーズを常に発見し続けることができる	売り手と買い手の間に強い信頼関係を構築する
取引の 継続性	売り手中心のアプローチでは、買い手の満足を継続的に保証できるとは限らない	未成熟市場であればニーズの把握は比較的容易だが、成熟市場では限界がある	強い信頼関係を構築すれば、取引が容易になり、ニーズの把握が困難な環境下での継続性が保たれる

出典：『現代マーケティング［新版］』嶋口充輝・石井淳蔵著　有斐閣Ｓシリーズを一部加筆

III ソーシャル・マーケティング

H21-30

1 ソーシャル・マーケティングとは

(1) ソーシャル・マーケティングの類型

ソーシャル・マーケティングとは、社会とマーケティングとの関係を考察する、社会に対応したマーケティングのことである。

ソーシャル・マーケティングの目的は、「企業が社会的な存在として、社会的な価値としてどのように対応していけばよいのか」を追求することである。

ソーシャル・マーケティングは、次の2つに分類される。
① **非営利組織のマーケティング**（コトラー）
② **社会志向のマーケティング**（レイザー）

(2) 情報化社会とソーシャル・マーケティング

情報化が進展したことで、企業の非倫理的・非社会的行為に対する非難の意見が、迅速かつ広範囲に伝播しやすくなったことから、ソーシャル・マーケティングの重要性は増している。ソーシャル・マーケティングの実践は、教育的要素を伴うため、いかに楽しくメッセージを伝達し、理解してもらうかが重要である。

2 非営利組織のマーケティング

非営利組織のマーケティングは、営利企業を対象として開発された4Pをはじめとするマーケティング技術を、非営利組織にも適用しようとするものである。

非営利組織とは、営利企業以外のすべての組織が含まれる。学校、病院、美術館、教会、政府・地方公共団体などである。

非営利組織のマーケティングの特徴は、消費者ニーズの把握が難しいことである。営利企業の場合は消費者ニーズが存在するが、非営利組織の場合はゼロ（無関心）またはマイナス（嫌悪）である。ゼロ（無関心）またはマイナス（嫌悪）の消費者ニーズに対しては、コンセプト提案を行うことが重要であり、コンセプトを最低限受容してもらえばよい。コンセプト提案とは、例えば、大学の場合は「建学の精神」、医療機関の場合は「最高の医療水準」の訴求などである。

非営利組織のマーケティングを成功させるためには、長期的な視点で、コンセプト提案を粘り強く行い、適切なプロモーションによって、細分化したターゲットに働きかける必要がある。

3 社会志向のマーケティング

　社会志向のマーケティング（ソサイエタル・マーケティング）は、企業の社会責任や社会貢献などの社会的な視点を、企業の意思決定に反映させていこうとするマーケティング・アプローチのことで、次の2つに分類できる。

(1) 社会責任のマーケティング

　排気ガスや欠陥車、環境破壊の問題など、企業に対する社会的な批判に応えるかたちで誕生したのが、**社会責任のマーケティング**である。社会志向のマーケティングは、社会責任のマーケティングからスタートした。社会責任のマーケティングには、事業遂行における法令遵守だけでなく、製品の安全性などを追求する企業の責任、ISOなどの環境管理、ディスクロージャー（企業の情報公開）などが含まれる。

(2) 社会貢献のマーケティング

　企業が社会とかかわっていくとき、社会責任を果たすだけではなく、本業以外の活動によって社会貢献を果たしていこうとする考え方がある。これが**社会貢献のマーケティング**である。

　社会貢献のマーケティングは、メセナ（文化支援）やフィランソロピー（慈善行為）といった文化支援などを通じた企業市民（コーポレート・シチズンシップ）としてのあり方が、その根幹をなしている。

4 ソーシャル・マーケティングの近年の動き

(1) ソサイエタル・マーケティング・コンセプト

　標的市場のニーズや欲求、利益を正しく判断し、消費者と社会の幸福を維持・向上させる方法をもって、顧客の要望に沿った満足を他社よりも効果的かつ効率的に提供することが営利企業の役割であるとしている。

(2) コーズリレーテッド・マーケティング

　コーズリレーテッド・マーケティング（コーズ・マーケティング）とは、売上によって得た利益の一部を社会貢献の目的で寄付し、企業イメージの向上や売上の増加を目指すマーケティング手法である。コーズとは、人に影響を与える「大義」や「理念」を意味する。

　コーズリレーテッド・マーケティングに取り組む企業は増えており、東日本大震災の発生後に復興関連商品を販売して売上の一部を寄付する活動もコーズリレーテッド・マーケティングである。

(3) グリーン・マーケティング

　グリーン・マーケティングとは、地球環境に配慮した製品・サービスそのものを

提供するマーケティング手法である。企業イメージの改善、ブランド価値の向上、環境保護団体からの圧力の回避、グリーン製品を販売することで市場の需要に応える、などの目的がある。

■■■ 問題編 ■■■ Check!!

問1 (H22-28) ［○・×］
2007年のマーケティングの定義は、「透明性」・「より広い参加者」・「継続性」の3つの観点の重要性を示唆している。

問2 (H24-25改題) ［○・×］
マーケティング・パラダイムについて、1990年代には、それまでの関係性パラダイムに変わって、交換パラダイムに注目が集まるようになった。

問3 (H24-25改題) ［○・×］
顧客満足の重視は、「マーケティング3.0」固有の特徴である。

問4 (R05-36) ［○・×］
製品やサービスの売り上げの一部を特定の社会的課題への支援に活用するマーケティング活動はメセナと呼ばれ、この活動を増やすほど当該課題に対する関心が高まり、企業の新規顧客の獲得やブランド・イメージの醸成につながりやすい。

問5 (H21-30) ［○・×］
非営利組織や政府機関が社会問題などに直接的に働きかけるために実施されるマーケティング活動もソーシャル・マーケティングと呼ばれる。

■■■ 解答・解説編 ■■■

問1 ○：2007年の定義に関する3つの特徴と一致する。
問2 ×：交換パラダイムに変わって、関係性パラダイムに注目が集まるようになった。
問3 ×：顧客満足を目指す「マーケティング2.0」から、価値主導型の「マーケティング3.0」に進化している。
問4 ×：選択肢の内容はコーズリレーテッド・マーケティングに関する説明である。
問5 ○：政府機関などの非営利組織が行うマーケティングはソーシャル・マーケティングのひとつである。

 **問題編**

　マーケティング・コンセプトおよび顧客志向に関する記述として、最も適切なものはどれか。

ア　企業は顧客を創造し、顧客の要望に応えることを基礎とする一方で、競合他社との競争にも気を配る必要がある。これらをバランスよく両立する企業は、セリング志向であるということができる。

イ　ケーキ店Xが「どの店でケーキを買うか選ぶときに重視する属性」についてアンケートを複数回答で実施した結果、回答者の89%が「おいしさ、味」を選び、「パッケージ・デザイン」を選んだのは26%だった。顧客志向を掲げるXはこの調査結果を受け、今後パッケージの出来栄えは無視し、味に注力することにした。

ウ　マーケティング・コンセプトのうちシーズ志向やプロダクト志向のマーケティングは、顧客志向のマーケティングが定着した今日では技術者の独りよがりである可能性が高く、採用するべきではない。

エ　マーケティング・コンセプトはプロダクト志向、セリング志向などを経て変遷してきた。自社の利潤の最大化ばかりでなく自社が社会に与える影響についても考慮に入れる考え方は、これらの変遷の延長線上に含まれる。

オ　マーケティング・コンセプトを説明した言葉の中に、"Marketing is to make selling unnecessary" というものがあるが、これはマーケティングを「不用品を売ること」と定義している。

解答：エ

マーケティング・コンセプト及び顧客志向に関する出題である。

ア：不適切である。顧客の要望に応えることを基礎とするのはニーズ志向（消費者志向）である。セリング志向（販売志向）では、大量生産品を効率的に販売することを重視する。

イ：不適切である。大多数が重視する味を追求し、生産性を追求するのはシーズ志向（生産志向）である。

ウ：不適切である。シーズ志向やプロダクト志向では、マーケティング・マイオピアに陥ることがあるものの、採用すべきか否かは市場の特性を踏まえて選択する。

エ：適切である。自社が社会に与える影響についても考慮に入れる考え方は社会志向であり、時代とともに変化してきたマーケティング・コンセプトの変遷の延長線上に含まれる。

オ：不適切である。"Marketing is to make selling unnecessary（superfluous）"とは、マーケティングの目的は営業を不要とすることとしたP.F.ドラッカーの言葉である。

過去23年分 平成13年(2001年)〜令和5年(2023年)	
1位	消費者行動の分析手法
2位	マーケティング情報の分析
3位	新製品の普及プロセスと準拠集団の研究
3位	市場細分化(マーケット・セグメンテーション)

直近10年分 平成26年(2014年)〜令和5年(2023年)	
1位	消費者行動の分析手法
2位	新製品の普及プロセスと準拠集団の研究
3位	マーケティング情報の分析

過去23年間の出題傾向

　消費者行動の分析手法が22回と最多で、マーケティング情報の分析が11回、新製品の普及プロセスと準拠集団の研究と市場細分化が10回と続く。消費者行動分析は2次試験に直結する内容は少ないが、標的市場の決定は2次試験の事例Ⅱでは超重要テーマである。事例Ⅱでは設問文に「ターゲットを明確にした上で」という制約条件があることが多く、その際、市場細分化の考え方を活用して検討する必要がある。

第 **14** 章

消費者行動と市場戦略

1 消費者行動と心理的特性

(1) 消費者行動とは

　消費者行動とは、製品やサービスなどを取得、消費、処分する際に従事する諸活動（意思決定を含む）のことで、①消費行動（消費様式と支出配分の選択）、②購買行動（製品・サービスの選択と調達）、③買物行動（買物場所の選択と買物出向）、④使用行動（製品・サービスの使用と処分）という４つのレベルに階層化できる。

　消費者行動分析では、企業にとって自社製品・ブランドの売上やシェアに直結する、購買行動が分析の中心となる。購買行動とは、①製品カテゴリーの選択、②ブランドの選択、③購入量・購入頻度の選択をいい、広義には、買物行動が含まれる。

(2) 消費者行動に影響を与える心理的特性

【 心理的特性 】

動機 (動因)	特定の行動を駆動し、方向づけ、維持する内的な要因や状態を指す概念である。一種のニーズであり、動機を感じると人はその充足を切実に求める。
知覚	情報を選択・整理・解釈し、何らかの意味ある世界観を形成するプロセスである。知覚には、①選択的注意 (さらされている情報の多くをふるい落としてしまう傾向)、②選択的歪曲 (すでに持っている信条にあうように、情報を解釈してしまう傾向)、③選択的記憶 (学んだことの大半は忘れてしまうが、自分の態度や信念の裏づけとなる情報は記憶しているという傾向) という３つのプロセスがある。
学習	経験によって起こる個人の行動の変化のことである。学習は、動因・刺激・きっかけ・反応・強化といった要因の相互作用によって行われる。
態度	ある対象や考え方に対して抱く評価・感情・傾向のことであり、持続性を備え、好意的なものと非好意的なものがある。あるブランドに対して好意的な態度を持つ消費者は、そのブランドを購買する可能性が高く、ブランドに対する好意的な態度は、広告によって生み出したり変えたりできる。

(3) 対人的影響によって承諾を引き出す方法

　多くの情報が溢れている現代社会では、企業は商品・サービスを生産するだけでなく消費者に購入してもらうよう積極的に働きかける必要がある。チャルディーニはセールスパーソンたちが使う対人的影響を巧みに利用した手法を「影響力の武器」として返報性・コミットメントと一貫性・社会的証明・好意・権威・希少性の６つに分類した。

消費者行動の分析は、モチベーション・リサーチに代表される「購買行動の探求（Why：消費者はなぜ購買するのか）」に焦点を当てたものから、ブランド選択モデル（S-RモデルやS-O-Rモデル）に代表される「行動の測定と予測（What：消費者は何を購買するのか）」への展開を経て、消費者情報処理理論の登場とともに「内的プロセスの解明（How：消費者はどのようにして購買するのか）」に関する研究へと発展していった。近年では、消費者のブランド知識構造の解明や関係性の構築・維持を意図した顧客接点の分析などの広がりを見せている。

(1) モチベーション・リサーチ（購買動機調査）

モチベーション・リサーチとは、消費者の購買行動における潜在的欲求を明らかにする「質的調査技法（定性的調査技法）」である。多数の被験者を対象にした定量調査とは異なり、少数の被験者に対して専門家が十分な時間をかけて面接し、事例の詳細な記録と考察を行う点が特徴である。

モチベーション・リサーチは、①1人の被験者と向き合う時間が長いために、サンプル数が多くとれないこと、②回答された結果を処理する際に、解釈する人間の主観が入って解釈に客観性が保たれにくいこと、などの理由から科学的な方法論としての限界が問題となり衰退した。

しかし最近では、インターネットの普及やテキスト・マイニングの技法により、サンプル数と客観性の問題が解決され、質的調査技法はコンシューマー・インサイトと呼ばれるなど、再注目されている。テキスト・マイニングとは、単語の共起（文章においてある単語と単語が同時に出現すること）関係により文章がどのような内容で構成されているかを把握する方法のことである。

モチベーション・リサーチの質的調査技法には、さまざまな技法がある。

【 モチベーション・リサーチの主な技法 】

深層面接法	ある事柄についての深層心理を探り出すために行われる技法
語句連想法	刺激語を与え、その反応によって深層心理を調べる技法
第三者技法	ある特定の状況に対して、ごく一般の人は、どう考え、どう行動するかを対象者に尋ねることによって、自分の考えを第三者に投影して、対象者自身の真の感情を明らかにする技法
文章完成法	課題の文章の欠けている部分を被験者に補わせる技法
物語法 （絵画統覚テスト：TAT）	所定のテーマについての物語に対象者を誘い、その物語に対して対象者がどういう反応を示すか探る技法
ロールプレイング法	実際に経験のないことを、自己流に演じることで生じる主観的なゆがみを分析する技法

⑵ S-RモデルとS-O-Rモデル

　S-Rモデル（刺激－反応モデル）は、消費者の心理面は解明できない不明なもの（ブラック・ボックス）と位置づけている。ブラック・ボックスの前の段階を刺激（Stimulus）、後の段階を反応（Response）としている。刺激とは、消費者の購買に働きかける製品や、プロモーションなどのマーケティング刺激、経済的、技術的な刺激のことである。反応とは、製品選択や、ブランド選択など、消費者の購買行動のことである。

　S-O-Rモデルは、消費者を"S-O-R"で捉えている。Sは刺激（Stimulus）、Oは生活体（Organism）、Rは反応（Response）を示している。S-O-Rモデルは、S-Rモデルがブラック・ボックスと位置づけた消費者の心理面を解明しようとしたものである。

　刺激と反応の代表的な条件づけに道具的条件づけ（オペラント条件づけ）がある。ネズミがボタン（条件刺激）を押したときに（条件反応）、食べ物（無条件刺激）を与えると、最初は偶然でも、やがて自発的にボタンを押すようになる。条件反応が、無条件刺激を得るための手段や道具となるという条件づけである。

【 S-RモデルとS-O-Rモデルの構造対比 】

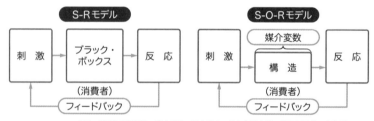

出典：『消費者行動論』青木幸弘・新倉貴士・佐々木壮太郎・松下光司著　有斐閣アルマ

⑶ ハワード＝シェス・モデル

　企業のマーケティング手段である製品、広告、価格などの商業的刺激や、友人からのパーソナル・コミュニケーションによる刺激に対して、消費者がどのような購買行動（反応）をするのかという、消費者の選択行動を包括的に扱ったモデルである。ハワード＝シェス・モデルでは、刺激なくして反応は起こらないと考えられている。

　消費者の意思決定類型は、態度形成を前提としている。製品ライフサイクルの段階に応じて3つの意思決定類型に分かれる。導入期では、消費者は拡大的問題解決行動をとるが、成長期には限定的問題解決行動をとり、成熟期・衰退期には日常的反応行動をとるプロセスをたどる。

【 消費者の意思決定類型 】

意思決定類型	概要	必要情報量	意思決定時間	製品ライフサイクルとの対応
拡大的問題解決行動	広範囲に情報探索して、複数の代替案の中から選択しようとする購買行動である。	多い	長い	導入期
限定的問題解決行動	ある程度、製品知識を持つ消費者が多少の情報検索や店頭でいくつかのブランドを見比べて選択しようとする購買行動である。	少ない	短い	成長期
日常的反応行動 (定型的問題解決行動)	購買行動を起こす前に調べたりせず、既に知っている製品やいつも買っている製品を選択しようとする購買行動である。	極少	極短	成熟期 衰退期

⑷ 消費者情報処理モデル

　消費者情報処理モデルでは、消費者を情報処理者と捉えており、消費者を刺激や情報を探り出す能動的な主体とみなし、購買に至るまでの実際の情報処理のプロセスを説明している。

　消費者は、目や耳などの感覚レジスターによって、広告や口コミなどの外部情報を取得する。外部情報と、長期的に記憶していた過去の購買経験などの内部情報を、短期的に記憶内で統合し、この結果に基づいて購買行動を起こす。結果として得られた情報は、長期的に記憶される。

　消費者が行う情報処理活動を規定する代表的な要因として、関与と知識がある。関与とは、消費者が行う情報処理に対する動機づけを規定するものであり、知識とは、消費者が行う情報処理の能力を規定するものである。

【 消費者情報処理の基本図式 】

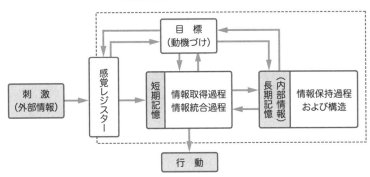

出典：『マーケティング戦略』和田充夫・恩蔵直人・三浦俊彦著　有斐閣アルマ

(5) アサエルの消費者行動類型

　アサエルは、製品ごとに関与のレベルは一定と考える製品関与概念と、ブランド間でどの程度消費者が特性の違いを知覚しているかを表す知覚差異を用いて消費者行動を分類している。製品関与とは、消費者がある製品に対してどれだけ重要性やリスクを感じるかの水準を指し、消費者がその製品にどれだけこだわりを持っているかということである。

　高関与な消費者に対して、商品の金銭的・社会的リスクや専門性を知覚させることで、企業は自社が行うマーケティング・コミュニケーション活動への反応を高めることができる。

　消費者のブランドの知識の形成を通して、判別力と関与度を高めることが、脱コモディティ化のための方策であるとしている。

【 関与と知覚差異による消費者行動分類 】

	高関与	低関与
ブランド間 知覚差異　大	複雑型 購買行動	バラエティ・シーキング型 購買行動
ブランド間 知覚差異　小	不協和解消型 購買行動	習慣型 購買行動

出典:『マーケティング原理 第9版』P.コトラー、G.アームストロング著　ダイヤモンド社

① 複雑型購買行動 (情報処理型購買行動、ブランド・ロイヤルティ型購買行動)

　消費者の購買への関与度が高く、著しいブランド間での格差も意識されている状況である。消費者は、製品について学んでから、その製品について信念・態度を築き、熟慮したうえで購買行動を起こす。価格が高く、購入にリスクを伴い、めったに買わないもので、消費者の嗜好がはっきりでる製品であることが多い。

② バラエティ・シーキング型購買行動

　消費者の購買への関与度が低いが、著しいブランド間での格差が意識されている状況である。消費者はさまざまなブランドを試すような購買行動を起こし、ブランド・スイッチングが頻繁に起こる。

③ 不協和解消型購買行動

　消費者の購買への関与度が高いが、ブランド間での格差はほとんど意識されない状況である。消費者は、どのような製品があるか店を見て回りはするものの、比較的早く購買行動を起こす。手頃な価格のもの、あるいは買いやすいものに最も良い反応を示す。

④ 習慣型購買行動

　消費者の購買への関与度が低く、ブランド間での格差もほとんど意識されない状況である。消費者は、適当なブランドを選択するか、決まったブランドについて習慣的な購買行動を起こす。

　経験則をもとに情報処理を簡略化して選択することを、ヒューリスティックスという。ヒューリスティックスは、必ずしも最善の結果を約束するわけではないが、

十分満足できる結果を短い時間で手軽に導く。

R01-34
H24-26
H20-36

(6) 店舗選択における購買関与度と品質判断力

　消費者の情報処理行動は、主にブランド選択にかかわるものであるが、店舗（業態）選択を購買関与度と品質判断力を用いて説明しようとする研究もある。

　購買関与度が高いほど、消費者の購買前の情報探索量は大きく広範囲に渡り、選好されるブランドや店舗への執着が高くなるために購買努力量も大きくなる。

　品質判断力は、知識と関連しており、消費者がどのような情報（要約度）によって購買できるかを意味している。品質判断力の高い人は、カタログなどで評価する。品質判断力の低い人は、カタログを見ても判断できないため、店員などに加工され意味づけられた情報を必要とする。

　コンタクト・ポイントとは、消費者が判断するための情報源のことである。

【 消費者類型とコンタクト・ポイント 】

消費者類型	特徴	コンタクト・ポイントの例
高関与・高知識	豊富な内部情報を持ち合わせており、積極的な探索・選択を行う。	製品仕様書・パンフレットなどの文字情報
高関与・低知識	積極的な探索は行うが、文字情報だけでは十分な理解ができない。	販売員の説明、友人や家族の口コミ
低関与・高知識	製品情報は十分持ち合わせているが、積極的な探索は行わない。	現物、サンプリング
低関与・低知識	製品情報はあまり持ち合わせておらず、積極的な探索も行わない。	テレビCMなどの広告

H30-38
H28-31

(7) ブランド・カテゴライゼーション研究

　情報が消費者の長期記憶の中でどのように構造化され保持されているかに関する研究である。ブランドに対する関与の水準は、想起集合（購入を真剣に検討するブランド群）内のブランドに対して規定される。想起集合は考慮集合と呼ばれることもある。消費者は知っているブランド（知名集合）のすべてを検討しているわけでなく、市場の諸ブランドを想起集合や拒否集合（買いたくないブランド群）、保留集合（認識していても明確な態度形成をせず検討対象とはなっていないブランド群）にカテゴライズしていく。たとえ、知名集合に入っていても、拒否集合に入っていれば、決して購入されることはない。

H28-33
H25-25
H22-27

(8) 精緻化見込みモデル

　精緻化見込みモデルとは、広告を目にしたり、製品やサービスを評価したりする時に、消費者自身がどの程度意思決定にかかわるかという消費者関与と消費者の評価方法の関係について説明する、態度の形成と変容についてのモデルである。

　精緻化見込みモデルによると、消費者が意思決定をする際の道筋には、中心的ルートと周辺的ルートの2通りがある。消費者は、十分な「動機」「能力」「機会」を有しているときにのみ、中心的ルートを通る。この3つの要素の1つでも欠ければ、周

辺的ルートを通る可能性が高まる。

【 中心的ルートと周辺的ルート 】

中心的ルート	態度の形成と変容は十分な考察を伴い、製品またはサービスに関する最も重要な情報を入念かつ合理的に検討する。
周辺的ルート	態度の形成と変容はあまり深い考察を伴わず、肯定的または否定的な周辺的手がかりを持つブランドとの連想によって起こる。消費者にとっての周辺的手がかりの例として、有名人の推奨、信頼性のある情報源、肯定的感情を生むものごと、がある。

出典：『コトラー＆ケラーのマーケティング・マネジメント』P.コトラー、K.ケラー著
ピアソン・エデュケーション をもとに作成

(9) 消費者の購買心理過程モデル

　AIDMAモデルは、消費者が製品やサービスを初めて知ってから購入するまでの心理的なプロセスを段階的に示したものである。AIDMAモデルでは、消費者の心理的なプロセスを「注意(Attention)」「興味(Interest)」「欲求(Desire)」「記憶(Memory)」「行動(Action)」の5段階で説明している。

　最近では、インターネットの普及にともなってAISASモデルが注目されている。**AISASモデル**は、デジタル化による生活者の新しい購買プロセスモデルとして電通グループが提唱した。AISASモデルは「注意(Attention)」「興味(Interest)」「検索(Search)」「行動(Action)」「共有(Share)」の5段階からなる。

　さらに、ソーシャル・メディアの普及を背景に、共感を重視したSIPSモデルが提案されている。SIPSとは、「共感(Sympathize)」「確認(Identify)」「参加(Participate)」「共有・拡散(Share & Spread)」という4段階からなるモデルである。

【 AIDMA モデルと AISAS モデル 】

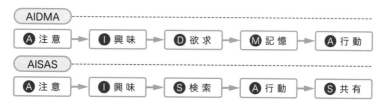

(10) 消費行動分析

　「人々はなぜ消費するのか」「どのように消費するのか」といった消費行動に注目する。消費行動の分析においては、消費者個人ではなく、家族という「社会単位」または家計という「経済単位」が基本的な分析単位として用いられることが多い。消費様式の選択や支出の配分において、家族人数などの規模的要因が大きく影響するため、個人ベースでの分析よりも家計単位の分析が適しているからである。

　生活構造や生活意識を関連づけて消費行動を分析する視点として、次の3つのアプローチがある。

① ライフスタイル・アプローチ

ライフスタイル（life style）とは、生活の構造的側面や価値観、生活意識、生活行動などを同時に複合的に表現するものである。衣食住だけではなく、交際や娯楽なども含めた暮らしぶりを指し、生活に対する考え方や習慣など、文化と同じ意味で使われることもある。ライフスタイル・アプローチは、モチベーション・リサーチやパーソナリティ研究から発展したサイコグラフィクスを源流としている。

② ライフサイクル・アプローチ

ライフサイクル（life cycle）とは、人の誕生から死に至るまでの循環を指すが、家族の形成－発展－衰退－消滅といった「家族の生活周期」として捉え直したものがライフサイクル・アプローチである。

【 ライフサイクル上の典型的なライフステージ 】

	ライフステージ	家族構成
家族は各ステージを経る	①独身段階	結婚前の独身者
	②新婚段階	子供のいない新婚の夫婦
	③満杯の巣段階（フルネスト）	子育てをしている夫婦
	④空の巣段階（エンプティネスト）	子供が自立している夫婦
	⑤高齢単身段階	配偶者を亡くした高齢単身者

出典：『消費者行動論』青木幸弘・新倉貴士・佐々木壮太郎・松下光司著　有斐閣を一部加筆

ライフステージごとに、家族構成や家計収入などの生活構造は大きく異なり、その結果、新婚段階ではファッション、レジャー、耐久財（家電製品など）への支出が多く、空の巣段階では、家の修繕、旅行、医療・健康機器、医薬品などへの支出が多くなるなど、消費の特徴も異なる。

③ ライフコース・アプローチ

ライフコース（life course）とは、人がこれまで歩んできた軌跡のことで、「個人が一生の間にたどる道筋（人生行路）」を指す概念である。

ライフコース・アプローチでは、家族の中での個人の生き方（人生）に着目するため、「家族の個人化」が進む現代社会に適した分析である。例えば、女性のライフコースは、専業主婦、ワーキング・マザー（DEWKS）、子供を持たない共働きの妻（DINKS）、ワーキング・シングルと、選択したライフコースに価値意識が反映されるとともに、各コースの生活構造は異なる。

⑴ ヒューリスティックス

ヒューリスティックスは、すでに形成され記憶されている代替案の全体的評価を用いる感情参照型、代償型（補償型）、非代償型（非補償型）に大別できる。消費者がどのヒューリスティクスを用いるかは、意思決定課題に含まれる代替案の数などに依存する。また、代償型と非代償型の組み合わせが用いられることもある。

① 代償型ルール

ある属性に関する消費者の否定的評価は、他の属性に関する肯定的評価によって代償（相殺）されるヒューリスティックスである。代表的な代償型ルールは、代替

案の各属性に関する評価と重要度の積和によって代替案の全体的評価を形成し、全体的評価が最も高い代替案を選択する線形代償型ルールである。

② 非代償型ルール

ある属性に関する否定的評価が他の属性に関する肯定的評価によって代償（相殺）されないヒューリスティックスである。非代償型には、連結型、分離型、辞書編纂型、EBA（elimination by aspects）型などが含まれる。

連結型とは、各属性について必要条件を設定し、すべての必要条件を満たす代替案を選択するルールである。分離型とは、各属性について十分条件を設定し、1つでも十分条件を満たす代替案を選択するルールである。辞書編纂型では、最も重要な属性について最も高い評価を持つ代替案が選択される。ただし、同順位の代替案があれば、2番目に重要な属性について最も高い評価を持つ代替案が選択される。EBA型は、属性の重要度の順に、属性についての必要条件を満たしているかどうかを検討し、必要条件を満たさない代替案を排除していくルールである。

⑿ 心理的財布

心理的財布とは、1人の消費者が保持している財布は1つであっても、購入する商品の種類ごとに金銭感覚の異なる複数の財布を持っているという考え方である。食品を購入する際には30円高いことを理由に購入を止める人でも、他より1万円高い家具や家電品を購入するような場合のことである。

3 消費者の購買意思決定プロセス

消費者の購買意思決定プロセスとは、消費者がある製品やサービスに関心を持ってから、購買の意思決定を下すまでの一連の過程のことである。

コトラーは、消費者の購買意思決定プロセスを次の5段階で説明している。

【 消費者の購買意思決定プロセス 】

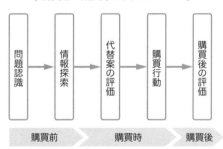

出典：『コトラー＆ケラーのマーケティング・マネジメント』P. コトラー、K. ケラー著
ピアソン・エデュケーション　をもとに作成

① 問題認識

消費者の問題認識は、消費者が生活するうえで、ある製品やサービスが不足して、不満や不自由を感じたときに生じる。

(a) 内部要因…自らの日常生活上から生じる問題認識

(b) 外部要因…広告など外部からの刺激によって生じる問題認識

② 情報探索

　消費者は、認識した問題を解決するために必要な情報を探索する。多くの場合、消費者自身が今までに経験的に記憶している内部情報の探索から始める。したがって、長期記憶により多くの知識を持っている消費者は、知識が少ない消費者と比べて、意思決定のための情報を効果的に処理できる傾向が強い。内部情報の探索で満足ができないときは、広告や友人などからの外部情報を探索する。

　消費者の主な情報源は「個人的情報源」「商業的情報源」「公共的情報源」「経験的情報源」の4つのグループに分類できる。

【 購買意思決定プロセスにおける情報探索の情報源 】

個人的情報源	家族、友人、隣人、知人
商業的情報源	広告、ウェブサイト、販売員、ディーラー、パッケージ、ディスプレイ
公共的情報源	マスメディア、製品評価をする消費者団体
経験的情報源	製品の操作、検討、使用

出典：『コトラー＆ケラーのマーケティング・マネジメント』P.コトラー、K.ケラー著
ピアソン・エデュケーション　をもとに作成

③ 代替案の評価

　探索した情報の中から、いくつかの代替案に絞られる。消費者は、具体的な製品やサービスを評価の対象とするのである。代替案の評価は、製品やサービスについてだけでなく、店舗や接客などを含めて総合的に行われる。

④ 購買行動

　消費者は、代替案の中から最も評価が高かった製品やサービスを購入しようとする。ただし、消費者は製品やサービスに対して評価を形成した後も知覚リスクを回避するために、決定を変えたり先延ばしにしたりすることがある。知覚リスクとは、消費者が製品を購入したり消費したりする際にリスクとして知覚する機能（期待どおりに機能しない）や金銭（払った代価に見合わない）などの様々な要因のことである。

⑤ 購買後の評価

　消費者は、購買が終わると製品やサービスを実際に使用し、自らの購買に対して評価を行う。価格の高さは品質に対する期待の高さとも連動し、高価格で提供されていれば、それに見合うだけの品質の高さが期待されるが、安価に提供されているものであれば、そこそこの品質なのだろうと期待が低くなる。

　消費者は購入前の期待以上であれば満足し、リピート購買につながる。逆に、不満足であった場合は、製品やサービスを次回から購入しなくなる。いずれにしても、満足や不満足の情報は蓄積され、次回の購買のときに内部情報として使用される。

　ある商品を購入した後に、その購入が正しい選択であったかどうかを疑う気持ちを**認知的不協和**という。購入者は、認知的不協和が生じると、好ましい情報を求めて、当該企業のホームページや広告を見る等の傾向がある。認知的不協和の防止には次のような取り組みがある。

(a) 購買後に高い満足を示した消費者に、その製品の広告の推奨者として登場してもらう。

(b) 購買後に容器などを廃棄する段階での消費者の環境意識を考慮し、環境に優しい容器を使用する。

(c) 購買後の消費者の声を収集する仕組みをつくる。

(d) 無条件返品保証制度を採用する。

4 新製品の普及プロセスと準拠集団の研究

新製品の普及プロセス研究は、オピニオン・リーダーなどの「個人からの影響」を説明したもので、準拠集団の研究は「集団からの影響」を説明したものである。

(1) 新製品の普及プロセス研究

消費者がある製品を購買するとき、常に自分自身で意思決定をしているわけではない。消費者は、仮に製品について十分な情報を持ち合わせていなかったら、家族や友人など他人の影響を受けて購買の意思決定をする。

E.M.ロジャースは、新製品が消費者によって購買または採用され、市場全体に普及していく過程をモデル化している。このモデルでは、消費者が新製品を購買する時期によって、消費者を5つのグループに分類し、そのプロセスを次のように説明している。

① 革新者 (イノベーター)

革新者 (イノベーター) は、商品やサービスが「新しい」という理由から、未知の商品やサービスに自ら進んで手を伸ばす。イノベーターはきわめて少数で、価値観や感性が社会の平均から離れすぎており、全体に対する影響力はあまり大きくない。したがって、イノベーターは、革新性は高いがオピニオン・リーダーにはなり得ない。

② 初期採用者 (目利きの層、アーリー・アダプター、アーリー・アドプター)

初期採用者は、新しい商品やサービスを自ら判断して採用する先進性を持ちながら、一般的な価値評価とずれが少ない価値観を持っている。したがって、初期採用者は、他の大衆からみれば生活のモデル (オピニオン・リーダー) となる。

③ 前期大衆 (アーリー・マジョリティ)

前期大衆は、社会集団において、メンバーが購買する平均的な時期に新製品を購買する。したがって、前期大衆は、仲間と一緒になって行動することが多く、リーダーシップを発揮することは稀である。

④ 後期大衆 (流行を後追いする層、レイト・マジョリティ)

後期大衆は、社会集団において、メンバーが購買する平均的な時期よりも後になって新製品を購買する。すなわち後期大衆は、社会集団の大多数が購買するまで慎重に動向を見守り、社会的に十分に支持されると分かった後で新製品を購買する。したがって、後期大衆に購買を促すには、他のメンバーが強力に説得する必要がある。

⑤ 遅滞者 (採用遅滞者、ラガード)

遅滞者は、オピニオン・リーダーシップをまったく持っておらず、判断基準は過

去である。したがって、遅滞者は、伝統的な価値観を持っている人々と交流する。一般的には、遅滞者によって新製品を購買される段階になると、既にイノベーターの段階では、次の新製品や新しいサービス、アイディアなどが購買または採用され普及し始めていることが多い。

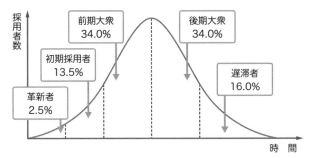

【 新製品の普及プロセスと採用者類型 】

出典：『マーケティング戦略』和田充夫・恩蔵直人・三浦俊彦著　有斐閣アルマ

　ジェフリー・ムーアのキャズム（深い溝）理論では、ハイテク製品が市場に普及していくとき、初期採用者と前期大衆との間で明確なギャップがあり、求めるものが大きく異なっているため、成長の伸びが止まってしまうことがあるとしている。この理論では、大衆マーケットを構成する流行に敏感な層（アーリー・マジョリティー）にいかに受け入れられ、その需要を喚起するかが課題となる。
　キャズムを超えるため早期に前期大衆への普及を図るためには、SNSのフォロワーを100万人以上もつ若手人気モデルと契約し、SNSを用いて若者をターゲットにした自社商品に対するブランドのプロモーションを強化することなどがある。

(2) オピニオン・リーダーとマーケット・メイブン
H29-35

　オピニオン・リーダーは、特定の製品カテゴリーについて深い知識を持つ消費者である。家族や友人などの小集団（スモール・グループ）の中にあって、個人的な接触を通して他の人々に影響を与える。
　マーケット・メイブンは、複数の製品カテゴリー、小売店などについて熟知し、話を自ら主導すると同時に、人から情報源として頼りにされている消費者である。マーケット・メイブン（マーケットの達人、市場の達人）は、オピニオン・リーダーと比べると他者への影響力は弱いが、幅広い情報を提供し広めるので、マーケティング上においても重要な役割を果たしている。

R05-35
R04-27
R02-33
H29-35
H24-27
H19-32

(3) 準拠集団の研究

　準拠集団とは、個人の行動規範や自己評価などの意識に対して影響を与える集団のことである。家族、学校・職場・地域の友人グループなど、個人が直接所属する所属集団に限らず、芸能人やスポーツ選手など、あこがれや参加・所属を熱望する非所属集団（希求集団・願望集団）、模倣にしたくないと思う分離集団（拒否集団）

も準拠集団に含まれる。

　準拠集団は消費者に、情報的影響、功利的影響、価値表出的影響という３つの影響を与えるとされる。情報的影響とは、情報の獲得に関する影響であり、功利的影響とは、消費者の行動が他者の好みや評価に影響されることである。さらに、行動や価値観の伝播があり、これは、準拠集団に属する人々が似た行動をとったり、同じブランドを購入したりすることなどを指し、価値表出的影響と呼ばれる。

　準拠集団の影響は、製品の使用場面（パブリック⇔プライベート）と必需性（必需品⇔贅沢品）によって異なる。使用場面においては、家の中で使うプライベートな製品よりも、人の目に触れるパブリックな製品の方が準拠集団からの影響を受けやすい。必需性においては、必需品より贅沢品の方が準拠集団からの影響を受けやすい。

【 製品・ブランド選択への準拠集団の影響 】

必需性／使用場面	必需品　製品選択への準拠集団影響・弱		贅沢品　製品選択への準拠集団影響・強	
パブリック　ブランド選択への準拠集団影響・強	必需品・パブリック	●影響：製　品　＝弱　　ブランド　＝強 ●例：腕時計、車、紳士服	贅沢品・パブリック	●影響：製　品　＝強　　ブランド　＝強 ●例：ゴルフクラブ、スキー、帆船
プライベート　ブランド選択への準拠集団影響・弱	必需品・プライベート	●影響：製　品　＝弱　　ブランド　＝弱 ●例：マットレス、冷蔵庫、フロアランプ	贅沢品・プライベート	●影響：製　品　＝強　　ブランド　＝弱 ●例：TVゲーム、ゴミ圧縮機、製氷機

出典：『マーケティング戦略』和田充夫・恩蔵直人・三浦俊彦著　有斐閣アルマ

　他者から自分への否定的評価を避け、肯定的評価を形成したい自己高揚が高い消費者は、所属集団よりも、願望集団で使用されているブランドとの結びつきを強める傾向がある。

5　マーケティング情報の分析

⑴ マーケティング・リサーチのプロセス

　企業がマーケティング戦略を策定し、マーケティング活動を効果的に実行していくために、常にマーケティング環境の動向や変化についての情報を、マーケティング・リサーチで十分に把握しておくことが重要である。

　一般的にマーケティング・リサーチは、次の手順で行われる。

【 マーケティング・リサーチの手順 】

調査目的の明確化 ⇒ 調査計画の策定 ⇒ 調査計画の実行 ⇒ 調査結果の分析と報告

⑵ 2次情報の収集

　情報分析にあたっては、時間やコストを考慮して、初めに2次情報のなかに利用可能なものがあるかどうかを調査し、不十分な場合に1次情報の収集を行う。

　内部情報とは、企業内に存在するデータのことである。会計記録、販売記録、配送記録などが該当する。外部情報とは、企業外部に存在するデータのことである。図書館、業界団体、政府・公共団体、調査会社などから得ることができる。

【 1次情報と2次情報 】

		1次情報	2次情報
定義		調査している特定の目的のために新たに能動的に収集される情報である。	他の目的のために既に収集・加工された既存の情報である。
特徴		ある特定の目的に適合した情報が得られ、最新情報を入手できるが、マーケティング調査を実施する場合、ある程度の時間とコストが必要となる。	時間やコストは節約できるが、本来の目的に適合した情報が得られにくい。また、国勢調査のように公表されるまで相当な時間を要するため、情報が陳腐化することがある。
具体例	内部情報	売上高予測や営業経費の予測などの分析モデル	売上高をはじめとする会計記録などの内部記録
	外部情報	消費者実態調査・パネル調査などの市場調査	官公庁・業界団体などの書籍・レポート・刊行物、新聞・雑誌の情報など、商用オンライン・データベース

R03-37
R02-32
R01-32
H26-27
H23-28

⑶ 1次情報の収集

　1次情報の収集には、サーベイ法、観察法、実験法がある。

① サーベイ法（質問法）

　サーベイ法とは、知識、態度、嗜好、購買行動などについて質問し、1次情報を収集する方法である。客観性と正確性に優れているが、収集できるデータのタイプには制約がある。例えば、用意した質問への回答だけでは新発見や少数意見が出にくいため、被験者を観察してから疑問点を質問するエスノグラフィー調査を併用し、両方の調査結果を考慮する。

【 主な質問法 】

デプス・インタビュー	深層インタビューといわれ、インタビュアーと被験者が1対1で行う。グループ・インタビューよりも、より深く聞き取ることができるが、一人当たりの調査コスト(金銭および時間)は高い。
グループ・インタビュー (フォーカスグループ・インタビュー)	5人から10人程度の被験者を集めて、インタビュアーの司会で、一つのテーマについて話し合ってもらう。グループで話し合うことで、個人では思いつかないアイデアが生まれる可能性があるが、インタビュアーの力量に調査の成否が左右されてしまう。被験者と一線を画することなく、同じ立ち位置で、被験者が自由に発言できるような雰囲気を作る。

【 サーベイ法における主な調査方法 】

	定義	特徴
面接調査	インタビュアーが被験者と直接対面することで情報を得る調査方法。グループ・インタビューの形式が用いられることが多い。	●回収率が高く、視覚的な用具を使用できるため、回答者の反応に応じて機動的な質問ができる。 ●コストが高く、インタビュアーの力量によって回答の隔たり(バイアス)が生じやすい。
電話調査	電話を用いて行う調査方法。	●最も素早く実施でき、回答者を無作為に選びやすい。 ●調査に時間をかけられず視覚的な用具を使用できないため、回答者側の不信などによる回収率の低下や不十分な回答が発生しやすくなる。
郵送調査	調査票を郵便で送る調査方法。	●比較的少ないコストで遠隔地に到達でき、バイアスが生じにくい。 ●柔軟性が低く、見込み回答者のリストを見つけにくく、回収率が低い。
留置調査	国勢調査や家計調査など、あらかじめ調査票を回答者に配布しておき、後日調査員が回答者を訪問して回収する調査方法。	●郵送調査に比べて回収率が高く、調査結果の信頼性が高い。 ●回収時の調査員によるバイアスが生じやすく、調査コストが高くなる。
ファックス調査	ファックスを用いて行う調査方法。	●バイアスが生じにくく、簡単な図表を用いた質問が可能である。 ●ファックスを所有している家庭が少なく、サンプリングに偏りが生じる。
インターネット調査	電子メールで質問を送付したり、ホームページ内に質問を盛り込んだりして行う調査方法。	●コストが低く、短時間でデータを回収でき、バイアスが生じにくい。 ●回答者が特定できず、サンプリングに偏りが生じる。

| ギャング・サーベイ (集団一斉調査) | ある集団のメンバーに同時に質問して回答を求める調査方法。 | ● 1対1の面接と異なって他の人の回答に左右されやすい。 |

② 観察法

観察法とは、関連ある人々、行動、状況を観察して、1次情報を収集する方法である。観察主体が人か機械かによって分類できる。

また、実験的条件下の調査対象者の行動を観察する方法や、調査者自らが体験しその体験自体を自己観察する方法が含まれる。

主体が人の場合、交通量調査、消費者が店舗内をどのように買い回るかを追跡する動線調査、競合店の客層や品揃えをみる他店調査（ストアコンパリゾン）、顧客の生活に入り込んで観察するエスノグラフィー調査などがある。主体が機械の場合、アイ・カメラで消費者の店舗内での目の動きを追跡する調査やセンサーによる買い回り方の調査などがある。

③ 実験法

目的に合致するいくつかの被験者グループを選び出し、それぞれのグループに異なる処置を施し、グループごとの反応の違いをチェックするという手順により、1次情報を収集する方法である。例えば、「ガソリン・スタンドで従業員が笑顔で対応すると（原因）、顧客クレームが減る（結果）」という仮説に基づき、実験する。

特定の要因間の因果関係を明らかにすることができるが、その他の要因（関連性のない要因）の影響を統制できなければ実験結果の信頼性が低下する。

(4) サンプリング計画

H19-31

母集団（調査対象となる集団）の中から小さなサンプル集団（標本）を調べること（標本調査）により、母集団全体についての結論を推測する。サンプルを抽出するために、次の3点について意思決定する。

① サンプリング単位…誰に調査すべきか
　　例「事務所の防犯装置について質問表を使って意識調査（アンケート調査）を行う場合、社長を対象とするべきか、総務部長を対象とするべきか」
② サンプル・サイズ…対象人数をどの程度の規模にするか
　　例 100人でよいか、1,000人必要か
③ サンプリング手順…回答者をどのように選択すべきか

【 サンプリング手順の種類 】

手順の種類		概要
確率的抽出	単純無作為抽出法	母集団の全メンバーが、同じ確率で選定される
	階層別無作為抽出法 （層化抽出法）	母集団を相互に独立したグループ（年齢層など）に分け、グループごとに無作為抽出を行う
	集団別無作為抽出法 （集落化法）	母集団を排他的なグループ（地域など）に分け、調査者がインタビューのためのサンプルを抽出する
非確率抽出	便宜的抽出法	調査者が最も入手しやすい対象者を抽出する
	作為的抽出法	調査者が正確な情報を得るために最適と判断した対象者を選出する
	割当抽出法 （規定抽出法）	調査者が各カテゴリーから事前に指定された数の対象者を選出し、インタビューする

出典：『マーケティング原理 第9版』P.コトラー、G.アームストロング著 ダイヤモンド社をもとに作成

※階層別無作為抽出法は、各層のいずれからも標本が選ばれるのに対し、集団別無作為抽出法は、集団に分割された段階で標本となる集団と標本から外れる集団に分かれるという点で異なる。例えば我が国の大学生を母集団とする場合、集団別無作為抽出法では、各大学に分割した後、その中から標本となる大学を抽出する。

II 標的市場の決定

1 マス・マーケティングとターゲット・マーケティング 基

(1) マス・マーケティング

マス・マーケティングとは、すべての消費者を対象として、大量生産、大量販売、大量プロモーションを単一製品について同じ方法で行うことである。最低限のコストと価格の引き下げによって最大規模の市場を開発しうることが特徴である。マス・マーケティングでは、市場を同質ととらえ、需要の相違にまったく注意を払わない。

(2) ターゲット・マーケティング

ターゲット・マーケティングとは、市場をさまざまなセグメントに区別し、これらのセグメントのいくつかを選択して集中化し、それぞれの標的市場のニーズにあった製品とマーケティング・ミックスを開発することである。

コトラーは、ターゲット・マーケティングを、「**市場細分化（セグメンテーション）**」「**市場ターゲティング**」「**市場ポジショニング**」の3つの段階で示した。"Segmentation""Targeting""Positioning" の頭文字をとって "**STP**" という。

ターゲット・マーケティングのメリットは、次の通りである。

① 市場機会を獲得しやすい好位置につけることができる（競争対応）

既存の製品では完全に消費者ニーズを満たしきっていない市場セグメントを見出すことができる。これは、新製品開発の契機になる。

② 顧客の多様なニーズに対しきめ細かく対応することができる（顧客対応）

標的市場における消費者、すなわち「限定された顧客」に直接向かい合って特定のニーズに関する適切な観察が可能となり、きめ細かく対応することができる。

③ マーケティング・コストを有効に配分することができる（コスト対応）

明確化した顧客ターゲットに最適なマーケティング・ミックスを開発することにより、マーケティング・コストが有効に配分される。

H22-23
H20-38

(1) セグメンテーション

　消費者ニーズの高度化や多様化に伴い、単に人口統計的変数だけでは、消費者の行動、意識を正確に把握することが困難になってきているため、さまざまな細分化変数を単独あるいは組み合わせることが重要である。

　消費財市場は、通常、次のような変数により細分化される。

① 地理的変数（ジオグラフィック変数）

　国・地域・都市の規模・人口密度・気候などにより、細分化する方法である。エリア・マーケティングには、欠かせない変数である。

② 人口統計的変数（デモグラフィック変数）

　人口統計的変数の代表的なものには、年齢、性別、所得、学歴、職業、家族構成、ライフステージ、世代、居住地域などがある。

　人口統計的変数は、次の2つに分類できる。

　　(a) 帰属特性…消費者がこの世に誕生したときから与えられた特性である。

　　(b) 達成特性…消費者が自らの努力によって勝ち取った特性である。

③ サイコグラフィック変数

　サイコグラフィック変数は、心理学、社会学、社会心理学などで規定される概念であるため、そのデータは、主に主観的な消費者調査を行って入手する。

④ 行動変数

　ベネフィット、使用率、ロイヤルティ、購買状況など、消費者の行動特性を基準に細分化するものである。決定役割も行動変数のひとつで、購買決定には「発案者」「影響者」「決定者」「購買者」「使用者」の5つの役割がある。

【 主な行動変数 】

ベネフィット	利益、便益、効用などのことであり、消費者が製品によってどのようなベネフィットを求めているのかに重点を置いて区分するものである。乗用車を購入することによって得られるステータス、アウトドアライフ、スポーツライフなどがある。
使用率	消費者が製品を単位時間あたりどのくらい使用するのかに重点を置いて区分するものである。大口消費者、小口消費者、普通消費者などがある。
ロイヤルティ	忠誠度のことであり、消費者が製品のブランドに対してどのくらいロイヤルティを示すのかに重点を置いて区分するものである。
購買状況	消費者がどのような使用状況によって製品を購入するのかに重点を置いて区分するものである。同じお茶でも毎日飲むもの、来客用、ギフト用などがある。

【 消費財市場における主な細分化変数 】

	細分化の変数	例	入手方法
客観的変数	地理的変数（ジオグラフィック変数）	国・地域・都市の規模・人口密度・気候	2次情報が中心（刊行物やインターネットから収集できる）
	人口統計的変数（デモグラフィック変数）	年齢・性別・世帯規模・家族のライフサイクル・所得・職業・教育・宗教・人種・国籍	
主観的変数	サイコグラフィック変数	社会階層・ライフスタイル・パーソナリティ	1次情報が中心（事業環境調査が必要な場合が多い）
	行動変数	購買状況・求めるベネフィット・使用者タイプ・使用率・ロイヤルティタイプ・購買準備段階・製品に対する態度	

出典：『マーケティング原理　第9版』P.コトラー、G.アームストロング著　ダイヤモンド社をもとに作成

(2) 市場細分化の前提条件

R02-29
H21-23

　細分化された市場が有用なものでなければ、企業がアプローチする意味はない。コトラーは、細分化された市場（消費財の場合）が有用であるためには、次のような市場細分化の前提条件を満たす必要があるとしている。例えば、細分化しすぎて維持可能性がなくなってはいけない。

【 市場細分化の前提条件 】

測定可能性	セグメントの規模・購買力・プロフィールが測定できること
到達可能性（接近可能性）	セグメントに効果的に到達し、マーケティング活動が行えること
維持可能性（利益確保可能性）	得られたセグメントが十分な規模を持つか、対象とするに足る十分な利益を得られること
差別可能性	概念上、セグメントの差別化が可能であり、そのセグメントがマーケティング・ミックスの要素ごとに異なって反応すること
実行可能性	得られたセグメントを引き付けられる効果的なマーケティング・ミックスの構築が可能であること

出典：『コトラー＆ケラーのマーケティング・マネジメント』P.コトラー、K.ケラー著
ピアソン・エデュケーション　をもとに作成

(3) エリア・マーケティング

　エリア・マーケティングとは、市場を地域ごとに細分化（セグメント）し、地域ごとに異なる消費者ニーズをとらえて展開するマーケティング活動のことである。
　小売業が特定地域内に集中した多店舗展開を行うことで、経営の効率化と地域内のシェア拡大を図り、競争優位を確立しようとする戦略を**ドミナント戦略**という。

(4) BtoBマーケティング

R01-27
R01-29

　BtoBマーケティングにおいては組織的な購買が行われることが多いが、購買担

第 14 章　消費者行動と市場戦略　**365**

当者の個人的特性に基づく市場細分化が有効な場合がある。

　また、BtoC マーケティングでは極めて高い市場シェアを獲得し長期的に維持することは困難な場合が多いが、BtoB マーケティングでは複数の寡占企業と取引できる場合などに極めて高い市場シェアを獲得し維持することも可能である。

3 標的市場の選択（市場ターゲティング）

　標的市場（ターゲット）は、すべての市場の中から限定された市場を選択することで、次の３つに分類できる。

(1) 無差別型マーケティング

　企業が単一のマーケティング・ミックスによって市場全体（フルカバレッジ）を狙い、マーケティング活動を展開する戦略である。幅広い訴求点を持つ一部の製品に応用され、競合品と対抗するため、製品差別化戦略を併用するのが一般的である。相対的なマーケティング・コストは他の戦略に比べて最小となる。

　無差別型マーケティングは、ターゲット・マーケティングの一手法である。しかし、はじめから市場を同質であるとみなすマス・マーケティングと、市場を分析したうえで市場を単一であると判断する無差別型マーケティングは、ほとんど同じ手法をとることになる。

(2) 差別型マーケティング（分化型マーケティング）

　企業が一つひとつの市場セグメントに対応したマーケティング・ミックスを構築し、複数の市場セグメントを狙い、マーケティング活動を展開するものである。最大の売上が期待できるが、その規模ゆえにマーケティング・コストが大幅に上昇する。したがって、企業はスーパーセグメントで事業展開を目指すべきである。スーパーセグメントとは、自社の資源を有効活用できる類似性を持つ複数の市場セグメントのことである。

　① 選択的専門化
　　企業の目的に合わせて魅力的で適切な複数の市場セグメントを選択する。
　② 製品専門化
　　複数の市場セグメントに販売できる１種類の製品に特化する。
　③ 市場専門化
　　特定顧客グループの多数のニーズを満たすことに集中する。

(3) 集中型マーケティング

　企業が一つの市場セグメントを狙い、最適なマーケティング・ミックスを構築し、マーケティング活動を展開するものである。ニッチャー企業の基本戦略である。

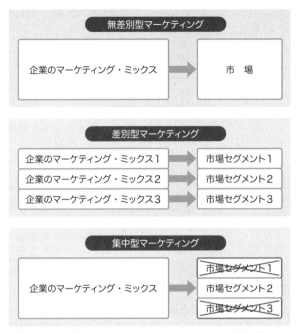

出典：『マーケティング原理 第9版』P. コトラー、G. アームストロング著 ダイヤモンド社を加筆

R01-32
H25-27
H22-29
H21-28
H20-36

4 ポジショニング分析

(1) ポジショニング分析

ポジショニング分析とは、自社製品の見直しや、新市場への参入を目的として、消費者の心の中における製品（ブランド）間の相対的な位置づけを明確にする手法である。したがって、心理的な要素である消費者の知覚に焦点があてられる。位置づけを明文化したものをポジショニング・ステートメントという。

製品（ブランド）ポジショニング分析では、ポジショニング・マップ（知覚マップ、選好マップ）が使われる。ポジショニング・マップはその製品が消費者の意識のなかでどのようなポジションを占めているかを視覚化したものであり、自社製品（ブランド）を客観的に位置づけ、消費者の知覚に基づいて、競合関係を明確にする。既存製品では充足されていないが、消費者の欲求理想点が多く分布しているポジションに焦点を絞るなど、今後の製品開発の方向性を明らかにする。ポジショニング・マップの座標軸には、製品の特徴を最もよく表す属性やイメージがあてられ、各象限に各製品やブランドをプロットする。しかし、開発中の製品や当該製品と競合する既存製品を対象として、消費者のポジショニング・マップを作成した場合に、開

発中の製品が空白領域に位置づけられたとしても、その製品に消費者ニーズや市場性があるとは限らないのことに留意する必要がある。

　製品やブランドの代わりに、企業イメージをポジショニングし、CI（コーポレート・アイデンティティ）戦略に活用することもできる。

【 ポジショニング分析の事例（乗用車の場合） 】

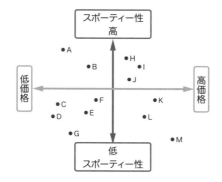

（A〜Mは車名を示す）

(2) ブルー・オーシャン戦略 (Blue Ocean Strategy)

　企業と顧客の両方に対する価値を向上させるバリュー・イノベーションを行うことで、競争のない未開拓市場を切り拓くことができるという経営戦略論である。W.チャン・キムとレネ・モボルニュは、競争の激しい既存市場である「レッド・オーシャン（赤い海）」から抜け出し、競争自体を無意味にする未開拓の市場「ブルー・オーシャン（青い海）」を創造すべきと指摘している。また、これまでにない要素を付け加えたり、大胆に増やしてみたりすることで顧客価値を高める差別化の要素を持つことと、既存の製品・サービスにおいては常識であった要素を、大胆に減らしたり取り除いたりすることでコストを押し下げることを併せ持つことが、新市場の創出に重要であるとしている。

5 市場の種類

(1) 市場の分類

　市場の大きさは、特定の製品やサービスに対して存在していると思われる買い手の数で決まる。市場の種類は5つに分類できる。

① 潜在市場

　潜在市場とは、製品やサービスに対し、十分なレベルの関心を持っていると表明している消費者の集合である。

② 有効市場

　有効市場とは、関心、収入、特定の製品またはサービスへのアクセスを備えた消

費者の集合である。

③ 有資格有効市場

たばこやアルコールなど、購入するために必要な一定の基準や資格を満たしていることに加えて、有効市場の条件を満たしている消費者の集合である。

④ 標的市場

標的市場とは、有資格有効市場の中で企業が追求すると決めた部分のことである。

⑤ 浸透市場

浸透市場とは、過去に企業から製品を購入している消費者の集合である。

■■■ 問題編 ■■■ **Check!!**

問1 (R02-32改題) ［○・×］
　調査を実施する前に、社外ですでに行われた調査や報告など自社にとっての一次データを入手できないか、十分に検討する必要がある。

問2 (H22-27) ［○・×］
　バラエティ・シーキングとは、低関与製品のうち、ブランド間の差異が小さい場合にみられる頻繁なブランド・スイッチングのことをいう。

問3 (H24-26) ［○・×］
　関与が高まってくると消費者の注意や情報探索の量が増加する。

問4 (H26-30改題) ［○・×］
　消費行動の分析においては、一般的に消費者個人ではなく、家族という生活単位、あるいは家計という契約単位が基本的な分析の単位として用いられる。

問5 (R05-29改題) ［○・×］
　消費者の購買意思決定において用いられる代替案の評価方法の１つである補償型とは、ある属性のマイナス面が他の属性のプラス面によって相殺（補償）され得る評価方法であり、最も簡略な方法であるため、日常の簡便な意思決定や衝動型購買などの場面でしばしば用いられる。

問6 (H25-25改題) ［○・×］
　製品カテゴリー横断的な幅広い知識を持ち、さらには知識を伝える方法も幅広く持っていることに特徴づけられる情報発信型消費者はリードユーザーと呼ばれている。

問7 (R04-27) ［○・×］
　準拠集団は、実際の知り合いから構成される集団と、自らが所属していないが憧れを抱いている集団とに分類することができる。前者は所属集団、後者は理想集団と呼ばれる。

問8 (R03-37) ［○・×］
　観察法、インタビュー法、リード・ユーザー法などの探索的調査では、それぞれ収集データの質が異なるため、原則として、探索的調査は調査目的に対して１つの方法で実施される。

問9 (H20-38)　　　　　　　　　　　　　　　　　　　　　　　　［○・×］
　デモグラフィック変数には、性別、年齢、所得などが含まれる。

問10 (R01-27)　　　　　　　　　　　　　　　　　　　　　　　［○・×］
　BtoBマーケティングにおいては組織的な購買が行われることが多いが、購買担当者の個人的特性に基づく市場細分化が有効な場合がある。

■■■ 解答・解説編 ■■■

問1　×：一次データとは、調査している特定の目的のために新たに能動的に収集される情報であり、社外ですでに行われた調査や報告は二次データである。

問2　×：低関与製品のうち、ブランド間の差異が大きい場合にみられる頻繁なブランド・スイッチングのことである。

問3　○：購買関与度が高いほど、消費者の購買前の情報探索量は大きく広範囲に渡る。

問4　×：消費行動の分析では、家族という社会単位、あるいは家計という経済単位が用いられる。

問5　×：補償型とは、ある属性のマイナス面が他の属性のプラス面によって相殺（補償）され得る評価方法という内容は正しい。しかし、補償型の評価方法は消費者にかかる情報処理の負荷が大きい。よって、最も簡略な方法ではなく、日常の簡便な意思決定や衝動型購買などの場面でしばしば用いられるとはいえない。

問6　×：マーケット・メイブンと呼ばれている。

問7　×：自らが所属していないが憧れを抱いている集団は、非所属集団（希求集団・願望集団）である。

問8　×：例えばサーベイ法と観察法を併用するなど、各手法の特徴によって、両方の調査結果を考慮することもある。

問9　○：人口統計的変数の内容として、適切である。

問10　○：設問文のとおりである。

■■■ **問題編** ■■■

次の文章を読んで、下記の設問に答えよ。

　新興のデザイン家電メーカーX社は、パソコンの基幹部品の標準化・汎用化が高度に進み、消費者のパソコン使用経験が深まっている現状を潜在機会としてとらえ、革新的な製品によるパソコン市場への参入を計画している。ただし、パソコン市場を概観すると製品ライフサイクルの成熟化段階に達しているため、同社の新製品開発に先駆けたマーケティング計画の策定過程では、構想力に満ちた魅力的な製品コンセプト・アイデアの創出に加え、①消費者の知覚の立場からの市場分析が重要な課題となる。そこで同社は、社内の関連部署のスタッフによって構成されるブランド・チームをつくり、②製品（ブランド）ポジショニングに関する検討を行っている。

（設問1）
　文中の下線部①に関する以下の文章の空欄A〜Cにあてはまる語句の組み合わせとして最も適切なものを下記の解答群から選べ。

　知覚品質とは、消費者が　A　にとらえる品質のことである。消費者が高品質を知覚する製品は、その品質連想によって価格　B　が生み出されるため、その価格を下げたとしても需要数量に大きな変化が生じないことがある。このことは同製品の需要の価格　C　が小さい状況を意味する。また、同種製品市場で事業を展開する他社が類似製品の値下げを行ったとしても、同製品の需要数量に大きな変化が生じないことがある。これは、同製品の交差（交叉）　C　の低さを示しているといえる。

〔解答群〕
　ア　A：社会的　　　B：エクイティ　　C：弾力性
　イ　A：主観的　　　B：ノベルティ　　C：有効性
　ウ　A：主観的　　　B：プレミアム　　C：弾力性
　エ　A：主体的　　　B：レバレッジ　　C：有効性
　オ　A：能動的　　　B：レバレッジ　　C：差別性

（設問2）

　文中の下線部②に関する以下の文章の空欄A～Dにあてはまる語句の組み合わせとして最も適切なものを下記の解答群から選べ。

　市場が成熟し、ひとつの製品市場に多くのブランドが登場するようになると、競争関係にあるブランドの製品との　A　を保ちながら、多くの消費者の　B　に近接したポジションを見出すことは難しくなる。つまり、有効な　C　を行うことのできるブランド・ポジショニングが、ますます困難になるということである。このような状況を打開するためには、　D　の活用が必要になってくる。

〔解答群〕
　ア　A：カテゴリ同調性　　　　B：カテゴリ認識点
　　　C：市場細分化　　　　　　D：製品差別化
　イ　A：関　連　　　　　　　　B：欲求充足点
　　　C：製品差別化　　　　　　D：ライフスタイル・セグメンテーション
　ウ　A：競合性　　　　　　　　B：関与増加点
　　　C：顧客指向化　　　　　　D：機動的な営業力
　エ　A：距　離　　　　　　　　B：欲求理想点
　　　C：製品差別化　　　　　　D：市場細分化
　オ　A：類似性　　　　　　　　B：カテゴリ認識点
　　　C：市場細分化　　　　　　D：異質需要に関する知識

（設問3）

　X社はパソコン市場への参入に際して、自社の資源・能力の特異性であるデザイン創造力を考慮し、パソコンの「本体のサイズ」と「マルチメディア対応度」をもとに消費者の知覚マップを作成した。他のメーカーの製品導入状況を分析しながら、自社製品のポジショニングの検討を行っている。この段階で用いられている資料は下図のとおりである。この図をもとにX社が計画している新製品開発とそのポジショニングについての記述として、最も不適切なものを下記の解答群から選べ。

　なお、図中の小さな四角（■）は消費者の選好分布を、白抜きの大きな四角（□）は、他のメーカーによる既存製品のポジショニングを示している。X社が開発を検討している製品が想定するポジションは図中の大きな丸印（○）によって表示されている。図中の縦軸はマルチメディア対応度の高低を、横軸は本体サイズ（本体を設置した時の容積）の大小を指している。

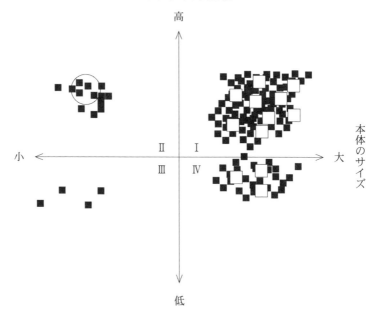

マルチメディア対応度

高

マルチメディア対応度（高）

本体のサイズ（小 ← → 大）

Ⅱ Ⅰ
Ⅲ Ⅳ

低

〔解答群〕

ア X社が開発を検討している製品はインテリア性が高く、家庭のリビングルームに設置し、テレビの地上デジタル放送の視聴や音楽ファイルの再生、電子マネーをつかったインターネット・ショッピングが可能なだけでなく、仕事や勉強にも快適に活用できるスペックを備えている。

イ X社のポジショニング計画は、いわゆるブルー・オーシャン（Blue Ocean）戦略としてとらえられるが、その市場成果はここでのブランド化によって吸収可能な消費者の数に依存している。

ウ X社は、種々の汎用部品を用いてコンパクトでスタイリッシュなシェル（筐体）仕様にすることにしたが、その際の大幅な費用増を相殺するために、パソコン用液晶ディスプレイ・メーカーと長期契約を交わし、特定モデルの液晶部品を割引価格で調達しようとしている。

エ X社は競争相手による対応が行われていない未開拓のニーズに着目し、多機能がコンパクトにビルトインされた小型製品を開発し、象限Ⅱの標的市場での早期の製品普及後、象限Ⅰの大規模市場からの遷移顧客の獲得を企図している。

オ マップ上の象限Ⅰに位置する企業は象限Ⅱにも参入することが可能である。したがって、X社には先発の利益を獲得・維持するための工夫が必要とされる。

　成熟化段階におけるマーケティング戦略についての出題である。成熟化段階においては、競合企業との技術的な差異がなくなるため、製品の改良や新製品開発等の製品ライフサイクルの延命策を行うことで、自社製品独自のポジションを確立することが必要である。

[設問1] 解答：ウ

　新製品開発による製品の差別化が成功するか否かについて、コトラーは「製品のポジションとはその製品の重要な属性について消費者がどのように定義付けをしているか」とし、「消費者の実際の行動に影響を与える知覚」の重要性を説いている。知覚には選択的注意（さらされている情報の多くをふるい落としてしまう傾向のこと）、選択的歪曲（すでに持っている信条に合うように情報を解釈してしまう傾向のこと）、選択的記憶（学んだことの大半は忘れてしまうが、自分の態度や信念の裏づけとなる情報は記憶しているという傾向のこと）という3つのプロセスが存在しているため、同じものでも人によって受け止め方が異なる。したがって、A欄は「主観的」が適切である。

　B欄は、高品質のイメージから生み出されるものを選択する。エクイティとは資産のことであり、「価格エクイティ」という言葉はない。ノベルティとは買い手に贈られる、売り手の名前が印刷された実用品のことである。「価格ノベルティ」という言葉はない。「価格プレミアム」とは、他社の同等の製品・サービスよりも高価格で、自社の製品・サービスを販売できるという効果である。レバレッジとは経済活動において、他人資本を使うことで自己資本に対する利益率を高めること、またはその高まる倍率のことである。「価格レバレッジ」という言葉はない。したがって、B欄は「プレミアム」が適切である。

　C欄は、直前の「価格を下げたとしても需要数量に大きな変化がないことがある」という文章から、価格と需要数量の相関を表す語句が入ると推測できる。したがって「弾力性」が適切である。

　よって、ウが最も適切である。

　ブランド・ポジショニングについての出題である。ブランドの中核的な機能・目的の１つは知覚符号化であり、消費者が知覚する欲求理想点と効果的に結びつけるための意図的で計画的な目印づくりである。ポジショニングの目的は、標的市場において競合から自社を差別化し、競争上優位な地位を占めることである。

　ブランドとポジショニングの目的を踏まえると、文脈上、A欄には差別化に近い語句、B・C欄には競争上有利な地位に立つことを表す語句、D欄にはCを実現させるための手段にあたる語句があてはまる。

ア：不適切である。「A：カテゴリ同調性」の同調とは「他と調子を合わせること」であり、差別化の逆を意味するものである。通常、同調性の高い製品群に直面した時には「B：カテゴリ認識点」に近接したポジショニングは容易であると考えられる。「C：市場細分化」のために「D：製品差別化」の活用を行うというのは、目的と手段が逆である。

イ：不適切である。「A：関連」は、差別化の逆を意味するものである。「B：欲求充足点」は判断が難しいため、他の選択肢との兼ね合いで判断するのが妥当である。「D：ライフスタイル・セグメンテーション」とは、ライフスタイルによる市場細分化だが、市場細分化の基準には、ジオグラフィック変数やデモグラフィック変数等多様な切り口がある。サイコグラフィック変数の一つであるライフスタイルのみで固定的に細分化することはないため、不適切である。

ウ：不適切である。「A：競合性」とは、ある者が財を消費すると他の者が消費できなくなることである。競合性のある製品であれば、多くの消費者の「B：関与増加点」に近接したポジションを見出すことは難しい。しかし、それと「C：顧客指向化」は関係がないため、不適切である。

エ：適切である。成熟市場では他のブランドと「A：距離」を保ち、消費者の「B：欲求理想点」に近接したポジションを見出すことが難しい。つまり、有効な「C：製品差別化」を行うことが困難になり「D：市場細分化」を活用することが必要になるため、適切である。

オ：不適切である。「A：類似性」を保ちながら多くの消費者の「B：カテゴリ認識点」に近接したポジションを見出すことは難しくない。成熟市場では類似性が高まり、コモディティ化が進行していることが問題となっている。「D：異質需要に関する知識」が指しているものがわかりづらく判断しづらいが、前半の選択肢から不適切と判断するのが妥当である。

［設問3］　解答：ウ

　ポジショニング分析に関する出題である。

ア：適切である。X社の競争優位性であるデザイン創造力を活かして高いインテリア性を実現し、高いマルチメディア対応度により、選択肢に記載されている様々なスペックを備えていることが考えられ、適切であると判断できる。

イ：適切である。象限Ⅱは競合がなく、ブルー・オーシャン戦略である。企業と顧客の両方に対する価値を向上させるバリュー・イノベーションを行うことで、競争のない未開拓市場を切り拓くことができると説いている。コトラーは市場細分化の前提条件として、①測定可能性、②到達可能性、③維持可能性、④差別可能性、⑤実行可能性を満たす必要性を説いており、吸収可能な消費者の数は、③維持可能性にあたる。

ウ：不適切である。製品の技術的な差異がなくなる成熟化段階においては、製品の副次的な機能で差別化を行うことが多くなる。メーカーと長期契約を結び特定モデルを採用し続けることは、X社の競争優位性であるデザイン創造力を活かして消費者ニーズに対応するデザインに変更することを阻害する可能性があるため、不適切である。

エ：適切である。標的市場への浸透に成功した後さらなる成長を図るためには、X社が提供するマルチメディア対応度が高い商品と同じ商品を好む象限Ⅰにいる顧客を潜在顧客として捉え、市場の遷移を促すことで自社の顧客として獲得していくことが考えられる。

オ：適切である。象限Ⅰはマルチメディア対応度が高く、本体のサイズが大きい製品を提供するグループである。象限Ⅱに位置するX社が成功すれば、象限Ⅰに位置する競合他社は本体サイズのダウンサイジングを図り、象限Ⅱに参入してくることが予想される。X社は、早期ブランド確立など先発の利益を獲得し、後発企業への優位性を高める工夫が必要である。

過去23年分 平成13年（2001年）〜令和5年（2023年）	
1位	ブランド戦略
2位	広告
3位	製品差別化戦略

直近10年分 平成26年（2014年）〜令和5年（2023年）	
1位	ブランド戦略
2位	心理面を考慮した価格設定法
2位	広告
3位	マーケティングにおける製品
3位	新製品開発
3位	需要の価格弾力性・交差弾力性
3位	プロモーション・ミックス

過去23年間の出題傾向

　ブランド戦略が26回、広告が23回と圧倒的に出題回数が多く、その他は万遍なく出題されている。2次試験ではいずれも事例Ⅱにおいて、令和4年度、令和3年度、平成28年度に製品戦略、令和5年度にサブスクリプション（価格戦略）、令和4年度、令和2年度にチャネル戦略、令和5年度と令和3年度から平成28年度のほぼ毎年コミュニケーション戦略が出題されている。本章の内容は2次試験でも幅広く活用するため、重点的に学習してほしい。

第 **15** 章

マーケティング・ミックスの展開

I 製品戦略

R05-34
R03-36
H29-31
H29-36
H28-32

1 マーケティングにおける製品

(1) 製品

製品とは、ニーズやウォンツを満たす目的で市場に提供され、注目・獲得・使用・消費の対象となるすべてのものである。広義には、物的生産物・サービス・イベント・人材・場所・組織・アイディア（アイデア）、またはこれらを組み合わせたものである。

製品が有する価値は4つに分類することができ、最下位概念である基本価値から段階的に発展していく。消費者の主観的な価値である感覚価値と観念価値が製品のブランド価値となるが、最上位概念である観念価値が真のブランド価値である。

ある製品を顧客の立場から捉え、その製品が誰にとって、どのような時に、どのような問題解決をするものであるかを表現したものを製品コンセプトという。

【 製品の価値 】

基本価値	製品が属する製品カテゴリーに存在するために必要な価値である。
便宜価値	製品の購買や使用などにおける利便性に関する価値である。
感覚価値	消費者に楽しさを与える価値や五感に訴求する価値である。
観念価値	品質や機能以外に製品が持つ意味やストーリーにより生み出される価値である。

出典：『マーケティング用語辞典』和田充夫他編　日本経済新聞社をもとに加筆

(2) 製品の3層構造

製品は、単に有形の特徴によってのみ構成されているのではなく、顧客自らのニーズを満足させるようなベネフィットの複雑な束であり、3つの階層に分解することができる。

【 製品の階層構造 】

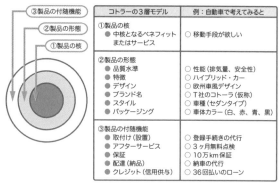

出典：『マーケティング原理　第9版』P. コトラー、G. アームストロング著　ダイヤモンド社を一部加筆

① **製品の核**…顧客が実際に何を買っているのかという問いを提示するものであり、顧客の抱える問題解決の手段となる中核的なベネフィットで構成される、本質的な部分である。

② **製品の形態**…実際に見たり触れたりできる部分で、品質水準・特徴・デザイン・ブランド・パッケージなどの特性を持つ部分である。

③ **製品の付随機能**…製品のうち、付随的なサービスを提供する部分である。

R02-32
H29-31
H23-27

2 製品ミックス（プロダクト・ミックス）

製品ミックスとは、ある特定の販売業者が購買者に販売するために提供する製品ラインおよび製品アイテムの集合である。企業の製品ミックスは、「幅」「深さ」「整合性」「長さ」の4つから構成される。卸売業や小売業の品揃えは、商品の幅（狭い、広い）と深さ（浅い、深い）によって、相対的に表現される。

幅が広く、奥行きも深い製品系列を有する消費財メーカーは、それを経営資源として活用し、流通業者から有利な取引条件を引き出せる可能性をもっている。

【 製品ミックス 】

	定義	例
幅	企業が提供している製品ラインの数	●ある企業は、家庭用洗剤、医薬品、化粧品、介護用品の製品ラインを有している
深さ	1つの製品ラインにおいて有している製品アイテムの数	●ある企業の家庭用洗剤には、5つのタイプと3つのサイズがある
整合性	用途、生産、流通チャネルにおいて、取扱対象となっている製品ラインに認められる関連性の密接度	●ある企業の製品ラインは、同じ流通チャネルを利用している消費財という点では整合性が高い。しかし、顧客に対してまったく違う機能を提供している点では、整合性が高いとはいえない。
長さ	企業が扱っている総アイテム数	●ある企業は、約15,000のアイテムを取り揃えている

3 消費財と生産財

製品の分類は、企業がマーケティング戦略を立案する場合に有用な情報を提供する。製品は、対象とする市場あるいは使用目的によって、消費財と生産財（産業財）に大別できる。同じ製品でも、消費財となる場合や生産財となる場合がある。

(1) 消費財と生産財（産業財）

① 消費財…個人的な消費のために最終消費者が購入する製品である。
　例 主婦が自己消費目的で購入するコーヒー豆

② 生産財…個人や組織がさらに加工したり、ある業務を行ったりする目的で購入する製品である。
　例 喫茶店の店長が業務目的で購入するコーヒー豆

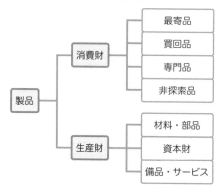

【 製品の分類 】

【 消費財と生産財 】

	消費財	生産財（産業財）
購買者	最終消費者	企業・公共機関
市場	水平的・開放的市場	垂直的・限定的市場
生産	大量生産	少量生産・受注生産
商品知識	十分な商品知識は不要	豊富な専門知識が必要
一回の購入量	少量	大量
購買動機	衝動的・感情的・習慣的	計画的・合理的・理性的
購買態度	個人的・感情的・趣味的・嗜好的	製品の能力・生産性・採算性を重視
購買頻度	多い	少ない
購買目的	個人的消費満足	使用による利益
需要の価格弾力性	大きい	小さい（短期的には需要の逆弾力性が作用する）
販売戦略	プル戦略	プッシュ戦略

H23-31
H21-25
⑵ 消費財の分類（コープランド・コトラーの分類）

　コープランドは、消費財を消費者の購買慣習によって「**最寄品**」「**買回品**」「**専門品**」の３つに分類している。コトラーは、第４の消費財として「**非探索品**」を分類に含めている。
① 最寄品
　消費者が通常、頻繁にその場で購買し、類似品との比較や購買に対して最小の努力しか払わない消費財である。食料品や日用品など、比較的単価が安く、身近な小売店において購入することが多い。
② 買回品
　選択と購買の過程で、顧客が自身への適合性・品質・価格・スタイルなどの基準で比較する消費財である。製品を購入する際に十分に比較検討した後に購入することが多い。

③ 専門品

固有の特性ないしはブランド・アイデンティティを持つものであり、特定の買い手グループが製品を買うために努力を惜しまない消費財である。製品の単価が高く、十分に計画したうえで購入することが多い。

④ 非探索品

消費者が製品を認知していても認知していなくても、普通なら購買しようと思わない消費財である。墓石、生命保険などの購買が該当する。製品の認知度が低いため、ほとんど関心はない。むしろ、嫌悪感といったマイナスの関心を持っている場合がある。

【 消費財の分類 】

	最寄品	買回品	専門品	非探索品
消費者の購買行動	購買頻度は高い、計画性は少ない、比較や購買に対しての努力は小さい、顧客の関与は小さい	購買頻度は低い、計画性と購買の努力は大きい、価格、品質、スタイルに基づきブランドを比較	強力なブランド選好とロイヤルティ、特別な購買の努力、ブランドの比較に対して小さな努力、価格感応度は低い	製品の認知度や知識は低い（認知しているとしても、関心はほとんどないか、またはマイナス）
価 格	低価格	価格は高め	高価格	さまざま
販売方法	幅広く販売、便利な立地	少数の店舗で選択的に販売	商圏ごとに1店ないし少数の店舗で独占販売	さまざま
プロモーション	生産者によるマス・プロモーション	生産者と小売業者による広告と人的販売	生産者と小売業者による、慎重にターゲットを絞ったプロモーション	生産者と小売業者による積極的な広告と人的販売
例	歯磨、雑誌、洗濯用洗剤	大型家電、テレビ、家具、衣類	ロレックスの時計、良質のクリスタル製品などの贅沢品	生命保険、赤十字への献血

出典：『マーケティング原理　第9版』P.コトラー、G.アームストロング著　ダイヤモンド社

(3) 生産財の分類

H25-25

コトラーは、生産財を用途によって「材料・部品」「資本財」「備品・サービス」の3つに分類している。

材料・部品は、完全にメーカーの製品の一部になるものをいい、原材料や加工材料・部品がある。資本財は、装置や付随設備など、寿命が長く、最終製品の開発や管理に利用されるものをいう。備品・サービスとは、寿命が短い物品および対事業所向けサービスのことで、産業用備品や保守・修繕備品、保守・修繕サービスなどをいう。

生産財の購買は、しばしば多額の金銭や複雑な技術的、経済的検討を必要とし、さらに組織の多くのレベルで多くの人々が相互に関わってくる。購買が複雑になれ

ばなるほど、購買決定にかかる時間は長くなる。

4 新製品開発

(1) 新製品開発のプロセス

　新製品の開発は、企業の経済的な価値を高めるものでなければならない。最小の
リスクで、最大の利益を生み出す新製品が開発され、市場に送り出されることが理
想である。

　そのため、新製品開発への投資がなされる前に、新製品開発のプロセスを体系化
することが重要である。これにより、新製品開発のリスクを低減し、新製品の成功
率を高めることができる。

　一般的に新製品開発のプロセスは、次の6つに分解できる。

【 新製品開発のプロセス 】

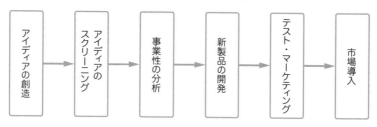

① アイディアの創造 (アイディアの創出)

　新製品のためにアイディアを体系的に探索する段階である。アイディアは社内、
社外のあらゆる情報源から収集される。

　アイディアの創造を活発化させるため、自由発想法 (ブレインストーミング法、
ブレインライティング法、ゴードン法など) や強制発想法 (ナインチェックリスト
法など) といった科学的な手法が活用される。

② アイディアのスクリーニング (選別・評価)

　新製品のためのアイディアを審査し、できるだけ迅速に良いアイディアを選び出
し、取るに足らないアイディアを捨てる段階である。新製品のプロトタイプ (試作品)
を開発するには多額のコストがかかるため、不必要なコストを節約する目的で行わ
れる。

　スクリーニングの段階では、潜在性が高いアイディアを誤って除去する「ドロップ・
エラー」や、潜在性が低いアイディアを採用して開発をすすめてしまう「ゴー・エラー」
の危険があるため、主観を排除し、客観に徹することが重要である。

③ 事業性の分析

　新製品の売上・コスト・利益計画を見直し、これらの要因が企業目的を達成して
いるかどうかを判断する段階である。事業性の分析では、「定性的な評価」と「定量
的な分析」が行われる。

定性的な評価では、主に顧客の選好を調査し、製品の特徴を明確化する。この時点で、新製品のアイディアは製品コンセプトとしての性格を持つ。**製品アイディア**は、企業が市場に提供する可能性のある製品を指しているが、**製品コンセプト**は、これを顧客の立場から捉え、その製品が誰にとって、どのような時に、どのような問題解決をするものであるかを表現したものである。これにより、製品のポジショニング分析が可能となり、定量的な分析を行うことができる。

定量的な分析には、次のようなものがある。

- (a) 需要性分析…潜在売上高や成長性、消費者の購入率などを短期的、長期的に分析する。
- (b) コスト分析…総コスト、単位当たりコストを明確にし、損益分岐点、投資回収率などを予測する。
- (c) 競争分析…競合他社の類似製品や潜在的な競合企業、市場獲得シェアなどを分析する。

④ 新製品の開発（試作品の開発、プロトタイピング）

製品のアイディアが具体的な製品として実現できるかどうかを確かめるために、製品のコンセプトを実際の製品に発展させる段階である。試作品（プロトタイプ）は複数作られることが多く、反応は消費者モニターを使って調査され、最終的に顧客の満足を得られるものに候補が絞り込まれる。

⑤ テスト・マーケティング（市場テスト）

H22-25
H19-31

新製品の開発段階において、実際的なセッティングの中で製品と他のマーケティング・ミックスをテストする段階である。候補にあがった新製品は、実際の市場で消費者の受容性テストを受ける。適切なテスト結果を得るために、製品の属性は極力変更しないことが重要である。

テスト・マーケティングは、金銭的なもの、流通業者との取引関係、企業イメージといったリスクを回避するだけでなく、プロモーション戦略や価格戦略の策定を目的としている。複数のプロモーション手段や価格設定を試行した結果に基づいて、マーケティング戦略の修正などを行い、市場導入の準備を行う。

テスト・マーケティングは、実際に導入する市場に状況が似ている地域を選んで実施する。日本全国を標的市場とする場合は、人口統計学的環境が似ている静岡市や札幌市等が選択されることが多い。

⑥ 市場導入

新製品を市場で売り出す段階である。テストの結果に基づいて、各種の最終調整を行い、製品が本格生産され、新製品が実際の市場に導入される。この段階では、市場導入のタイミングを見極めることが重要となり、場合によっては、導入延期も検討する。

(2) 新製品開発の資金調達

R05-30
R01-30

デジタル・マーケティングでは、製品開発のための資金をオンライン上の多数の消費者から調達する**クラウド・ファンディング**の手法がしばしば用いられる。

5 製品ライフサイクル

(1) 製品ライフサイクル

製品ライフサイクル（プロダクト・ライフサイクル：PLC）は、ある製品が市場に登場してからやがて消え去るまでに、売上と利益がたどる変化の過程のことで、導入期・成長期・成熟期・衰退期の4段階に分類できる。

導入後売上が急速に上昇し、成熟期を経ずに短期間で衰退期を迎えるファッドと呼ばれるものや、成熟期を長く過ごすロング・セラー（定番商品）などもある。

① 導入期

企業が新製品を市場に導入する段階である。この時期は、製品の売上が伸びず、販売促進などに多くのコストを必要とするため、通常、利益はマイナスか、あったとしてもごくわずかである。製品も完全とはいえず、改善の余地が多く残されている。

導入期の最大の課題は、自社のブランドを確立（製品認知）し、市場を創造することである。多くの消費者は、市場導入された新製品のベネフィット（便益）や使用方法はもとより、その存在すら知らないからである。

② 成長期

製品の売上が急速に上昇する段階であり、全体としての市場規模も急成長する。初期購入者が再購買するとともに、多くの新規購入者がこれに追随する。導入期や成長期において市場の業界標準が成立する場合、これに準拠する、または対抗するなど、成立した業界標準に対応したマーケティングを実行することが望ましい。また、新たなマーケティング機会を目指して、競争企業が類似製品で参入してくるので、ブランド・ロイヤルティを確立することが重要になる。

競合ブランド間で激しい競争が行われる時期である。成長期の課題は、急速に成長する市場に対応するため、流通チャネルを重視して、スムーズな市場浸透を図ることである。

③ 成熟期

製品の売上が急速に鈍化する段階である。通常、期間は製品ライフサイクルの4段階のなかで最も長い。今日、多くの製品が成熟期にある。主要顧客は市場動向や他者の行動を見ながら、製品・サービスの購入を決める追随型採用者である。新規購入の需要よりも、買い替えや買い増しの需要が中心になる。

成熟期の課題は、自社ブランドの売上高を増大させるため、他社ブランドの市場シェアを獲得することである。ただし、競争企業とのブランド間の技術的な差異はなくなるので、パッケージなど製品の副次的な機能での差別化が必要になる。ポジショニング分析による自社製品独自のポジションの確立が重視され、プロモーション戦略では、イメージ広告が重視される。売上の鈍化は激しい競争圧力を高め、市場から撤退する企業が出始める。

④ 衰退期

製品の売上高と利益高が急速に減少する段階である。消費者ニーズにマッチした他社の代替製品が参入することによって、自社の製品は衰退していく。衰退の原因

は、技術革新やトレンド、政治的な規制、海外製品の参入などである。

　衰退期には、ブランドの全面的なモデルチェンジか撤退が検討される。モデルチェンジを行う場合、単なる改良ではなくイノベーションを伴ったものでなければならない。新しいマーケティング・ミックスを構築し、従来とは異なったポジショニングを行う必要がある。撤退の場合は、収穫戦略を実施し、追加投資をせずに利益を最大限に搾りとることが求められる。衰退期で、ある製品に過度に投資を行うことは、経営効率を悪化させるばかりか、新たな製品への移行を阻害することになり好ましくない。衰退期の重要な課題は、撤退のタイミングを見逃さないことである。

　留意すべきことは、売上高の減少が必ずしも衰退期を意味しないことである。売上高の減少の原因が、製品の寿命からではなく、不適切なマーケティング戦略が原因のケースもあるからである。

【 製品ライフサイクル曲線と各段階の特徴 】

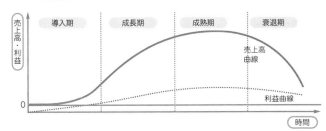

		導入期	成長期	成熟期	衰退期
特徴	売上	低	急成長	ピーク（低成長）	低下
	コスト	高	平均	低	低
	利益	マイナス	上昇	高	低下
	顧客	革新者	初期採用者	前期大衆 後期大衆	採用遅滞者
	競争者	ほとんどなし	増加	安定	減少
マーケティング目標		知名度の向上と製品の試用	シェアの最大化	利益の最大化とシェア維持	支出削減と円滑な市場撤退
戦略	製品	標準的な製品	製品の拡張、サービスと保証の充実	多様なブランド・モデルの開発	弱小アイテムのカット
	価格	コストプラス法による価格設定	市場浸透価格	競争者対応による価格設定	価格の切下げ
	チャネル	選択的	開放的	より開放的	選択的（不採算店舗の閉鎖）
	広告	初期採用者と流通業者への知名度向上	大衆（前期大衆、後期大衆）への知名度と関心の喚起	自社ブランドの差別的優位性の強調（他社との差別化）	メイン顧客を維持できる必要最低限の水準まで削減
	販売促進	消費者の試用を喚起するため、集中的に実施	消費者需要が大きいため削減	ブランドスイッチを狙うため増加	最小限に削減

出典：『マーケティング原理　第9版』P. コトラー、G. アームストロング著　ダイヤモンド社をもとに作成

(2) 計画的陳腐化政策

　計画的陳腐化とは、既存製品の寿命を計画的に短縮することによって陳腐化させ、消費者の取替需要を喚起するマーケティング手法である。製品差別化が高度にすすんだ段階で、物理的にはまだ十分に能力を持っている既存製品について、計画的・定期的に機能、デザイン、スタイルを変更する。つまり、製品ライフサイクルのコントロールにより、既存製品を心理的に流行遅れ・旧型化することで新たな需要を

喚起するものである。例えば、自動車は、マイナーチェンジという形で性能の大幅な変更はないものの、デザインやスタイルといった細部を変更し、消費者の買い替え需要を喚起している。

　計画的陳腐化の方法には、機能的陳腐化、心理的陳腐化、物理的陳腐化の３つがある。しかし、物理的陳腐化を計画的陳腐化の一形態とはみなさない主張もある。例えば、３年経過すると意図的に壊れるテレビを作ることは、社会的責任を果たしているとはいえないからである。したがって、天然資源の浪費や旧型モデルの処理といった問題と企業の社会的責任を十分に検討した上で計画的陳腐化政策の採用を判断すべきである。

【計画的陳腐化】

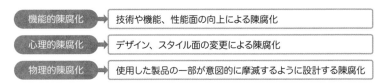

機能的陳腐化	技術や機能、性能面の向上による陳腐化
心理的陳腐化	デザイン、スタイル面の変更による陳腐化
物理的陳腐化	使用した製品の一部が意図的に摩滅するように設計する陳腐化

6 製品差別化戦略

H22-30 ## (1) 製品差別化

　製品差別化とは、自社製品を他社製品から区別させるため、品質、デザイン、イメージ、ブランド、包装、販売条件、付帯サービスなどの特徴を付け加え、この特徴を買い手に強調することである。同一の業界内において、企業間の製品の機能面にあまり差異がない場合、価格競争は競争者相互に不利益をもたらす。このような状況において、企業は製品差別化を行う。

　製品差別化によく似た概念に非価格競争がある。非価格競争とは、製品やサービスの価格ではなく、品質、デザイン、ブランド、包装、販売条件、付帯サービスなどの面で展開される企業間競争のことである。

(2) 製品差別化のポイント

　企業が製品差別化を図る場合、自社製品のどの部分に競合製品との差別化のポイントを持たせるかが重要になる。製品差別化のポイントは、次の３つである。

【 製品差別化のポイント 】

差異	説明	例
物理的な差異	製品の用途が同じで、製品の性能、構造、デザインなどに差異がある場合に生じる。	性能、機能、構造、素材、品質、デザインなど
イメージ的な差異	広告などの説得的な販売促進によって、消費者がその製品に対してブランド選好を持っている場合に生じる。	企業イメージ、ブランド、ネーミング、ラベル、包装・容器、広告など
サービス的な差異	情報提供、アフターサービス、信用供与などの付帯サービスに違いがある場合に生じる。	情報提供、アフターサービス、信用供与など

　企業は製品ライフサイクルにおける成長期の初めの時期には、製品の機能や性能で差別化を図ることが多い。しかし、製品間の競争が進むと、製品間の性能や機能が均質化・同質化し、製品の物理的な差異だけでは差別化を図ることが困難になる。加えて、消費者は製品相互間のわずかな違いを非常に気にするようになる。そのため、成熟期の段階では、イメージ的な差異やサービス的な差異で差別化を図るようになる。

⑶ 製品差別化の種類

　代表的な製品差別化には、次のものがある。

① パッケージング

パッケージング(包装) とは、製品を入れる容器や包装紙をデザインし、生産することである。効率的な輸送や製品の保護だけでなく、パッケージによって製品の魅力を高め、興味の喚起から製品の説明、販売まで行う必要がある。開けやすい・使いやすいなどの便宜価値や、デザインのイメージが中身にまで伝わるような感覚価値などでパッケージの価値を高める。包装は「個装」「内装」「外装」の3種類からなる。また、流通段階に応じて、製品の効率的な物流のための「工業包装」と、製品の保護や販売促進を目的とする「商業包装」に分類できる。

【 包装の種類 】

個装	物品個々の包装をいい、物品の商品価値を高めるため、または物品を保護するために適切な材料容器などを物品に施す技術及び施した状態をいう。
内装	包装貨物の内部の包装をいい、物品に対する水、湿気、高熱、衝撃などを考慮して、適切な材料、容器などを物品に施す技術及び施した状態をいう。
外装	包装貨物の外部の包装をいい、物品を箱、袋、たる、缶などの容器に入れ、もしくは無容器のまま結束し、記号・荷印などを施す技術及び施した状態をいう。

② ユニバーサル・デザイン

ユニバーサル・デザインとは、バリアフリーの観点から、まちづくりや商品のデ

ザインなどにおいて、国籍、年齢、障害の有無に関係なく、誰もが利用しやすいように考えられたデザインのことである。バリアフリーは、デザイン対象を障害者や高齢者に限定している点で、ユニバーサル・デザインとは異なる。

H22-29
H22-23

(4) 製品差別化と市場細分化の違い

製品差別化と市場細分化はブランド化へのシナリオの中核にある考え方で、両者はしばしば代替的な関係に置かれる。

① 製品差別化

製品差別化は、"同種製品に対する需要は同質である"という「同質市場」を前提としている。製品差別化戦略では、多くの個別市場の需要を少数の製品ラインに集合させ、強力に広告や販売促進活動を行うことによって、少数の製品ラインに購買を集中させる。「供給側」の意思へ需要を引き寄せることにより、「水平的」な市場シェアを獲得する。製品差別化を通じた競争は、競争相手に対して正面から挑戦していく性格を持つ。

② 市場細分化

市場細分化は、"同種製品に対する需要は異質である"という「異質市場」を前提としている。市場細分化は数多く分散した需要そのものに対して、製品ラインやマーケティング・ミックスを合致させるものである。「需要側」に立って、需要の要求に合致していくことにより、「垂直的」な市場シェアを獲得する。市場細分化を通じた競争は、競争相手に対して側面から挑戦していく性格を持つ。

H22-30
H19-36

(5) 経験価値マーケティング

競争困難な製品やサービスではなく、付随する経験そのものをマーケティングの対象としてデザインすることを経験価値マーケティングという。製品やサービスをプロモーションする際、特徴やベネフィットを伝えるだけでなく、ユニークで興味深い経験と結びつける手法である。

製品・サービスが外面的なものであるのに対し、経験は個人の意識のなかだけに存在するものである。魅力的な経験（エクスペリエンス）を提供することによってもブランド・ロイヤルティを高めることができる。

H29-29
H26-27
H24-30
H22-29
H21-28

7 ブランド戦略

(1) ブランドとは

① ブランドの定義

ブランドとは、自社の商品・サービスを、他社の商品・サービスと区別し、識別するための総称である。AMAは、ブランドを「ある売り手の財やサービスを、他の売り手のそれと異なるものと識別してもらうための名前、用語、デザイン、シンボル、およびその他のユニークな特徴」と定義している。

消費者はブランドを製品構成の重要な要素とみなしているため、ブランド化（ブ

ランディング）によって製品に価値を付加することができる。

② ブランドがもたらす効果

優れたブランドは、**価格プレミアム効果**と**ロイヤルティ効果**を事業にもたらす。価格プレミアム効果とは、他社の同等の製品・サービスよりも高価格で、自社の製品・サービスを販売できるという効果である。ロイヤルティ効果とは、顧客が自社の製品・サービスを繰り返し購買するようになるという効果である。

さらに、流通業者の協力と支援の獲得、プロモーションの容易化、ライセンス付与やブランド拡張の機会の獲得、知覚の変化、といった効果も生じる。

R05-34
H24-30
H23-27

(2) ブランドの機能

マーケティングにおけるブランドの機能には、「保証機能」「差別化機能」「想起機能」がある。想起機能は、製品カテゴリーの提示のみで特定ブランドが想起される「ブランド再生」と、ブランドの提示と連動して何らかの知識やイメージ、感情が想起される「ブランド連想」に区別できる。

【 ブランドの機能 】

保証機能 （品質保証機能）	そのブランドが誰に、どこで作られたのかを表す出所表示や品質保証として信頼を与える機能
差別化機能 （識別機能）	消費者が当該製品と他の類似する製品を識別する機能
想起機能 （意味づけ・象徴機能）	当該ブランドが独自に持っている意味や価値を消費者に与える機能

R02-34
H28-31
H26-32
H23-27
H22-29
H21-28
H19-36

(3) ブランド・エクイティ（ブランド資産価値）

ブランド・エクイティとは、製品やサービスに与えられた付加価値のことであり、企業にとって心理的価値と財務的価値を持つ重要な無形資産となる。

業界内の製品が品質、デザイン、イメージ、ブランド、付帯サービスなどで差別化されている場合、新規参入企業にとっては大きな参入障壁となる。差別化された製品が、強力なブランド・イメージを持ったブランド・エクイティを確立している場合、新規参入は困難をきわめる。

【 ブランド・エクイティとブランド知識に関連する用語 】

ブランド・エクイティ	ブランドの名前やシンボルと結びついた資産と負債の総和 (正味資産) であり、①ブランド・ロイヤルティ、②ブランド認知、③知覚品質、④ブランド連想、⑤その他の所有資産 (特許、商標、チャネル関係など) から構成される。ブランドの総合力を表す概念でもある。
ブランド・アイデンティティ	ブランドを通じて企業が消費者に伝達することを明確化したもの、すなわち、企業が顧客の頭や心の中に何を築きたいのか、顧客とどんな約束・契約をしたいのかをいう。機能だけでなく、情緒・自己表現も考慮する。ブランド・エクイティを確立するうえで特に重要な概念である。
ブランド・パーソナリティ	ブランドが有する人間的特徴の組み合わせであり、消費者は自分のパーソナリティに合うブランドを選ぶ傾向がある。ブランド・パーソナリティが持つ特性には、誠実、興奮、能力、洗練、無骨の5つがある。
ブランド・ロイヤルティ	ある特定ブランドに対する消費者の忠誠心のことであり、特定ブランドに強い愛顧を持ち、そのブランドに執着している状態をいい、ブランド・エクイティの中核となる要素である。近年では、消費者のブランドに対する愛顧度という意味で、「ブランド・パトロナージュ」を用いることがある。
ブランド認知	ブランドがある製品カテゴリーに属していることを消費者が認識あるいは想起できることである。ブランド認知は、"深さ" (ブランドを思い出す容易さ) と "幅" (ブランドが思い出される購買状況や使用状況の範囲) という2次元から捉えることができる。
知覚品質 (品質イメージ)	消費者が判断した品質に対する主観的な評価のことをいう。反対に、製品テストや仕様などによって客観的に測定される品質を客観品質という。
ブランド連想 (品質連想)	ブランドに関する記憶と関連するすべてのものである。ブランド連想には、"強く" (思い出されやすい連想)、"好ましく" (消費者が魅力的と感じ、なおかつコミュニケーション活動などを通じてより多くの消費者に伝達しやすい連想)、"ユニーク" (競合ブランドにはない独自性の高い連想) であることが求められる。
ブランド知識	ブランドから連想されるすべての考え、感情、イメージ、経験、信念である。ブランド知識は、ブランド認知とブランド・イメージに区別できる。
ブランド・イメージ	あるブランドについて考えたときに消費者が心の中に浮かぶ連想の集まりである。ブランド・イメージを構築するということは、消費者の頭の中でブランドとブランド連想を結びつけることである。

 (4) 純粋想起 (再生) と助成想起 (再認)

　純粋想起 (再生) とは、ブランド名をそのまま思い出すことであり、助成想起 (再認) とは、提示された複数のブランド名の中から、知っているブランドを確認することである。一番に想起されたブランドを**トップ・オブ・マインド** (**第一想起**) という。消費者が購入を検討するブランドの集まりである想起集合 (考慮集合) に入るブランドの数は少ないため、第一想起や早い順番で想起されるブランドは購入される可能性が高まる。そのために、消費者の心の中で当該ブランドが占めている割合を意

392

味する**マインド・シェア**を高めることが重要となる。

(5) ブランド知識

H23-27
H19-36

　企業のマーケティング活動に対する消費者の反応は、消費者が持っている知識の違いによって異なり、その反応の違いが売上や利益といったマーケティング効果にも違いをもたらす(差異的効果)。ブランド知識とは、この消費者の頭の中にあるブランドに関する知識のことである。消費者の頭の中に優れたブランド知識を構築することで、強いブランドを構築することができる。

　ブランド構築のモデルでは、「深くて広いブランド認知」→「強くて好ましくてユニークなブランド連想」→「肯定的で親近感のある反応」→「強くて積極的なロイヤルティ」へとステップアップしていく。

　ブランド知識を構築するには、①一般的なマーケティング手段、②2次的連想(他の連想から借り受けた連想)、③ブランド要素、の3つの手段がある。

(6) ブランド要素 (ブランド・エレメント)

H27-32
H23-27
H21-28
H19-25

　ブランド要素とは、自社の商品・サービスを他社の商品・サービスと区別する要素(エレメント)のことである。ブランド要素は、ビジュアル(視覚的訴求)、サウンド(聴覚的訴求)、タッチ(触覚的訴求)、言語的意味、によってエクイティ構築に貢献する。しかし、それぞれの要素が担う役割は同じではなく、各ブランド要素には得意とする面と苦手とする面がある。

① ブランド・ネーム…ブランドの名前のことである。ブランド・ネームは、簡潔で覚えやすく、意味を有している、などの条件を満たしている必要がある。

② ロゴ…企業名、商標、マークのことである。ダンヒルやコカ・コーラなどの言語的なロゴと、ヤマト運輸の猫マークやアップル社のりんごマークなどの非言語的なロゴに分けることができる。商標には、商品に付与される商品商標と、サービスに付与されるサービスマーク(役務商標)がある。

③ シンボル…ブランドを表すマークのことである。ナイキの"スウォッシュ"やマクドナルドの"Mマーク(ゴールデンアーチ)"などが有名である。

④ パッケージ…商品の包装や容器のことである。多くの消費者は、コカ・コーラの黒いボトルを鮮明に覚えている。

⑤ スローガン…ブランドの特徴を伝える短いフレーズのことである。ナイキの"Just do it"や、セブン-イレブンの"セブン-イレブン、いい気分"などが有名である。

⑥ キャラクター…シンボルやマークの特別なタイプで、実在もしくは架空の人物、動物を表現したものなどがある。ケンタッキー・フライド・チキンの"カーネル・サンダース"やソフトバンク・モバイルの"お父さん犬"などが有名である。

⑦ ジングル…音楽によるブランド・メッセージである。日立グループのCMで流れる"この木なんの木、気になる木…♪♪"のメロディは、耳に残っている方が多いのではないだろうか。

【 ブランド要素の基本特性 】

ブランド要素	視覚	聴覚	触覚	言語性
ネーム	○	○		高
ロゴ、シンボル キャラクター	○			中
スローガン ジングル		○		高
パッケージ	○		○	低

出典：『製品・ブランド戦略』青木幸弘・恩蔵直人編　有斐閣アルマを加筆修正

【 ブランド要素とブランド・エクイティの概念 】

出典：『製品・ブランド戦略』青木幸弘・恩蔵直人編　有斐閣アルマを一部修正

R05-37 **(7) ブランド要素の選択基準**

ブランド要素を選択する上で、一般的に次の6つの基準がある。

①記憶可能性…本質的に記憶されやすく注意を引きやすいため、購買ないし消費
の場面において再生や再認されやすいこと。

②意味性…記述的あるいは説得的な内容の意味を帯びる可能性があること。

③選好性…製品と直接的なつながりがなくても、豊かなイメージを持ち、本質的
に楽しさや面白さをもたらしてくれること。

④移転可能性…特定のブランド要素が、同じブランドを冠した新製品のブランド・
エクイティにどれだけ貢献するかということ。グローバル市場での製品導入を
目指す企業では、パッケージに特定の国で隠語的な意味を持ってしまう言語や
記号、表現を避け、地理的境界や文化を超えて利用できる移転可能性が高いブ
ランド要素を使用すべきである。

⑤適合可能性…ブランド要素の長期的な適合性のこと。

⑥防御可能性…法律上および競争上の観点でどの程度防御可能かということ。

⑻ ブランド・スポンサー

メーカーは、ブランド・スポンサー設定に当たり、さまざまな選択肢を持っている。製品を生産者ブランド（ナショナル・ブランド）として市場に導入する方式、製品を流通業者に販売し、流通業者がプライベート・ブランドを設定する方式、ライセンス・ブランドを販売する方式、複数の企業が共同ブランドの製品を販売する方式、などがある。

① ナショナル・ブランド (NB：National Brand)

メーカーが所有するブランドである。メーカーは、全国的にテレビや新聞広告などを通じてマーケティング活動を実施しているため、知名度が高いという特徴がある反面、一般的に製品コストが割高となる。

H30-37
H27-26
H23-29
H23-27
H21-28
H21-24

② プライベート・ブランド (PB：Private Brand)

小売業者や卸売業者といった流通業者が所有するブランドのことで、プライベート・レーベル (Private Lavel) ともいう。一般的に、ナショナル・ブランドよりも販売価格が安く設定される。小売業者が所有するブランドを指すストア・ブランド (SB) もプライベート・ブランドの一種である。

流通業者の持っている消費者情報を製品開発に活かすことができるため、消費者ニーズに合致した製品を比較的安価で提供することができる。また、PB商品の導入によって、商圏内の競争関係にある店舗との間で、自らの店舗が独占的状況を作り出しやすくなる。

流通業者が商品企画を行い、生産はメーカーに委託するケースが多いが、生産された製品はすべて買い取ることが求められることが多く、売れ残りのリスクも存在する。品揃えにおけるPB商品の構成比が高まると、消費者の不満を招くことがある。

【 NBとPBの特徴 】

	ナショナル・ブランド (NB)	プライベート・ブランド (PB)
所有者	メーカー	流通業者 (小売業・卸売業)
製造コスト	高い	やや低い
知名度	高い	低い
販売促進コスト	高い	低い
価格	PBよりも割高	NBよりも割安
品質	高い品質を維持できる	消費者ニーズを反映できる
留意点	コスト削減の努力が必要	売れ残りのリスク

③ ジェネリック・ブランド (Generic Brand)

ブランド（商標）を設定せず、製品の一般名のみを記載したもので、ノー・ブランドともいう。包装などの余分な部分を省くことが行われる。製品開発や広告などのコストが削減でき、同等の機能を持つ他製品に比べて安価であることが多い反面、品質のばらつきや、NBと比べた際に価値が低く見られることがある。

④ ミックスド・ブランド

メーカーが同種の製品をNBとPBの2つの用途で供給することである。製品の内容は同一であるが、店先に並ぶブランド名は異なる。

H21-28

⑤ ブランド・ライセンシング

ブランド保有者が第三者に対し、そのブランドを使用して製品・サービスを開発・販売する権利を付与することである。対価としてブランド使用料を得ることができる。

R04-28
H28-31
H21-28

⑥ コ・ブランディング (共同ブランディング)

コ・ブランディング (Cobranding) とは、異なる2企業の定評あるブランド名を同一製品に使用することをいい、2重ブランディングまたはブランド・バンドリングともいう。

コ・ブランディングは、複数のブランドが有するプラスの影響で、説得力のある製品ポジショニングを設定できる可能性がある。それにより、既存市場での売上増加や新規顧客・新市場の獲得、製品の市場導入にかかるコストの削減が可能となる。

反面、パフォーマンスが不十分だともう一方のブランドもマイナスの影響を受けることや、片方のブランドが多数のコ・ブランディングを行っている場合に連想の効果が希薄化する危険性があること、複数のコ・ブランディングを行っている場合に既存ブランドの焦点がぼやけることがある。

成分ブランディングはコ・ブランディングの一種で、製品に含まれる原材料や部品のブランドを利用して最終製品をブランド化することをいう。"Intel Inside"は、成分ブランディングの代表例である。

R04-28
R02-34
H30-37
H28-31
H26-32
H23-27
H20-28

(9) ブランド戦略の枠組み

ブランド戦略には、複数の枠組みがあり、明確に分類されていないものもあるが、試験対策上、2つの枠組みを紹介する。①恩蔵直人が提唱している「ブランドの基本戦略」と、②コトラーの提唱している「ブランド戦略」である。

① ブランドの基本戦略の枠組み

ブランドの基本戦略の枠組みは、縦軸を市場として既存市場と新規市場に分け、横軸をブランドとして既存ブランドと新規ブランドに分けており、下記のような4つの象限に分類している。

	既存ブランド	新規ブランド
既存市場	ブランド強化	ブランド変更
新規市場	ブランド・リポジショニング	ブランド開発

出典：『マーケティング戦略』和田充夫・恩蔵直人・三浦俊彦著 有斐閣アルマ を一部修正

(a) ブランド強化戦略

既存市場に既存ブランドを展開する戦略である。対象市場もブランドも変更せず、従来のマーケティング戦略を強化するときに採用される。リスクは最も低い。
- 自社ブランドの市場浸透が弱い場合や、販売競争が激化しているなかで現状のポジションを維持したいときに有効である。

(b) ブランド・リポジショニング (brand re-positioning) 戦略

新規市場に既存ブランドを展開する戦略である。対象となる市場が変化し、ブランドのポジショニングが適切でなくなった場合に採用される。

- 対象市場の変更により、ブランドの位置づけを再構築し、ブランドを再活性化させ売上の増加を狙う。

(c) ブランド変更戦略

既存市場に新規ブランドを展開する戦略である。値崩れしてきたブランドの廃棄や不祥事を起こしたブランドの立て直しの際に採用される。また、自社の既存ブランドが、既存市場において、新たなブランド名を付すことによって再出発を図る際に採用される。

- 値崩れブランドの廃棄や新規ブランドの鮮度などを訴求できる。
- 過去に築いてきた知名度やロイヤルユーザーを放棄することになる。
- ゼロからのスタートになるので、リスクは高い。

(d) ブランド開発戦略

新規市場に新規ブランドを展開する戦略である。未経験の市場に、消費者の認知度がまったくないブランドで新規参入するため、4つの基本戦略のうち、最もリスクが大きく、リターンも大きくなる。飲料や食品、自動車、家電業界などで採用される。

- 自社が先発ブランドの場合、当該ブランドと製品カテゴリーを結びつける連想戦略を進めるとよいとされる。
- 自社が後発ブランドの場合、先発ブランドといかにして差別化するかが課題となる。

② コトラーのブランド戦略の枠組み

コトラーのブランド戦略の枠組みは、縦軸を製品カテゴリーとして既存カテゴリーと新規カテゴリーに分け、横軸をブランドとして既存ブランドと新規ブランドに分けており、下記のような4つの象限に分類している。

	既存ブランド	新規ブランド
既存カテゴリー	ライン拡張	マルチ・ブランド
新規カテゴリー	ブランド拡張	新ブランド

出典：『マーケティング原理』フィリップコトラー・ゲイリーアームストロング著
和田充夫監訳 ダイヤモンド社 を一部修正

(a) ライン拡張

ライン拡張とは、既存のブランドを使って、既存の製品カテゴリーに、風味、形、色、原材料、容器のサイズなどを変えた新製品を投入する戦略である。

- 既存のブランドを使用し、低コスト・低リスクで、顧客の多様なニーズに対応することができる。
- ブランドを拡張しすぎて顧客の混乱や不満を招いたり、自社の他の製品とカニバリゼーション（自社内競合・共食い）を起こしたりするリスクがある。

(b) ブランド拡張

ブランド拡張とは、既存のブランドを使って、新製品や改良製品を新しい製品カテゴリーに投入する戦略である。

- 既存のブランドを使用することで、新製品が新しい製品カテゴリーで即座に認識され、受け入れられやすい。
- 新たにブランドを築き上げる上で必要な、高い広告費を節約することができる。
- 価格帯が低い製品ラインに既存ブランドを付与すると、既存ブランドのイメージが低下する恐れがある。

(c) マルチ・ブランド

マルチ・ブランドとは、新たなブランドを既存の製品カテゴリーに投入する戦略である。ブランド間の知覚差異は大きく製品自体やその購買への関与度は低い、という状況でのブランド展開において採用されやすい。

- さまざまな特性を確立することで、顧客のさまざまな購買動機に対してアピールすることができる。
- 各ブランドがわずかな市場シェアしか獲得できない可能性がある。
- ブランド間で収益が分散され、どのブランドも高収益を期待できない。

(d) 新ブランド

新ブランドとは、新たなブランドを新たな製品カテゴリーに投入する戦略である。

- 既存のブランドのいずれもふさわしくないような新規カテゴリーに参入する場合に採用される。
- ゼロからのスタートになるので、リスクが高い。

⑽ ブランド・コミットメント

ブランド・コミットメントは、当該ブランドが購入する選択肢として消費者の心の中に根を下ろしている程度を反映するものとして捉えられている。ブランド・コミットメントは感情的コミットメントと計算的コミットメントという二次元で捉えられる。感情的コミットメントは当該ブランドに愛着を持っているようなポジティブな態度状態であるのに対し、計算的コミットメントは損得を考慮したうえでのコミットメントであり、消極的な態度状態である。計算的コミットメントは、「この商品から他の商品に切り替えるのが面倒だ」、「この商品から他の商品に切り替えて失敗したくない」というようなブランドに対する慣性的、リスク回避的な態度状態を表すものである。

⑾ ブランドの採用戦略

ブランドの冠し方について、どのタイプを採用すべきか意思決定することを、ブランドの採用戦略という。ブランドの採用戦略は、標的顧客の相対的類似性、製品ライン間のイメージや競争地位の相対的類似性という2つの次元によって整理することができる。

ブランド採用戦略は、ソニーのように企業名を訴求するケース（企業ブランド）、メビウスのように個別のブランド名を訴求するケース（製品ブランド）が基本パター

ンである。これらの基本パターンの応用と組み合わせにより、ブランドの採用戦略は、次のようなさまざまなパターンに分化する。

① ファミリー・ブランド戦略 (企業ブランド戦略)

ファミリー・ブランド戦略とは、企業が提供する多くの製品に共通的に用いられる単一ブランド（統一ブランド）のことである。1つの強力なマスターブランドの下に、同一コンセプトの複数の下位ブランド（サブブランド）が存在しているパターンである。

ファミリー・ブランドとは、ソニーや日立のように、企業の名前がブランド化しているものであり、コーポレートブランドまたは企業ブランドと呼ぶこともある。

H30-37
H25-29

② ダブル・ブランド戦略

ダブル・ブランド戦略とは、1つの製品に二重にブランドを付けるブランド戦略のことである。①メーカーがファミリー・ブランドと個別ブランドを重ねる場合、②メーカーがNBと流通業者（小売業が多い）のPBを重ねる場合、の2つのケースがある。後者のケースをダブルチョップという。

③ ブランド・プラス・グレード戦略

ブランド・プラス・グレード戦略とは、グレード（購買対象者）を変えることによって、標的市場の違いに対応しようとするブランド戦略のことである。

企業が扱っている製品ラインの標的市場が異質的（グレードが異なる）で、製品ライン間のイメージや競争地位が同質的な場合、統一的なブランドにグレードを加える。消費者が製品から感じ取るイメージは同質的なので、ブランドに何らかの共通部分を持たせると同時に、標的市場の違いを明確にするために、グレードをつけて対応する。

3シリーズ・5シリーズ・7シリーズなどのグレードをつけているBMW、Aクラス・Cクラス・Eクラスでグレードを使い分けているベンツなど、自動車メーカーがブランド・プラス・グレード戦略を採用しているケースが多く見られる。

④ 個別ブランド戦略

個別ブランド戦略とは、個々の製品ごとに個別のブランドを付けるブランド戦略である。個別ブランド戦略と似た概念に、マルチブランド戦略がある。マルチブランド戦略とは、売り手が同じ製品カテゴリー内に2つ以上のブランドを展開する戦略である。

⑤ 分割ファミリー・ブランド戦略

分割ファミリー・ブランド戦略とは、製品ライン群を何らかの共通性に着目し、いくつかのカテゴリーに分け、カテゴリーごとに共通のブランドを付けることである。分割ファミリー・ブランド戦略は、企業が扱っている製品ラインの標的市場と製品ライン間のイメージや競争地位の度合いが「同質的・異質的」の中程度の場合、製品ライン群を何らかの共通性に応じて、いくつかに分類し、それぞれに異なったブランドを付けることである。

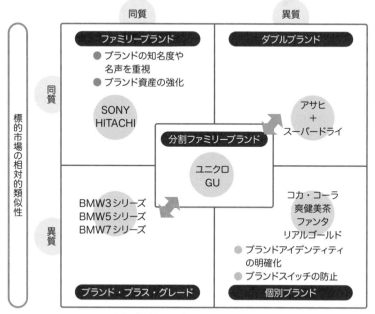

【 ブランド採用戦略のマトリックス 】

製品ライン間のイメージや競争地位の相対的類似性

同質　　　　　　　　　　　異質

	同質	異質
ファミリーブランド		**ダブルブランド**
● ブランドの知名度や名声を重視 ● ブランド資産の強化		
SONY HITACHI		アサヒ ＋ スーパードライ
	分割ファミリーブランド ユニクロ GU	
BMW3シリーズ BMW5シリーズ BMW7シリーズ		コカ・コーラ 爽健美茶 ファンタ リアルゴールド ● ブランドアイデンティティの明確化 ● ブランドスイッチの防止
ブランド・プラス・グレード		**個別ブランド**

標的市場の相対的類似性

出典:『競争優位のブランド戦略』恩蔵直人著　日本経済新聞社　を一部修正

⑿ 地域ブランド

R04-36 R03-36

　地域ブランドとは地域空間ブランドと地域産品ブランドに区別される。地域空間ブランドとは地域自体を意味し、「特定の地域を他の地域と異なるものとして識別するための名称、デザイン、シンボル又はその他の特徴」であり、地域産品ブランドとは「特定の地域特産品を他の地域特産品と異なるものとして識別するための名称、デザイン、シンボル又はその他の特徴」である。またこれらの地域ブランドに関わるビジネス活動を「地域創生マーケティング」という。

II 価格戦略

1 価格の概念

R04-29
H28-27
H26-28

　価格の概念は、3つの次元で構成される。消費者の価格への反応は、各次元を重視する配分によって形成されている。「支出の痛み」よりも、「品質バロメーター」や「プレステージ性」を重視する場合、消費者は価格の高い方を選好する。

【 価格概念の構成次元 】

支出の痛み	消費者が支出を痛いと感じることである。
品質バロメーター	消費者が製品などの品質を正しく判断できない場合、価格で品質を推し量ることである。
プレステージ性	消費者が価格の高さに、ステータスや社会的地位の高さを感じることである。

H29-28
H26-31
H22-29
H21-22
H20-33

2 需要の価格弾力性・交差弾力性

(1) 需要の価格弾力性

　需要の価格弾力性とは、ある製品の価格が変化した場合、需要がどれだけ変化したかを示す比率のことである。市場をいくつかのセグメントに細分化し、セグメントごとの需要の価格弾力性を算出することによって、各セグメントに合った価格を検討することができる。

　需要の価格弾力性は、次の式で求めることができる。

> 需要の価格弾力性 ＝ 需要量の変化率（％）÷ 価格の変化率（％）

　通常は、価格が下がると需要量は高くなるので、需要の価格弾力性の値は「マイナス」になる。

　価格の変動に対して需要がほとんど変化しないことを「価格弾力性が低い」あるいは「非弾力的」という。逆に、需要が大きく変化することを「価格弾力性が高い」あるいは「弾力的」という。具体的には、需要の価格弾力性の絶対値が1より大きい場合は弾力的、1より小さい場合は非弾力的となる。

　ブランド製品のように需要の価格弾力性が低い場合、価格を引き上げても需要量はあまり変化しないので、価格の引き上げによって利益を高められる可能性がある。一方、需要の価格弾力性が高い場合、価格を引き下げると需要量は大きく変化するので、価格の引き下げによって利益を高められる可能性がある。

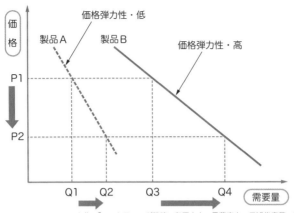

【 需要の価格弾力性 】

出典：『マーケティング戦略』和田充夫・恩蔵直人・三浦俊彦著　有斐閣アルマ

　図表は、2つの需要曲線を比較したものである。P1を600円、P2を400円、Q1を4,500個、Q2を5,500個、Q3を8,000個、Q4を17,000個とする。需要の価格弾力性は、次の近似式で求めることができる。

〔（Q1 － Q2）÷ {（Q1 ＋ Q2）÷ 2}〕÷〔（P1 － P2）÷ {（P1 ＋ P2）÷ 2}〕

　製品Aの需要の価格弾力性は、次の通りである。
　〔（4,500 － 5,500）÷ {（4,500 ＋ 5,500）÷ 2}〕÷〔（600 － 400）÷ {（600 ＋ 400）÷ 2}〕＝－0.5
　製品Bの需要の価格弾力性は、次の通りである。
　〔（8,000 － 17,000）÷ {（8,000 ＋ 17,000）÷ 2}〕÷〔（600 － 400）÷ {（600 ＋ 400）÷ 2}〕＝－1.8
　よって、製品Bの方が需要の価格弾力性は高い。

R03-07
R02-04
R01-31
H22-29

（2）需要の交差弾力性

　複数の製品を保有している企業では、その製品ラインに関する価格設定を行う場合、需要の交差弾力性を考慮する必要がある。**需要の交差弾力性**とは、ある製品の価格の変化率に対する、他の製品の需要量の変化率のことをいう。
　需要の交差弾力性は、次の式で求めることができる。

> 需要の交差弾力性 ＝ 他の製品の需要量の変化率（％）÷ ある製品の価格の変化率（％）

　需要の交差弾力性は、次の3つに分類できる。
① マイナス…ある製品と他の製品は、補完製品の関係にある。
　　例 液晶テレビとブルーレイレコーダー
② ゼロ…ある製品と他の製品は、独立製品の関係にある。

例 液晶テレビと電卓、軽自動車と高級スポーツカー

③ プラス…ある製品と他の製品は、競争製品の関係にある。

例 液晶テレビとプラズマテレビ、コーヒーと紅茶、牛肉と豚肉

3 価格設定法の体系

H20-33

価格設定方法には、「コスト志向型価格設定法」「需要志向型価格設定法」「競争志向型価格設定法」の３つがある。

しかし、価格を設定する前に、次に示す２つの要因を考慮しなければならない。

(1) 価格設定にあたり考慮すべき要因

企業は、内部的な要因と外部的な要因を総合的に考慮したうえで、最適な価格を設定し、売り手と買い手が満足する状況を創出する。

【 価格設定にあたり考慮すべき要因 】

内部的な要因	外部的な要因
●製造コスト ●マーケティング・コスト ●製品特性 ●マーケティング目的 ●流通チャネルと販売方法	●競争状況 ●自社の地位 ●顧客の状況 ●需要 ●経済、政治・法律的状況

(2) コスト志向型価格設定法

R02-29
H22-24

コスト志向型価格設定法とは、コストを基礎にして価格を設定するものである。大多数の企業は、この価格設定法を採用している。具体的には、次のような方法がある。

① コスト・プラス法

コスト・プラス法とは、製造原価に一定額または一定率のマージンを加えて販売価格とするものである。マージン額やマージン率は、過去の実績や業界の慣習などを参考にして決定する。

【 コスト・プラス法のメリット・デメリット 】

メリット	デメリット
●価格設定の手続きが簡単である ●販売・取引が中心需要や競争の条件を基準とする方法に比べ、安定した利益の確保が可能である ●すべての企業がこの方法を採用すれば、価格水準がほぼ同一となり、価格競争が回避される	●需要や競争状況の動向が無視される ●消費者の立場よりも、一定の利益を確保しようとする企業の論理が優先される ●操業度によって変動する製造原価が価格に反映されない

② マーク・アップ法

マーク・アップ法とは、仕入原価に一定額または一定率のマージンを加えて販売

価格とするものである。コスト・プラス法に似た価格設定法であるが、コスト・プラス法は製造業で用いられるのに対し、マーク・アップ法は流通業で用いられる。

⑶ 需要志向型価格設定法

需要志向型価格設定法とは、需給関係を分析することによって、最大利潤を獲得できると考えられる価格を設定するものである。具体的には、次のような方法がある。

① 需給関係の分析による方法

需給関係の分析による方法とは、需給関係を数量面から分析し、売り手にとって最も有利な販売量と価格を設定しようとするものである。

しかし、この方法は「需要は価格によってのみ変動する」ということを前提としており、現実的な適応性の面では問題がある。

② 消費者の評価を基準とする方法（知覚価値価格設定法）

消費者の評価を基準とする方法とは、「消費者はこの製品に対して、いくら位まで支払うだろうか」という視点から、買い手の知覚に基づいて価格を設定（知覚価格という）、あるいはその価格に見合った製品の開発を行うものである。

価格の品質バロメーター機能が作用するため、ある一定の水準よりも価格を下げると、かえって需要量が低下してしまう。価格の高い時計は品質も良く、価格の低い時計は品質も劣ると判断される傾向が強い。ただし、情報化社会の進展に伴い、消費者の持つ製品知識水準が向上し、価格の品質バロメーター機能が作用しにくい傾向にある。

⑷ 競争志向型価格設定法

競争志向型価格設定法とは、競争企業がつける価格に基づいて、価格を設定するものである。具体的には、次のような方法がある。

① 実勢価格

実勢価格とは、業界内の平均価格と同じレベルに価格を設定するものである。市場における力関係やブランド・イメージなどが加味されるので、競争製品よりも高い価格を設定することもあれば、低い価格や同一価格を設定することもある。

プライス・リーダーとは、新たな価格を提示する企業のことである。プライス・フォロワーとは、プライス・リーダーが提示した価格に追随する企業のことである。業界内のリーダー企業が新たな価格を提示し、他の企業が追随するケースが多い。

② 入札価格

入札価格とは、販売者あるいは請負者を決定するために、複数の競合企業が文書によって提示する価格のことである。最も低い価格を提示した企業が落札者となる。

入札価格は、競合企業が提示しそうな価格を予測して、自社の価格設定を行うので競争志向型価格設定法と考えられている。通常、生産財の分野において活用されている。

4 新製品の価格設定法

新製品を市場導入するとき、企業がとるべき価格対応は大きく分けて２つある。高価格を設定して早い段階で利益を刈り取る対応と、低価格を設定して大きな市場シェア獲得の後に利益を呼び込む対応である。

(1) 上澄み吸収価格戦略

上澄み吸収価格戦略（スキミング・プライシング、スキミング価格）とは、新製品に高い価格を設定し、価格にそれほど敏感ではなく価格弾力性が低い「イノベーター」や「初期採用者」などの顧客に販売しようとする戦略である。製品の普及にともなって、徐々に価格を下げていく。主に技術主導型の企業が採用しており、模倣されにくい新製品や耐久消費財の発売時に実施されることが多い。

(2) 市場浸透価格戦略（浸透価格戦略）

市場浸透価格戦略（ペネトレーション・プライシング）とは、新製品に低い価格を設定し、価格に敏感で価格弾力性が高い顧客に販売しようとする戦略である。模倣されやすい新製品で採用される。当該製品の経験効果が大きく、コスト低下のペースが速い場合に、効果的である。

【 新製品の価格設定法 】

	上澄み吸収価格戦略	市場浸透価格戦略
メリット	①短期間に大きな利益をあげることで、研究開発費、設備投資、プロモーション活動費など、新製品の開発コストを迅速に回収することができる。 ②流通業者の販売意欲を喚起することができる。	①早い時期に十分な利益を獲得できないが、大きな市場シェアを獲得でき、後発企業の参入障壁を築くことができる。 ②市場シェアが高まれば、規模の経済性や経験効果が働き、コスト面の優位性と大きな利益を確保できる。
成功条件	①技術的に高度であり、製品品質やイメージが優れている。 ②利益を期待できる十分な数の買い手による需要が存在している。 ③高価格に設定できる優位性を打ち消さない程度の生産コストである。 ④イニシャル・コスト（初期投資費用）が高くて競合企業の参入が困難である。	①市場の需要の価格弾力性が高く、低価格によって市場が拡大する。 ②販売量の増加に伴って、生産コストと流通コストが低下する。 ③低価格によって競争が排除され、販売者の低価格ポジショニングが確立されている。

出典：『マーケティング原理 第9版』P.コトラー・G.アームストロング著 ダイヤモンド社をもとに作成

市場浸透価格戦略と似たものに導入価格戦略がある。**導入価格戦略**とは、ブランド・スイッチングを目的として、新製品の市場導入にあたり一時的に価格を引き下げる（いわゆる「お試し価格」）戦略である。一定期間を過ぎると本来の価格に引き上げるため、市場浸透価格とは区別する必要がある。嗜好性が高く、反復購買され

る場合に採用される。

R04-29
H26-28
H21-22
H19-26

5 心理面を考慮した価格設定法

製品・サービスの実際の価格と比較するために、消費者が用いる価格を**参照価格**という。消費者は、過去の買い物経験などを通じて蓄積された「内的参照価格」と、値札情報など実際の買い物場面で提示されている「外的参照価格」の影響を受けて、購買の意思決定を行う。また、消費者が感じる価格幅の上限を意味する価格を留保価格といい、消費者が留保価格を超えて購入することは少ない。企業は、消費者の心理面を考慮して価格を設定することがある。

(1) 端数価格戦略

端数価格とは、98円、980円、5,980円などのように、端数を付けて（大台を割って）消費者に安さを印象づけるものである。消費者は、9や8を伴った価格に対して、最大限に引き下げられていると感じる傾向がある。

R01-31
H30-34
H29-28
H28-27
H22-24
H21-22

端数価格は、衣料品、食品、日用雑貨品など幅広い製品分野で採用されている。

(2) 威光価格戦略

威光価格（名声価格、プレステージ価格）とは、製品に意図的に高い価格を設定し、消費者に製品品質の高さやステータスを訴求するものである。ブランド・イメージを高める意味で、イメージ価格戦略（イメージ・プライシング）ともいわれる。

威光価格は、購入頻度が低く、消費者が品質を判断しにくい高級品に適している。エルメスやロレックスのように、高級宝飾品や高級時計を販売している企業で採用されることが多い。

(3) 慣習価格戦略

慣習価格とは、缶コーヒーのようにいくつかの製品において、社会慣習上、ある一定の価格が定着したものである。ある製品の価格が、長い期間にわたって一定の水準で定着すると、その価格が消費者の観念の中で固定化し、価格の変更が困難になる。慣習価格より安くしても、低品質のイメージを与えるため、売上はそれほど伸びず、逆に値上げをすると売上が著しく減少する。

慣習価格が成立している製品では、通常、非価格競争が行われる。価格の調整は、品質や容量の変更を通して行われる。

慣習価格は、ガムやキャラメル、缶入り飲料などで採用されている。

【 心理面を考慮した価格設定法 】

| 端数価格 | 威光価格 | 慣習価格 |

出典：『マーケティング戦略』和田充夫・恩蔵直人・三浦俊彦著　有斐閣アルマを一部加筆

6 製品ミックスを考慮した価格設定法 Ⓑ

　企業が複数の製品を販売する場合、個々の製品に対して別々に価格を設定するのではなく、取扱製品全体としての利益が最大となるような価格に設定する。製品ミックスを考慮した価格設定には、「抱き合わせ価格戦略」「プライス・ライニング戦略」「キャプティブ価格戦略」などがある。

(1) 抱き合わせ価格戦略

　抱き合わせ価格戦略とは、複数の製品やサービスを組み合わせて販売するものである。例えば、アトラクション料金付きの遊園地の入場券や各種ソフトが内蔵されたパソコンなどである。

　抱き合わせ価格戦略では、それぞれ個別に購入する場合よりも引き下げられた価格を設定している。単品で購入するよりも大きな金額となるので、消費者が安いと実感できる値引きをしなければ効力を発揮しない。

(2) プライス・ライニング戦略

　プライス・ライニング戦略とは、製品ラインのランクごとに、段階的に価格を設定する戦略である。この時の各価格ランクをプライス・ライン（価格ライン：価格線）という。例えば、ギフト、ネクタイ、スーツなどの製品は、3,000円、5,000円、7,000円のように、いくつかの価格帯に分類されていることが多い。製品がいくつかの価格帯に分類されていれば、消費者は自分が望む価格帯から製品を選択できる。

　企業としては、安い価格帯を加えることで、高い価格帯の製品の高級感を強調することができる。逆に、高い価格帯を加えることで、安さを強調することができる。ただし、各価格帯は、消費者が混乱しないだけの間隔を保つ必要がある。

(3) キャプティブ価格戦略

　キャプティブとは、「とりこ」「捕虜」という意味である。

　キャプティブ価格戦略とは、主体となる製品の価格を安く設定し、消費者に主体となる製品を購入させることで、いわゆる「捕虜」を確保する戦略である。そのうえで、

本体に付随している製品の価格を高く設定して十分な利益を獲得する。例えば、携帯電話やスマートフォンでは、端末本体の価格を安く設定し、本体に付随している通話料や通信料によって利益を獲得しようとしている。

7 割引による価格戦略

(1) 割引の類型

割引とは、前もって設定された基準に基づいて、一定の条件が満たされた場合に決められた価格を割り引くことである。割引には、次のような種類がある。

① 現金割引

現金割引とは、企業間の取引で決済を現金で行った場合の割引のことである。売り手側の金利負担・危険負担・集金コストなどが不要となるため、それに見合った分を価格から割り引くものである。

② 数量割引

数量割引とは、大量購買を行う買い手に対する割引のことである。一度の取引で大量に購買すると、小口・多頻度購買に比べて販売費その他のマーケティング・コストが低減されるため、その分を価格から割り引くものである。前もって大量に製品の購入をすることで受けられる割引をフォワード・バイイングという。

数量割引と似たものに「増量販売」がある。増量販売とは、買い手が一定量を超えて購入した場合、価格でなく数量で還元するものである。

【 数量割引 】

累積的数量割引	定められた期間内の総購入量が、一定量以上に達した場合の割引
非累積的数量割引	一回ごとの購入量が、一定量以上に達した場合の割引

③ 機能割引（業者割引）

機能割引とは、メーカーが、卸・小売業の果たす機能を評価した上で行う割引のことである。メーカーが標準小売価格（建値）を設定し、卸売業に対しては標準小売価格の30%引き、小売業に対しては20%引きというように、取引企業の機能の違いによって割引率を変えるものである。

④ 季節割引

季節割引とは、需要の季節変動がある製品において、需要が停滞する季節に購入する買い手に対して実施する割引である。需要が多い季節には、高価格を設定することにより利益を確保し、需要が少ない季節には、季節割引を実施して需要を喚起するものである。

季節割引と類似した割引に「一日の時間帯や一週間の曜日に対応した割引」がある。

⑤ アロウワンス（販売促進割引）

アロウワンス（販売促進割引） とは、買い手が売り手に代わって、各種の販売促進活動を行う場合に提供される割引のことである。

メーカーは、流通業者（卸・小売業者）が自社製品を有利に扱ってくれることを希望している。そこで、自社の希望に沿った行動をしてくれる流通業者に対して、一種の割引であるアロウワンスを実施するのである。代表的なアロウワンスには、広告アロウワンスや陳列アロウワンス、トレードイン・アロウワンスがある。

【 アロウワンスの種類 】

広告アロウワンス	自社の希望に沿った広告を実施した流通業者に対する還元
陳列アロウワンス	自社の希望に沿った特別陳列を実施した流通業者に対する還元
トレードイン・アロウワンス	新製品の発売時に旧製品を下取りする場合の還元

(2) 差別価格戦略

　差別価格戦略とは、需要の価格弾力性が異なる複数の市場において、独占企業が異なる価格を設定する戦略である。一般的には、需要の価格弾力性が大きい製品には低価格、小さい製品には高価格を設定する。

　同じブランド製品でも、ニューヨークと比べて日本国内の価格の方が著しく高いことがある。映画の料金には学生割引があるが、これも差別価格である。

8 建値制・オープン価格制とリベート

(1) 建値制とオープン価格制

① 建値制

　建値制とは、メーカーが設定した希望小売価格を基準として、卸売価格、小売価格、マージン率を決定する制度である。換言すれば、メーカーがそれぞれの製品分野において『メーカー仕切価格－卸希望価格－標準小売価格』を設定し、このような価格体系を基本にして、卸・小売店に各種リベートを支払う制度である。

② オープン価格制

　オープン価格制とは、メーカーが自社の出荷価格（仕切価格）だけを決定し、それ以降の卸・小売価格は、卸売業者や小売業者に任せる制度である。建値制の崩壊にともない、メーカーはオープン価格制を導入した。

(2) リベート

① リベート

　リベートとは、個々の製品価格体系とは別に、一定期間の取引高（金額や数量）などを基準として、取引先に支払われる代金の割戻しのことである。

　リベートは、専売率リベートや数量リベート、貢献度リベートが代表的であるが、その他にも拡販リベート、早期支払リベートなどがある。

専売率リベート	販売業者の全取引額に占める、自社製品の割合の多少に応じて支給するリベート
数量リベート	自社製品の取扱高の多少に応じて、累進的に支給するリベート
貢献度リベート	メーカーの販売政策 (価格水準の維持や一定の販売方式の採用など) への貢献度に応じて支給するリベート

② リベートとアロウワンスの違い

リベートは、建値制に基づき、メーカーと流通業者との長期的な協力関係を維持するために用いるものである。つまり、メーカーが流通業者の利益を金銭的に補填するもので、価格というよりは流通に対応するものとして用いられる。アロウワンスは、特定の製品における短期的な割引である。

9 その他の価格戦略

(1) Hi-Lo 価格戦略と EDLP 戦略

① Hi-Lo 価格戦略

Hi-Lo 価格戦略 (ハイ・ロー・プライシング) とは、一定の期間に価格が「高価格 (High)」「低価格 (Low)」になるという意味で、特売価格戦略ともいわれる。

特売価格とは、通常の表示価格を一時的に引き下げた価格のことで、需要の拡大を図ることが目的である。セールとして多数の小売業で実施している。

特売の際に行われる、原価を割るような安い価格設定をした商品をロス・リーダー (目玉商品) という。ロス・リーダーによって、多数の消費者を誘引するとともに、特売商品以外の商品の衝動購買を誘発するため、単品での利益よりも店舗全体としての利益をあげることを目的として行われる。

販売時期よりも早い時点で仕入れるフォワード・バイイングを行うことで、自社に有利な条件で商品を仕入れることができるが、保管スペースの確保や商品の鮮度管理に注意が必要である。

② EDLP 戦略

EDLP (エブリデイ・ロー・プライス) 戦略 とは、一時的な値引きをしない代わりに、恒常的に価格を引き下げて商品を販売する方法である。

ウォルマートに代表される EDLP 戦略は「毎日が安売り」のため、Hi-Lo 価格戦略で行われるチラシ・プロモーションを行わないのが原則である。常に一定価格なので、消費者は価格に対する信頼感を持つことができ、ブランド・ロイヤルティの低下を防止できる。

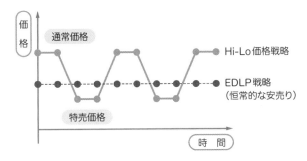

【 Hi-Lo価格戦略とEDLP戦略 】

(2) PSM法 (価格感度測定法)

H23-26

① PSM法の概要

PSM法 (価格感度測定法：Price Sensitivity Measurement) とは、消費者に受け入れられる「最適価格」「高さの限界」「価格の安さ」といった受容価格帯を分析する方法である。新製品など過去に売上のデータがない場合に、どのくらいの範囲内に販売価格を設定すべきかを調査する。

PSM法では通常、4つの質問が消費者に対してなされる。

　(質問1) どの価格であなたは、その製品があまりにも安いので品質に不安を感じ始めますか。(非受容最低価格)

　(質問2) どの価格であなたは、品質に不安がないが、安いと感じますか。(受容最低価格)

　(質問3) どの価格であなたは、その品質ゆえ、買う価値があるが、高いと感じ始めますか。(受容最高価格)

　(質問4) どの価格であなたは、その製品があまりにも高いので品質が良いにも関わらず、買う価値がないと感じますか。(非受容最高価格)

同じ容量の牛乳の販売価格を例に説明する。販売価格が100円から500円までの牛乳がある場合、500円に近づくにつれて「高いが受容可能」「高すぎて受容不可能」と考える人が多くなる。つまり、価格が上昇するほど「受容最高価格」「非受容最高価格」の累積回答率が高くなる。通常、累積回答率が同じ場合、高いが受容可能な「受容最高価格」は、高すぎて受容不可能な「非受容最高価格」よりも低くなるため、曲線aは「受容最高価格」、曲線bは「非受容最高価格」となる。

一方、「安いが受容可能」「安すぎて受容不可能」と考える人は、牛乳価格が100円に近づくにつれて多くなる。つまり、価格が低下するほど「受容最低価格」「非受容最低価格」の累積回答率が高くなる。通常、累積回答率が同じ場合、安いが受容可能な「受容最低価格」は、安すぎて受容不可能な「非受容最低価格」よりも高くなるため、曲線cは「受容最低価格」、曲線dは「非受容最低価格」となる。

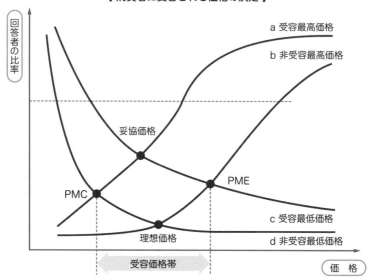

【 消費者に受容される価格の決定 】

回答者の比率

a 受容最高価格
b 非受容最高価格
妥協価格
PME
PMC
c 受容最低価格
理想価格
d 非受容最低価格
受容価格帯
価　格

出典:『日本一わかりやすい価格決定戦略』上田隆穂著　明日香出版社　をもとに作成

② 受容価格帯

　PSM法から導かれる価格には、以下の4つがある。PSMでは、PMC（Point of Marginal Cheapness）とPME（Point of Marginal Expensiveness）で挟まれる範囲が受容価格帯となり、企業は受容価格帯の範囲で価格を決定する。

【 受容価格範囲内の価格の種類 】

最低品質保証価格 （PMC）	「安すぎる」と思う人と「高い（安くない）」と思う人が同数となる価格。この価格以下だと、消費者が「品質に問題があるのではないか」と感じるようになる安さの限界点である。
妥協価格	「高い（安くない）」と思う人と「安い（高くない）」と思う人が同数となる価格。消費者が「このくらいはしょうがない」と感じる価格である。
理想価格	「安すぎる」と思う人と「高すぎる」と思う人が同数となる価格。消費者が「こうあってほしい」と感じる価格である。
最高価格 （PME）	「高すぎる」と思う人と「安い（高くない）」と思う人が同数となる価格。企業が最も利益を得られる価格であるが、これ以上高いと誰も買ってくれない価格となる高さの限界点である。

R05-32
R03-32
R01-30

(3) ダイナミック・プライシング

　ダイナミック・プライシングとは、需給バランスや時期などに応じて価格を変動させる価格設定方法である。以前から鉄道運賃や航空料金、宿泊費などは、繁忙期である大型連休や年末年始、お盆などの時期は高額になるように、需給によって異なる価格が設定されていた。最近は、AI（人工知能）を用いて需給状況を瞬時に分析し、詳細かつ複雑に異なる価格を設定できるようになった。

⑷ サブスクリプション価格

R03-32
R01-31

サブスクリプション価格とは、サブスクリプション（定額サービス）における価格である。顧客は企業が提供する複数のアーティストの楽曲を個人の嗜好に応じて無制限に視聴できる定額サービスなどに対して利用期間に応じて決められた価格を継続的に支払う。サブスクリプション・サービスには1か月だけの利用契約も含まれ消費者が気軽に製品を試す機会を提供することができる。

10 ターゲット・コスティング

R02-29
H27-28

ターゲット・コスティングとは、市場調査を行い、新製品に求められる機能を特定し、その製品のアピール力や競合製品の価格を考慮して、売れる価格を決定する。その上で、その価格より望ましい利益マージンを差し引き、達成すべきターゲットとするコストを算出する方法である。

ターゲット・コスティングの目的は、最終的なコストの予測をターゲットとするコストの範囲内に収めることである。

11 心理的効果

R05-35

⑴ アンカリング効果

アンカリング効果とは、価格などの数値の大きさを見積もる際に、当該の数値を見積もる前に見聞きした数値が、その後に行う全く異なる事柄の数値の見積もりに影響することをいう。全く同じコーヒーが1,000円で提供されていた場合に、高級ブランド店が立ち並ぶエリアにあるカフェではそれほど高価に感じないが、若者向け商品を低価格で提供するカジュアルな店が立ち並ぶエリアにあるカフェでは高価に感じるような現象を説明することができる。

⑵ サンク・コスト効果

サンク・コスト効果とは支払った後では取り戻すことができない費用であるにもかかわらず、その費用に見合う価値を取り戻そうとするもので、まとめて支払った直後に利用頻度が高くなる。

⑶ バンドワゴン効果

バンドワゴン効果とは効用に対する外部効果のうち、時流に乗っていたいなど他者の消費行動が欲求を増大させる効果をいう。

⑷ プロスペクト理論

プロスペクト理論とは、価格や金額の価値判断において、損と得とでは同一の価格や金額の増減であっても対する心理的価値が異なることを説明した理論である。

III 流通チャネル戦略

1 流通機構

(1) 流通機構

流通機構とは、生産物が生産者から最終消費者に流れるまでの社会的な流通の仕組みのことである。ある業界の流通の仕組みを流通機構（流通構造）というが、特定企業の流通の仕組みは流通チャネルという。流通チャネルは、メーカーにとってコントロールできるものであるが、流通機構はコントロールできない。

我が国の流通機構は、「多段階性」「零細過多」「複雑性」という特徴を持っている。これが社会的な流通コストを増大させ、内外価格差の原因になっている。近年、多くの零細業者と少数の大規模企業からなる企業規模の二極分化の傾向が顕著になっている。

生産者と消費者が直接つながっているものを直接流通、両者の間に流通業者（卸売業、小売業）が介在しているものを間接流通という。

【 チャネルの種類（直接流通と間接流通）】

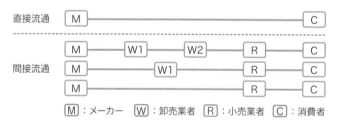

(2) 流通チャネル

流通チャネル（流通経路）とは、ある商品・サービスを、メーカー（作り手）から消費者（買い手）へ移動させるときの物理的、取引的な経路のことである。

流通チャネルは、水平的かつ垂直的な分業関係にある「生産と消費の隔たり」をつなぐ社会的な仕組みである。主に、メーカー、卸売業者、小売業者、物流業者などから構成される。生産と消費の隔たりとは、主体的分離（所有的分離、社会的分離）、場所的分離（地理的分離）、時間的分離のことである。

(1) 流通機能

　生産者と消費者の間には、役割・空間・時間などの隔たりがあり、流通はその隔たりを埋める役割を担っている。流通について、「生産と消費の隔たり」を解消する機能に着目すると、①商的流通（商流）、②物的流通（物流）、③情報流通（情報流）の３つに分類できる。三者の関係は、商的流通機能を促進するために、物的流通機能と情報流通機能が存在しているとも考えられる。

【 流通機能 】

商的流通機能	商品の売買を通じて、商品やサービスの所有権を生産者から消費者へ移す機能である。所有権移転機能ともいい、流通の最も基本的な機能である。
物的流通機能	生産者と消費者の間に存在する空間的隔たりや時間的な隔たりを橋渡しする役割をいう。物的流通機能は、輸送や保管、流通加工などから成り立っている。 流通加工とは、財の基本機能を変えずに、買い手のニーズや用途に合わせて財を部分的に加工することである。
情報流通機能	情報流通機能とは、生産者と消費者の間に存在する情報の隔たりを埋める役割を担っている。

(2) 小売業の機能

① 小売業と小売業者

　小売業は、卸売業とともに流通機能の一部を構成している。AMAでは、小売を「最終消費者に対して直接販売することに含まれる諸活動」と定義している。

　　(a) 小売業…個人的用途・非営利的用途を目的とする最終消費者に、商品やサービスを直接販売することに携わるすべての活動

　　(b) 小売業者…主に小売活動によって売上を得ている事業者

② 小売業の基本機能

　　(a) 販売機能…メーカー・卸売業者の代理人として製品（商品）を売る機能

　　(b) 購買機能…消費者の代理人として製品（商品）を買う機能

(3) 卸売業の機能

H19-35

① 卸売業と卸売業者

　　(a) 卸売業…再販売や生産財としての使用を目的に購入する小売業者などに対して、製品やサービスを販売することにかかわるすべての活動

　　(b) 卸売業者…主に卸売に携わる事業者

② 卸売業の基本機能

　流通過程の中で卸売業が伝統的に果たしてきた商流、物流、金融、危険負担などの機能をフルラインで遂行しようとするタイプの卸売業を全機能卸売業という。一方、大規模小売チェーンの成長とともに、卸売業の役割への依存が低下する中で、一部の機能のみを持つ限定機能卸売業のビジネス機会は拡大傾向にある。

　卸売業は、原則として次のようなさまざまな機能を担っている。

- (a) 販売・販売促進を担当する
- (b) 購買・品揃え…小売業者が求める製品を選択し、購買し、取り揃える
- (c) 小口分散…大口の単位で購買し、小分けし、小売業者の負担を軽減する
- (d) 保管…製品を保管し、生産者と小売業者の両者の在庫負担を代替する
- (e) 輸送…生産者に代わって、小売業者に製品を配送する
- (f) 金融…小売業者には信用を供与（与信）し、代金支払に猶予期間を設置し、生産者には期日までに代金を支払うなど、資金の融通を図る
- (g) リスク負担…生産者から製品の所有権を取得し、盗難・破損・損傷・腐敗などに対するリスクを肩代わりする
- (h) 市場情報…生産者と小売業者の中間に位置するため、競合他社情報・新製品情報・顧客の声・価格の動向などを察知して、それを両者に提供する
- (i) **リテール・サポート**…小売業の経営全般、あるいは、従業員の能力開発、店舗レイアウト・データ分析・棚割管理など、小売業者への支援・指導を行う

H22-28

③ 卸売業の形態

- (a) マーチャント・ホールセラー…商品の所有権を取得している独立の事業者のことである。問屋、販売会社、商社などが該当する。
- (b) コミッション・マーチャント…商品の所有権を持たない事業者のことである。買い手と売り手を集めて交渉をまとめる「ブローカー」、比較的長期間にわたって買い手または売り手の代理をする「代理店」などが該当する。

R04-30

④ W/R比率

　流通経路の長さ（多段階性）を示す指標に、W/R比率がある。W/R比率を式で示すと、次のようになる。

$$W/R比率 = 卸売販売金額 ÷ 小売販売金額$$

　W/R比率は、消費財（食品など）の分野では低下傾向にあり、流通経路の短縮化が進展している。大手小売業の発展と卸機能の集約化により、卸売業者数が減り、卸売業の階層が減少しているためである。他の先進国と比べて日本のW/R比率は高く、日本の流通業の非合理性が論じられている。他社と差別化できない卸売業は、今日では生き残っていくのが難しくなってきている。

3 流通チャネル戦略の体系

H23-29
H22-25

流通チャネル戦略（流通経路戦略、マーケティング・チャネル戦略）の体系は、次の２つに分類される。

(1) チャネル選択

チャネル選択とは、企業が自社製品をどのようなチャネルに流したらよいのかを選択することである。

自社製品を、卸売業者や商社といった中間流通業者に販売するのか、一般小売店・量販店に販売するのか、自社で販社（販売会社）を持つのか、などの選択肢がある。

(2) チャネル管理

チャネル管理とは、企業が選択し、構築したチャネルの効果的な運用を図るために行うすべての管理である。

【 流通チャネル戦略の体系 】

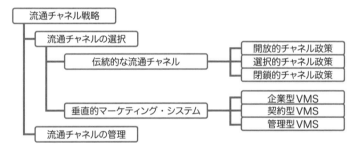

4 流通チャネルの選択

H28-26

(1) 伝統的な流通チャネル

R04-30
H22-25

伝統的な流通チャネル（CDC：Conventional Distribution Channel）とは、単独または複数の独立したメーカー、卸売業者、小売業者により構成されるチャネル組織である。各々のチャネル・メンバーが独立した事業体であり、チャネル全体の利益を犠牲にしてでも、自社の利益を最大化しようとする部分最適志向が強い。流通段階が多段階である食品や日用雑貨品などの最寄品業界で多い。

伝統的なチャネル政策には、次の３つがある。

① 開放的チャネル政策

開放的チャネル政策とは、製品の取扱業者の数や範囲を限定せず、あらゆる利用可能なチャネルに対して広範囲に販売しようとするものである。得意先の選定を意図しないで、取引の申込みを受け、それを承諾する。消費者の購買頻度の高さに適

合させるため、多くの流通業者と取引を行う。食品や日用雑貨品などの最寄品で多く採用されている。

② 選択的チャネル政策（限定的チャネル政策）

選択的チャネル政策とは、販売業者が、特定の地域に対して一定の条件を備えた業者を選定し、製品を優先的に販売するものである。選定された業者は、他の競合製品も扱うことができる。選択的チャネル政策を採用する企業は、業者に対して自社製品へのロイヤルティを向上させる必要がある。制度面における条件設定や、有効な動機づけを継続的に行う。化粧品や医薬品などの買回品や最寄品などで採用されている。

③ 閉鎖的チャネル政策（専属的チャネル政策、排他的チャネル政策）

閉鎖的チャネル政策とは、販売業者が、自社製品のみを取り扱う業者を選定し、選定業者にのみ製品を販売するものである。ブランド・イメージの維持や、消費者に対して高いサービスが提供できるように、小売店を限定する。具体的には、専売店制度や販社制度という名称で展開している。自動車や家電などの専門品や、一部のファッション・ブランドなどで採用されている。

【 伝統的なチャネル政策の比較 】

	販売業者（主にメーカー）	
	販路	チャネルコントロール力
開放的チャネル政策	広	弱
選択的チャネル政策	↕	↕
閉鎖的チャネル政策	狭	強

H21-24 (2) 垂直的マーケティング・システム（VMS）

垂直的マーケティング・システム（Vertical Marketing System）とは、メーカー・卸売業者・小売業者が統合されたシステムとして働く流通チャネル組織である。あるチャネル・メンバーが他のチャネル・メンバーを所有しているか、契約を結んでいるか、または全メンバーの協力を得るだけの十分なパワーを持っている。

垂直的マーケティング・システムは、伝統的な流通チャネルよりも長期的な取引関係を目指して組織化されたものであり、市場取引コストを削減しようとする場合は、伝統的な流通チャネルよりも有利である。流通段階の各企業に専門的・技術的サービスが高度に要求されるような製品において採用される。垂直的マーケティング・システムの3類型は次の通りである。

① 企業型VMS

同一資本のもとで、チャネルの中の異なる流通段階が統合されたシステムである。レギュラー・チェーン（RC）や、メーカーが設置する自社の卸売部門・小売部門、小売業が設置する自社の卸売部門・製造部門などがある。

② 契約型VMS

異なる資本のもとで、異なる流通段階が契約によって統合されたシステムである。フランチャイズ・チェーン（FC）、卸売業主宰ボランタリー・チェーン（VC）、小売業主宰ボランタリー・チェーン（VC）における本部と加盟店との契約などがある。

③ 管理型VMS

異なる資本のもとで、異なる流通段階の企業がパワー関係によって結びつきを強め、管理的に統合されるシステムである。消費財メーカーのチャネルにおいてよく見られる。

【 垂直的マーケティング・システムの3類型の比較 】

	チャネル・リーダー		
	管理力	投資負担	戦略変更の柔軟性
企業型VMS	強	大	低
契約型VMS	↕	↕	↕
管理型VMS	弱	小	高

5 流通チャネルの管理

(1) 流通チャネルの管理

H21-24

流通チャネルは、さまざまな企業によって連結された複雑な集合体である。各チャネル・メンバーは他のチャネル・メンバーに依存している。

流通チャネルの管理とは、チャネル・リーダーによって、流通チャネルが適切に管理・運営されることである。チャネル選択に関する最適な意思決定がなされ、選択・構築された流通チャネルが最大の効果を発揮する。

チャネル・リーダー（チャネル・キャプテン、チャネル・コマンダー） とは、流通チャネルを管理するうえで、主導権を握る企業のことである。チャネル・リーダーは、他のチャネル・メンバーのマーケティング戦略を管理するような強力な主導権を持ち、リーダーシップを発揮する。

我が国の流通におけるチャネル・リーダーは、戦前までは卸売業者だったが、戦後になると大規模メーカーに取って代わった。大規模メーカーは、大量生産体制により流通を系列化し、メーカー主導で流通チャネルを管理してきた。現在では、大規模小売業が強力なバイイング・パワーを背景に流通チャネルを管理しているケースが多い。

(2) 流通系列化

流通系列化 とは、企業の流通政策において、選択したチャネルとの協調関係を強化していこうとする結果、志向される垂直的統合のことである。

流通系列化の手法としては、特約店（代理店、系列店）制がある。特約店制には、専売制や一店一帳合制、テリトリー制などがあるが、これらを排他的特約店契約と呼ぶ。

① 専売制（販社制）

専売制（販社制）とは、販売業者に対して、ある特定メーカーの製品以外の取り扱いを禁止する制度である。一般的に小売段階の専売店制を「専売小売制」と呼び、卸段階の専売店制のことを「販売会社（販社制）」と呼ぶ。

販社制を採用している業界は、卸売段階では自動車、家電製品、タイヤなどがあり、小売店段階では牛乳、ガソリン、乗用車などがある。

② 一店一帳合制（単一帳合制）

一店一帳合制とは、メーカーが、小売業者の仕入先を特定の卸売業者に限定する制度である。小売業者は、仕入先である卸売業者1社を登録し、その卸売業者としか取引ができない、もしくは卸売業者は、自社の登録小売業者以外とは取引ができないというものである。

一店一帳合制は、粉ミルク、カメラ、家庭用合成洗剤など業界の一部で採用されている。

③ テリトリー制

テリトリー制とは、メーカーが、販売業者（卸売業者の場合が多い）に対し、製品の販売地域を限定する制度である。メーカーが指定した地域や顧客以外への販売を認めない「クローズド・テリトリー制」、同一地域に複数の販売業者を置く「オープン・テリトリー制」、販売業者の店舗立地のみを指定する「ロケーション制」などの形態がある。

テリトリー制は、卸売段階では家電製品や化粧品などで、小売店段階では新聞業界などで採用されている。

H30-32
H25-28
H20-32

(3) チェーン形態

流通チャネルを管理する際には、チェーン組織が適している場合が多い。チェーン形態は、以下の3つに分類できる。

① レギュラー・チェーン（Regular Chain：RC）

レギュラー・チェーンとは、単一資本のもとで、直営方式により多店舗展開を行う集約的なチェーン形態（直営店）である。アメリカではコーポレート・チェーンと呼ぶ。

本部は、マーチャンダイジングの決定権を持ち、教育や財務管理などを行う。店舗は、本部の指示に基づきマニュアル通りに陳列と販売を行う。

H26-29

② フランチャイズ・チェーン（Franchise Chain：FC）

フランチャイズ・チェーンとは、チェーン本部（フランチャイザー）が加盟店（フランチャイジー）に対し、一定の地域における独占的な販売権を与え、フランチャイズ・パッケージを提供する契約を結ぶチェーン形態である。

フランチャイズ・パッケージとは、本部が開発したサービス、商標、経営ノウハウ（経営指導）などを含めたものである。加盟店は、本部に対しロイヤルティ（特約料）を支払う。

【 本部と加盟店のメリット・デメリット 】

	メリット	デメリット
本部	①資本力の小さな企業でも他人の経営資源の活用により迅速に多店舗展開することができる。②ロイヤルティの徴収により安定した経営ができる。	①加盟店に対する命令権がなく、アドバイスや要望に留まる。②システムの維持や継続的なノウハウ開発が必要となり、そのための資金や人材が必要となる。
加盟店	①十分な経営経験や店舗運営経験のない人でも比較的小資本で開業できる。②本部のノウハウやチェーンの知名度・イメージを活用できる。	①本部の良し悪しで加盟店の経営が左右される。②店舗の独自性を出しにくく、経営規模の拡大時には対象地域を自由に設定できない。

③ ボランタリー・チェーン (Voluntary Chain：VC)

ボランタリー・チェーンとは、フランチャイズ・チェーンに比べ結合力が弱く、資本的に独立している小売店が、経営の一部を本部にまかせて経営の合理化を図る任意連鎖組織である。つまり、主に商品の共同仕入を目的として結成された組織である。本部と加盟店の結合力の強さは、仕入の集中率で推測できることが多い。

ボランタリー・チェーンには、2つのタイプがある。

(a) 小売業主宰型VC…アメリカでは、正式にはコーペラティブ・チェーンと呼ばれ、区別される。独立小売店が共同出資した協同組合などである。

(b) 卸売業主宰型VC…卸売業が、本部の役目を担うものである。

(4) 国際フランチャイジング

H26-29
H25-28

フランチャイジングとは、フランチャイズの組織形態で行われる事業のことである。一般に、企業の海外進出には投資（資本移動）を伴うものと伴わないものがあるが、投資を伴わないものの一つにフランチャイズ方式（契約）での海外進出があり、これを国際フランチャイジングという。進出企業の業種は、外食、小売業（コンビニを含む）、サービス業の順に多い。国際フランチャイジングには、3つのタイプがある。

【 国際フランチャイジング 】

ダイレクト・フランチャイズ	本部を本国に置いたまま、進出先国でフランチャイジング契約を締結する形態である。
マスター・フランチャイジング（エリア・フランチャイジング）	現地企業と合弁で現地本部を設立して、本国にある本部と契約を結び、進出先国でフランチャイズ事業の運営業務を行う権利を与える形態である。
サブ・フランチャイジング	進出先国の現地本部が現地で加盟店を募集し、フランチャイズ契約による店舗展開を行う形態である。

出典：『日本企業の国際フランチャイジング』川端基夫著　新評論をもとに作成

(5) パワー・コンフリクト理論

　パワー・コンフリクト理論とは、チャネル・システムにおけるパワーの源泉、コンフリクト（対立、衝突）が発生するメカニズムについて説明する理論である。L.W.スターンに代表される社会システム論の中で、研究が進められている。

　① パワー

　パワーとは、あるチャネル・メンバーが、他のメンバーのマーケティング戦略をコントロールできる能力であり、パワー資源と依存度の関数で決定される。

　パワー資源によるチャネル管理は、「報酬と罰則」を与えることによって成立している。つまり、チャネル・リーダーの期待に合致した行動に対しては報酬を、期待に合致しなかった行動に対しては罰則を与えるのである。「報酬と罰則」の効果は、チャネル・リーダーが持つパワー資源に対して、チャネル・メンバーがどれだけ依存しているかによって決定される。

　パワー資源には、次の6つがある。

【 パワー資源 】

経済的	報酬パワー資源	メーカーが持つ製品自体をはじめ、アロウワンス、テリトリー制などがある。
	制裁パワー資源	マージンの縮小や出荷停止などがある。
非経済的	一体化パワー資源	資源チャネル・メンバーに一体化したいと思わせるような資源で、系列の小売店がメーカーに対して持つものなどがある。
	正当性パワー資源	パワーを保持するために正当性が認められる資源で、フランチャイザーがフランチャイジーに対して持つものなどがある。
	専門性パワー資源	メーカーが持っている専門的な店舗管理の諸技術などがある。
	情報パワー資源	顧客情報や業界情報、POS情報などがある。

　② コンフリクト

　コンフリクトとは、チャネル・システム内に起こるメンバー間の対立や衝突のことである。チャネル・システム内にコンフリクトが起こると、チャネル管理ができなくなるため、コンフリクトを適切に制御することが重要になる。

　コンフリクトの種類には、チャネルの同じ段階にある企業間に生じる水平的チャネル・コンフリクトと、本支店間といった同一チャネル内の異なる段階の間に生じる垂直的チャネル・コンフリクトがある。

　コンフリクトが起こる原因には、①メンバー間の目標の不一致、②現実認識の不一致、③役割分担の不調和、がある。

　チャネル・リーダーには、メンバー間のコンフリクトを未然に防いだり、コンフリクトが深刻化したりしないようにメンバー間の調整を行う役割が期待される。これをコンフリクトの制御戦略という。

【 コンフリクトの制御戦略 】

交渉戦略	コンフリクトの当事者同士が交渉する。
相互浸透戦略	コンフリクト当事者の両組織の人事交流などを行う。
境界戦略	コンフリクト当事者の両組織の境界に位置するセールスパーソンなどに解決させる。
超組織戦略	第三者機関の裁定を受ける。

③ パワー・コンフリクト理論が主張するチャネル管理の方向性

パワー・コンフリクト理論が主張するチャネル管理の方向性として、チェーン・システム内にコンフリクトが起こった場合、パワーによる「報酬と罰則」を与えるとともに、適切な制御戦略を行うことがある。

従来は大手メーカーだけが巨大なパワーを持っていたが、現在は大手小売業も巨大なパワー（購買支配力、バイイング・パワー）を持つようになった。したがって、従来型の「報酬と罰則」によるチャネル管理だけでは不十分である。

今後、L.W.スターンらが社会システム論の中で提示した、4つの行動（パワー、コンフリクト、役割、コミュニケーション）のうち、役割とコミュニケーションも考慮した戦略展開が必要となってくる。製販同盟はその代表例である。

6 生産と販売を結ぶシステム Ⓒ

(1) 製販同盟

製販同盟（製販連携）とは、メーカーと小売業との間に結ばれた受発注管理・在庫管理・物流管理を中心とした、両者による共同作業化・統合化の形態のことである。

製販同盟の目的は、①メーカーと小売業が互いに独立して行っていた受発注管理・在庫管理・物流管理を、効率的なロジスティック・システムの構築により情報共有し、メーカーと小売業双方のコストを削減すること、②メーカーと小売業が共同してより良い製品づくり・顧客づくりを目指し、メーカーと小売業が単独で得る成果以上のものを獲得すること、である。

製（生産機能）・配（中間流通機能）・販（小売機能）の戦略提携は、次の2つのレベルに分類される。

① 機能的戦略提携

機能的戦略提携関係とは、ロジスティクス分野における業務遂行レベルに限定された関係のことで、ECRが代表例である。業務遂行レベルとは、店頭の品揃えを最適化し、商品の供給を効率化することである。

ECR（Efficient Consumer Response）とは、小売店のPOSデータをEDI（電子データ交換：Electronic Data Interchange）によって卸・メーカーが共有し、商品の効率的な補充を実現するシステムのことである。ECRと同様の概念として、QR（Quick Response）がある。

② 包括的戦略提携

包括的戦略提携関係とは、業務遂行レベルに加えて、商品開発も含めた関係を持ち、メーカーが特定の流通業者とともに、PB商品を共同開発することである。セブン＆アイ・ホールディングス「セブンプレミアム」、イオン「トップバリュー」などが有名である。流通業者の保有している消費者情報を商品開発に活かすことができ、消費者ニーズに合致した商品を比較的安価で提供することができる。

PB商品の共同開発は、メーカーにとっても開発リスクの軽減、安定受注などのメリットがある。しかし、消費財メーカーがNB商品の大量生産・大量消費を志向する場合、特定の流通業者との結びつきは、企業イメージの低下や他の小売業との取引量減少を招く恐れがある。

H24-32 **(2) SCM（サプライチェーン・マネジメント：Supply Chain Management）**

原材料の調達から、生産・流通段階を経て最終消費者にいたるまでの商流、物流、情報流にかかわる全活動をサプライチェーンといい、**SCM**とはサプライチェーンを統合的に管理する経営手法のことである。

SCMのポイントは、販売、供給、製造の各流通段階にあるそれぞれの企業が、互いに情報を共有しながら、あたかも一つの企業共同体のようにサプライチェーン内の流通効率化に取り組んでいくという、全体最適の考え方にある。

H24-32 **(3) SPA（Speciality Store Retailer of Private Label Apparel）**

SPAとは製造小売業のことである。固有のコンセプトに基づいて、商品を企画・開発し、製造、商品の流通、販売活動などを一貫して行う業態である。日本ではユニクロが代表例である。

ただし、SPAといっても、すべての機能を自社で保有しているとは限らない。商品企画から仕様開発までの企画機能を委託する企業や、自社工場を持たずに下請工場や協力工場に製造を委託する企業が多く存在する。

7 延期－投機理論

H27-29
H24-32 **(1) 延期－投機理論**

延期－投機理論とは、延期と投機という2つの原理によってチャネル・システムの構成を説明した理論で、バックリンが体系化した。

延期とは、製品の生産から消費に至る一連の流れのなかで、製品形態の確定と在庫形成を消費現場に近い点まで引き延ばすことを意味する。実需が把握されるまで製品の生産を延ばし、実需に応じてこまめに店舗へ納品するマーケティング・システムであり、消費者ニーズに適合した生産・流通体制ができあがる。

投機とは、消費現場から遠い点で前倒しして製品形態の確定と在庫形成を行うことを意味する。実需の把握を待たず、需要予測などに基づく計画的生産によって早く製品を生産し、早くまとめて店舗へ納品するマーケティング・システムであり、メー

カーは大きな規模の経済性を得ることができる。POSシステムといった情報システムの導入は、POSデータ（商品コード、販売数量、販売金額）やコーザルデータ（陳列情報、販促情報、天候などの売上に影響を与える販売要因データ）を分析・加工し、需要予測をするうえで不可欠な要素である。

　生産および流通活動に関する意思決定を実需発生点近くまで引き延ばすのか（延期）、それ以前に前倒しするのか（投機）によって、生産・流通システムは大きく変わってくる。次の図は、延期/投機の2分法で延期－投機理論を表現したものである。

【 延期－投機理論による生産・流通システムの決定 】

領域\n次元	生産		流通	
時間	受注生産		短サイクル	
		見込み生産		長サイクル
空間	分散生産		分散在庫	
		集中生産		集中在庫

出典：『マーケティング戦略』和田充夫・恩蔵直人・三浦俊彦著　有斐閣アルマ

(2) これからのチャネル対応

　従来のメーカー主導型のチャネルにおいては、投機型のマーケティング・システムが支配的であった。消費者ニーズやライフスタイルが多様化し、CS（顧客満足）が重視される状況では、延期の原理を導入して意思決定を消費現場に近づける必要がある。多くの製品の流通・マーケティングは投機型から延期型に移行している。

　延期型のマーケティング・システムを構築するためには、実需に合わせた受注生産を行い、分散生産・分散在庫で店舗の近接点に生産・配送拠点を持ち、短サイクルでの配送で在庫負担を軽減する必要がある。しかし、メーカーや小売業がそれぞれ個別に導入してもなかなか成功するものではなく、チャネル・システム全体で取り組んではじめて効果を発揮する。製販同盟やSCM、SPAなどが目指すゴールは、旧来の投機型の大量生産・大量流通システムを超えた、より顧客ニーズに密着した新たな流通チャネルの構築にある。

8　物流戦略

(1) 物流の重要性

　マーケティングにおいて、流通チャネル戦略（商的流通活動：商流）と同様に需要の充足を図るために重要なのが、物的流通活動（物流）である。物流活動は、流通チャネルを通じて、消費者に完成品を効率的に引き渡すものである。

　従来、物流活動は、マーケティングの主活動を支援するものとして位置づけられていたため、工場で製造した製品を低コストで顧客に届けることが目的であった。しかし、消費者ニーズの多様化と製品の多品種化、それに伴う欠品率の低下と在庫削減の同時実現、在庫管理・受発注システム等の情報化の進展などを背景に物流環

境が激変し、物流活動はマーケティング活動全体を完成させる機能として位置づけられるようになった。

H19-35 **(2) 物流環境の変化**

① 物流要請の多様化

最近、大規模小売店舗をはじめとする小売業において、顧客サービスの一層の充実や流通コストの削減の手段として、「物流」を販売競争の手段として位置づける傾向がある。

卸売業が以前から受けている小売店からの物流要請には、「指定場所納品」「完璧な納品率の要請」「緊急納品」などがあるが、最近特に「指定時間納品」の要請が強まっている。小売業では、物流に関して「スピードと正確性」をより重視している。

しかし、物流需要の量的・質的な増大が物流コストを上昇させ、輸送の縮小や取引の停止といった問題を引き起こしている。

② ジャスト・イン・タイム物流

ジャスト・イン・タイム物流とは、トヨタ自動車が考案した生産におけるジャスト・イン・タイム方式（かんばん方式）の考え方を物流に応用したものである。必要なものを、必要な数量だけ、必要なときに仕入れることによって、余分な在庫を持たず、保管費の削減や、限られたスペースを有効に活用するシステムのことである。小売店からの多頻度小口配送の要求にも対応したシステムである。多頻度小口配送とは、発注単位の小口化、配送の多頻度化、注文から納品までのリードタイムの短縮化、配送時間の指定などである。

ジャスト・イン・タイム物流を行う場合、正確な予測のしくみと迅速・頻繁・柔軟な配送のしくみが必要である。

③ 活発化する物流経路からの卸売業集約化の動き

小売業は、物流の効率化の観点から、さまざまな物流方法に取り組んでいる。伝統的な「メーカー、卸売業、小売店の３段階を通過するルート」をはじめ、「メーカーから小売店への直接配送」「窓口問屋制による一括配送（共同配送）」「自社物流センターを使った配送」などである。

卸売業者は生き残り戦略の一つとして物流機能の強化を図っているが、特定の小売業者のための専門物流センターを運営した場合であっても、小売業者側に費用負担を求められない状況にある。

(3) トータル・ロジスティクス

トータル・ロジスティクス (Total Logistics) とは、物流にシステムの概念を導入し、システム化という視点から物流全体の効率化を図ろうとする考え方である。マーケティングでは、「戦略的物流」という意味で使われている。物流の問題を企業経営の戦略的な問題として捉え、トータル（企業全体・流通機構全体）な視点で解決していこうとする発想である。そのため、トータル・ロジスティクスは、物流の上位概念であるといわれている。

主な機能には、注文処理、保管、在庫管理、輸送がある。

① 注文処理（受注処理）

受け取った注文は、迅速かつ正確な処理が必要である。注文の処理が効率的に実行されれば、企業と顧客との双方が利益を得ることができる。現在、多くの企業が、注文、出荷、請求のサイクルを迅速に処理するために、コンピュータ化された注文処理システムを採用している。

② 保管

H27-29
H20-39

一般に、生産と消費のタイミングは異なるため、企業は製品を保管しなければならない。需要数量と需要時期との相違を、保管機能によって克服している。保管の目的の一つは、需要の不確実性への対応である。保管拠点を増やすとサービス水準は向上するが、新たな保管コストの発生により物流のトータルコストが増加する。保管拠点は、サービス水準と物流コストを勘案して設計する必要がある。

自動化の進んでいる倉庫では、入出庫管理をコンピュータで行っている。例えば、集品作業（ピッキング）において、バーコードを利用するスキャン検品を行うと、単なるリストピッキングに比べてその精度は高まる。

使用される倉庫形態は、次の通りである。

(a) 保管倉庫（貯蔵倉庫）…製品の中・長期的な保管場所のことである。商品の品質保持や盗難予防が重要な要素となる。

(b) 流通倉庫…検品、仕分け、品揃えなどを伴い、短期間だけ保管する倉庫である。顧客の要望に応じて、検針、値付け、包装などの流通加工を行う場合もある。

③ 在庫管理

企業は、過剰在庫と在庫不足の均衡に留意しつつ、適正な在庫水準を維持しなければならない。過剰在庫問題とは、必要以上の在庫コストの発生と保管製品の陳腐化の問題であり、在庫不足問題とは、緊急生産・緊急配送コストの発生と機会損失により顧客が不満を感じる問題である。

④ 輸送

輸送手段の選択は、製品の価格、輸送パフォーマンス、納品時の製品の状態などに影響を与え、これらのすべてが顧客満足度に影響を与える。企業は、倉庫・流通業者・顧客への製品の輸送にあたって、鉄道・トラック・水運・パイプライン・航空といった輸送手段の中から適切な方法を選択し、スピード、信頼性、利用可能性、コストなど多くの要因の調整を図る必要がある。

(4) 物流の効率化

H19-35

トータル・ロジスティクスの視点に立ち、物流戦略を策定する場合、物流効率化が重要な戦略課題となる。物流効率化を図る方法には、次のようなものがある。

① 物流管理の合理化

個別の企業は、物流管理の合理化・省力化のために、①物流部門の設置、②物流会計の導入、③荷役作業の機械化、④情報機器の導入・情報化、⑤輸配送の計画化や平準化による受発注・配送方法の改善、⑥適正なサービス・コストの負担を要求するための取引慣行の改善、といった対策を講じることが必要である。

② 物流の共同化

物流効率化投資は、個別企業だけで実施すると負担が大きい。このため、複数の企業が共同して物流効率化投資を行う必要がある。

共同化は、物流効率化をはじめ、運転手や人材不足などの労務問題、交通渋滞や大気汚染などの社会的問題、経営基盤の脆弱な中小企業にとっての資金負担面の問題を解決するために有効な対応策になる。物流の共同化では、サードパーティ・ロジスティクス（3PL）事業者が運営を担うケースも見られる。

【 物流の共同化 】

対策	効果
集荷・配送の共同化	輸送ロットの大口化、帰り便の活用、交錯輸送の回避などでトラックの積載効率が向上する。
共同物流センターの設置	集荷・配送に加え、保管・物流加工・仕分けなどの共同化が可能になる。
共同物流情報ネットワークの構築	受発注・在庫データを統合したネットワークを構築することで、適正な在庫管理や的確な配送・納品が可能になる。

③ サードパーティ・ロジスティクス（3PL）

サードパーティ・ロジスティクス（3PL：Third Party Logistics）とは、専門性の高い第三者企業に対し、包括して物流機能を委託することを指す。3PL業者とは、「荷主に対して物流改革を提案し、包括して物流業務を受託し遂行する業者」のことである。我が国では、大手運送業者や商社が参入している。

従来のアウトソーシングは、委託する範囲が物流業務の一部であるのに対し、3PLは、受発注業務から在庫管理・輸配送管理業務などロジスティクスに関する広範囲な業務を行う点で大きく異なる。委託する企業は、商流と物流の分離を図ることで、自社のコア・コンピタンスに経営資源を集中できる。

Ⅳ コミュニケーション戦略

1 コミュニケーション

(1) プロモーションとコミュニケーション

　企業がどんなに素晴らしい製品を開発しても、製品の存在を消費者に伝達しなければ、販売には結びつかない。また、製品の特徴や内容を消費者に正確に理解してもらわなければ、市場競争に勝ち残っていけない。製品の存在や効用、利点などをコミュニケーションによって市場（消費者）に伝達し、顕在的なニーズに訴求したうえで市場に受け入れられて、はじめてマーケティングは完結する。

　これが、プロモーションの意義であり、プロモーションをコミュニケーションとして捉える理由である。

(2) コミュニケーションの概念

　コミュニケーションにおける基本的な要素をモデル化した図がコミュニケーション・モデルである。送り手によるメッセージは記号化され、何らかの媒体を経由して受け手へと伝えられる。この流れを妨げる要素としてノイズがある。

【 コミュニケーション・モデル 】

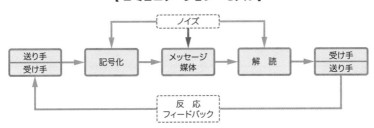

出典：『マーケティング戦略』和田充夫・恩蔵直人・三浦俊彦著　有斐閣アルマ

① 「送り手」・「受け手」…送り手と受け手は、コミュニケーションの当事者である。マーケティング活動において、製品やサービスに関するメッセージは企業から消費者に送るため、送り手は企業、受け手は消費者である。広告の訴求対象となる受け手のことをオーディエンスという。

② メッセージ…企業が消費者に対して発信する情報や意味の集合体のことである。例えば、広告内容などである。

③ 媒体…メッセージを送り手から受け手に伝達するチャネルのことである。例えば、テレビや新聞、製品のパッケージなどである。

④ 記号化…伝達したいメッセージを記号へと変換する作業のことである。メッセージの記号化には、言葉やシンボル（駐車や喫煙を禁止するときの標示など）、

図柄、音などが一般的に使われる。

⑤ 解読…送り手から伝達されてきたメッセージに対して、受け手が何らかの意味づけを行うことである。この作業は、受け手の背景によって大きく変化する。例えば、同じメッセージでも、女性には好ましいが男性には不快な場合がある。また、解読と関連してサブリミナル広告がある。サブリミナル広告とは、テレビやラジオなどに、認知不可能な速度や音量でメッセージを出し、受け手の潜在意識下に訴える広告のことである。

⑥ ノイズ…コミュニケーションのプロセスを妨害するすべての要素のことである。ノイズの存在により、受け手は送り手が伝達したメッセージとは異なった内容のメッセージを受け取ることになり、受け手にメッセージがまったく到達しないこともある。ノイズには、テレビやラジオの受信を悪化させる別の電波などの物理的なものだけでなく、テレビ広告に対する家族との会話、セールスマンによって提供された誤った製品情報、競合製品の広告などがある。

⑦ 反応（フィードバック）…伝達されたメッセージによって起こる、受け手の変化のことである。例えば、製品の購買・非購買、態度の変容、投書などである。フィードバックされる反応の一部は、送り手に到達する。この場合、送り手と受け手の位置関係は逆になる。

(3) プロモーション予算のアプローチ法

プロモーション予算は、広告の予算総額を決める際に設定される。最も合理的な予算設定方法はタスク法（目標・課業管理法）である。

タスク法とは、目標を明確にし、目標を達成するためにどのような課業（タスク）が必要なのかを決定し、これらの課業に要するコストを見積もることにより、プロモーション予算を設定する方法である。

2 プロモーション・ミックス

(1) プロモーション・ミックス

プロモーション・ミックスとは、企業が広告目標やマーケティング目標を追求するために使用する**広告、人的販売、セールス・プロモーション（SP：販売促進）、広報（PR）活動、ダイレクト・マーケティング**等の手段を、その企業独自の形に組み合わせることである。近年は**口コミ**も重要視されている。

企業のマーケティング活動において、プロモーションの各要素を単独で展開するのではなく、最大の効果が発揮されるように最適に組み合わせることが大切である。媒体ごとに異なるメッセージを伝達した場合、消費者は企業やブランドのイメージに対して混乱を招く。そこで、テレビ広告と店頭のPOP広告や、製品のパッケージと折り込みチラシを連動させることがある。

(2) プロモーション・ミックスの決定要因

プロモーション・ミックスにおける各要素の相対的ウエイトを決定する代表的な要因は、製品のタイプである。各要素のウエイトは業種によって大きく異なり、同一業種内であっても企業によって異なる。

【 消費財と生産財における各要素のウエイト 】

重視する順	消費財を扱う企業	生産財を扱う企業
①	広告	人的販売
②	セールス・プロモーション	セールス・プロモーション
③	人的販売	広告
④	パブリシティ	パブリシティ

(3) プル戦略とプッシュ戦略

H26-27
H22-26

採用する戦略がプル戦略なのかプッシュ戦略なのかによってもプロモーション・ミックスは大きく左右される。現実には、多くの企業はプル戦略とプッシュ戦略を組み合わせて採用し、どちらかの戦略に、よりウエイトを置いている。

① プル戦略

プルとは「引っ張り込む」という意味である。**プル戦略**とは、消費者の需要を喚起し、消費者が自社製品を指名買いすることを促進する戦略である。したがって、最初に、広告やパブリシティによって消費者の需要を喚起する必要がある。

プル戦略は、ブランド・ロイヤルティが高い製品、ブランド間の知覚差異が大きい製品、最寄品などで採用されることが多い。

② プッシュ戦略

プッシュとは「押す」という意味である。**プッシュ戦略**とは、メーカーが自社製品を卸売業者に積極的に売り込むことから出発する。次に、卸売業者は小売業者へ、小売業者は消費者へと商品を販売する。したがって、プッシュ戦略においては、流通業者や消費者を説得する必要があるので、人的販売が最も重要視される。

プッシュ戦略は、ブランド・ロイヤルティが低い製品、ブランドの選択が店舗で行われる製品、ベネフィットが理解されている製品などで採用されることが多い。

(4) 統合型マーケティング・コミュニケーション (IMC)

R05-32
R01-30
H29-34
H22-26
H21-27

統合型マーケティング・コミュニケーション (IMC：インテグレーテッド・マーケティング・コミュニケーション) とは、企業が多数のコミュニケーション・チャネルを慎重に統合・調整し、自社とその製品に関するメッセージに明快さ、一貫性、説得力を与えようとする考え方である。近年、新しいマーケティング・ミックスの考え方として、ミックス(混合化)から、さらに一歩進めたインテグレーション(融合化)への動きがある。これが、IMCである。

広告による伝達は広告部門、同様に人的販売は営業部門、製品のパッケージは製品開発部門、パブリシティは広報部門というように、部門ごとに予算編成、目標設

第15章　マーケティング・ミックスの展開　**431**

定、メッセージの作成を行ってきた。作成されたメッセージは、ミックスという考え方のもとで調整されてきた。

　これに対しIMCは、複数の要素を融合させることによって、まったく新しいコミュニケーション活動を創造していくことを目的としている。IMCの実践において、ワンボイスといわれるように、企業は一貫性の強いメッセージを作り出し、適切な場所で、適切な時期に、適切なメッセージを、適切な顧客に届けることで、より大きな販売効果が期待できる。

　IMCのアプローチでは、顧客関係性に重点を置いている。市場占有率だけでなく、顧客シェア、つまり顧客生涯価値(LTV)の重要性に着目している。したがって、一定期間に集中的にコミュニケーションを投下するよりも、断続的な働きかけを行っていくことが重要である。

　また、企業やマーケターが顧客と接したり会話したりする「タッチポイント」は、店舗などの物理的空間だけに限定せず、オンライン上にもさまざまな形で設定される。

H21-26 ## 3　非人的コミュニケーションと人的コミュニケーション

コミュニケーションは、非人的なものと人的なものに分類することができる。

(1) 非人的コミュニケーション

　非人的コミュニケーションとは、人的な接触をしないで行われるコミュニケーションのことである。広告媒体や非広告媒体である特定の消費者向けの手紙や資料、店舗等の雰囲気、イベントなどがある。

(2) 人的コミュニケーション

　人的コミュニケーションとは、人を通じて行うコミュニケーションのことである。顧客との信頼関係を築き、自社や自社製品の情報を伝達し、販売を達成させることができる。口コミも人的コミュニケーションの一形態である。

【 コミュニケーションの構成要素 】

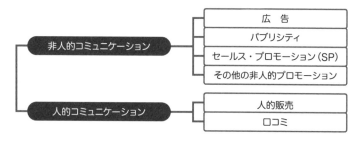

4 広告

(1) 広告の定義と特徴

コトラーは、広告を次のように定義している。「**広告**とは、明示された広告主によるアイディア、財、サービスに関する非人的な提示とプロモーションであり、しかも有料形態をとるものである。」

つまり、①広告主が明示されており、②非人的な媒体を用い、③有料である、という3つの条件を具している点に特徴がある。

(2) 広告媒体

広告媒体とは、メッセージを受け手に到達させる伝達手段のことである。媒体（メディア）とは、テレビや新聞など一般的な伝達手段のことである。ビークルとは、媒体の中の特定銘柄のことで、日本経済新聞や読売新聞などを指す。媒体やビークルは、ターゲット、製品の特性、訴求点、予算などを考慮して決定される。

テレビ、新聞など不特定多数の人に情報発信できる媒体のことをマス媒体（マスメディア）という。一方、携帯電話や電子メールのように双方向で、個人的にやりとりできる媒体のことをパーソナル媒体という。インターネットなどの新しい媒体は、マス媒体とパーソナル媒体の両方の性質を兼ね備えている。

主な広告媒体として、①テレビ、②ラジオ、③雑誌、④新聞、⑤屋外広告（街頭のネオンサインやパネルなど）、⑥ダイレクト・メール（DM）、⑦インターネット、などがある。このうち、①～④を4大マスメディアという。

近年、ITの進展に伴い、インターネット広告が急速に拡大している。インターネット広告費は、2004年にラジオの広告費、2006年に雑誌の広告費、2009年に新聞の広告費、2019年にテレビメディアの広告費を上回った。

広告メッセージを伝達するために、最も効果的な複数の媒体を組み合わせることをメディア・ミックスという。

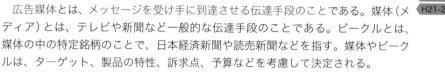

	メリット	デメリット
テレビ	●広いカバレッジ ●広いリーチ ●映像・音・動きを伴う ●露出当たりの低いコスト	●セグメントしにくい ●絶対的に高いコスト ●メッセージが短命（一過性） ●ラジオよりザッピングが多い
ラジオ	●低いコスト ●セグメント可能 ●テレビよりザッピングが少ない	●音のみの利用 ●メッセージが短命（一過性）
雑誌	●セグメント可能 ●多くの情報を提供 ●メッセージが長命	●視覚だけによる訴求 ●広告変更などにおける低い柔軟性
新聞	●広いカバレッジ ●高い柔軟性	●視覚だけによる訴求 ●メッセージが短命（一過性）
屋外広告	●高い反復率 ●高い注目率	●特定の地点に限定 ●少ない情報を提供
ダイレクト・メール	●対象者の絞り込みが可能 ●多くの情報を提供	●接触当たりの高いコスト
インターネット	●低いコスト ●セグメント可能	●比較的新しい媒体であり、利用者が限定的

※ザッピングとは、チャンネルを頻繁に切り替えながら視聴する行為である。

出典：『マーケティング戦略』和田充夫・恩蔵直人・三浦俊彦著　有斐閣アルマに一部加筆

上記以外にも、次のような広告媒体がある。

① 交通広告…電車の駅に張られている「駅張り広告」や、電車やバスの中にある「中吊り広告」などを総称したものである。

② POP広告…小売店舗の店頭や売場に掲示される広告である。

③ ノベルティ…企業名や製品名が入っている手帳やカレンダーなどである。

④ 折り込み広告…新聞に折り込まれている広告である。新聞に印刷される新聞広告とは区別される。

⑤ デジタル・サイネージ（電子看板）…通信機能を活用し、屋外に設置されたディスプレイやプロジェクターなどに画像や情報を表示する広告媒体のことである。コンビニエンスストアのPOSレジ前、電車のドアの上などに設置されている。ターゲットを絞って発信できる、広告内容を随時変更できる、取替えの手間がかからない、などの特徴がある。

(3) 広告媒体の決定

① DAGMARモデル

DAGMAR（Defining Advertising Goals for Measured Advertising Results）モデルは広告のコミュニケーション効果を説明し、実際に測定できるように開発された。事前に広告コミュニケーション目標を設定し、広告活動の成果とのズレによって広告効果が測定できるということが提唱された。また、広告の効果を売上高で捉

えるのではなく、広告に接触した受け手に与えるコミュニケーション効果に限定し、広告目標を数値化して測定を容易にすることなどが主張されている。

② 広告予算の算出方法

a.売上高比率法
自社の売上高を基準にして、一定の比率で広告予算を算出する方法である。

b.競争者対抗法
競合他社の広告費や広告出稿量を基準にして、自社の広告予算を算出する方法である。

c.目標課題達成法 (タスク法)
広告目標を達成するために必要な作業を洗い出し、各作業にかかる費用を積み上げて算出する方法である。

③ GRP (全露出回数)

広告質量（質的価値と量的価値の積）は、到達範囲（リーチ）、露出頻度（フリークエンシー）、衝撃度（インパクト）、の3つの要素で決定される。通常、質量が大きくなるほど、予算も増大する。到達範囲（リーチ）と露出頻度（フリークエンシー）を掛け合わせて算出する指標をGRPという。

【 広告質量を決定する要素 】

	定義	例
到達範囲 (リーチ)	広告の量的価値を決定する要因の1つであり、一定期間に標的市場におけるどれくらいの人々が当該メッセージに接触するかという割合である。	●この広告は、東京都民1,200万人のうち、5％の人の目に触れると期待できる
露出頻度 (フリークエンシー)	広告の量的価値を決定する要因の1つであり、標的市場の平均的な人間が当該メッセージに何回接触するかという回数である。	●この広告は、平均5回の露出頻度を期待できる
衝撃度 (インパクト)	広告の質的価値を決定する要因であり、特定の媒体を通じて露出される印象の強さである。	●聴覚のみに訴えるラジオによるメッセージよりも視覚・聴覚双方に訴えるテレビによるメッセージの方が衝撃度は高い ●タブロイド紙（大衆紙）への広告よりも全国一般紙への広告の方が信頼性は高く、衝撃度も高い

⑷ 広告の分類

① 訴求内容による広告の分類 (製品広告と企業広告)

⒜ 製品広告…特定のブランドを訴求した広告のことである。広告の訴求内容は、ブランドそのものに関するもので、製造元企業についてはほとんど触れられない。

⒝ 企業広告（制度広告）…広告主である企業を訴求した広告のことである。自

社に対して消費者が望ましいと感じるイメージや好感度を抱いてもらうことを意図したものである。

② **製品ライフサイクル別にみた広告の分類**

(a) 導入期…導入期には、情報提供型広告が用いられる。情報提供型広告とは、使い方や価格などの製品情報を訴求した広告のことである。新製品を市場導入する時に最もよく活用され、主に一次需要の創造を目的としている。

(b) 成長期…成長期には、説得型広告が用いられる。説得型広告とは、自社ブランドが品質やコストの面で、いかに優れているのかを訴求した広告のことである。競争が激化している市場でよく活用され、主に二次需要の創造を目的としている。

(c) 成熟期…成熟期には、リマインダー広告（想起型広告）が用いられる。リマインダー広告とは、自社ブランドを消費者に忘れさせないようにすることを目的とした広告のことである。既に構築されているブランド・ロイヤルティを維持することによって、自社ブランドに対する消費者の意識の水準を高めておくためのものである。成熟期の広告では、機能面での差別化よりもイメージ面での差別化が重要になることが多い。

③ **比較広告**

比較広告とは、自社ブランドと競合ブランドを直接・間接的に比較した広告のことである。ただし、比較広告は消費者の反感を引き起こし、マイナスに影響することがある。日本では、競争企業のブランドを明示しない間接的な比較広告が中心である。

④ **連合広告**

連合広告とは、テーマを設けて複数の会社の広告を集めた広告のことである。共同の広告のため、単独での広告よりも予算を削減できる。

　　例 新聞で見かける名刺広告

⑤ **ティーザー広告**

ティーザー広告とは、情報を小出しにして消費者の関心と注目度を高めようとする「じらし広告」のことである。Tease は「じらす」という意味である。

　　例 自動車の新型車発表の前に、シルエットの情報を流して予告する。

⑥ **流通広告**

流通広告とは、メーカーまたは卸売業者が、取引先の流通業者に対して行う販売促進のための広告である。広告主が取り扱う製品を流通業者に仕入れてもらい、顧客に推奨してもらうために行う。

　　例 新製品の説明、販売代理店募集など

⑦ **アドバトリアル**

アドバトリアルとは、記事広告もしくは記事体広告で、新聞や雑誌に掲載される編集記事風の広告のことである。アドバタイジング（広告）とエディトリアル（編集）からなる造語で、広義のパブリシティに含まれる。編集記事との混同を避けるために、「PRのページ」などの注を入れて区別することもある。

⑧ フリーペーパー

日本生活情報誌協会（JAFNA）は、フリーペーパーを次のように定義している。「特定の読者を狙い、無料で配布するか到達させる定期発行の地域生活情報誌で、イベント、タウン、ショップ、求人情報、住宅・不動産、グルメ・飲食店、ショッピング、演劇、エステ・美容、レジャー・旅行、各種教室など多岐にわたる生活情報を記事と広告で伝える。」

フリーペーパーは無料印刷媒体なので、広告主は有料印刷媒体を購入しない層を含めた幅広い読者層に対して記事や広告を認知させることができ、興味・関心を高めた読者を雑誌や書籍などの有料媒体の購買につなげることも可能である。フリーペーパーの中には、地域のクーポン情報を掲載することで非常に高い閲覧数を誇るものがある。

近年では、携帯サイトと連動して、追加情報の提供や読者アンケートを実施するなど、メディア・ミックスによりシナジーを高めているフリーペーパーもある。

⑨ 公共広告

環境、福祉、教育、人権などの社会的、公共的な問題についての理解や解決を目的として実施する広告であり、公益社団法人ACジャパンというボランティア組織などによって行われる。ACジャパンによる公共広告の広告主には、業界団体や企業が含まれる。

⑩ ペイド・パブリシティ

料金を払って、編集記事風の体裁で出される広告のことで、広告に比べ、信頼性が高いと考えられるパブリシティの要素を広告に加えることによって、消費者への効果的な訴求を狙ったものである。

⑸ インターネット広告戦略

① インターネット広告

(a) 狭義のインターネット広告…バナー広告やモバイル広告などのように、有料の広告枠に提供され、誰でも使える機器によって閲覧でき、オーディエンスがクリックなどをすることによって双方向的に通信できるものである。

(b) 広義のインターネット広告…企業サイトのなかで展開されるマーケティング的なコンテンツのことである。動画配信で広告を含めたコンテンツが一方的に配信されるものは含まない。

② インターネット広告の分類

インターネット広告は、マスメディア広告よりも契約形態やフォーマットにおいて、より複雑である。インターネット広告は次のように分類できる。

(a) ウェブ広告…インターネットのページ上に掲載される広告で、画像やテキストによって表現される。記事風広告も含まれる。ウェブ広告はさらにバナー広告といった「定型」と、ポップアップ広告といった「定型外」に分類される。

・バナー広告…ウェブページに表示される旗型の広告である。広告枠のなかで固定される「貼り付け」タイプと、複数の広告をローテーションで掲載する「ローテーション」タイプがある。

- ポップアップ広告…ウェブ上に別画面が立ち上がる形式の広告である。
- (b) メール広告…電子メールを用いてテキストや画像で配信される広告である。
  - メールマガジン広告…メールマガジン（定期的に発行されるメール形式で配布されるコンテンツ）に挿入される広告スペースである。
  - オプトイン広告…事前に受け取ることを消費者が許諾した、全文が広告のダイレクト・メール型の広告である。
- (c) ペイドリスティング広告…インターネットで消費者が検索すると、検索結果ページに連動して表示される広告のことで、SEMとも呼ばれる。検索キーワード連動型（検索したワードと関連する情報を広告として表示する）と、コンテンツ連動型（ウェブサイトの情報内容を判別したうえで関連する内容の広告を掲載する）の2種類がある。
- (d) モバイル広告…携帯電話のウェブサイトやメールマガジンに掲載される広告である。ピクチャー型広告、コンテンツ型広告、メール型広告などがある。
- (e) インターネットCM…インターネット広告のなかに動画や音声を使って配信するCMである。ストリーミング方式とダウンロード方式の2種類がある。

H23-30

③ インターネット広告の料金体系

マスメディア広告では出稿された量、スペースの大きさや露出時間の長さによって規定されるが、インターネット広告の料金体系はより複雑である。インターネット広告の取引形態によって、次の4つの形態がある。

- (a) インプレッション保証型…一定の期間に露出される回数を広告主が指定し、その回数に達するまで広告を表示し続ける方法である。同一スペースで複数の広告主によってローテーションで契約することが多い。
- (b) 期間保証型…広告主から指定された一定の期間に広告を露出する。
- (c) クリック保証型…消費者がクリックした数を保証した契約である。
- (d) 成果保証型…消費者が実際に購買した個数や売上高に応じて広告主が料金を支払うことで、アフィリエイトともいう。アフィリエイト・プログラムとは、Webサイトやメールマガジンなどに企業サイトへのリンクを張り、閲覧者がそのリンクを経由して当該企業のサイトで会員登録したり商品を購入したりすると、リンク元サイトの主催者に報酬が支払われるという広告手法である。

H19-38

④ SEM戦略 (Search Engine Marketing)

GoogleやYahoo!などの検索エンジンを用いた情報検索は、ネット・ユーザーにとってメールに次いで最も頻繁に行われる基本的活動の1つである。インターネット広告のなかでも検索キーワード広告費の増大が目立つようになっている。

検索キーワード広告とは、検索した結果を表示するウェブページに広告として掲載される広告のことである。例えば「スポンサー（サイト）」というような表示があり、検索結果とは異なるスペースに表示してある。この「スポンサー」とあるサイト表示が広告であり、有料の広告欄となっている。ここに広告を掲載する活動がSEMである。

⑤ SEO

検索エンジンでの検索結果そのものは無料であり、広告ではない。検索エンジンの結果で、より上位に自社ウェブサイトが掲載されるよう検索エンジンの特性に働きかける活動を、SEO（検索エンジン最適化、サーチ・エンジン・オプティマイゼーション）という。

⑥ クロス・メディア

クロス・メディアとは、一つのコンテンツ・データを多用途として、複数メディアへ出力する手法である。「移動中は携帯電話、自宅ではパソコン」など、一人の利用者が異なるメディアへ横断するときの利便性向上や付加価値の追加を目的としている。

テレビ、新聞、雑誌の広告に「詳しくはホームページで」という表現でウェブサイトに誘導するなど、複数メディアの特性を補完しながら双方向コミュニケーションを図る手法はクロス・メディアである。一方、テレビ、新聞、雑誌などの複数メディアに、同一コンテンツを広告することはメディア・ミックスである。

⑦ CGM (Consumer Generated Media：消費者生成型メディア)

インターネットなどを活用して消費者が内容を生成していくメディアのことである。消費者の書き込みによって内容が生成され、インターネットなどに関する知識を持たない一般消費者でも、容易に情報発信・共有できる。CGMは、①経験を蓄積するもの（ブログやSNS［ソーシャル・ネットワーキング・サービス］）、②質問や回答を蓄積するもの（Q&A型知識共有サイト）、③商品評価を蓄積するもの（Amazonなどの電子商取引サイト、@cosmeなどの口コミサイト）に分類できる。CGMの普及に伴って、消費者が企業のマーケティング活動の成果に及ぼす影響は大きくなっている。

CGMは、ソーシャル・メディアと呼ばれることがあるが、CGMの方がより広範囲のWeb上のメディアやサービスを指すことが多い。

⑧ トリプルメディア

Webマーケティングで利用される3つのマーケティング・チャネルを整理したフレームのことである。一般の消費者が、SNSやブログ、ツイッターで発信するなど信頼を得やすい「アーンド・メディア（earned media）」、従来のマス広告のように対価を払って広告を掲載する「ペイド・メディア（paid media）」、自社サイトなどの「オウンド・メディア（owned media）」の3つを指してトリプルメディアといい、3つのメディアをうまく連携させていくことで、マーケティング活動の効果が高まる。

5 パブリシティ

パブリシティとは、企業や団体がマス媒体（客観的な報道機関）に対して、意図している方針、商品の特質などの情報を自主的に提供することにより、対象媒体の積極的な関心と理解のもとに、広く一般に報道してもらう方法、およびその技術である。パブリシティは、**PR（パブリック・リレーションズ）** の一技法である。PRとは、企業などの組織が、公共（パブリック）との関係（リレーションズ）を良好に保

つための諸活動である。日本の民間企業では、「PR（ピーアール）」と略され、「広報」という言葉が浸透し、広告・宣伝活動と同等に扱われることもある。PRでは、製品、人、地域、アイデア、活動、組織、国家等を対象としてコミュニケーションを実施する。

パブリシティを効果的に活用するためには、製品や企業そのものに「話題性」「ニュース性」「特異性」「情報性」などが必要になる。さらに、これらの情報を、第三者であるマスコミに対して働きかけるパブリシティ活動が重要となる。パブリシティ活動の一つにハウスオーガンがある。

(1) パブリシティの特徴

パブリシティは広告と類似しているが、次のような独自の特徴がある。
① 第三者であるマスコミが、掲載するかどうかの意思決定を行う。
② 原則として、無料である。
③ 客観性が高く、受け手が信頼しやすい。

(2) ハウスオーガン

ハウスオーガンとは、企業が定期的に発行する企業誌や社内報の総称である。企業は、ビジョンや新製品を理解してもらうために、記者会見や展示会、見学会などを行う。企業が外部の投資家に向けて、自社の財務内容や戦略を伝える諸活動であるIR（インベスターズ・リレーションズ：投資家向け広報活動）も含まれる。

6 セールス・プロモーション

AMAは、セールス・プロモーション（SP）を次のように定義している。「**セールス・プロモーション**とは、消費者の購買やディーラーの効率を刺激するマーケティング活動のうちで、人的販売、広告、パブリシティを除くものである」。SPの主な目的は、顧客の購買の促進による短期的な売上やシェアの増加である。しかし、短期的な価格訴求型SPの繰り返しによってブランドを傷つけてしまうことがあるため、ブランド構築や育成という長期的視点を持つことが望ましい。

H25-27 ### (1) セールス・プロモーションの分類

① 消費者向けSP

消費者向けSPとは、メーカーが行うSPのことで、サンプリング、プレミアム、増量パックなどがある。

② 流通業者向けSP

流通業者向けSPとは、メーカーが行うSPのことで、特別出荷、アロウワンスなどがある。特別出荷とは、5ケースの注文に対して6ケース出荷するなどの特別な出荷条件のことである。

H20-37 #### ③ 社内向けSP

社内向けSPとは、社内で行うSPのことで、営業にかかわる各部門の販売意識

を高めるとともに、従業員スキルの向上を図ることを目的としている。社内販売コンテスト（セールスコンテスト）、セールス・マニュアルなどがあり、従業員対象の研修やセミナーも含まれる。

社内販売コンテストは、顧客への訪問回数を促進することが目的で、期間を定めて行われる場合が多い。セールス・マニュアルは、新製品を発売するにあたり、セールスパーソンが製品コンセプトを明確に理解できるように用意する。

④ 小売業者によるSP

小売業者によるSPとは、小売業者が消費者に対して行うSPのことで、価格の引き下げ、チラシ、特別陳列などがある。特別陳列とは、陳列棚の一部に特設棚を設置し、大量に製品を陳列することである。

【 セールス・プロモーションの種類 】

メーカーの行うSP	消費者向けSP	プレミアム、カタログ、サンプリング、クーポン、スタンプ、消費者コンテスト(懸賞)、実演販売、消費者の組織化、オープン・ハウス、増量パック
	流通業者向けSP	ディーラー・ヘルプス、ディーラー・プロモーション、リテール・サポート、展示会、POP広告、リベート、アロウワンス、販売コンテスト、販売会議・販売業者間調整、特別出荷
	社内向けSP	社内販売コンテスト、販売用具マニュアル、セールス・マニュアル、社内各部門の調整
小売業者の行うSP		価格の引き下げ、チラシ、特別陳列

(2) セールス・プロモーションの代表的な手段

セールス・プロモーションの代表的な手段として、次のものがある。

① サンプリング

サンプリングとは、消費者に対してサンプル（試供品）を配布することである。広告だけでは競合製品との違いを訴求しにくい製品、実際に使用することで便益を理解しやすい製品などで活用される。

② プレミアム

プレミアムとは、「おまけ」のことである。メーカーは、プレミアムをおとりにし、製品の購入を促進することができる。プレミアムには、次の3つの方法がある。

　(a) インパック…製品のパッケージの内側に封入されているもの
　(b) オンパック…製品のパッケージの外側に添付されているもの
　(c) オフパック…製品と切り離して提供されるもの

③ クーポン

クーポンとは、ある製品に対して、一定額の値引きを約束した証書のことである。消費者が、クーポンの対象となる製品を購入する場合、クーポンを持参すれば、金額の値引きを受けることができる。しかし、クーポンは価格の引き下げではないので、クーポンを持っていない消費者は値引きを受けることができない。

日本では、雑誌、新聞、折り込みチラシによるクーポン広告が多い。近年では、

POSレジスターと印刷機を連動させて、購入商品に応じたクーポンを印刷発行する企業もある。

H20-31
H19-30
④ ポイントサービス

売上に応じてスタンプやシールなどを配布し、集めた点数により商品・金券・割引券を配布するスタンプに代わって、ポイントカード（顧客カード）を発行し、一定の条件で計算されたポイント（点数）をデータ記録・蓄積して顧客に付与する仕組みをポイントサービス（ポイント制度）という。

ポイントサービスは、主に将来の値引きを約束するSPで、来店頻度を高め、顧客の固定化を図ることが目的である。ポイントカードを顧客に使用してもらうには魅力を高める必要があり、複数の企業間においてポイント連携するケースが増えている。ただし、ポイント連携は新規顧客の獲得に有利に働く一方、自社で付与したポイントを他社で使用されて売上増加につながらないことがあるため、利用顧客数の不均等などの発生により提携関係が永続しない場合もある。

7 人的販売

H27-27
H19-37
(1) 人的販売

人的販売とは、人的コミュニケーションの代表で、2ウェイコミュニケーション（双方向コミュニケーション）を実現するものである。企業は人的販売によって、自社や自社製品についての情報を伝達したり、販売を実現したりすることができる。特に、販売を実現する段階において有効なプロモーションで、顧客との親密な関係を築くうえでも重要である。人的販売においても、パブリシティや広告などのプロモーション・ミックスを構築する必要がある。

また、人的販売は、商談や営業のプロセスで顧客の新たな欲求やユーザーイノベーションを察知したり、競争動向の情報を収集したりする機能をもつ点においても、重要である。

H22-28
(2) 販売員（セールスパーソン、セールスエージェント）の形態

人的販売を担当する販売員には、次の種類がある。

【 販売員の形態 】

種　類	定　義	例
オーダー・ゲッター	主に新たな顧客の開拓を行う販売員	生命保険の販売員
オーダー・テイカー	主に既存の取引関係の維持と強化を行う販売員	喫茶店の店員、ルートセールスの担当者
ミッショナリー・セールスパーソン	主に受注活動よりも顧客や販売の支援を行う販売員。製品説明だけでなく、販売促進全般をサポートする	化粧品の派遣販売員
配達員	主に製品の配達を業務とする販売員	ピザや弁当などの宅配担当者
カスタマーエンジニア	主に製品の補修を中心に行う販売員	複写機の保守担当者
コミッション・マーチャント	主に販売の成果を歩合によって受け取る販売員	タクシーの運転手

(3) 販売員に必要な知識

コンサルティング・セールスを展開する販売員には、次のような豊富な知識が要求される。コンサルティング・セールスとは、専門的な知識と技術で顧客の相談にのって、製品を売り込む販売方法のことである。

① 企業に関する知識…企業のビジョンや歴史、企業文化などの知識。

② 製品に関する知識…製品が持つ便益や素材、使用方法、メンテナンスなどの知識。

③ 顧客に関する知識…顧客の購買履歴や問題点（クレーム・悩み）などの知識。

④ 販売方法に関する知識…顧客の注文に応じたり、提案や問題解決を行ったりするためのさまざまな知識。

(4) 営業

H25-30

嶋口充輝は「営業は売れる仕組みとしてのマーケティングと売り込みを行うセリングとの間に位置し、マーケティングによって策定された売れる仕組みを市場で実現する人的活動」と定義している。

営業はマーケティングの下位概念であるが、単なる販売（セリング）にとどまるものではなく、販売を実現し価値を発生させるための、あらゆる人的活動が含まれている。したがって、セールスパーソンの行動・訓練・役割・評価などの課題を扱う人的販売に類似しているが、識別して捉える必要がある。

営業の主な目的は、既存顧客との取引関係の維持・拡大と新規顧客の獲得にあるが、顧客と対話を行うコミュニケーターでなければならず、顧客との信頼関係を構築することが重要である。顧客（買い手）が営業担当者（売り手）に対して持つ信頼は、「営業担当者が提供する商品および取引条件への信頼（企業信頼）」と「営業担当者自身への人間的信頼（人格信頼）」によって支えられている。

R05-32
R03-34
R01-30
H25-27
H24-33
H21-30
H20-29
H19-27
H19-28

8 口コミ

口コミ (WOM：Word of Mouth) とは、対面あるいはインターネット (ソーシャル・メディア) で伝播される情報を利用したマーケティング活動のことで、友人、家族、同僚など、消費者同士との間で製品・サービスに関する情報や感想等を交換する個人的なコミュニケーションの一形態である。

口コミには経験属性に関する情報が豊富に含まれている。経験属性は、購入以前に品質を把握することは不可能であるが、実際に体験することによってその品質を把握することが可能な属性である。消費者がまだ全く知らない製品やサービスについて知らせるためには、広告より口コミの方が受け入れられやすい傾向がある。

近年、ソーシャル・メディアの発達により、口コミが重要視されている。ブログのコメント書き込みやトラックバックといった強力なリンク機能などを活用して、遠く離れていても多くの人に瞬時に情報伝達が可能になったことや、消費者の情報過負荷が進んだことが背景にある。トラックバックとは、別のブログへリンクする際に、相手先のブログにURLやタイトルなどを自動的に生成して通知する仕組みのことである。

口コミは顧客が情報源であり、広告のような媒体費がかからず低コストであるが、消費者同士の個人的なコミュニケーションのため、企業によるコントロールが困難である。コトラーは、「苦情処理に満足した人は製品が良かったことを平均3人に話すが、不満だった人は平均11人に不平をもらす」と述べており、否定的な情報が口コミで広がるのを防ぐには、迅速な苦情処理が必要である。ネガティブな口コミについて、ブランドの熟知性が高ければ、ブランド購入意図も態度も大きく低下しないが、熟知性が低いとかなり低下する。そのため、口コミをマーケティング・コミュニケーションのツールとして利用する場合、倫理ガイドラインを整備・遵守するとともに、クレーム発生時の迅速な組織的対応による顧客ロイヤルティを維持する仕組み (サービス・リカバリー・システム) を構築する必要がある。

(1) ヴァイラル・マーケティング

ヴァイラル・マーケティングとは、インターネット技術を活用し、自動繁殖的にターゲットに広告・宣伝を行うマーケティング手法である。ヴァイラル (Viral) とは、ウィルスのことである。

電子年賀状のように、製品やサービスによって利用者が知人に知らせたくなるものを1次的ヴァイラルといい、友達紹介キャンペーンのように、インセンティブによって誘引するものを2次的ヴァイラルという。しかし、企業が口コミをコントロールするのは困難なため、当たりはずれが大きく、コミュニケーション管理の観点からは問題が残っている。

(2) バズマーケティング

バズ (Buzz) とは「蜂がぶんぶんと飛ぶ音」という意味で、バズを誘発するように人の口から口へと伝えていく口コミを応用したマーケティング手法のことである。

従来の口コミと異なる点は、標的顧客を明確にし、発言に影響力を持つオピニオン・リーダー（情報発信人）と蜂集団（情報伝達人）の選定を行っていることである。

9　コミュニケーション戦略に関連する法規

　コミュニケーション戦略に関連する法規制として、「特定商取引法」「消費者契約法」「電子契約法」「個人情報保護法」「景品表示法」などがある。

【 主な法規制 】

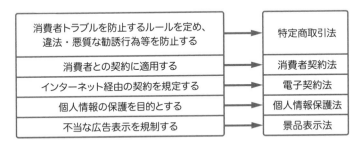

消費者トラブルを防止するルールを定め、違法・悪質な勧誘行為等を防止する	特定商取引法
消費者との契約に適用する	消費者契約法
インターネット経由の契約を規定する	電子契約法
個人情報の保護を目的とする	個人情報保護法
不当な広告表示を規制する	景品表示法

(1) 特定商取引法

　特定商取引法（特定商取引に関する法律）とは、訪問販売や通信販売などの消費者トラブルを生じやすい特定の取引類型を対象に、トラブル防止のルールを定め、事業者による違法・悪質な勧誘行為等を防止することにより、消費者の利益を守るための法律である。

(2) 消費者契約法

　消費者契約法の目的は、消費者契約を結ぶ過程や契約の内容に関するトラブルを解決して消費者を守ることである。

(3) 電子契約法

　電子契約法（電子消費者契約および電子承諾通知に関する民法の特例に関する法律）では、消費者が行う電子消費者契約の要素に特定の錯誤があった場合に民法の特例を認めている。

(4) 個人情報保護法

　個人情報保護法（個人情報の保護に関する法律）は、事業者の個人情報の取扱いルールを定めて、個人の権利や利益を保護するための法律である。個人情報とは、生存する個人に関する情報のことで、特定の個人を識別できる情報をいう。単独では個人を識別できなくても他の情報と照合すれば識別できる情報についても個人情報に該当する。

(5) 景品表示法

　景品表示法(不当景品類及び不当表示防止法：景表法)は、商品及び役務の取引
に関する不当な景品類及び表示による顧客の誘引を防止するため、独占禁止法の特
例(オープン懸賞の上限は、独占禁止法に基づくものである)を定めることにより、
公正な競争を確保し、一般消費者の利益を保護することを目的として制定された。

【 景品・懸賞の上限 】

種類		定義	懸賞の上限	
懸賞	オープン	商品の購入をいっさいせずに誰でも応募できる懸賞	上限なし	
	クローズ	特定の商品を購入することによって懸賞への参加資格を生じるもの	一般懸賞	5,000円未満…取引価額の20倍 5,000円以上…10万円
		複数の事業者が共同で実施する懸賞	共同懸賞	金額に係わらず30万円
総付景品 (ベタ付け景品)		懸賞の方法によらず購入者全員に景品を提供するもの	1,000円未満…200円 1,000円以上…取引価額の20%	

※懸賞により提供する景品類の総額について、一般懸賞は売上予定総額の2%、共同懸賞は売上予定総額の3%
　が上限となっている。

　また、おとり広告とは実際に行われる取引と相違がある広告のことで、規制の対
象となる。景品表示法第5条第3号の規定に基づき、「おとり広告に関する表示」が
指定されており、商品・サービスが実際には購入できないにもかかわらず、購入で
きるかのような表示を次のように不当表示として規定している。

1. 取引の申出に係る商品又は役務について、取引を行うための準備がなされていない場合その他実際には取引に応じることができない場合のその商品又は役務についての表示
2. 取引の申出に係る商品又は役務の供給量が著しく限定されているにもかかわらず、その限定の内容が明りょうに記載されていない場合のその商品又は役務についての表示
3. 取引の申出に係る商品又は役務の供給期間、供給の相手方又は顧客一人当たりの供給量が限定されているにもかかわらず、その限定の内容が明りょうに記載されていない場合のその商品又は役務についての表示
4. 取引の申出に係る商品又は役務について、合理的理由がないのに取引の成立を妨げる行為が行われる場合その他実際には取引する意思がない場合のその商品又は役務についての表示

問1 (H23-31 改題)　　　　　　　　　　　　　　　　　　　［○・×］
　品揃えの中心が買回品であるスーパーマーケットでの購買行動の多くは高関与の計画購買であるため、消費者が購買するブランドの決定にインストア・マーチャンダイジングが大きな影響を及ぼす。

問2 (R04-28)　　　　　　　　　　　　　　　　　　　　　［○・×］
　自社ブランドの競合ブランドからの差異化を目指す相対的側面と、消費者から見て自社ブランドに他にはないユニークな価値を持たせる絶対的側面とは、どちらもブランドのポジショニング戦略に含まれる。

問3 (R05-34)　　　　　　　　　　　　　　　　　　　　　［○・×］
　あるブランドについて、これまで蓄積されたブランド資産を捨てて資産ゼロからスタートするブランド強化戦略では、既存ブランドを全く新しいブランドへと置き換えるため、ブランド管理の中でもリスクの高い戦略である。

問4 (R02-29)　　　　　　　　　　　　　　　　　　　　　［○・×］
　ユーザーが製品やサービスのベネフィットに対して支払ってもよいと考える対価をベースに設定されるさまざまな価格設定方法を、一般にコストベース価格設定と呼ぶ

問5 (R03-32)　　　　　　　　　　　　　　　　　　　　　［○・×］
　公共交通機関が朝夕の混雑を緩和するためにダイナミック・プライシングを導入し、比較的空いているオフピークの時間帯の価格を下げると、ただでさえ利用者に不満が多いピーク時には相対的に高額な利用料となる。

問6 (R04-30)　　　　　　　　　　　　　　　　　　　　　［○・×］
　流通チャネルの付加価値基準とは、卸段階と小売段階においてどれだけの付加価値が生み出されているかに関する尺度であり、卸段階と小売段階の販売額の比率として算出される。

問7 (H27-33)　　　　　　　　　　　　　　　　　　　　　［○・×］
　プロモーション・ミックスとは、広告、セールス・プロモーション、パブリック・リレーションズ、インベスターズ・リレーションズの4つの活動を、マーケティング目標に応じて適切に組み合わせることをいう。

問8 (H27-27)   [○・×]
　人的販売は、営業担当者や売場担当者によって遂行され、広告と同様、説得的な情報を一方向で伝達する役割を果たしている。

問9 (R01-30)   [○・×]
　クチコミには、経験しないと判断できない「経験属性」に関する情報が豊富に含まれている。

■■■ **解答・解説編** ■■■

問1　×：スーパーマーケットは品揃えの中心が最寄品であり、購買行動の多くは低関与の非計画購買である。
問2　○：設問文のとおりである。
問3　×：選択肢の内容はブランド変更戦略もしくはブランド開発戦略に関する説明である。対象市場を変更しない場合はブランド変更戦略、変更する場合はブランド開発戦略となる。ブランド強化戦略は対象市場もブランドも変更しないため、最もリスクの低い戦略である。
問4　×：知覚価値価格設定法の説明である。コストを基礎にして価格を設定する方法は、一般にコスト志向型価格設定法と呼ばれ、製造原価に一定額または一定率のマージンを加えて販売価格とするコスト・プラス法、仕入原価に一定額または一定率のマージンを加えて販売価格とするマーク・アップ法などがある。
問5　○：ダイナミック・プライシングは需給バランスや時期などに応じて価格を設定する価格設定法であり、オフピーク時に料金を下げるとピーク時には相対的に高い料金となる。
問6　×：卸段階と小売段階の販売額の比率として算出されるのはW/R比率であり、流通経路の長さを示す指標である。
問7　×：インベスターズ・リレーションズではなく、人的販売である。
問8　×：人的販売は、2ウェイコミュニケーション（双方向コミュニケーション）を実現するものである。
問9　○：設問文のとおりである。

■■■ 問題編 ■■■

　地域ブランドに関する記述として、最も適切なものはどれか。

ア　地域空間のブランド化では、隣接する地域と連携することで相乗効果を発揮できることはあるが、飛び地など隣接していない地域との連携はブランドイメージが希釈されるため、協力し合うことはない。

イ　地域ブランドのコミュニケーションや販路拡大の実行を担当するのは、地域代理店や地域商社であり、これらはすべて地方自治体組織である。

ウ　地域ブランドは、地域自体を意味する地域空間ブランドと、地域が生み出すモノやサービスを意味する地域産品ブランドとに区別される。

エ　地域を他の全国の地域から差別化しブランド化を図るためには、地域の自然、遺跡、農畜産物、海産物などの多様な資源の中から全国でナンバーワンとなるような資源を見つけることが必須である。

オ　ブランド化を目指す地域産品を選定する際に行われる地域資源の棚卸しでは、外部者の目ではなく、その地域を熟知している地元住民の目を通して選定していくという作業が必要である。

解答：ウ

地域ブランドに関する出題である。

ア：不適切である。一つの地域で十分な強さを発揮することは難しいため、飛び地など隣接していない地域であっても相乗効果を発揮できる地域と連携し、知名度を上げる広域連携が重要である。

イ：不適切である。地域ブランドのコミュニケーションや販路拡大を実施するにあたり、地域資源の棚卸やブランド・コミュニケーションの実行などの問題を自治体組織に属する人が担うには限界がある。そのため、地域資源になるものを探せる目利きの役割を担う地域外協力者が必要である。これらの代表的な組織として、地域代理店や地域商社が挙げられる。

ウ：適切である。地域創生における重要概念である地域ブランドは「地域空間」ブランドと「地域産品」ブランドに区別される。

エ：不適切である。ナンバーワンとなる以外にも、オンリーワンを目指し、他とは異なるユニークさを目指すことで尖った差別化が可能であり、ブランド化を図ることができる。

オ：不適切である。地域住民であれば当たり前と見逃してしまう資源も、外部者であれば新鮮と感じることが多いことから、地域資源の棚卸しの際、外部者の目も活用しながら探し出した方がよい。

過去23年分 平成13年（2001年）〜令和5年（2024年）	
1位	その他マーケティングに関する用語
2位	ダイレクト・マーケティングの類型
3位	サービス・マーケティング
3位	サービスの一般的特質

直近10年分 平成26年（2014年）〜令和5年（2023年）	
1位	その他マーケティングに関する用語
2位	サービス・マーケティング
3位	ダイレクト・マーケティングの類型

過去23年間の出題傾向

　その他マーケティングに関する用語の出題が11回で最多となる。2次試験では、平成30年度事例Ⅱの老舗旅館の事例で、サービス・マーケティングが出題されている。今後もサービス業の企業が出題された場合に必要となる知識であるため、しっかり学習しておこう。その他、関係性マーケティングの知識も2次試験の施策を検討する上での前提となる重要な知識である。

第 **16** 章

応用マーケティング

I　関係性マーケティング

H28-28
H25-27 **1　関係性マーケティング**

　関係性マーケティング（リレーションシップ・マーケティング）とは、顧客やその他のステークホルダー（利害関係者）と強力で価値ある関係を創造し、維持し、強化するプロセスのことである。

　多くの企業は、販売を重視する取引志向のマーケティングから、顧客との関係性構築を志向する関係性マーケティングの実践へと移行している。関係性マーケティングは、顧客に対し、より大きな価値や満足をもたらし、顧客との間に長期にわたる有益な関係性を維持することに重点を置く。競争の厳しい成熟した市場では、既存顧客を維持するよりも競合他社から顧客を奪い取る方が、はるかにコストがかかる。顧客を資産として考えることが必要なのである。

R04-31
R01-26 **2　顧客進化の考え方**

　顧客という資産は、かかわりあうほどに大きくなり、進化していく。この顧客の進化こそが企業成長の基盤であり、競争優位の決め手となる。その意味でも、顧客満足（CS）に代わる指標として「顧客進化」の概念は重要である。

　従来、多くの企業は、顧客獲得段階である「見込み客」から「顧客」への転化に専念してきた。反面、企業は、顧客をどのように進化させるべきかを無視してきた。

　関係性マーケティングでは、長期的顧客の獲得・維持努力を通じて、顧客がさらに「得意客」へ、そして「支持者」から「代弁者・擁護者」を経て、最終的には「パートナー」へと進化するというシナリオを描く。段階が進むにつれて企業への忠誠度と親密感が増し、生涯価値が高まる。

【 顧客進化の過程 】

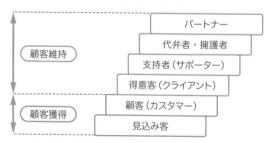

　また、顧客を満足させるには、顧客の事前の期待値を上回るパフォーマンスを提供する必要があるが、次回購買時には前回のパフォーマンスのレベルが期待値になるため、さらに高いパフォーマンスを提供することが望ましい。

3 顧客シェアと顧客生涯価値

(1) 顧客シェアの重要性

　マス・マーケティングで重視された「市場シェア」に代わって、関係性マーケティングでは「顧客シェア」が重視される。

　市場シェアを重視する企業戦略では、万人向けに同一商品を大量に生産し、あらゆる流通経路を使い、幅広くプロモーションし、顧客に共通した効用をアピールして、売上増加を図ろうとする。企業中心・製品中心・売上中心の発想（プロダクト・アウトの発想）である。

　顧客シェアを重視する企業戦略では、ある時点で特定の顧客に集中して、可能な限り幅広く関連する製品やサービスを提供し、生活課題の解決に参加し、生涯を通じた信頼と愛顧を獲得しようとする。企業にとっては、顧客との長期にわたる相互関係、顧客が生涯の間にもたらす全利益の大きさ（生涯価値）が中核的な関心である。顧客シェアを高めることは、その顧客の企業に対する生涯価値を最大化することなのである。

(2) 顧客生涯価値

　顧客生涯価値（LTV：ライフタイム・バリュー）とは、新規顧客が顧客ライフサイクルまたは一定年数の間に企業にもたらす利益の現時点における正味現在価値（NPV：Net Present Value）のことである。普通の価値測定では、顧客が今回または今期に購入した金額などの短期の価値を計算するのに対し、顧客生涯価値では長期にわたる価値を計算する。

(3) カスタマー・エクイティ（顧客資産価値）

　ブランドの資産価値（ブランド・エクイティ）と合わせて、顧客を資産として考える必要がある。顧客の資産としての価値に応じて、新規顧客の獲得、既存顧客の維持、追加販売（既存顧客の拡大）の3要素を組み合わせる。3要素を検討する際は、「顧客維持による収益性の高さ」や「顧客獲得時の投資の回収期間の長さ」などを総合的に判断する。

　カスタマー・エクイティの考え方によれば、新規顧客獲得の法則は次の通りである。

　① 見込み顧客の将来価値が、その顧客の獲得コストを上回るまで、顧客獲得に投資する傾向にある。

　② 多くの顧客を獲得しようとするにつれて、レスポンス率（反応率）は逓減する傾向にある。

　③ 顧客維持による収益が大きいほど、顧客獲得投資は大きくなる傾向にある。

　④ 初期顧客獲得投資のなかで投資回収期間が短いほど、顧客獲得投資は大きくなる傾向にある。

Ⅱ 顧客関係性管理(CRM)

H28-28 **1 CRMの概念** 基

CRM(**顧客関係性マネジメント**)とは、顧客満足度を向上させるために、長期的に顧客との関係を構築するための経営手法である。

顧客との取引関係を継続させるCRMの取り組みは、広義には商品やサービスの継続的な取引といった経済的局面だけでなく、心理的・社会的・制度的な関係の強化を図る諸活動など多面的な概念をいう。

狭義には、企業が情報技術(IT:Information Technology)を駆使して、顧客データベースをもとに組織的に顧客サポートしたり、顧客との関係構築を図ったりすることを意味する。顧客の属性、購買履歴、問い合わせ履歴、趣味・嗜好などを分析し、顧客ごとの個別ニーズを詳細に把握したうえで、顧客を満足させる対応や提案を行い、顧客との関係をより強化し、収益の向上を図る。

R04-31 **2 顧客識別マーケティング** 基

(1) 顧客差別化の必要性

すべての顧客に対して平等かつ画一的な対処をすることは、実際にはかえって顧客の不平不満を生みやすい。顧客差別化では、顧客は一人ひとり異なり、ある顧客を他の顧客よりも価値ある存在とみなす。顧客差別化には、航空会社による飛行回数と飛行距離(マイレージ)による差別化やクレジットカードのクラス別(カラー別)による差別化などがある。

【 顧客差別化の例 】

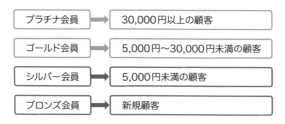

プラチナ会員	→	30,000円以上の顧客
ゴールド会員	→	5,000円〜30,000円未満の顧客
シルバー会員	→	5,000円未満の顧客
ブロンズ会員	→	新規顧客

(2) 顧客識別マーケティングの台頭

顧客識別マーケティングとは、さまざまな価格・特典を個々の顧客に与えることである。顧客の持つ過去・現在・未来の「価値」に基づいて特典を与える。

顧客識別マーケティングで重要なのは、顧客の価値に基づいて特典を決めることである。顧客の情報を知的に使って、競争力を高めるのである。

(3) 顧客識別マーケティングの主な顧客分析手法

① デシル分析

デシル分析とは、顧客の購入履歴データをもとに、全顧客の購入金額の多い順に10等分して、各ランク（デシル）の売上高構成比を算出する分析手法である。例えば、集計対象の顧客数が1,500人なら、累計売上高の上位1〜150位までが「デシル1」、151位〜300位までが「デシル2」、のようにグルーピングする。デシルとは、ラテン語で"10等分"を意味する。

顧客層別の売上高から構成比を算出することで、自社の売上に貢献している優良顧客層を把握できるとともに、顧客層別に効果的な販売促進ができる。

② RFM分析

RFM分析とは、顧客の実際の購買行動に基づいて、最新購買日（Recency）、購買頻度（Frequency）、購買金額（Monetary）に着目して、顧客を複数の顧客層に分類し、それぞれの顧客層に対してマーケティング活動を行う手法である。

一般的には、R・F・M値の指標をそれぞれ5段階で評価する。つまり、$5 \times 5 \times 5 = 125$ のグループに分類することができる。顧客をいくつのグループに分類するかにより、3段階や7段階などで評価することもある。

デシル分析は比較的簡単に分析できるが、購入金額だけでランク付けを行うため、1度しか高額商品を購入しなかった顧客でも上位顧客に含まれることがある。ランキング上位者に一見客が多い場合、上位者に販売促進策を講じても継続的な購買に結び付かない恐れがある。

RFM分析では最新購買日や購買頻度を考慮するため、詳細な分析ができる。

【 RFM分析 】

最新購買日 （Recency）	顧客が最後に商品を購入した日のことである。自動車や住宅など販売頻度が低い商品・サービスを除くと、最近購入した顧客の方が、しばらく来店しない顧客よりも再来店の可能性が高いため、ロイヤルティの高い顧客と考える。最新購買日が直近ほど、R値は高くなる。
購買頻度 （Frequency）	一定期間における顧客の累計購買回数のことである。購買頻度が高い顧客ほど、自社に対するロイヤルティが高い顧客といえるので、F値は高くなる。ただし、対象期間が長い場合、新規の顧客はF値が低くなることもある。
購買金額 （Monetary）	一定期間における顧客の累計購買金額のことである。購買金額が多いほど、自社に対するロイヤルティの高い顧客であり、M値は高くなる。

③ FRAT分析

FRAT分析とは、購買頻度（Frequency）、最新購買日（Recency）、購買金額（Amount）、購買商品（Type）の各データを組み合わせて購買傾向を分析する手法である。

顧客セグメンテーションを、最新購買日、購買頻度、購買金額で分析する点はRFM分析と同じだが、RFM分析で「過去に何を購入したか」という商品戦略上のデー

タが欠落している点を補完している。ただし、情報量が膨大なため分析が複雑になるうえ、情報量が不足していると購買傾向が正しく反映されない恐れがある。

　Amazonで書籍を購入すると、過去に購入した書籍、購入した書籍と関連する書籍、過去に同じ書籍を購入した人が買った他の書籍などの情報がWebページ上に表示される。購買商品や関連商品が表示されることにより、顧客の利便性が向上するとともに、関連購買を誘発できる。

H20-31
H19-30
(4) FSP（フリークエント・ショッパーズ・プログラム）

　FSPとは、高頻度で来店する店舗のロイヤルユーザーに着目し、その生活様式、家族構成、購買性向などをデータベース化して、個人別に店頭プロモーションを展開する手法である。航空会社では、搭乗距離（マイレージ）に応じてポイント付与する仕組みをFFP（フリークエント・フライヤー・プログラム）として展開している。

　FSPは、顧客識別マーケティングの典型的なカードプログラムで、優良顧客の維持・拡大を図ることが目的である。顧客をランク付けし、一定の基準を達成した顧客に対して特典を用意するなど、優良顧客を識別して差別化を図る点で、単なるポイントサービスとは異なる。

　来店客に会員カード（IDカード）を配布し、POSターミナルから収集した顧客の購買履歴情報をデシル分析やRFM分析などでランク付けを行い、最適なプロモーション提案を設計する。そのうえで、購買実績に応じた値引きやインセンティブを提供し、自宅にクーポンや値引き案内を郵送するなどのプロモーションを展開する。

　小売業では、上位20％の顧客が全体売上の80％の利益を生み出す「パレートの法則」の考え方があり、FSPは食品スーパー、百貨店、カタログ販売などさまざまな業界で導入されている。データに基づいて、売場構成やチラシ掲載商品を見直すことにより、上位顧客が買い物しやすい店づくりを行うことで、来店頻度だけでなく、客単価も向上する。

3　ワントゥワン・マーケティング

(1) ワントゥワン・マーケティングの台頭

　マス・マーケティングは、規格量産品を不特定多数に向けて生産・販売する、短期的な取引・販売中心の戦略であった。これに対し、**ワントゥワン・マーケティング**は、長期的な顧客との「関係づくり」を重視し、顧客維持のためのしかけと組織づくりを、ITの活用によって実現しようとするものである。豊かな先進社会で売上高・利益を確保するためには、顧客維持戦略が不可欠である。

　ペパーズは、マス・マーケティングおよび3つのターゲット・マーケティング（無差別型・差別型・集中型）のすべてをマス・マーケティングとしてくくり、同一視している。

　ワントゥワン・マーケティングをマス・マーケティングと比較すると、次のようになる。

【 マス・マーケティングとワントゥワン・マーケティング 】

マス・マーケティング	ワントゥワン・マーケティング
●顧客獲得	●顧客維持
●販売・取引が中心	●関係づくりが中心
●販売促進が中心	●顧客サービスが中心
●市場シェアの獲得が目的	●顧客シェアの獲得が目的
●規模の経済が働く	●範囲の経済が働く
●モノローグ型 (独話型)	●ダイアローグ型 (対話型)

出典：『ONE to ONE マーケティング』D.ペパーズ・M.ロジャーズ著　ダイヤモンド社をもとに作成

(2) 顧客識別マーケティングとワントゥワン・マーケティング

　顧客識別マーケティングでは、顧客層別にランク付けを行い、ランクごとに顧客対応を行う。例えば、楽天では、獲得ポイント数と獲得回数で会員ランクが決まり、会員ランクが高いほど特典が受けられる。

　ワントゥワン・マーケティングでは、層別ではなく1対1で顧客対応を行う。例えば、美容院における顧客ごとのカット・カラー・パーマ情報や、靴製造・小売業における靴のカスタムメイドなどがある。ワントゥワン・マーケティングは、顧客識別化の最終形態といえる。

4 顧客ロイヤルティ

　顧客が企業に対して持つロイヤルティには、行動的ロイヤルティと態度に関わる心理的ロイヤルティがある。2つの関係は図表のよう示される。

(1) 行動的ロイヤルティ (反復的行動)

　行動的ロイヤルティは、顧客が企業の店舗や製品・サービスなどに対して、訪問したり購買したり利用したりといった、実際の行動で示される。これは再購買率で測定される。

(2) 心理的ロイヤルティ (相対的態度)

　心理的ロイヤルティは、顧客が企業の店舗や製品・サービスなどに対して、自らの利益になると考えたり、好意的な感情を持っていたり、コミットメントが高い状態である。

【 行動的ロイヤルティと心理的ロイヤルティ 】

		行動的ロイヤルティ (反復的行動)	
		高	低
心理的ロイヤルティ (相対的態度)	高	真のロイヤルティ	潜在的ロイヤルティ
	低	見せかけのロイヤルティ	ロイヤルティなし

(3) 顧客ロイヤルティの分類

① 真のロイヤルティ

行動的ロイヤルティ、心理的ロイヤルティの両方が高い状態であり、状況の変化に強く多少の企業の状況の変化は顧客が吸収してくれる。企業にとって、大切にすべきロイヤルカスタマーでもある。

② 見せかけのロイヤルティ

行動的ロイヤルティは高いが、心理的ロイヤルティが低い状態であり、状況の変化に弱く、利便性の高い店舗や代替品や代替サービスが現れた時に乗り換えられる恐れがある状態である。赤字顧客には、特定のサービス提供を控えるなどして最低限の収益水準を確保したり、サービス手数料などの値上げによって退出を促したりすることも重要である。

③ 潜在的ロイヤルティ

行動的ロイヤルティは低いが、心理的ロイヤルティが高い状態であり、企業の店舗や製品・サービスは気にいっているが、金銭面などの制約により購買行動などにつながらない状態である。

④ ロイヤルティなし

行動的ロイヤルティ、心理的ロイヤルティの両方が低い状態であり、企業の店舗や製品・サービスを気に入らず、購買行動も起こさない状態である。

III サービス・マーケティング

1 サービス・マーケティング

(1) サービス

　物理的な製品（商品）である有形財とは異なり、サービスは無形財である。しかし、マーケティング戦略において、サービスと有形財を識別することは難しい。多くの有形財はサービスを伴っており、同様に、多くのサービスは有形財と一体だからである。

　AMAは、サービスを次のように定義している。「販売のために提供される、あるいは商品販売に関して提供される諸活動、利益、満足である。」

(2) サービス・マーケティング

サービス・マーケティングとは、サービス業におけるマーケティングのことである。製品（product）、価格（price）、流通（place）、プロモーション（promotion）に、物的証拠（physical evidence）、プロセス（process）、人（people）を加えたマーケティングの7Pを組み合わせることで、顧客のニーズに応えていく。

① 物的証拠 (physical evidence)

　サービスでは、生産と消費が同時に起こるために、サービスの「場」の条件が顧客の品質の評価に大きな影響を与える。店舗やホテルの外観、店内レイアウト、食器類、飛行機のプレミアム・クラスの座席などのことである。

② プロセス (process)

　サービスにおけるプロセスは、顧客に直接接するフロント業務の背後に位置するオペレーション業務（バックヤード業務）と関係が深くなる。バラツキのないサービス提供、サービス提供の迅速性、個別の要求に応えるサービス提供などのことである。

③ 人 (people)

　対人サービスにおいては人材がサービス品質を左右し、結果として顧客満足に影響するため、サービスを提供する企業は人材を重視する。人材についてのサービス企業の課題は、①適切な人材の確保、②人材への動機付け、③人材の能力向上の3つである。

(3) サービス・リカバリー・システム

　サービス・リカバリー・システムとは、サービスの失敗が起きてしまったときに、サービス組織が問題を正すとともに、顧客のロイヤルティを維持するための体系的な取り組みを行うことである。

　サービスの不手際により、顧客関係性を損なうと、それまでのロイヤルカスタマーが競合他社に流出してしまう。しかし、優れたサービス・リカバリー・システムを

身につけることで、危機的状況をむしろ顧客との絆を強める機会に変えることができる。サービス・リカバリー計画を立てる際は、顧客を部門間でたらいまわしにせずに迅速に問題解決に当たれるよう、従業員に部門横断的トレーニングを行い、権限委譲（エンパワーメント）すべきである。

H19-28 (4) サービス満足保証制度

サービスの満足保証制度は、サービス品質に対する顧客の不安を緩和する効果や、悪い評判を緩和したり良い評判に転換したりする効果がある。そのため、①高価なサービス、②顧客がその種のサービスに関する知識をほとんど有していない、③顧客にとって購買リスクが高い、④新規顧客の獲得が難しい、⑤ネットを含めた口コミによる評判が需要に影響する、などのケースで販売促進策として有効に機能する。

R04-37 R01-33 H27-34 (5) SERVQUAL (サーブクォル)

顧客がサービスの品質をどのように知覚するかという、サービス品質の測定尺度である。信頼性、反応性、確実性、有形性、共感性という5つの測定項目で評価する。
サービス利用前と利用後の2時点で評価を計測し、それらの差を確認することが推奨されている。

R04-32 R01-33 H27-34 (6) 真実の瞬間

顧客が、サービスを評価し、満足・不満足を判断する決定的瞬間となるサービス・エンカウンター、もしくは顧客と企業のコンタクト・ポイントである。

R01-33 H27-34 (7) サービス・プロフィット・チェーン

従業員満足、顧客満足、利益の連鎖的因果関係を表した考え方である。従業員の満足度が高まると、生産性の向上や離職率の低下をもたらし、サービスの価値や品質の向上につながる。それによって、顧客満足や顧客ロイヤルティが高まり、企業の成長と収益性に貢献するという考え方である。

R04-32 (8) 製造業のサービス化

元来、メーカーのビジネスは工場で生産した製品を流通業者に販売した時点で終了することが多かったが、近年は最終消費者への販売後の使用や消費の場面を含めてビジネスを設計する必要性が説かれている。このような傾向を製造業のサービス化と呼ぶ。

R04-32 (9) サービスの財としての特徴

製品とサービスは、評価のしやすさから捉えた場合、探索財、経験財、信用財の3つの順番に並べることができる。

探索財

購買や使用・消費前に
品質を知ることができ
る財

経験財

使用・消費後に品質の
判断・評価ができる財

信用財

使用・消費後でも品質
の判断・評価が困難な
財

出展：『グラフィックマーケティング』上田隆穂・澁谷覚・西原彰宏著　新世社

2 サービスの一般的特質 (基)

R04-32
R01-33
H26-29
H23-32

【 サービスの本質と特性 】

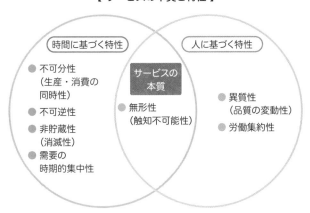

⑴ 無形性（非物質性、触知不可能性）

　サービスは有形財のように、購買の前に見たり、触ったり、聞いたり、匂いをか
いだりすることができない（サービスの本質的特性）。したがって、消費者はサービ
スの品質を事前に把握することはできない。売り手と買い手の口頭によるコミュ
ニケーションが購買の決め手となる。

　サービスの可視化（見える化）を図るため、サービスを試す機会を設けることが
必要である。

⑵ 非貯蔵性（消滅性）

　サービスは、後の販売または使用のために貯蔵することができない。例えば、ホ

テルの空室はその日に販売できなければ、永久に損失を補填することができない。

予約制の導入、季節・時間帯による差別価格を導入し、サービスの需給調整を図ることが必要である。

(3) 生産・消費の不可分性 (同時性・非分離性)

有形財は生産と消費の間に存在する。流通過程(卸売段階、小売段階)を経由して消費されることが多い。しかし、サービスは提供されるその場その時に購入者である消費者がいないと成り立たない。サービスは生産と消費が同時に行われ、提供者が人であれ機械であれ、その提供者とは不可分である。

サービス内容の事前告知・調整を行い、「覆水盆に返らず」とならないように細心の注意を払う必要がある。

(4) 取引の不可逆性

提供されたサービスは返品することができない。例えば、理髪店で髪を切ってもらった後で元の髪型に戻すことはできない。

取引前の十分なコミュニケーション、取引後の不満解消のための付帯的サービスの告知・実施が必要である。

(5) 需要の時期的集中性 (需要の変動性)

サービスの需要は一般的に繁閑の差が激しい。例えば、夏場には海水浴客で混雑する民宿であっても、シーズンオフ期の冬場にはほとんど観光客が訪れないものである。

非貯蔵性と同様、予約制の導入、季節・時間帯による差別価格を導入し、サービスの需給調整を図る。

R04-37 ### (6) 異質性 (品質の変動性・非均質性)

有形財の品質は標準化することが可能である。しかし、サービスの品質は標準化することが困難であり、誰が、いつ、どこで、どのように提供するかによって大きく変わる。例えば、同じ美容院でもベテラン美容師のサービスは品質が高いのに、新人美容師のサービスはベテランに比べて品質が低いのが普通である。

異質性に関して、企業はサービスを提供する従業員の教育やその際の接客マニュアルの導入とその順守徹底など、従業員によって提供されるサービスの品質の安定化と向上を図ることが必要である。こうしたサービスの異質性の最小化、サービス品質の均質化ないし標準化を行うことをサービスの工業化と呼ぶ。

(7) 労働集約性

サービスは、人間の活動に委ねられているウエイトが非常に大きい。したがって、機械設備を使って大量生産し、規模の利益を享受することは難しい。

異質性と同様、能力開発、動機づけ、マニュアル化・標準化による労働生産性の向上、機械化・IT化による労働集約性の低減を図ることが必要である。

⑻ その他の特性

　上記以外にもサービスの特性として、臨場性、心因性、価値評価の困難性、所有権の非移転性等がある。

3　サービス・トライアングル Ⓑ R01-33

　有形財の場合、マーケティングは4Pを中心に構築される。サービス・マーケティングは、エクスターナル・マーケティング、インターナル・マーケティング、インタラクティブ・マーケティング、の3つの要素で構成される。3つの要素からなるサービス・マーケティングの三角形を**サービス・トライアングル**という。

【 サービス・トライアングル 】

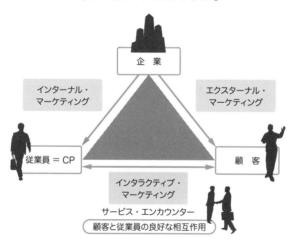

⑴ エクスターナル・マーケティング

　エクスターナル・マーケティングとは、顧客に提供するサービスの作成、価格設定、流通、プロモーション（4P）を中心とする伝統的なマーケティング活動のことである。企業と顧客を結び付けるマーケティングがエクスターナル・マーケティングである。

　サービス業のマーケティング・ミックスを進める際、注意すべき点を価格戦略、流通チャネル戦略、プロモーション戦略に分けて説明する。

【 サービス業のマーケティング・ミックスにおける注意点 】

価格戦略	①サービスにおける価格設定は科学的になりにくく、顧客との「交渉」で価格が決定されることが多い。 ②消費者がサービスの品質を評価することは難しいため、価格を基準に品質を評価する傾向が強い。「低価格＝低品質」と評価される恐れがあるため、安易な価格の引き下げには注意が必要である。 ③提供するサービスの需要が低く、価格の引き下げを検討する場合は、計画的に適切な値下げ幅を設定する必要がある。
流通チャネル戦略	①有形財に比べて、サービスのチャネルは短く、単純である。 ②中間業者がサービスのチャネルに介在する場合、中間業者の役割は、需要の創造・維持である。 ③店舗の数が多いほど、消費者の利便性は高まる。しかし、店舗の数を増やせば、サービスの品質管理が困難となり、従業員の生産性が低下する危険が生じる。
コミュニケーション戦略	①サービスの内容は抽象的で伝達しにくいため、消費者が具体的に評価できる「信頼性」「親近感」「礼儀正しさ」などを訴求するプロモーションが有効である。 ②サービスを「モノ」に結びつけてメッセージを反復する広告などのプロモーションが有効である。例えば、家事代行の利用権をカードなどの形態で販売することは、当該サービス需要拡大のための有効策となりうる。 ③有形財に比べて、広告の継続性が重要である。

(2) インターナル・マーケティング

　インターナル・マーケティングとは、顧客満足を提供するため、企業が接客要員（CP：コンタクト・パーソネル）に対して行うマーケティング活動である。接客要員に顧客志向の活動を実践するよう意識改革を促すことが目的である。インターナル・マーケティングは、従業員（接客要員）を顧客とみなしたマーケティング活動と見ることができる。

　サービス業では、顧客満足は、従業員満足から生まれる。高い顧客満足を獲得するためには従業員を大切にし、誇りとやりがいを感じることができる職場環境を整備することが不可欠である。

　具体的な施策には、①マニュアル化、②従業員に対する能力開発（教育訓練）、③動機づけ（モチベーション維持・向上策）等がある。

① マニュアル化

　マニュアルを作成して浸透させることにより、サービスの異質性を是正し、サービス品質を一定水準に高めることができる。しかし、過度のマニュアルの徹底によるサービス標準化は、臨機応変な対応を阻害するため、逆に顧客不満足を誘発することがある。

② 従業員に対する能力開発・動機づけ

　マニュアルとは別に、従業員にある程度裁量を与え、顧客ニーズに柔軟に対応することも顧客満足度向上には重要である。接客要員に対する能力開発や動機づけを効果的に行うためには、次のような取り組みが有効である。

(a) 企業理念（クレド）を記載したカードの携帯
(b) 他業界の高サービスを体験する研修会
(c) 顧客情報の共有化
(d) トラブルやクレーム対応の事例共有化
(e) 良いサービスを実施した従業員の表彰

【 インターナル・マーケティング 】

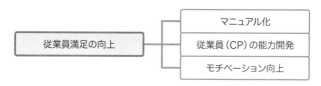

⑶ インタラクティブ・マーケティング

H26-29

インタラクティブ・マーケティングとは、顧客と実際に接触する従業員との間で行われる双方向のマーケティングである。品質を評価する場合、サービスにおいては、売り手と買い手との相互作用（サービス・エンカウンター）が重要であり、従業員が顧客に対して全力で尽くすことはもちろん、顧客こそが価値を共につくるパートナーであるという認識をもつ必要がある。サービスの品質は提供者の技術に左右され、専門的サービスほどこの傾向は強くなる。

相互作用による効果は、サービスの技術や接客態度、顧客の状態により影響を受ける。ただし、顧客との接触時間の長さが必ずしも顧客満足につながるとは限らない。

4 顧客価値

 R05-28
R02-37

⑴ 顧客価値

顧客にとっての製品やサービスの価値を**顧客価値**といい、次のものがあげられる。

①機能的価値…機能的価値は、製品やサービスにとって通常必要とされる当たり前の機能である本質機能と製品やサービスを魅力的に見せ、差別化を可能とする付随機能に分けられる。

②感覚的価値…「おしゃれ」とは何なのかを明確に説明することが容易でないように感覚的価値は客観的な価値観で優劣を判断しにくいといわれている。このため、機能的価値よりも感覚的価値に主軸を置いた製品やサービスの方が、他社との価格競争に巻き込まれにくい。

③経験価値…製品やサービスを使用したり消費したりする経験から得られる価値のことをいう。

④文脈価値…製品やサービスを使用・消費する過程で得られるベネフィットに対して、顧客が感じる価値のことである。

⑵ サービス・ドミナント・ロジック

サービス・ドミナント・ロジックとはモノ（有形財）とサービス（無形財）を区別することなく包括的に捉え、企業が顧客と共に価値を創造するという「価値共創」の視点からマーケティングを組み立てようとする考え方のことである。モノの観点から交換の世界を組み立てるグッズ・ドミナント・ロジックと対比される。

【 グッズ・ドミナント・ロジックとサービス・ドミナント・ロジックの比較 】

	グッズ・ドミナント・ロジック	サービス・ドミナント・ロジック
イメージ	有形財と無形財は単体	有形財と無形財を包括するプロセスとしてのサービスに焦点をあてる
交換されるもの	グッズ（財）	サービス（プロセス）
取引関係	1回のみ	継続的
顧客に対する認識	オペランド資源（操作対象者）	オペラント資源（価値共創者）
価値尺度	交換価値	使用価値または経験価値
価値判断の主体	売り手	顧客
価値創造の方法	売り手がグッズに交換価値を付加する	売り手と顧客が一緒に文脈価値を共創する
マーケティングコンセプト	製品志向	顧客志向
交換プロセスの終点（企業の目標）	グッズの交換	顧客による文脈価値の知覚

製造業は、製品の使用価値を顧客が能動的に引き出せるようにモノとサービスを融合して価値提案を行うことが望ましい。例えば、顧客に対して、コト消費を加速させる製品の使用方法を教育するイベントを開催したり、その情報を積極的に発信したりすることなどがある。

IV ダイレクト・マーケティング

1 ダイレクト・マーケティングとは

(1) ダイレクト・マーケティング

ダイレクト・マーケティングとは、一つまたは複数の広告メディアを使って、測定可能な反応あるいは取引をどんな場所でも発生させる双方向のマーケティング・システムのことである。

ダイレクト・マーケティングは、元々メーカーから消費者に対する直接販売で展開されていた。近年は、Webマーケティングやテレマーケティング、商品カタログを送付するカタログ・マーケティング、テレビ・ショッピング、自動販売機などの無店舗販売で展開されるケースが多い。

顧客データベースに基づく顧客管理システム、商品情報・生活情報を提供するマーチャンダイジング・システム、受注と発送ならびに代金回収など一連の処理システムなどのしくみもダイレクト・マーケティングに含まれる。

(2) ダイレクト・マーケティングの長所

ダイレクト・マーケティングでは、潜在顧客へのダイレクト広告を行い、測定可能なレスポンス（応答）を収集できることが最大の長所である。測定可能なレスポンスから顧客データが得られるため、データベースの構築や顧客との関係性の維持が容易になる。ダイレクト広告の媒体には、DMや専門誌、電子メールやインターネット広告などがある。

ダイレクト・マーケティングにおいて、新規顧客を開拓するにはマス広告の併用が必要だった。インターネットが一般化したことで、細かくセグメントした顧客へのコミュニケーションが可能になり、ダイレクト・マーケティングにおけるマス広告の重要性が低くなってきている。

【 ダイレクト・マーケティングの特徴 】

1. 在庫圧縮やリードタイムの短縮
2. 店舗施設関連の投資が不要
3. 営業時間、営業場所の制約を受けない
4. 顧客とのリレーションの開拓・維持が比較的容易
5. メディアの発達により、市場拡大が見込める

(3) ダイレクト・マーケティングのマーケティング・ミックス

ダイレクト・マーケティングにおけるマーケティング・ミックスの重要構成要素

は、「プロダクト」「オファー」「コミュニケーション」「フルフィルメント」であり、マーケティングの4Pに対応している。

① プロダクト（製品・商品）

ダイレクト・マーケティングでは、データベースに蓄積された市場や顧客の要望などの具体的な情報に基づいて開発される。市場・顧客の声を重視するダイレクト・マーケティングでは、製品開発はマーケット・イン（市場志向）で行われ、本格的な市場投入に近い状態でのテスト・マーケティングが可能である。

② オファー

オファーは、伝統的なマーケティングでの「価格」に相当する。ダイレクト・マーケティングでは、価格を含む販売戦略全体の策定まで考えることがある。販売のタイミングやサービス体制などについて、提供条件（オファーの基本的要素）や刺激・促進・誘引などのプロモーションのテクニック的な領域まで含むこともある。

③ コミュニケーション

コミュニケーションは、伝統的なマーケティングでの「プロモーション」に相当する。ダイレクト・マーケティングでは、メッセージを発信したらレスポンスを求め、レスポンスがあったら、レスポンスに基づいて再びやりとり（インタラクション）を繰り返すという、双方向性と継続性を備えている。

コミュニケーションの構成要素には、メディアとクリエイティブがある。メディアとは、伝達手段のことで、新聞、チラシ、ダイレクト・メール（DM）、カタログなどの媒体を指す。クリエイティブは、表現手法のことで、カタログやホームページのデザインを指す。メディア（媒体）があってもクリエイティブという要素がなければ、マーケティング目標を達成するためのコミュニケーション活動にはならない。

④ フルフィルメント

フルフィルメントとは、一般的には「遂行」「達成」「完了」を指すが、ダイレクト・マーケティングでは、製品の受注から出荷、配送、決済、アフターサービスに至るまでの一連の業務全体のことをいう。フルフィルメントは、伝統的なマーケティングでの「流通」に相当し、フルフィルメントを請け負う専門業者も存在する。

2 ダイレクト・マーケティングの類型

(1) テレマーケティング（電話マーケティング）

テレマーケティングとは、電話を使って顧客に製品を直接販売するマーケティング手法のことである。

顧客への電話対応を専門に行うコールセンターでは、インバウンド業務やアウトバウンド業務を行う。

- ① インバウンド（受信）業務…顧客・見込客にダイレクト・メールや広告などを発送して、問い合わせや注文に電話で応じる業務のことである。
- ② アウトバウンド（発信）業務…企業側から顧客・見込客に電話をかける業務のことである。

テレマーケティングは、対象顧客によって「B to B（企業対企業：Business to Business）」と「B to C（企業対消費者：Business to Consumer）」に分類できる。

(2) 通信販売

　通信販売の特徴は、①実店舗がなく非対面であり、販売の場所に制約がない、②広告媒体を使用するため、広告媒体が特に重要な意味を持っている、③カタログ請求状況などレスポンスの測定が可能なため効果測定を行いやすい、などである。

(3) Webマーケティング

H23-29
H22-25

　インターネットを活用した双方向のマーケティングのことであり、オンライン・マーケティングともいう。パソコン以外にも、スマートフォンや携帯電話などのモバイル端末、インターネット接続機能付きテレビからのインターネット利用も活発になっている。

① ホームページの特徴

　インターネットのホームページには、情報発信と情報収集の2つの役割がある。

　(a) 情報発信面…従来のマスメディアを補完する役割がある。テレビ、新聞、雑誌などの広告に「詳しくはホームページで」という表現がよく使用されているように、限られたマスメディアの紙面・時間をホームページで補完するケースである。ホームページでは、詳細な製品情報や在庫状況などをいつでも見ることができる。

　(b) 情報収集面…直接顧客情報を入手し、アンケートやノベルティなどのプロモーションを仕掛ける役割がある。

② 電子メール（Eメール）の特徴

　電子メールには、瞬時に同時同報発信ができるマルチターゲット発信機能、受信メッセージに書き加えるだけの返信機能、見本や音声、動画などを添付できる説明機能、受信者が簡単に他人に紹介できる転送機能、Webサイトへジャンプできるリンク機能など、従来のダイレクトメール（DM）にもテレマーケティングにもない独自機能がある。ホームページや電子メールの機能を活用して、電子商取引（eコマース）による販売や、発信者から定期的に情報をメールで流す「メールマガジン」で顧客関係性を構築することができる。

③ 電子商取引（eコマース、EC）

　インターネット上で行う商取引を総称したものであり、B to B取引とB to C取引がある。B to C取引の例として、楽天市場やAmazonなどのインターネットショッピングサイトが有名である。電子商取引が行われる市場のことを、eマーケットプレイスという。

　電子商取引には、自社のホームページで直接取引する以外に、商店街のようなバーチャルショッピングモール（仮想商店街）にネットショップ（電子商店）を出店する方法がある。バーチャルショッピングモールでは、運営事業者が、売り手（小売業者）と買い手（消費者）の間に立って商取引が行われるのが一般的である。

　Web上には、オークションサイトもある。オークションサイトは、C to C

(Consumer to Consumer：消費者対消費者) 取引が前提となっているが、小売業者などが、在庫セールなどの直接流通チャネルとして活用しているケースや、新たに小売業に参入するテスト・マーケティングの場として利用するケースもある。

R03-31
R02-31
H26-28
H25-27

④ O2O (オーツーオー)

O2Oとは、ネットショップやソーシャル・メディア等のOnline側と、実店舗 (リアル店舗) を示すOffline側の購買活動が相互に連携・融合し合う一連の仕組み・取り組みのことを指す。かつてはクリック＆モルタルと呼ばれ、実店舗とネットショップの各々を企業が運営するビジネス手法のことを主に指していたが、徐々に実店舗とネットショップの仕組みを融合するようになり、O2Oと呼ばれるようになった。O2Oは、「すべての (オムニ) 顧客接点 (チャネル)」という意味で、オムニ・チャネルと呼ばれることもある。デジタル時代の消費者がオンラインとオフラインを行き来し、認知・検討と購買が分離する傾向があるという問題への企業による対応策の1つである。

一方、スマートフォン・タブレット端末の急速な普及を背景にショールーミングが行われるようになり、小売業界を中心に実店舗側への影響が懸念されるとの指摘がある。ショールーミングとは、実店舗で商品の実物展示を体験してから、より低い商品価格と消費者費用で同じ商品を購入することのできるネットショップを探して購買する行動を指す。

ネットショップ側では、メールマガジンの登録会員に実店舗のセール情報や割引クーポンを送信するなどのプロモーション活動で実店舗へ誘導するしくみづくりを行うことが重要である。また、実店舗側では、スマートフォンアプリやQRコード等でネットショップへの誘引や、実店舗とネットショップのポイント制度統合による自社の価値を高める取り組み、などが重要である。

R05-32

⑤ OMO (Online Merges with Offline)

OMOとは、消費者がオフライン (実店舗) 上に居つつもオンライン (インターネット) 上のサービスを利用できることで、従来オフライン上で体験できなかった新たなサービスが体験できるものであり、オフラインとオンラインの境目がなくなった状態を指すものとされる。

R04-34

⑥ *ユーザーイノベーション*

ユーザーイノベーションとはユーザーが直面する課題に対して、自らの利用のために製品やサービスを創造や改良することである。ユーザーは、個人ユーザー (消費者) だけでなく、ユーザー企業の場合もある。消費者イノベーションを、企業が活用する方法として次の2つがある。

リード・ユーザー法は、企業がリード・ユーザーの特徴をもつ消費者イノベーターを見つけ、その情報からイノベーションを行なうという手法である。

一方、クラウドソーシング法は、広く消費者イノベーターから情報を発信してもらい、その中の最適な情報からイノベーションを行うという手法である。ソリューション情報の獲得の際に、ユーザーの多様性が他者からの影響により下がらないようにユーザー同士のコミュニケーションを制限する必要がある。

⑷ D2C (Direct to Consumer)

　D2Cとは自社サイトなどオンラインのオウンド・メディアを活用して顧客と密接なコミュニケーションをとりながら直販を行う販売形態である。近年は、新興企業を中心に、単に消費者に直接販売するだけでなく、自社サイトやSNSなどを用いて、消費者との間で密接なコミュニケーションを図るといった形がみられるようになってきている。

R04-03
R03-29
R02-31
H30-36
H29-31
H29-29
H25-27

Ⅴ その他のマーケティング用語

1 その他マーケティングに関する用語

⑴ PEST 分析

外部環境を捉えるための分析方法である。政治的環境 (Politics)、経済的環境 (Economy)、社会的環境 (Society)、技術的環境 (Technology) の4つの側面から外部環境を把握する。

⑵ クロスセル分析

クロスセルとは、関連する商品を同時購入してもらうように販売することである。顧客情報や購買履歴をデータベース化し、分析することによって、効果的な関連商品の提案が可能となる。

⑶ クロスバイイング

複数のカテゴリーから関連する商品を同時購入することである。

⑷ アップセル

ある商品購入を検討している顧客へ、より上位で高額な商品を購入してもらうための販売活動である。

⑸ ダンピング

企業が市場参入や市場獲得の目的で原価を下回る価格を設定したり、海外市場において国内価格より安い価格で製品を売ったりすることである。

⑹ フリーライディング

経済学でのフリーライドとは、費用を負担せず便益を享受するただ乗りのことであるが、マーケティングでは、消費者が、丁寧な対面販売と手厚いサービスの店舗で情報探索だけを行い、実際の商品購入は低価格の店舗で購入することをフリーライディングという。

⑺ チェリーピッカー

特売時のみ来店して特売商品だけ購入し、他の商品は買わずに帰る顧客のことである。

⑻ ブラウジング

Webブラウザを利用してWebサイトを閲覧することである。Webブラウザとは、

Webを閲覧するためのアプリケーションソフトである。

⑼ ステルス・マーケティング

「サクラ」と呼ばれる偽のクチコミ発信者を用いて、人工的にクチコミを起こすことである。

⑽ プラットフォーマー

R05-10

プラットフォーマーとは、需要者と供給者を結ぶ「場（プラットフォーム）」を提供する事業者のことである。プラットフォーマーの提供するサービスはスイッチング・コストが高いとされる。

⑾ シェアリング・サービス

カーシェアやシェアサイクルなど、シェアリングエコノミーと称されるサービスである。シェアリングエコノミーとは、インターネット上のプラットフォームを介して個人間でシェアをしていく新しい経済の動きで、場所・乗り物・モノ・人・スキル・お金の5つに分類される。

⑿ 心理的リアクタンス

R03-35

個人が特定の自由を侵害されたときに喚起される、自由回復を志向した動機的状態のことである。

⒀ 感覚マーケティング

R03-29

消費者の感覚が知覚、判断、行動に及ぼす影響を解明することを通して、企業のブランド構築、製品開発、店頭管理などの局面に活かしていこうとするマーケティングのことである。例えば、オンライン販売では、実際の製品に触れる体験をオンライン上で提供することはできないが、視覚を通じて製品の重さを知覚させることは可能である。

⒁ パレートの法則

R04-31

売上げの80％が上位20％の顧客によってもたらされるとする経験則のことである。上位20％の顧客を重視することの根拠となるが、この法則が当てはまらない業界もある。

⒂ アドネットワーク

R05-32

アドネットワーク提供事業者が、ネットワークに加盟する媒体社を募った上で、複数の媒体社サイトを広告配信対象としてネットワークを組み，広告の受注を請け負う機能をいう。デジタル・プラットフォーム事業者や広告仲介事業者がこのサービスを提供しており、広告主（広告代理店）から広告の発注を受け，複数サイトへの広告の一括配信を行う。

■■■ **問題編** ■■■　　Check!!

問 1 (H20-34)　　　　　　　　　　　　　　　　　　　　　　　[○・×]
　顧客維持による収益が高くなく、顧客獲得時の投資を回収する期間が短い場合には、その顧客からの次期の収益を考えて投資する傾向にある。

問 2 (H26-29)　　　　　　　　　　　　　　　　　　　　　　　[○・×]
　サービスの特性のひとつに「非均質性」がある。この問題を解決するための適切な方法が、顧客に対する来店ポイント付与制度である。

問 3 (R03-38)　　　　　　　　　　　　　　　　　　　　　　　[○・×]
　見せかけのロイヤルティを有する赤字顧客には、特定のサービス提供を控えるなどして最低限の収益水準を確保することが望ましい。

問 4 (R02-31)　　　　　　　　　　　　　　　　　　　　　　　[○・×]
　クラウドソーシングにより製品開発を行おうとする企業が、そのために開設するネットコミュニティにおいては、参加者同士のコミュニケーションが活発に行われなければ、製品開発は成功しない。

問 5 (R04-37)　　　　　　　　　　　　　　　　　　　　　　　[○・×]
　サービスにおける品質の変動性を回避するためには、企業は顧客がサービスを体験する前に魅力的なプロモーションを実施し、サービスに対する期待値を均一に高めておくといった方法をとる必要がある。

問 6 (H23-32改題)　　　　　　　　　　　　　　　　　　　　　[○・×]
　旅館を経営している企業の顧客満足度向上に向けた具体的な施策として、接客のマニュアル化を徹底してサービスの標準化を図ることは適切である。

問 7 (H26-29)　　　　　　　　　　　　　　　　　　　　　　　[○・×]
　サービス業においては、従業員が顧客に対して全力で尽くすことはもちろん、顧客こそが価値を共につくるパートナーであるという認識をもつことが重要である。

問 8 (R01-33)　　　　　　　　　　　　　　　　　　　　　　　[○・×]
　サービス品質の計測尺度である「サーブクォル（SERVQUAL）」では、サービス利用前と利用後の2時点で評価を計測し、それらの差を確認することが推奨されている。

問1　×：顧客を維持しても収益が高くならず、新規顧客獲得に要する投資が早く
　　　　回収できるため、新規顧客獲得への投資が大きくなる。

問2　×：能力開発、動機づけ、マニュアル化・標準化により、サービス品質の変
　　　　動要素の縮小に努めることが適切である。

問3　○：見せかけのロイヤルティは、行動的ロイヤルティは高いが、心理的ロイ
　　　　ヤルティは低い状態であり、赤字顧客には、サービス手数料などの値上
　　　　げによって退出を促すことも重要である。

問4　×：クラウドソーシングとは、インターネット上の不特定多数の人々に仕事
　　　　を発注することにより、自社で不足する経営資源を補うことができる人
　　　　材調達の仕組みである。クラウドソーシングで製品開発を成功させるた
　　　　めには、ソリューション情報の獲得の際に、ユーザーの多様性が他者か
　　　　らの影響により下がらないようにユーザー同士のコミュニケーションを
　　　　制限する必要がある。

問5　×：変動性の課題に対して、企業はサービスを提供する従業員の教育やその
　　　　際の接客マニュアルの導入とその順守徹底など、従業員によって提供さ
　　　　れるサービスの品質の安定化と向上を図る。

問6　×：接客のマニュアル化を過度に徹底してサービスを標準化することは、臨
　　　　機応変な接客対応を阻害するため、逆に顧客不満足を誘発することがあ
　　　　る。

問7　○：サービスの品質を評価する上では、売り手と買い手との相互作用(サー
　　　　ビス・エンカウンター)が働くからである。

問8　○：設問文のとおりである。

■■■ 問題編 ■■■

次の文章を読んで、下記の設問に答えよ。

サービス・マーケティング研究は、①顧客満足研究と相互に影響しあいながら新しい考え方を生み出してきた。市場の成熟化にともない②経済のサービス化が進む中、顧客満足を追求する企業のマーケティング手法にも、新しい発想が求められている。

（設問1）

文中の下線部①に関する記述として、最も適切なものはどれか。

ア 企業の現場スタッフが顧客と接する瞬間における顧客満足を向上させ、好ましいブランド体験を安定的に提供するためには、顧客に接する最前線の現場スタッフの権限を高める一方、中間のマネジャーは現場スタッフを支援する役割を担う。

イ 新規顧客の獲得が難しい現況においては、不良顧客に対して最も多くの企業資源を配分し、彼らの顧客レベルを上げるべく積極的にサービスを展開し、サービスからの退出を防ぐべきである。

ウ 中程度に満足している顧客でも、簡単に他社へスイッチすることがなく、値引きに対する要求は少ないため、今日的な顧客満足戦略では、不満状態から満足状態への引き上げを極めて重視している。

エ 日本では高度経済成長期の頃から、企業は新規顧客の獲得よりも既存顧客維持の重要性を認識していた。

（設問2）

　文中の下線部②に関して、サービス・マーケティングにおいて注目されているサービス・ドミナント・ロジックに関する記述として、最も適切なものはどれか。

ア　近年のサービス・ドミナント・ロジックに基づく製品開発においては、他社の技術や部品を採用したり、生産や設計のアウトソーシングを進めたりして、製品の機能やデザイン面の価値を高めることを重視している。

イ　サービス化の進展は、サービス・エンカウンターにおいて高度な顧客対応能力を有する従業員の必要性を高めている。しかしながら、売り手と買い手の協業によって生産される価値はサービス財より低いため、製造業においてはインターナル・マーケティングは必要ない。

ウ　製造業では、商品におけるモノとサービスを二極化対比することによって、モノとは異なるサービスの特性を明らかにし、サービスの部分で交換価値を最大化する方向を目指すべきである。

エ　製造業は、製品の使用価値を顧客が能動的に引き出せるようにモノとサービスを融合して価値提案を行うことが望ましい。例えば、顧客に対して、コト消費を加速させる製品の使用方法を教育するイベントを開催したり、その情報を積極的に発信したりすることなどである。

[設問1] 解答：ア

顧客満足研究に関する出題である。

ア：適切である。サーバント・リーダーシップに見られる逆ピラミッド型組織では部下や仲間に権限委譲し、リーダーから常に成長の援助を受けることで、顧客の成長に奉仕することを志向するようになると言われている。

イ：不適切である。顧客リレーションシップマネジメントにおいて、企業は収益性の高い優良顧客を識別し、優れた価値を提供することで関係性の構築、維持、強化に努めるため、不良顧客に多くの資源を配分しない。

ウ：不適切である。従来、企業は見込み客から顧客への転化に専念してきた。顧客進化の段階が進むにつれて企業への忠誠度と親密感が増し、生涯価値が高まることから、昨今、企業は顧客から得意客へ、最終的にはパートナーへ進化させることを狙っている。

エ：不適切である。高度経済成長期後のバブル崩壊による低成長化とビジネスパラダイムの変化により、企業に顧客重点主義を生じさせ、自社の生涯顧客化こそが企業の生き残りの命題と捉えられるようになった。そうした中で、顧客満足の向上や顧客の囲い込みが求められるようになった。

［設問2］　解答：エ

　サービス・ドミナント・ロジックに関する出題である。

ア：不適切である。サービス・ドミナント・ロジックでは、製品やサービスを顧客
　　が使用する段階における使用価値に注目して商品開発を行うべきだとしている。
イ：不適切である。昨今、製造業でもサービス化が進んでおり、製品に付帯するサー
　　ビスで顧客の満足度を上げている製造業がある。ある化粧品メーカーは海外市
　　場の店頭で日本流のおもてなし接客を行うために現地従業員へインターナル・
　　マーケティングを実施している。
ウ：不適切である。交換価値を価値尺度とする考え方はグッズ・ドミナント・ロジッ
　　クである。一方、サービス・ドミナント・ロジックではモノは顧客の手に渡り、
　　顧客が使用して初めて価値（使用価値・経験価値）を創出すると考える。
エ：適切である。サービス・ドミナント・ロジックはモノを顧客が使用して初めて
　　価値を生み出すという「価値共創マーケティング」発想である。ここでの価値
　　判断は顧客が行うが、そこに至るどのような文脈で顧客に経験をしてもらうか
　　については企業からマネジメント（提案）が可能である。

		第1章：経営戦略の概要	令和5年度	令和4年度
戦略論（第1章～第6章）		I 経営戦略の策定		
		II ドメイン	01-ドメイン	
		III 戦略論を理解するための経済学の用語	03-ハーフィンダール指数	
		第2章：成長戦略		
		I 成長戦略の概要		
		II 多角化戦略		01-多角化戦略
		III M&A	07-M＆A、戦略的提携	05-M＆A
		第3章：競争戦略		
		I 競争戦略の概要		
		II 業界の競争構造の決定	03-業界の構造分析（5フォース分析）	03-5つの競争要因
		III 業界内部の構造分析		
		IV 3つの基本戦略		
		V その他の競争戦略	06-先行者優位	
		VI 国際経営とグローバル戦略	12-企業の国際化	11-海外進出の形態
		VII 競争地位別戦略	05-競争地位別戦略	04 (2) -競争地位別戦略
		第4章：経営資源戦略		
		I 経営資源		
		II 価値連鎖（バリューチェーン）と垂直統合		03-バリューチェーン、06-垂直統合
		III PPMとビジネス・スクリーン	04-経験曲線効果	02-PPM、04 (1) -相対的市場占有率
		IV VRIO分析	02-VRIOフレームワーク	03-VRIO分析
		第5章：イノベーションと技術経営 (MOT)		
		I イノベーションと技術経営		
		II イノベーションの進化過程	08-デファクト・スタンダード、09-吸収能力	09-イノベーションのジレンマ
		III 製品設計と研究開発		
		IV イノベーションのマネジメント	30-オープン・イノベーション	15-渉外担当者
		V ベンチャー企業のイノベーション		
		第6章：企業の社会的責任とその他戦略論の知識		
		I 企業の社会的責任 (CSR)	13-企業の社会的責任、36 (1) -CSR、SDGs経営	12-ISO26000
		II その他戦略論に関する事項	08-リーン・スタートアップ、エフェクチュエーション、10-プラットフォーム	07-4Cモデル、08-エフェクチュエーション
組織論（第7章～第12章）		第7章：組織論の基礎と環境に組み込まれた組織		
		I 組織論の基礎		19-組織スラック
		II 環境に組み込まれた組織	15-機械的管理システムと有機的管理システム、21-資源依存と組織間関係、22-制度的同型化、23-組織慣性	20-個体群生態学モデル
		第8章：組織構造と組織文化		
		I 組織構造と組織デザイン	14-主要な組織形態	13-さまざまな組織構造
		II 組織文化	19-集団の機能と集団内の人間行動	17-政治的行動
		第9章：モチベーションとリーダーシップ		
		I キャリア・マネジメント		
		II モチベーション	16-職務特性モデル、17-目標設定理論	16-動機づけ理論
		III リーダーシップ	18-パス・ゴール理論	14-権威受容説（無関心圏）
		IV コンフリクト・マネジメント		

令和3年度	令和2年度	令和元年度
		01-企業ドメインと事業ドメイン
	04-範囲の経済	07-経験効果・規模の経済
	08-リエンジニアリング	
多角化戦略		
M&A	05-多角化とM&A	05-戦略的提携
業界の構造分析、12-スイッチングコスト	03-売り手と買い手の交渉力	06-業界の構造分析
コスト・リーダーシップ	04-コスト・リーダーシップ	
	08-リバースイノベーション、08-リバース・エンジニアリング、12-国際展開企業の経営スタイル	
コア・コンピタンス	06-バリューチェーン	04-コア・コンピタンス
PPM	04-経験効果	02-PPM、07-経験効果・規模の経済
	01-VRIO分析の競争優位、10-経路依存性	
ネットワークの外部性、コモディティ化	13-ネットワークの外部性、13-デファクト・スタンダード	08 (1) -コモディティ化、08 (2) -ネットワークの外部性
		11-製品アーキテクチャ
プロダクト・マネジャー組織、両利きの経営	07-商品開発戦略、08-バウンダリー・スパンニング	10-社内ベンチャー
企業の社会的責任、28-SDGs経営		
エフェクチュエーション、スリー・サークル・モデル、カンパニー制、持株会社	04-PIMS、09-ティモンズ・モデル、11-スリー・サークル・モデル	12-リーン・スタートアップ
	02-意思決定のカテゴリー、14-組織の3要素、16-不確実性への組織の対応	03-アンゾフの意思決定
パワーの源泉、21-同型化	15-生産技術と組織の管理構造	13-メディア・リッチネス理論、19-協調戦略
機能別組織・事業部制組織	17-経営戦略と組織の発展段階	
集団思考	10-グループ・シンク、組織文化の逆機能	
組織コミットメント	19-期待理論、20-職務特性モデル、22-コンピテンシーの行動特性	16-目標設定理論、18-パーソナリティのビッグファイブ
権威受容説、フィードラーのコンティンジェンシー理論、リートの研究、オハイオ研究、SL理論		17-フィードラーのコンティンジェンシー理論、SL理論、リーダー・メンバー交換理論、パス・ゴール理論
組織内のコンフリクト		15-部門間コンフリクト

出題マップ：企業経営理論②（第10章〜第16章・その他）

			令和5年度	令和4年度
組織論（第7章〜第12章）	**第10章：組織の発展と成長**			
	I	組織の長期適応と発展過程		18-組織のライフサイクル仮説
	II	組織活性化		
	III	ナレッジ・マネジメントと組織学習	11-暗黙知、20-不完全な学習サイクル	10-知識創造理論
	IV	組織変革（チェンジ・マネジメント）	23-組織変革への障害	
	第11章：人的資源管理			
	I	人的資源管理の意義と人事・労務情報		21-職務再設計の方法、従業員の柔軟な働き方を能にする勤務形態、22-人事評価
	II	雇用管理と能力開発		
	III	賃金管理と作業条件管理		
	第12章：労働関連法規			
	I	労働基準法	24-賃金、25-労働者の判定、26-労働時間の判定	23-労働基準法、24-就業規則、25-災害補償
	II	労働安全衛生法		
	III	労働保険・社会保険	27-社会保険の手続き	25-労働者災害補償保険法
	IV	その他の労働関連法規		26-労働組合法
マーケティング論（第13章〜第16章）	**第13章：マーケティングの概念**			
	I	マーケティングの基礎		
	II	マーケティングの考え方	36 (1) -マーケティング・コンセプト	
	III	ソーシャル・マーケティング	36 (1) -CSV	
	第14章：消費者行動と市場戦略			
	I	消費者行動分析	08-キャズム、29-購買意思決定、35 (1) -購買意思決定、準拠集団	27-準拠集団
	II	標的市場の決定	08-ブルー・オーシャン戦略	
	第15章：マーケティング・ミックスの展開			
	I	製品戦略	28-製品の価値、30-クラウド・ファンディング、34-ブランドの価値構造、37-パッケージ	28-ブランド、33-製品ライフサイクル、34 (1) -新製品開発のプロセス、36-地域ブランド
	II	価格戦略	04-浸透価格戦略、32 (1) -ダイナミック・プライシング、35 (2) -心理的効果	29 (1) -消費者が感じる価値と価格の意味、29 (2) -価格設定法
	III	流通チャネル戦略	31 (1) -卸売	30-流通チャネルの構造
	IV	コミュニケーション戦略	32 (2) -タッチポイント、口コミ、33-コミュニケーション	
	第16章：応用マーケティング			
	I	関係性マーケティング		31-リレーションシップ・マーケティング
	II	顧客関係性管理（CRM）		31-RFM分析、32 (2) -顧客ロイヤルティ
	III	サービス・マーケティング	28-顧客価値	32 (1)、37-サービス・マーケティング
	IV	ダイレクト・マーケティング	31 (2) -D2C、32 (1) -OMO	34 (2) -ユーザーイノベーション
	V	その他のマーケティング用語	10-プラットフォーム、32 (1) -アドネットワーク、32 (2) -ステルス・マーケティング	03-PEST分析、31-パレートの法則
	その他			
			36 (2) -サステイナブルな消費行動	35-今日の新たな消費スタイル

令和3年度	令和2年度	令和元年度
	17-経営戦略と組織の発展段階	
	18-組織の一体化度	
ECIモデル		14-組織学習
段階モデル		
	23-心理的誤差傾向	21-職能資格制度
	21-経験学習	
労働基準法の定め、変形労働時間制とフレックスタイム制の届出、賃金、27-解雇	24-時間外労働上限規制、25-フレックスタイム制	22-年次有給休暇
		23-面接指導
		25-労働保険、25-社会保険
	26-パワーハラスメント、27-外国人雇用	24-労働者の妊娠、出産、育児休業
	35-ソサイエタル・マーケティング	
共創	28-マーケティング・コンセプト	
マーケティング・リサーチ	33-準拠集団	09-キャズムの理論、34-関与
	29 (1) -市場細分化、32 (1) -1次情報の収集	27-市場細分化、29-BtoBマーケティング
製品の価値、地域ブランディング	32 (2) -製品ミックス、34 (1) -ブランドの基本戦略、34 (2) -ブランドエクイティ、36-パッケージング	28-製品ライフサイクル、31 (1) -クラウド・ファンディング、32 (1) -新製品開発、32 (2) -データ収集方法
需要の交差弾力性、上澄み価格政策、1) -サブスクリプション (価格)、2) -ダイナミック・プライシング	04-需要の交差弾力性、29 (2) -新製品の価格設定法	30 (1) -ダイナミック・プライシング、31 (1) -需要の価格弾力性、需要の交差弾力性、31 (2) -プライスライニング戦略、スキミング価格、サブスクリプション価格、キャプティブ価格、抱き合わせ価格
インターネット広告、34-口コミ、1) (2) -広告	30-広告	30 (1) -タッチポイント、30 (2) -口コミ、オウンドメディア
1) -顧客シェアと顧客生涯価値		26-顧客生涯価値、顧客進化
2) -顧客ロイヤルティ		26-顧客ロイヤルティ
	37 (1) -サービス・マーケティング、37 (2) -サービス・ドミナント・ロジック	33 (1) -サービス財の特徴、33 (2) -サービス・トライアングル、SERVQUAL (サーブクォル)、真実の瞬間、サービス・プロフィット・チェーン
O2O	31-デジタル・マーケティング	
感覚マーケティング、35-心理的リアクタンス		
年平均成長率、11-特許戦略		20 (1) -組織メンバーの行動モデル、20 (2) -コンサルタントの対応、32 (3) -データ分析方法

- 『経営管理』塩次喜代明・小林敏男・高橋伸夫著　有斐閣
- 『経営戦略―論理性・創造性・社会性の追求』大滝精一・金井一頼・山田英夫・岩田智著　有斐閣
- 『経営戦略論』石井淳蔵・加護野忠男・奥村昭博・野中郁次郎著　有斐閣
- 『経営戦略論 (21世紀経営学シリーズ)』寺本義也・岩崎尚人編　学文社
- 『戦略経営論』ガースサローナー・ジョエルポドルニー・アンドレアシェパード著　石倉洋子訳　東洋経済新報社
- 『アンゾフ戦略経営論　新訳』H・イゴール・アンゾフ著　中村元一・田中英之・青木孝一訳　中央経済社
- 『競争戦略論―橋ビジネスレビューブックス』青島矢一・加藤俊彦著　東洋経済新報社
- 『競争戦略論〈1〉』マイケル・E・ポーター著　竹内弘高訳　ダイヤモンド社
- 『競争戦略論〈2〉』マイケル・E・ポーター著　竹内弘高訳　ダイヤモンド社
- 『企業戦略論【上】基本編　競争優位の構築と持続』ジェイ・B・バーニー著　岡田正大訳　ダイヤモンド社
- 『企業戦略論【中】事業戦略編　競争優位の構築と持続』ジェイ・B・バーニー著　岡田正大訳　ダイヤモンド社
- 『企業ドメインの戦略論―構想の大きな会社とは (中公新書)』榊原清則著　中央公論新社
- 『競争の戦略』マイケル・E・ポーター著　土岐坤・服部照夫・中辻萬治訳　ダイヤモンド社
- 『競争優位の戦略―いかに高業績を持続させるか』マイケル・E・ポーター著　土岐坤訳　ダイヤモンド社
- 『日本の競争戦略』マイケル・E・ポーター著　竹内弘高訳　ダイヤモンド社
- 『組織論』桑田耕太郎・田尾雅夫著　有斐閣
- 『キャリアで語る経営組織』稲葉祐之・井上達彦・鈴木竜太・山下勝著　有斐閣
- 『経営組織』金井壽宏著　日本経済新聞社
- 『組織の経営学―戦略と意思決定を支える』リチャード・L・ダフト著　高木晴夫訳　ダイヤモンド社
- 『【新版】組織行動のマネジメント―入門から実践へ』スティーブン・P・ロビンス著　高木晴夫訳　ダイヤモンド社
- 『新しい人事労務管理 第4版』佐藤博樹・藤村博之・八代充史著　有斐閣
- 『管理会計の基礎』大塚宗春・辻正雄著　税務経理協会
- 『生産管理用語辞典』社団法人日本経営工学会編　日本規格協会
- 『ビジネスモデル革命』寺本義也・岩崎尚人・近藤正浩著　生産性出版
- 『図解　セル生産がわかる70のポイント』今岡善次郎著　工業調査会
- 『日経ものづくり:ものづくり用語』日経BP社
- 経済産業省『ものづくり白書』ホームページ
- 社団法人日本自動車工業会　ホームページ
- 『イノベーション・ダイナミクス』J・M・アッターバック著　大津正和＋小川進監訳　有斐閣
- Katz, R., and Allen, T.J. (1982), "Investigating the Not Invented Here (NIH) syndrome: A look at the performance, tenure, and communication patterns of 50 R & D Project Groups," R&D Management, 12(1):7-19.
- 『Open Innovation (オープン・イノベーション)』ヘンリー・チェスブロウ著　産業能率大学出版部
- 『新・日本の経営』J.C.アベグレン著　日本経済新聞社
- 『企業の構造改革における「選択と集中」』織畑基一著　多摩大学「経営・情報研究」No.10 (2006)
- 『国際マーケティング』小田部正明・K.ヘルセン著　栗木契監訳　碩学舎
- 『第31回海外事業活動基本調査結果概要確報―平成12 (2000) 年度実績―』経済産業省
- 『中小企業のアジア地域への海外展開をめぐる課題と求められる対応』一般社団法人日本経済団体連合会
- 中小企業庁『中小企業白書』ホームページ
- 『新版ビジネス・経営学辞典』二神恭一編著　中央経済社
- 『経営学大辞典　第2版』神戸大学大学院経営学研究室編　中央経済社
- 『ゼミナール経営学入門』伊丹敬之・加護野忠男著　日本経済新聞出版社
- 『組織行動のマネジメント』ステファン・P・ロビンス著、高木晴夫監訳　ダイヤモンド社
- 『組織の心理学 (有斐閣ブックス)』田尾雅夫著　有斐閣
- 『組織能力の経営論』DIAMOND ハーバード・ビジネス・レビュー編集部編訳　ダイヤモンド社
- 『入門　組織開発』中村和夫著　光文社
- 『組織的公正と組織の価値観に関する一考察』三崎秀央著　福島大学経済学会
- Folger, R. & Konovsky, M. (1989) "Effects of Procedural and Distributive Justice on Reactions to Pay Raise Decisions," Academy of Management Journal. 32, 115-130.

- ●『組織と市場』野中郁次郎著　千倉書房
- ●『企業経営の情報論』白石弘幸著　創成社
- ●『クライシスマネジメント－危機管理の理論と実践 (3訂版)』大泉光一著　同文舘出版
- ●『労働基準法のあらまし2018』東京労働局
- ●『過重労働による健康被害を防ぐために』厚生労働省・中央労働災害防止協会
- ●『製造業における派遣労働者に係る安全衛生管理マニュアル』厚生労働省・中央労働災害防止協会
- ●『戦略的マーケティングの論理』嶋口充輝著　誠文堂新光社
- ●『マッキンゼー　現代の経営戦略』大前研一編著　プレジデント社
- ●『経営組織』安藤史江他著 中央経済社
- ●『変革とパラドックスの組織論』山岡徹著 中央経済社
- ●『エフェクチュエーション市場創造の実行理論』サラス・サラスバシー著 中央経済社
- ●『経営者の役割』C.I.バーナード著 ダイヤモンド社
- ●『コトラー＆ケラーのマーケティング・マネジメント 第12版』P.コトラー＆K.ケラー著　ピアソン・エデュケーション
- ●『マーケティング原理 第9版』P.コトラー＆G.アームストロング著 ダイヤモンド社
- ●『コトラーのマーケティング入門』P.コトラー著 ピアソン・エデュケーション
- ●『コトラーの戦略的マーケティング』P.コトラー著　ダイヤモンド社
- ●『コトラーのマーケティング3.0』P.コトラー・H.カルタジャヤ・I.セティアワン著　朝日新聞出版
- ●『現代マーケティング　新版』嶋口充輝・石井淳蔵著　有斐閣
- ●『マーケティング・ベーシックス　第2版』(社)日本マーケティング協会編　同文舘出版
- ●『マーケティング用語辞典』和田充夫・日本マーケティング協会編　日本経済新聞社
- ●『マーケティング戦略』慶応義塾大学ビジネス・スクール編　有斐閣
- ●『ゼミナールマーケティング入門』石井淳蔵・栗木契・嶋口充輝・余田拓郎著　日本経済新聞出版社
- ●『マーケティング』恩蔵直人著　日本経済新聞出版社
- ●『マーケティングリサーチの論理と技法 第4版』上田拓治著　日本評論社
- ●『モチベーション・リサーチ　購買動機調査の設計・技術・応用』戸川行男・牧田稔編　中央経済社
- ●『消費者行動論』青木幸弘・新倉貴士・佐々木壮太郎・松下光司著　有斐閣
- ●『買い物客はそのキーワードで手を伸ばす』上田隆穂・兼子良久・星野浩美・守口剛編著　ダイヤモンド社
- ●『マーケティング戦略　第4版』和田充夫・恩蔵直人・三浦俊彦著　有斐閣
- ●『製品・ブランド戦略』青木幸弘・恩蔵直人編著　有斐閣
- ●『価格・プロモーション戦略』上田隆穂・守口剛編著　有斐閣
- ●『消費者・コミュニケーション戦略』田中洋・清水聰著　有斐閣
- ●『わかりやすいマーケティング戦略』沼上幹著　有斐閣
- ●『現代広告論　新版』岸志津江・田中洋・嶋村和恵著　有斐閣
- ●『R3コミュニケーション』恩蔵直人・ADK R3プロジェクト著　宣伝会議
- ●『日本一わかりやすい価格決定戦略』上田隆穂著　明日香出版社
- ●『例解マーケティングの管理と診断』徳永豊・森downtown隆・井上崇通編著　同友館
- ●『現代商品知識』三上富三郎著　同友館
- ●『競争優位のブランド戦略』恩蔵直人著　日本経済新聞社
- ●『営業の本質』石井淳蔵・嶋口充輝編　有斐閣
- ●『日本企業の国際フランチャイジング』川端基夫著　新評論
- ●『ダイレクト・マーケティング』中澤功著　ダイヤモンド社
- ●『ONE to ONEマーケティング』D.ペパーズ・M.ロジャーズ著　ダイヤモンド社
- ●『個客識別マーケティング』B.ウルフ著　ダイヤモンド社
- ●『スモールビジネス・マーケティング』岩崎邦彦著　中央経済社
- ●『顧客資産のマネジメント』R.ブラットバーグ・G.ゲッツ・J.トーマス著　ダイヤモンド社
- ●『ダイレクト・マーケティング』竹永亮編著　同文舘出版
- ●『コミュニケーション・マーケティング』竹永亮編著　同文舘出版
- ●『プライス・マーケティング』山口正浩編著　同文舘出版
- ●『プロモーション・マーケティング』山口正浩編著　同文舘出版
- ●『ロイヤルティ・マーケティング』木下安司編著　同文舘出版
- ●『平成25年版情報通信白書』総務省
- ●公益社団法人日本マーケティング協会ホームページ
- ●消費者庁『消費者の窓』ホームページ
- ●一般社団法人日本フランチャイズチェーン協会ホームページ

- 一般財団法人流通システム開発センターホームページ
- 『日本の広告費　ナレッジ＆データ』（株）電通
- 『マーケティング・コミュニケーションと広告』八千代出版　石崎徹
- 『平成30年度 モノ×コトづくりビジネス展開のための知財戦略調査 サービス・ドミナント・ロジック事業化事例集』 中国経済産業局
- 『ユーザーイノベーション』　西川英彦
- 『ユーザーイノベーションを前提とした製品開発　コミュニティとネットワークの分解』 本條　晴一郎　AD STUDIES Vol.65 2018
- 『グラフィックマーケティング』上田隆穂・澁谷覚・西原彰宏著 新世社
- 『オープンイノベーション白書第二版』国立研究開発法人新エネルギー・産業技術総合開発機構村松潤一著
- 『ケースブック価値共創とマーケティング論』同文館出版水野学Marketing Journal Vol.36 No.4Japan Marketing Academy
- 平木いくみ他『紙媒体と電子媒体によるクーポン送付効果の違い－消費者の世代を考慮した検討－』Japan Marketing Academy
- 『広告の基本』波田浩之著 日本実業出版社
- 『広告表示の法的規則と実務対応Q&A』結城哲彦著 中央経済社
- 『マーケティング用語辞典』日本マーケティング協会編 日本経済新社
- 『消費者心理学』山田一成・池内裕美著 勁草書房
- 『説得心理学ハンドブック』深田博己著 北大路書房
- 『広告におけるリスクコミュニケーションの影響一生命保険の場合一』林理・山岡和枝 社会心理学研究第9巻第2号1993年、145-153
- 『説得の2過程モデルの複数源泉・複数方向状況への適用』中村早希・三浦麻子 Japanese Psychological Review 2018, Vol. 61, No. 2, 157–168
- 『地域ブランド政策論』初谷勇著 日本評論社
- 『ブランド価値共創』和田充夫著 和田ブランド
- 『一般財団法人日本能率協会ホームページ』
- 『令和元年　情報通信白書』総務省
- 『2014年版中小企業白書』経済産業白書
- 『2019年版中小企業白書』経済産業白書
- 『シェアリングエコノミー検討会議第2次報告』
- 『シェアリングエコノミー協会ホームページ』
- 『経営学概論』山田幸三著　一般財団法人　放送大学教育振興会
- 『組織間関係　企業間ネットワークの変革に向けて』山倉健嗣著　有斐閣
- 『イノベーションのジレンマ　技術革新が巨大企業を滅ぼすとき』クレイトン・クリステンセン著　伊豆原弓訳　翔泳社
- 『はじめてのマーケティング』久保田進彦・澁谷覚・須永努著　有斐閣ストゥディア
- 『エッセンシャル戦略的ブランド・マネジメント』ケビン・レーン・ケラー著　東急エージェンシー
- 『令和2年版情報通信白書』総務省
- 『デジタル広告分野の取引実態に関する最終報告書』公正取引委員会
- 『マーケティングの力』恩蔵直人、坂下玄哲編　有斐閣

498

■ 編著者紹介

竹永　亮 (たけなが　まこと)

㈱経営教育総合研究所代表取締役主任研究員、中小企業診断士、経営学修士（MBA）、中小企業診断士の法定研修（理論政策更新研修）講師、元・早稲田大学大学院アジア太平洋研究科委嘱講師、パナソニック・エコソリューションズ創研特任講師、日経ビジネススクール講師。

岩瀬　敦智 (いわせ　あつとも)

㈱経営教育総合研究所主任研究員、中小企業診断士、経営管理修士（MBA）、法政大学大学院IM研究科兼任講師、横浜商科大学商学部兼任講師。㈱高島屋を経て、経営コンサルタントとして独立。現在は有限会社スペースプランニングMAYBE代表取締役。

渡邉　義一 (わたなべ　よしかず)

㈱経営教育総合研究所主任研究員、中小企業診断士、社会保険労務士、1級販売士、日商簿記1級、東京販売士協会参与、産業能率大学兼任講師。システムエンジニアを経て独立し、情報システムの設計・開発からシステム活用による業務改善と労務管理を中心に活動する。

林　義久 (はやし　よしひさ)

㈱経営教育総合研究所主任研究員、中小企業診断士。POSなどのデータ分析が専門。メーカーや小売に対して、客観的事実にもとづいたマーケティング戦略や店舗の陳列を提案している。

真山　良 (まやま　りょう)

㈱経営教育総合研究所研究員、中小企業診断士。マスコミ企業の人事担当として、人事・労務管理に携わっている。

横山　豊樹 (よこやま　あつき)

㈱経営教育総合研究所研究員、中小企業診断士。化学メーカーで国内・海外営業、事業開発の経験を経て、現在は新規顧客開拓を担当している。

■ 執筆者紹介

戦略論執筆チーム

組織論執筆チーム

マーケティング論執筆チーム

■ 監修者紹介

山口　正浩（やまぐち　まさひろ）

㈱経営教育総合研究所 代表取締役社長、㈱早稲田出版 代表取締役社長、中小企業診断士、経営学修士（MBA）、TBC受験研究会統括講師、中小企業診断士の法定研修（経済産業大臣登録）講師、日本FP協会の認定教育機関講師。

　24歳で中小企業診断士試験に合格後、常に業界の第一線で活躍。2011年12月のNHK（Eテレ）の「資格☆はばたく」では、中小企業診断士の代表講師＆コンサルタントとして選抜され、4週間にわたる番組の司会進行役の講師とNHK出版のテキスト作成に携わる。

　従業員1名から従業員10,000名以上の企業でコンサルティングや研修を担当し、負債3億円、欠損金1億円の企業を5年間で黒字企業へ事業再生した実績を持つ。日本政策金融公庫、日本たばこ産業株式会社などで教鞭をふるい、静岡銀行、東日本銀行（東日本倶楽部経営塾）では、経営者へ実践的な財務会計の研修を行う。

　主な著書は「マーケティング・ベーシック・セレクション・シリーズ」（全12巻）同文館出版、販売士検定関連の書籍は「動画で合格（うか）る販売士3級テキスト＆問題集」早稲田出版など10冊、年度改訂の書籍を含めると450冊以上の監修・著書があり、日経MJ新聞「マーケティング・スキル（いまさら聞けない経営指標）毎週金曜日 全30回」や月刊「近代セールス」の連載も持つ。近年、若手コンサルタントのキャリアアップに注力し、執筆指導のほか、プレゼンテーション実践会を主催している。

2024年版　TBC中小企業診断士試験シリーズ

速修｜テキスト　3 企業経営理論

2023年12月22日　　初版第1刷発行

編 著 者…………竹永 亮／岩瀬敦智／渡邉義一／林 義久／真山 良／
　　　　　　　　横山豊樹
監 修 者…………山口正浩
発 行 者…………山口正浩
発 行 所…………株式会社 早稲田出版
　　　　　　　　〒130-0012 東京都墨田区太平1-11-4 ワイズビル4階
　　　　　　　　TEL：03-6284-1955　FAX：03-6284-1958
　　　　　　　　https://waseda-pub.co.jp/
印刷・製本………新日本印刷株式会社

書籍の正誤についてのお問い合わせ

万一、誤りと疑われる解説がございましたら、お手数ですが下記の方法にてご確認いただきますよう、お願いいたします。

書籍の正誤のお問い合わせ以外の書籍内容に関する解説や受験指導等は、一切行っておりません。そのようなお問い合わせにつきましては、お答え致しかねます。あらかじめご了承ください。

【1】書籍HPによる正誤表の確認

早稲田出版HP内の「書籍に関する正誤表」コーナーにて、正誤表をご確認ください。

URL:https://waseda-pub.co.jp/

【2】書籍の正誤についてのお問い合わせ方法

上記、「書籍に関する正誤表」コーナーに正誤表がない場合、あるいは該当箇所が記載されていない場合には、書籍名、発行年月日、お客様のお名前、ご連絡先を明記の上、下記の方法でお問い合わせください。
お問い合わせの回答までに1週間前後を要する場合もございます。あらかじめご了承ください。

●FAXによるお問い合わせ

FAX番号：**03-6284-1958**

●e-mailによるお問い合わせ

お問い合わせアドレス：**infowaseda@waseda-pub.com**

お電話でのお問い合わせは、お受けできません。
あらかじめ、ご了承ください。